기독교 도상학의 이해

기독교 도상학의 이해

앙드레 그라바 지음 | 박성은 옮김

이화여자대학교출판부

이 책은 두 부분으로 나뉘어 있다. 첫 부분은 '고대'에 관한 것인데 1968년 프린스턴대학출판부에서 영어판으로 출간되었다(Bolligen Series). 이 자리를 빌려 위 작업을 프랑스어로 바꾸는 일을 자청해주신 프랑수아즈 크리스트 부인에게 감사드린다. 비잔틴과 중세를 다루는 두 번째 부분은 그 첫머리에 쓰인 서문과 함께 바로 이 출판본을 위해 새로 집필하였다.

앙드레 그라바

* 이 책 내 성서 관련 인물과 지명의 표기는 공동번역성경의 표기법에 따랐다.

옮긴이의 말

내가 처음으로 기독교 도상학Iconography of Christian Art에 관심을 갖게 된 것은 프랑스 유학을 떠난 1979년 가을, 파리 여행 때였다. 그동안 한국에서 미술대학을 다니면서 서양 미술을 통해 너무도 익숙해 있던 파리 노트르담 대성당을 찾아나선 그 가을, 나는 무수한 조각으로 장식된 그 거대한 노트르담 대성당의 정면 파사드 앞에서 주체할 수 없을 정도로 혼란해진 마음을 안고 무거운 발걸음을 돌릴 수밖에 없었다. 그것은 혼란을 넘어선 절망과도 같은 감정으로 그 느낌은 그해 서양미술사의 흔적을 따라 유럽의 도시들을 순례하는 내내 따라다녔다. 나는 당시 대학에서 서양화를 전공했고, 유럽 문화와 미에 대해 잘 알고 있다고 자부하고 있었다. 그런데 도대체 왜 대성당 정문의 저 조각들을 이해할 수가 없는 것일까? 마치 책을 앞에 놓고도 글을 몰라 읽지 못하는 문맹자처럼 내 자신이 무기력하게만 느껴졌다.

그때 마침 남불에 있는 사과 정물화로 회화의 장을 바꾼 폴 세잔의 고향 엑상프로방스Aix-en-Provence를 방문하게 되었다. 하버드대학에서 인수하여 세잔 기념박물관으로 개조된 화가의 옛 아틀리에를 방문했을 때, 당시 박물관장이었던 부르주 부인과 대화를 나눌 기회가 생겼다. 해가 넘어가는 저녁 정원에 앉아 그림 이야기를 하다가 자연스럽게 내가 서양 문화 앞에서 느끼는 혼란스런 감정에 대하여 이야기를 하자 그 부인은 깊은 관심을 보이며 당시 내가 처해 있던 핵심 문제이자, 또한 지금 우리 대학원에서 서양미술사를 전공하는 학생들이나 〈서양 미술의 이해〉를 수강하는 학부생들에게도 똑같이 적용되는 다음과 같은 이야기를 했다. "당신은 기독교라는 이질적인 문화 앞에서 깊은 충격을 받은 것 같군요. 그러나 내 생각에 그것은 당연한 일이라고 생각해요. 당신은 저 먼 극동의 불교 문화권에서 온 학생이 아닙니까? 내가 불교에 대해 아는 것이 없으니 나도 당신 나라에 가면 마찬가지로 그런 혼란을 느끼게 될 거예요. 여기는 당신이 이미 잘 알고 있듯이 기독교 문화권의 나라예요. 우리는 어려서부터 이 토양에서 자라나 이 모든 것이 자연스럽게 느껴지지만 당신이 기독교의 상징인 교회 건축을 포함한 모든 기독교 미술 앞에서 어색하고 혼란스러움을 느끼는 것은 당연한 일이 아니겠어요? 당신을 힘들게 하는 기독교 미술이라는 것은 기독교 교리가 이미지로 시각화된 것이니 기독교 도상학에 대해 조금 배우면 어느 정도 이해가 될 거예요."

나의 서양미술사 공부는 이렇게 시작되었다. 다른 예술 분야도 마찬가지지만 미술에는 내용과 형식이 있다. 1960년대 말 서양화를 전공한 나는 남들처럼 당시 유행하던 앵포르멜 스타일의 그림을 그리면서 마치 자신이 서양의 미술을 다 알고 있는 것처럼 착각했는데 이는 물론 내용이 배제되고 순수 형식이 중시되는 현대 추상 회화를 전공한 결과였다. 그러나 내가 12년간 유럽에서 서양미술사를 공부하면서 체득한 것은 서양 미술이란 고대 그리스에서 시작되어 천 년의 기나긴 중세를 거쳐 근세의 르네상스와 바로크 미술로 계승되는 거대한 강과 같고, 거기서 기독교 미술이 차지하고 있는 비중이 엄청나다는 사실이었다. 그리고 현대 미술은 그와 같이 거대한 흐름을 지닌 강의 하류에 해당될 뿐이라는 사실도 함께 깨달았다.

대부분의 종교 미술이 자신의 종교적인 사상이나 교리를 이미지로 시각화하고 있다. 예를 들어 기독교는 초기 기독교 시대부터 삼위일체와 같은 개념적인 교리와 구약이나 신약에 나타나는 많은 역사적인 장면들과 그 내용을 회화나 조각, 그리고 건축이라는 형식을 통하여 물질화시켰다. 내가 20여 년 전에 이미 느꼈고 대부분의 사람들이 기독교 미술을 대할 때 느끼게 되는 어려움은 이러한 기독교적 맥락을 모르는 데서 오는 결과이다. 미술사학에서 이와 같은 미술의 형식보다는 주제가 되는 내용을 연구하는 분야를 도상학Iconography이라고 한다. 그중 기독교 미술의 주제와 그 의미를 연구하는 것이 기독교 도상학이다.

내가 약 30여 년 전 대학 시절 서양미술사 시간에 12세기 중반의 대표적인 아름다운 고딕 성당이 파리 노트르담 대성당이라는 사실을 배웠으면서도 정작 1979년 가을 그 앞에 섰을 때 대성당이 지니고 있는 양식상의 아름다움을 느낄 새도 없이 밀려드는 혼란으로 마음만 무거워졌던 것은 바로 이 기독교 도상학에 대한 무지 때문이었다. 대부분의 고딕 대성당들과 마찬가지로 파리 노트르담 대성당의 정면 파사드의 조각들은 알파와 오메가에 해당되는 구약과 신약의 내용을 압축시켜 총망라한 기독교의 대서사시이다. 거기에 표현된 조각들이 우리에게 전하고자 하는 것은 아담과 이브에 의해 죄인이 된 인류는 오직 하느님의 독생자이신 예수 그리스도가 십자가에서 흘린 보혈에 의해서만 구원을 얻게 된다는 기독론의 메시지인 것이다.

저 사람은 누구인데 양을 안고 있을까? 저 사람은 왜 머리가 없을 뿐만 아니라 두 손에 머리를 받쳐 들고 있는 것일까? 마치 실타래처럼 엉켜 있던 이 무수한 의문들은 십여 년간 지중해 근처에 있는 프로방스대학에서 중세와 르네상스 미술을 공부하며 자연스럽게 해결되었다. 1991년 귀국하기 직전 파리를 다시 들러 노트르담 대성당 앞에 섰을 때, 마치 거대하게 울려

펴지는 교향악과도 같은 파사드 조각의 도상적 의미를 읽어내려가고 있는 내 자신을 보며 가슴 깊은 감동을 느낄 수밖에 없었다. 누가 그랬던가. 아는 만큼 보이며 보이는 것만큼 감동하게 된다고…….

이후 귀국하여 대학에서 고전미술사를 강의하게 되면서 학생들이 나와 같은 어려움을 당하지 않고 서양 미술을 공부하기 바라는 마음에서 참고하기에 적당한 책으로 찾아낸 것이 1980년대에 중세 미술을 연구하는 대학인들에게 가장 많이 읽혔고 나에게도 많은 도움을 주었으며 지금도 이 분야의 중요한 참고문헌인 앙드레 그라바의 『기독교 도상학 창조의 여러 갈래들Les Voies de la Création en Iconographie Chrétienne』이었다.

이 책은 1979년 프랑스의 플라마리옹 출판사에서 출판된 『기독교 도상학 창조의 여러 갈래들』을 완역한 것으로, 고대로부터 중세에 이르는 기독교 도상학의 창조과정에서 나타난 여러 갈래들을 연구하여 집대성한 노작이다. 저자 앙드레 그라바는 구조주의 언어학적 관점에서 기독교 도상학을 하나의 언어로 보고 있다. 마치 언어가 시대와 지역에 따라 변화 · 발전하듯이 기독교 도상도 초기에는 형식적으로나 의미적으로 단순한 도상들에서 출발하여 이후, 사회 · 종교 · 경제 · 문화적 사건들을 반영하며 복잡하고 다양한 형식과 내용을 지닌 도상들로 발전해갔다는 것이 저자의 생각이다.

현재 서양미술사 연구의 방법론 중 하나로서 기독교 도상학의 중요성은 많은 전공자들에 의해 인정되고 있다. 기독교 도상학은 서양 고대 후기와 중세 미술, 그리고 르네상스와 바로크 미술을 공부하고 연구하기를 원하는 미술사학도에게는 마치 외국어를 배울 때 알파벳이 기초가 되는 것처럼 서양미술사 연구의 토대에 해당된다. 아무쪼록 이 책이 서양미술사를 공부하는 이들에게, 더 나아가 서양 문화를 이해하고자 하는 많은 이들에게 도움이 되기를 바라는 것이 역자의 마음이다.

이 책이 번역되고 출판되는 과정에서 많은 분들의 이해와 적극적인 도움이 없었다면 이 출판은 불가능했을 것이다. 이 지면을 빌어 그 분들에게 고마운 마음을 전하며, 무엇보다 이화여자대학교출판부의 여러 선생님들께 깊은 감사를 드린다.

2007년 1월 이화에서 박성은

머리말

이 책은 기독교 도상학에 관한 책이다. 다시 말하면 기독교적인 주제를 시각화한 이미지의 해석에 관한 연구, 더 정확하게 말하자면 기독교라는 종교에서 영감 받은 주제를 시각화한 이미지를 해석하는 방법에 관한 연구이다. 우리는 기독교 역사 중에서 매우 체계적으로, 가장 전통적 형식에 충실하게 기독교 도상을 다루었던 고대와 중세의 도상학에 대해 고찰해 보고자 한다. 이 오랜 기간 동안 기독교 도상학은 신앙을 표현하는 데 있어 널리 애호되던 방법이었으며, 동시대인들의 삶 속에서도 중요한 부분을 차지하고 있었다. 고대 말기와 중세에는 종교 교육과 신앙 행위가 '시청각적' 방식에 의존했다 해도 과언이 아니다. 물론 그중에서는 언어의 역할이 지배적이었지만, 형상화 또는 시각화 역시 중요했으며 이 둘의 관계는 지역에 따라, 또 시기에 따라 끊임없이 변화해갔다.

오늘날 기독교 도상학에 대한 연구는 일반적으로 미술사학자들에게 맡겨지고 있다. 이는 대부분의 도상이 미술 작품이므로 지극히 당연한 일일 것이다. 그러나 많은 경우 미술사학자는 미술 작품의 형태 분석과 그 기법은 강조해도 그림들이 내포하고 있는 기호학적 가치에 대한 연구, 즉 도상학적 연구는 포기해왔다. 그들은 최근까지도 여전히 형식 연구에 우선적 가치를 두고 도상학에는 거의 관심을 보이지 않고 있어, 고대와 중세 도상학의 문제는 미술사학자보다는 도상학의 문제점을 학문적으로 다룰 수 있는 충분한 자질을 갖춘 고고학자나 신학자 혹은 기독교 사상사가와 같은 석학들에게 넘겨졌다. 따라서 이 분야에 대한 우리의 지식은 우선적으로 이들의 연구 작업에 의존하고 있다. 하지만 오늘날 옛 그림들이 지니고 있는 도상학적 가치에 대한 관심이 다시 증대되고 있고, 미술사학은 도상학 연구를 수용하려는 움직임을 보이고 있다. 왜냐하면 어떤 도상을 그것의 지적인 내용도 모른 채 역사적 배경 속에 놓는다는 것은 터무니없는 일이기 때문이다. 따라서 이제 우리는 새로운 도상학 연구를 기대할 수 있게 되었으며, 우리의 작업도 거기에 기여할 수 있기를 바란다.

기독교 도상학 연구는 일반적으로 도상들을 묘사해내거나 설명하는 것을 목표로 한다. 이를 위해 도상학은 성서의 내용, 예배 의식, 그리고 신학자들의 설교나 저서를 참고한다. 이러한 종류의 작업은 주석 없이는 해독할 수 없는 도상들의 이해를 가능케 해주는데, 프랑스의 유명한 도상학자인 에밀 말Émile Mâle과 독일의 자우어Sauer의 연구는 이 분야에서 뛰어난 작업들이다.

그러나 기독교 도상학에 대한 우리의 접근 방법은 이와는 다르다. 우리는 도상들이 지니고 있는 실제적 의미를 더 잘 이해하기 위해 각 도상들이 나타난 시점과 가장 가까운 시대의 도상들에 주목하고자 한다. 도상의 레퍼토리는 언어와 같은 방식으로, 즉 한 언어의 어휘가 오래된 용법을 유지하면서도 시간이 흘러감에 따라 변화하여 새로운 어휘에 의해 풍부해지는 것과 같은 방식으로 형성되기 때문에, 도상학자는 언제나 처음 나타난 새로운 사실들을 이끌어내는 데 흥미를 느끼게 된다. 왜냐하면 새로움을 파생시킨 모델이 그 새로운 의미를 명확하게 밝히기 위한 더 많은 방법을 그 안에 내포하고 있기 때문이다. 이와 같은 접근 방식은 도상학의 어떤 실체를 그보다 앞선 것과의 접목 속에서 관찰할 수 있게 하며, 새로운 사실 안에서 본래의 도상이 변형되었을 때 얻게 되는 새로운 의미의 '도식적 벡터'를 가늠할 수 있게 해준다. 다시 말해서 관례적 도상학 연구에서는 도상이 가진 이전의 요소와 새로운 요소를 한데 합쳐 작가의 본래 의도로 읽는 반면, 우리는 이전 도상 속에 수용되어 그것에 새로운 의미를 부여하는 요소의 정확한 특성을 보여주는 데 주력하고자 한다. 요컨대 우리의 방법은 관례적 도상학적 사실들을 설명하기보다는 도상학의 생성 구조를 관찰하기 위해 그것들을 해체시키는 데 주력하고 있다.

다른 어떤 방식의 영향을 받지 않을 만큼 단순하고 순수한 창작물이란 거의 드물기 때문에 이 해체 방법은 새로운 요구로 인해 형태가 바뀌고 그로 인해 의미도 변화하는 단어의 경우를 상기시키는 다양한 적응 방식을 밝혀내는 데 더욱 효과적이다. 우리는 고대, 즉 초기 기독교 도상학의 경우, 기독교 도상이 쉽게 접할 수 있는 비기독교나 이교의 도상을 모델로 탄생될 수 있었다는 사실을 알게 될 것이며, 반대로 중세에는 새롭게 개선된 도상학의 출현이 주로 초기 기독교 미술의 모티프들을 새로운 테마에 적용시키면서 진행되었다는 사실을 인식하게 될 것이다. 이것은 기독교 미술이라는 영역을 벗어나지 않으면서 여러 다른 지역과 시대에 생겨난 모든 기독교적 요소들을 각각 다르게 배합시키는 내적 경향이었다. 하지만 이 두 시기 모두에 이와 같은 역동적 방법을 적용하는 것이 유리한데, 그것은 이 방법이 과도기적 시기에 많은 변화를 겪는 도상들이 감당하게 되는 운명에 대한 관찰을 우선시하고 있기 때문이다. 한 시대에 사용되는 도상학 용어가 최근 작품들뿐만 아니라 그 이전에 만들어진 작품들에서 기인한 요소들도 내포한다는 것은 당연한 일이다. 그러나 우리는 동시대에 사용된 도상학의 유형들에 관한 문제는 접어두고 새로운 요소들의 생성과 그것들이 오랫동안 사용되어온 도상학 용어에 통합되는 방식을 강조하는 데 주력하고자 한다.

또한 이 연구 작업에서는 서술적 형상들로 이루어진 광범위한 영역, 특히 성인의 생애나 구약과 신약의 확고부동한 이야기에서 영감을 얻은 도상들은 제외시켰는데—물론 이러한 의도가 이 카테고리의 중요성을 감소시키지는 않는다—, 이와 같은 도상들은 기독교 도상학의 모든 레퍼토리에서 빈번하게 나타날 뿐만 아니라, 작품 창조와 관계 있는 우리의 작업과 같은 경우에는 그리 큰 도움을 주지 못하기 때문이다. 똑같은 주제에 관해 다양한 해석이 존재한다는 사실은 일반적으로 각 텍스트들의 상반된 차이를 반영하는 것이지—예를 들면 4대 복음서 저자들이 같은 사건에 대해 여러 해석을 보여주었듯이—, 각 저자의 창조적 개입을 반영하는 것은 아니다. 그것은 완벽하게 불변하는 것이 아니고 모두 이전 모델에서 유래하는 표현을 되풀이한다. 창조는 단지 주변 현실을 모방한다거나 혹은 사실주의적 표현을 위한 일반적 경향이 생길 때 나타난다. 그러나 이러한 관심사들은 그것의 정신적 내용과는 관계가 없는 것이며, 따라서 그것들의 기호학적 의미와도 무관하다.

우리는 여기서 기독교 도상에 관한 연구가 가능한 한 충분히 그 본질을 드러낼 수 있기를 희망하지만 학문적 이유로 인해 그 한계를 드러낼 수밖에 없었다는 사실을 고백한다. 우리는 중세 말 이전까지의 작품들만을 고찰하고 있는데, 이는 이후의 화가나 조각가들의 동일한 도상적 주제 해석이 개인의 재능과 의지의 문제이며 더 이상 집단적 기독교 전통의 양상이 아니라는 사실을 알았기 때문이다. 도상은 더 이상 구술 언어에 대응되는 시각 언어가 아니었다. 그러나 중세의 전통적 도상학과 근대의 초기를 실제적으로 구분하는 어떤 경계선이 없다는 것은 자명하다. 오직 도상학의 개화기에 더 잘 집중하기 위해서 많은 규약 가운데 하나를 우리가 채택했을 따름이다.

우리는 이 연구를 위해 텍스트를 두 부분으로 나누었다. 첫 부분에서는 고대, 특히 이교도의 종교와 일상 혹은 공동체의 미술로부터 자양분을 섭취한 이미지들을 부단히 동원했던 사회 속에서 기독교 도상학을 탄생시킨 초기 기독교에 대해 다루었다. 그 당시 유대교와 마찬가지로 기독교는 사실상 종교 미술의 체계를 갖추어야 할 어떤 이유도 없었다. 하지만 그들은 결국 종교 미술과 도상학을 창조해내었다. 여기에서 우리는 모든 기독교인들에게 친근한 도상들을 가지고 기독교 사상을 표현하는 또 다른 도상들을 만들어내는 방법에 대해 고찰하려고 한다.

두 번째 부분에서는 중세 도상 제작자들이 도상학의 유산을 거부하지 않고 초기 기독교에서 만들어진 긴 시리즈로 된 도상들을 계속 사용하거나 수정하여 이루어낸 중세 도상학의 형성에 대한 고찰을 하나로 묶었다. 중세 기독교 도상학 분야에서의 새로운 부분이 비록 초기 기독교 도상과의 분리를 정당화시킬지라도 이러한 방법이 지닌 관례적 측면을 간과해서는 안 될 것이다. 게다가 독자들은 기독교가 실질적 쇠퇴 기간 이후 1000년대로 들어서면서 대부흥기를 맞아 도처에서 초기 기독교의 도상들과 다시 관계를 갖기 위해 노력했고, 이어서 초기 기독교 시대의 작품들에 대한 기억을 간직하려고 애썼다는 사실을 알고 있다. 즉 여러 다른 역사적 사실을 다루는 우리의 연구 작업이 두 부분으로 나뉘어 있다 하더라도 독자들은 초기 기독교 도상학과 중세의 도상학 사이에 수많은 접점이 존재하고 있다는 점을 결코 잊지 말아야 할 것이다. 기독교 전통의 연속성은 이러한 관례적 분리로 인해 결코 의심받을 수 없으며 우리는 그 연속성의 징후를 나타내는 수많은 과도기적 요소들을 기억해야 할 것이다.

그리고 우리는 중세를 병렬적인 두 개의 장으로 나누어 한 장은 희랍과 비잔틴 전통에, 또 다른 장을 서유럽에 해당되는 라틴 전통에 할당하는 방법을 택했는데, 이 역시 관례적인 방법이다. 이와 같은 접근 방법을 택한 것은 긴 시간 동안 연속성을 가지고 생성된 전통 전체를 놓고 볼 때 희랍과 라틴의 도상학은 비교될 수는 있어도 확연히 구분되는 두 가지 표현 방식처럼 각자의 특성을 갖게 되었고, 더 나아가 그 전통 속에 전 세계 기독교 도상들의 거의 대부분이 포함되어 있다 해도 과언이 아니기 때문이다. 동서양의 여러 지역에서도 도상을 만들어냈고 그 작품들 모두가 미술사학자의 관심을 끌 가치가 있다는 것은 분명한 사실이다. 그러나 시공간의 제약으로 경험의 한계가 문제되기 때문에 우리는 그것을 이 연구 작업 밖의 과제로 남겨둘 수밖에 없었다. 우리는 희랍과 라틴 지역에서 나타난 경험을 우선시했으며, 이 또한 어떤 관례를 영속화시킨다는 것을 알고 있다. 그러나 동시에 그러한 우선권이 도상학의 본질을 더욱 명확하게 말할 수 있게 해준다는 사실도 확신하는 바이다.

차례

옮긴이의 말 5

머리말 10

고대 19

제1장 기독교 도상학의 첫걸음 23

제2장 동시대 이교 도상과의 동화 59

제3장 기독교 도상과 초상화 99

제4장 기독교 도상과 역사적 사건 141

제5장 단일 이미지로 시각화된 교리 171

제6장 다중 이미지로 시각화된 교리 193

Les Voies de la Création en Iconographie Chrétienne

중세　221

제7장 비잔틴의 기독교 도상　229

제8장 서구 유럽의 기독교 도상　271

제9장 중세 민중 도상의 문제　319

결론　333

참고문헌　335

도판　353

찾아보기　476

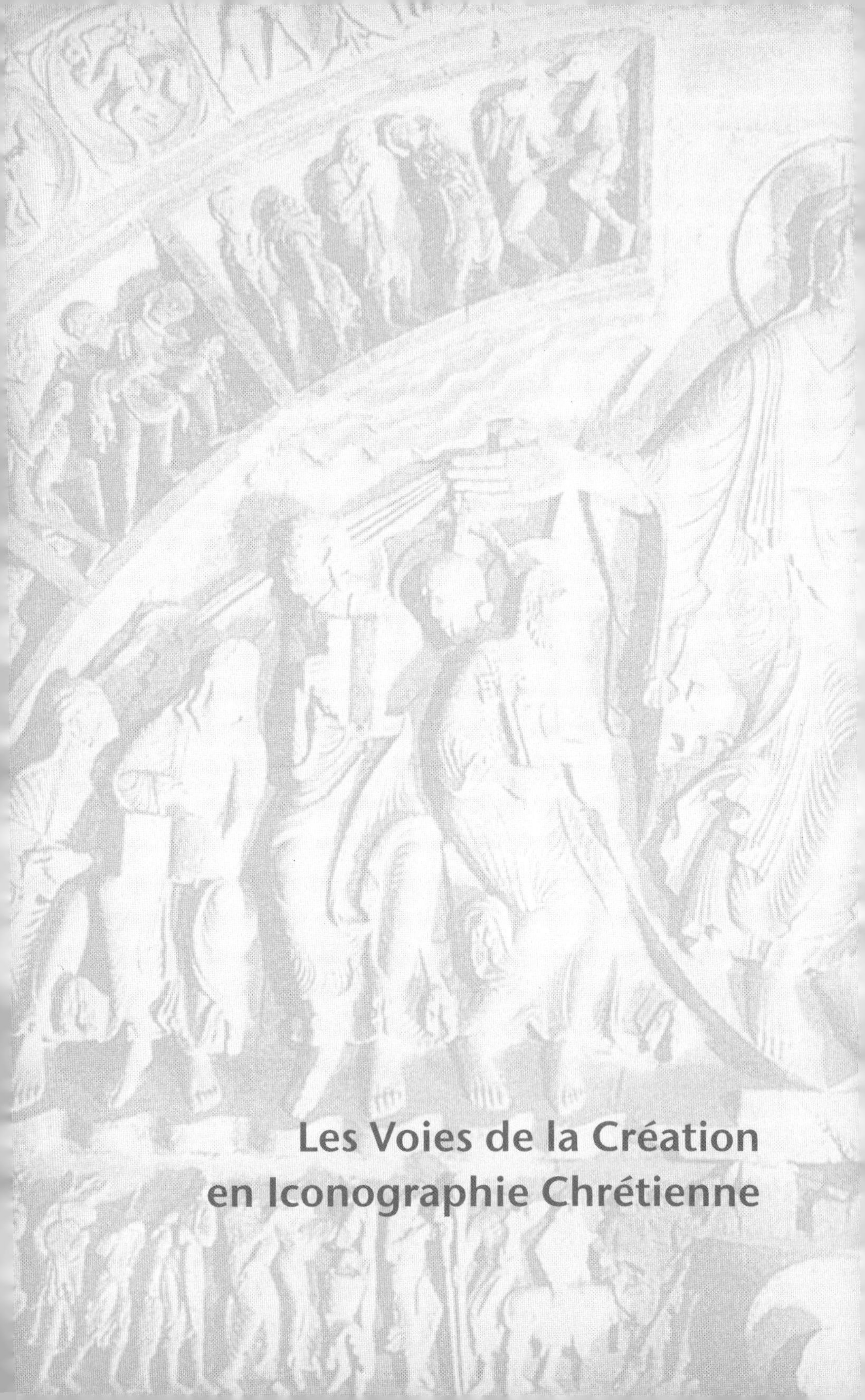

Les Voies de la Création en Iconographie Chrétienne

고대

일반적으로 어떤 종교적 개념을 표현하는 작품의 기원에 관한 연구는 그 작품의 존재 이유를 더 잘 이해할 수 있도록 해준다. 즉 언제, 어디서, 그리고 어떤 동기로 그와 같은 작품이 만들어지게 되었는가를 알게 되면 우리는 그 작품을 만들어낸 사람들에 대해, 그리고 그 작품이 지니고 있는 종교적 의미에 대해 더 잘 이해할 수 있게 된다. 이와 같은 사실은 특히 전 시대에 걸친 기독교 도상들에 관한 경우 더욱 확실한 것으로, 각각의 성화들이 지니고 있는 종교적 의미를 가능한 한 분명하게 이해하기 위해서는 그것의 기원, 다시 말해서 기독교라는 종교에 의해 도입된 초기 도상들의 출현에서부터 그 역사를 고찰해보는 것이 좋다.

일반적으로 기독교적 속성을 갖는 모든 이미지에는 종교적 기능이 부여되어 있는데, 기독교에서 영감을 받아 생겨난 초기 기독교 시대 도상의 경우 그 도상을 탄생시킨 주변 상황에 비추어볼 때 종교적 기능은 절대적이다. 다시 말해 이 시대에는 기독교의 진리나 기독교에서 영감을 얻은 개인적 신앙 행위를 회화나 조각의 형식으로 바꾸어보려고 애쓴 경우가 아니라면, 어떤 기독교인도 종교와 무관한 동기를 가지고 도상학을 사용하지는 못했을 것이다. 당시 이교적인 로마 제국의 법률이나 겨우 그 모습을 드러내기 시작한 기독교의 관습에서도 종교적 내용이 들어 있지 않은 이미지는 생각도 할 수 없었다. 따라서 다음과 같은 가정, 즉 초기 기독교 시대의 도상이 다른 시대에 수동적으로 복제되던 작품들과 유사하기 때문에 그 종교적 가치를 의심할 수밖에 없다는 가정은 일단 배제되어야 할 것이다. 최초의 기독교 도상 제작자들은 모험과 목숨의 위태로움을 감수하며 작업을 했고, 특히 초기 기독교 세대가 형상이나 이미지를 사용하지 않고 예배를 드렸다는 사실을 상기해볼 때 이들이 진지한 종교적 동기 없이는 그와 같은 작업을 하지 않았을 것이라는 사실을 알 수 있다. 초기 기독교도들의 눈에는 이교의 종교 의식에서 많이 사용되던 회화와 조각이 그 자체로 부당하게 비춰졌고, 그래서 그 사용을 자제하기도 했지만, 결국 그들은 타 종교 추종자들의 종교 의식의 영향 아래 빠른 속도로 이미지를 사용하기에 이르렀다. 초기 기독교 시대에 나타나는 바로 이러한 영향 관계 때문에 우리는 로마 제국 안에서 초기의 기독교 공동체를 제외한 그리스 · 로마의 다신교에서 파생된 주요 전통 종교의 열성 신자들, 그리고 유대인 및 비기독교인들 사이에서 행해지던 종교 미술에 관한 간략한 검토로 이 연구를 시작해야 한다고 생각한다. 또한 기독교 도상의 형식과 내용, 그리고 도상을 만들어낸 사람들의 의도를 잘 이해하기 위해 동시대 이교도들의 작품과도 비교해봐야 한다. 따라서 첫 장은 다음과 같은 중요한 두 개의 이야기로 시작되어야 할 것이다. 첫 번째는 아주 간결하며 절대적 본질만을 중시하는 초기 기독교 도상의 형식에 관한 것으로, 이 도식적 도상 혹은 이미지-기호의 도상학적 언어와 그 이전에 나타난 유사한 기독교적 형상물의 문제점을 짚어보는 것이며, 두 번째는 장례 미술이라는 특수 분야에 대한 것으로, 석관이나 기독교도를 위한 카타콤 벽에 이미지를 사용했던 사람들의 의도를 밝혀내는 것이다. 대개 이러한 이미지들은 죽음의 위험에서 하느님이 구해낸 신도의 해방이나 구원을 표현하고 있으나 어떤 경우엔 사후에 구원으로 가는 길을 가능케 한 고인의 기독교적 자질이나 그가 받은 세례 또는 성체 배령 등을 연상시키기도 한다. 그렇다면 이러한 이미지들을 제작한 사람들의 종교적 의도와 심리적으로 유사해 보이는 이교도적 형상을 만들어낸 사람들의 의도는 무엇인가 하는 질문을 할 수가 있는데, 이러한 질문에 대한 답변은 초기 기독교 도상을 만들어낸 사람들의 종교적 목적에 대해 더 많은 것을 알려줄 것이다.

두 번째 장은 로마 제국의 공식 미술이 미숙하던 초기 기독교 미술에 어느 정도의 영향을 끼쳤는가를 가늠하게 해주는 몇몇 기독교 도상들에 할애된다. 최근 고대 말기 로마 제국에서 융성했던 미술에 대한 논란이 많았지만 그것의 영향은 부분적으로만 연구되었고, 특히 황제의 초상이 끼친 영향에만 국한되어 이루어졌다. 하지만 실제로 로마의 영향은 훨씬 일반적이었으며, 처음부터 기독교 도상학은 '국가 시리즈'를 표현하는 로마 제국의 이미지에서 가장 강력한 자극을 받았다고 말할 수 있다. '국가 시리즈'라는 용어는 로마 제국의 관리들과 황제의 정치적, 군사적, 그리고 사법적 권력을 표현하고 황제의 행적을 증거하는 모든 테마를 가리킨다. 그러나 지금까지 이 분야에 대한 것은 단 한 번도 그 자체로서 완전하게 연구되지 않았다. 이에 우리는 로마 미술의 여러 분야 중 광대한 소유지의 빌라 속에서 번창했던 반半장식적이고 반半상징적 도상들을 예로 들어가며 어떻게, 그리고 어떤 조건들 속에서 대토지 소유주의 저택에서 융성했던 미술이 우리가 고찰하려는 시기의 기독교 도상 제작자들에게 원천적 근거를 마련해주었는지 살펴보기로 한다.

제1장 | 기독교 도상학의 첫걸음

최초의 기독교 도상들은 서기 200년경에 출현했다. 이는 어림잡아 한 세기 반 동안 기독교인들이 종교적 이미지를 필요로 하지 않았음을 뜻한다. 우리는 이러한 사실을 매우 유감스럽게 생각하는데, 그 이유는 이처럼 이미지를 사용하지 않음으로써—신학자들은 이 점을 명시적으로 공표하지는 않고 있다—서기 200년 이전의 기독교 공동체에 존재했을 기독교에 관한 논쟁과 그들의 영적 상태에 대한 고고학적 증거를 가질 수 없게 되었기 때문이다. 우리는 가장 오래된 카타콤 벽화의 연대를 서기 200년 전후로 추정하며 가장 오래된 기독교 석관 조각의 연대를 230년경으로 보고 있다. 물론 이것이 연대의 날짜가 적혀 있는 문서 자료에 기초하고 있지 못하기 때문에 불확실하다는 사실은 인정한다. 그러나 실제로 로마의 도미틸라[Domitilla]나 칼릭투스[Calixtus](루치나[Lucina]의 지하납골당)나 산타 프리실라[Santa Pricilla] 등에 있는 최초의 카타콤의 지형적, 양식적, 도상학적 몇몇 징후들에 의한 연대는 일반적으로 약 200년경으로 추정된다. 나폴리[Naples]나 놀라[Nola]에서 장례를 표현한 최초의 벽화는 로마의 장례 프레스코화와 거의 동시대의 것이며, 로마와 프로방스 지방에서 발견된 기독교를 주제로 다룬 최초의 석관들은 230년까지 거슬러 올라가고 있다. 그리고 이란 국경 유프라테스 강 중부에 위치한 로마군 주둔지였던 작은 마을 두라에우로포스Doura-Europos에서 발굴된 예배당 벽화의 연대는 230년으로 추정된다. 우리는 이 두라의 건축물에서 최초의 기독교 도상의 예를 빌려오게 될 것이다. 서두에서 비록 건축물들의 연대적 순서가 지켜지지는 않더라도 최초의 기독교 도상학에 대한 고찰이 중요한 이유를 피력했던 것을 상기하기 바란다.

이제 로마 카타콤 벽화 중에서 가장 오래된 몇몇 예를 골라 검토해보
도 1 자. 이 지하 분묘에서 가장 먼저 눈에 띄는 것은 천장과 벽이 일련의 수직선과 곡선에 의해 칸칸이 나뉘어 있다는 점이다. 단순한 선으로 구성된 이러한 구조가 카타콤 벽화를 미학적으로 지배하고 있으며 이와 같은 구조는 어두운 무덤 속에 갇혀 있는 이 미술의 특징인 밝은 분위기를 잘 나타낸다. 거기에서 볼 수 있는 인물들(전반적으로 극히 왜소하며 4세기부터 커지기 시작했다)은 단아하고 매력적이다. 이 장례 미술은 죽음에 대한 두려움과 슬픔을 초월하여 오히려 명랑한 모습을 하고 있다. 벽화에서 섬세하게 틀에 둘러싸여 바탕 한가운데에 고립되어 있는 작은 인물들은 기도자상 혹은 선한 목자를 나타내는데, 이들이 자체의 틀 안에서 상호 교체될 수 있는 선택적 모티프처럼 사용되고 있는 것을 볼 때, 화가들은 그 인물들의 정확한 의미보다는 장식적 효과로서의 기능을 더 중요시했던 것 같다. 다소 간략하게 그려지기는 했어도 이 인물들은 독실한 신자들(기도자상)의 영혼과 목자로서의 그리스도에 관한 상징이다. 석관에서 이 상징은 어떤 관객들의 시야에는 들어오지 않을 수도 있었다. 그러나 카타콤 화가들은 그들의 단아하고도 간략한 방법을 포기하지 않았고, 그려진 모든 인물들이 그러한 태도를 증명한다. 그들은 가볍고 경쾌한 스타일로 사자굴 속에 던져진 다니엘, 라사로의 부활, 노아의 방주, 혹은 동방박사의 경배를 그려내고 있다. 인물들은 언제나 젊고 단아하며 우아하고 위엄 있는 모습을 하고 있다. 예외적 경우도 있을 수 있겠지만 여기서 이러한 관례적이고 도식적 표현을

하고 있지 않은 벽화는 거의 없다.

석관에서처럼 카타콤 벽화에서도 요나 이야기가 자연스럽고 우아한 도 2
모습으로 정자 그늘에서 쉬고 있는 요나, 고래가 토해낸 요나 같은 여러 개의 연속되는 에피소드들로 나뉘어 표현된다. 여기서도 장식적 의도가 의미를 앞지르고 있다. 이러한 종교적 상징을 담당한 화가는 요나 이야기를 여러 에피소드로 나누고 그것을 지붕과 벽 장식 혹은 석관 표면에 전체적 구성으로 인해 생긴 패널 위에 분산하여 배치했다. 이러한 미술은 세부나 인물의 개성적 표현, 얼굴의 정확한 윤곽에는 관심을 두지 않는 편안한 미술이다. 때로는 미완성 건축과 서술적 성격을 띠는 성서의 사건을 허술하게 표현하기도 한다. 따라서 이런 카타콤 벽화들은 사건을 묘사하기보다는 암시하는 데 그치고 있는데, 이는 이들이 어떤 특정 인물이나 사건, 대상을 가리킬 때 한두 가지 두드러진 특징만을 제시하는 것으로 충분하다고 믿었기 때문이다.

이러한 몇 가지 특징들로 도상이 결정되는 것은 결코 아니지만 대략적 내용을 알고 있는 관객이라면 이러한 간략한 지시사항을 활용하여 주제를 파악해낼 수 있다. 다른 말로 표현하자면 이러한 그림들은 도식적이다. 즉 이는 지성에 호소하는 이미지-기호이며, 실제로 보여주기보다는 암시를 한다. 어떤 기호의 가치가 간결함에 비례하듯 도식을 단순화하는 방법은 이해하기 쉬워야 할 필요가 있는 경우를 제외하고는 그 자체에 제한은 없다. 기호는 애매모호함 없이 판독할 수 있어야 한다. 물론 어떤 맥락 속에서 기호의 빈번한 사용이 오히려 다른 곳에서 그림의 판독을 불가능하게 만드는 경우도 있기는 하다. 그 예로 루치나의 유명한 벽화를 보면 고리 모양의 흰 물건으로 채워진 작은 바구니 받침대로 사용되는 물고기가 있다. 그 시대 기독교인들은 이와 같은 이미지가 성체배령을 표현하고 있다고 해석할 수 있었다.

마찬가지로 그들은 어부의 모습이 그리스도와 영혼을 낚는 사도들을 암시함을 알고 있었다. 그러나 간결함이 매우 극단적인 경우가 있는데, 예를 들면 식사를 표현하는 어떤 장면을 보면 그것이 오병이어의 기적인지
도 3 아니면 가나의 혼인 잔치에서의 기적, 최후의 만찬, 혹은 내세에 예정된 천국에서의 향연인지를 구별해줄 아무런 세부사항이 없다. 카타콤 벽화 중 몇 개를 스케치한 화가들은 아마도 그들이 사용한 이미지-기호에서 애매모호함을 완전히 배제하지는 않았을 것이다. 왜냐하면 예를 들어 오병이어는 천국에서의 향연의 상징, 혹은 최후의 만찬의 형상으로 간주되기 때문이다. 어떤 경우에는 이러한 모호함이 명백하게 드러난다. 예를 들면 루치나에 있는 소위 '성사실'이라고 불리는 카타콤의 식사 장면은 비록 세례 장면과 인접되어 있어 최후의 만찬을 나타내는 성찬식이라고 주장할 근거가 있다 하더라도 그 속의 공동 식사 장면은 (열두 개의 바구니가 보여주고 있는 것처럼) 오병이어 기적의 구현으로 간주되고 있다. 왜냐하면 다른 성사인 세례식과 인접한 도상이 상기시키는 것은 성사의 기본이 되는 복음서의 에피소드이기 때문이다.

세례식에 관한 문제는 한층 더 복잡하다. 고고학자들도 이 세례 장면이 예수의 세례인지 일반 신도의 세례인지 확실하게 판단하지 못했다. 이것은 우리가 앞서 주장했던 것과 일치하는 것으로, 카타콤에서 발견되는 이미지-기호들은 그 의미가 명확할 경우에만 판독이 가능하다. 그러나 명확성의 문제는 그것을 바라보는 사람의 훈련 문제이기도 하다.

또한 이미지-기호의 명확성은 그것이 전달하려고 하는 주제의 복합성 정도에도 달려 있다. 우리는 로마의 비알레 만초니Viale Manzoni에 있는 아우
도 4 렐리우스 가문의 지하납골당 벽에 표현된 대부분의 장면에 대한 단서를 잃어버렸다. 우리는 로마의 산 세바스티아노 카타콤에 있는 아주 흥미로운 장면인, 경이에 찬 군중 앞에서 승천하는 군복을 입은 인물의 의미를 더 이상 알아낼 수 없다. 초기 기독교 도상학에서 기상천외한 주제에 관한 표현이 그리 흔한 것은 아니다. 하지만 여자와 아이 앞에서 별을 가리키는 듯한

동작을 취하고 있는 인물이 그려져 있는 산타 프리실라 카타콤 벽화의 수수께끼 같은 장면에 관해 과연 누가 결정적 해답을 줄 수 있을까? 그리고 도 5 치미테로 마조레Cimitero Majore 카타콤 벽화에서, 기증자를 양쪽에 두고 있는, 그리스도의 두 모노그램으로 에워싸인 어머니와 아이가 누구인지 누가 알아볼 수 있겠는가? 정말 그녀는 성모 마리아일까? 아니면 아이와 함께 있는 한 기독교 신자에 지나지 않는 것일까?

간략한 이미지-기호들만이 해석의 문제를 제기하는 것은 아니며, 1955년 비아 라티나Via Latina 카타콤에서 발견된 명문이 없는 묘사 장면도 유 도 6-8 사한 어려움을 드러낸다. 우선 발아래 길게 누운 시체 주위의 성인과 학자 무리를 그린 유명한 그림을 보자. 이런 장르의 다른 경우에 있어서도, 비록 다른 곳에서 '기호'의 기능을 위해 만들어졌다 해도 이미지는 그 기능을 더 이상 수행하지 못하고 있다. 그것은 이미지가 표현하려는 주제가 너무 독특하기 때문에 이해하기 어렵거나 도상학에 대한 우리의 기반이 불충분하기 때문인지도 모른다.

물론 초기 기독교의 이미지-기호들이 도상학의 표현 수단으로서 유효한가를 판단하는 것이 미술사학자의 의무는 아니다. 그러나 그 유효성의 한계를 인정하는 것만으로는 그것에 어떤 기능이 부여되어 있는지 충분히 알 수 없다. 이러한 기능은 언어학에서의 '일반적 개념'과 비교할 수 있는데, 이 개념은 일상적 형상을 통해 표현되고, 어떤 문맥 속에서 오직 그 이미지를 반복함으로써만 그것에 부여된 '일반적 의미'를 이해하고, 그것에 추상적 개념의 삽화적 가치를 부여하게 되는 것이다. 바로 이런 식으로 신앙이라는 개념은 이미지-기호로서 기도자상을 취하고, 박애자라는 개념은—비록 도상학적 용어들 중 가장 드문 것이기 때문에 덜 확실하기는 해도— 도상학적 대응물로 어린 양을 메고 있는 목자의 모습을 취한다. 연속되는 복합적 주제에 이용된 것으로는 도상학적 표현을 평범하게 하고, 그 의미를 이해할 수 있도록 한 수태고지, 부활절, 그리스도의 세례, 주현절과 같은 축제 주제가 있다. 이와 같은 축제의 명칭들과 그에 해당하는 이미지-기호들은 이러한 축제를 통해 기념되는 복음서의 사건을 상기시키기에 충분하다.

모든 초기 기독교의 도상들은 우리가 방금 그 특성들을 언급한 기호의 기능을 지닌 회화 범주에 속한다. 가장 오래된 모델은 아마도 장례 미술에서 찾을 수 있을 것이다(무덤과 관련된 도상처럼 일찍 시작되었다고 말할 수는 없어도, 살아 있는 사람들을 위한 유사한 도상은 존재했었다). 초기 기독교 시대의 카타콤 벽화와 석관에서 많이 발견되는 것으로 조사된 이미지-기호들은 그 의미론적 가치에 비추어 두 개의 범주로 나누어볼 수 있다. 제한된 숫자의 도상학적 기호들은 교회의 두 가지 중요한 성사인 세례
도 9 와 성찬식을 표현하고 있으며, 그 나머지는 대부분 하느님이 신도들에게 약속한 구원을 위해 행한 신적 개입과 관련해서 구약과 신약에서 발췌한 사례나 참조사항을 나타낸다. 즉 홍수를 피한 노아, 아브라함으로부터 구원된 이삭, 사자들로부터 구출된 다니엘, 불구덩이에서 구출된 세 명의 젊은 히브리인, 그리스도에 의해 다시 살아난 라사로, 치유되어 침상을 들고 걷는 중풍환자 등이 그것이다.

이처럼 극히 도식화된 장면들이 카타콤 속에 그려지거나 석관에 조각으로 새겨질 경우, 죽은 자의 육신 곁에 위치한 이 장면들의 존재는 영혼의 구원이라고 불리는 코멘다티오 아니마이^Comendatio animae^[1]의 장례식 기도와 같은 의미를 갖는다. 신자를 위해 신이 개입한 선례들을 열거하며 방금 죽은 사람에게 하느님이 똑같은 은혜를 베풀기를 기원하는 것이다. "나의 하느님이여 당신이 다니엘과 노아를 구하셨듯이 그를 구하소서." 우리가 알고 있는 종교 의식들은 9세기 이후의 것이지만 이 해석의 정확성에 대해 의문을 품을 수는 없다. 왜냐하면 산 자들을 위한 비슷한 기도가 오늘날

1 로마 시대의 장례의식으로 영혼의 구원을 의미한다.

우리에게까지 전달되었고, 그중 몇 가지는 그 기원이 고대 말기까지 거슬러 올라가고 있기 때문이다. 성서에서 볼 수 있는 하느님의 구원 능력을 상기시키는 기도들이 산 자들에게까지 확산된 것은 유사한 이미지로 장식된 금잔이나 유리잔 같은 일상용품들에 의해서도 설명된다. 개인적 예배나 초자연적 기원祈願에 사용되었던 이러한 종류의 기도는 유대인들의 기도에까지 거슬러 올라갈 수 있을 것이다. 성서의 어떤 구원이나 해방을 표현하는 이미지-기호들은 처음에는 유대인들의 개인적 사용을 위해서 만들어졌을 수도 있다. 우리가 알고 있는 유대인들의 구원의 본보기로는 아들 이삭을 제물로 바치는 아브라함, 노아, 그리고 다윗 왕이 있다. 초기 기독교인이 유대인들이 만든 이미지-기호를 알고 있었는지 아니면 단지 "노아를 구하셨듯이 나를 구하소서"라고 하는 유대인들의 기도를 알고 있었는지의 문제에 있어서, 구약성서에서 빌려온 구원의 내용이 카타콤 벽화나 석관에 많이 표현되어 있다는 사실은 애초에 유대인의 기여가 있었다는 사실을 유력하게 해준다. 구원에 관한 도상들은 "과거의 모든 진실한 자들을 구원하신 하느님이 지금 죽은 자를 위해서도 (혹은 이 도상이 그려진 물건의 소유자를 위해서도) 그러하시리라"는 것을 의미한다.

구원을 기원하는 앞서의 표현들 대신 세례, 미사 같은 성사를 표현할 경우 그 심리적 의도에는 약간의 차이가 있게 된다. 이 경우 분명 히브리의 영향이나 "이전에 다른 자들을 구원하셨듯이 나를 구원하소서"라는 식의 인식과는 무관하다. 장례 미술에서 발견되는 이러한 도상들은 이 두 성사의 묘사를 통해 죽은 자가 기독교도였다는 사실을 알려준다. 죽은 자의 구원을 보증하는 데에는 신적 개입뿐만 아니라 교회의 성사에 참여하는 것도 동시에 필요하다는 것이다.

암시적 기호로 구성된 기독교 도상학은 매우 교묘하게 극히 제한된 숫자의 인물만을 사용했고, 결과적으로 혼란을 피할 수 있었다. 하지만 (당시 이교도들의 관례와 중세의 장례 미술을 생각할 때) 초기 기독교 미술에서 그리스도와 그리스도를 상징하는 것의 비중은 놀라울 정도로 미미하다. 이것은 기독교 공인 이전 초기 기독교 미술에 적용되는 것으로, 초기 기독교 시대에 구세주는 여러 가지 다양한 상징적 이미지로만 나타나며 개인적인 얼굴 모습을 거의 제시하지 않고 있다. 그중 특히 어린 양을 메고 있는 선한 목자는 예수의 비유인 목자가 기독교도 영혼의 알레고리인 어린 양을 구원하는 것을 의미한다. 도상학자들도 더 특수한 것을 찾아내려 하지 않았다. 어떤 석관에는 카타콤 천장에서처럼 세 명의 선한 목자들이 줄지어 늘어서 있다. 그리고 이 목자들은 천편일률적으로 젊은이나 수염이 난 성인 남자의 모습을 하고 있다. 베드로 성인의 이미지가 얼마나 그리스도의 상징적 이미지에서 영향을 받았는지 보여주는 사례를 일일이 열거하지 않더라도 대개의 경우 상징적 이미지들은 어느 정도 추상적이었다고 말할 수 있다. 로마의 이교도 미술에서 어린 양을 메고 있는 목자의 모습은 단순히 박애주의자humanitas였다는 사실을 상기해보자. 다시 말해 — 그리고 위에서 언급했듯이 — 기독교인들이 만들어서 3세기와 4세기에 걸쳐 가장 널리 퍼진 그리스도의 알레고리적 이미지는 도덕적 박애주의자의 상징에서 출발했던 것이다.

이와 같은 선한 목자로서의 그리스도와 짝을 이루는 도상이 기도자상으로 표현된 망자이다. 로마인들의 이교도적 상징주의는 기도자상과 같은 모티프를 '자비pietas'를 상징하는 이미지로 사용했다. 기독교 미술은 그리스도를 가리키기 위해서뿐만 아니라 평범한 기독교인을 표현하기 위해 추상적 개념들을 사용했다. 하지만 위의 두 경우에 있어서도 기독교 도상학의 후반부에서는 방향을 선회하여 초상화와 같은 구체적인 표상들이 상징과 알레고리를 대체하게 된다.

우선 선한 목자와 동시에 나타났고 그리스도를 철학자의 모습으로 표현하는 그리스도의 또 다른 상징적 형상에 대해 살펴보자. 선한 목자와는 반대로 이 도상은 잊혀졌는데, 바로 이것이 우리가 수많은 초기 기독교 석관들에서 상징적으로 표현된 철학자 모습의 그리스도를 알아보기 어렵게 된 이유이다. 하지만 현대의 성서해석자들은 상반신을 벗은 채, 혹은 반쯤 몸을 드러내놓고 겉옷을 두른 채 걸상에 앉아 책을 읽고 있는 수염 난 남자 도 10
가 '진정한' 철학자로 제시된 그리스도가 확실하다는 것에 의문을 제기하지 않는다. 물론 죽은 신자도 때때로 철학자의 모습을 취하지만, 일반적으로는 예수만이 이 도상을 취하며 죽은 자는 진실한 교리를 가르쳐준 철학자 앞에 몸을 굽히고 있다.

가장 오래된 카타콤에는 구약에서 인용된 구원의 이미지가 지배적으로 나타난다. 거기에 있는 라사로의 부활 장면에서 그리스도-기적을 행하는 자에 관한 몇몇 예를 볼 수 있는데, 4세기 카타콤과 석관 부조에는 예수가 행한 기적에 관한 장면이 더욱 자주 반복적으로 표현되고 있다. 이것은 도상 제작자들과 그들의 고객이 예수에 대해 더욱 개인적 이미지를 갖고 싶어했다는 보편적이고 중요한 사실을 반영한다. 이와 같은 예수에 대한 개성화는 예수가 행한 기적을 통해 점차 명확해진다. 그러나 예수의 기적에 관련된 도상들을 더 많이 제작하기 전에, 도상 제작자들은 예수의 어린 시절 중 한 장면인 '동방박사의 경배' 도상을 자주 단독으로 강조하여 표 도 11
현했다. 이 주제에 대한 특별한 관심은 오늘날 우리를 놀라게 한다. 왜냐하면 수세기 전부터 우리는 12월 25일 베들레헴에서의 예수 탄생을 기념하고 있는 반면, 옛날 사람들은 이 사건을 주현절인 1월 6일이나 동방박사가 도착한 1월 5일에 기념했기 때문이다. 초기 기독교의 장례 시리즈를 그리던 화가들은 매우 소박한 이 마지막 관례에 만족했다. 동방박사의 경배 도상이 모든 그리스도 연구의 도상을 대체할 때, 이것은 도상이 각 신자들의 구원에 있어 주요 논점, 즉 구세주의 육화와 그가 인간들에게 가져다준 구원이라는 논점을 드러내고 상기시킨다는 것을 의미한다. 구원은 종종 뱀이 감긴 나무를 사이에 두고 갈라서 있는 아담과 이브의 원죄 이미지를 통해서 상기되는데, 이것은 대부분의 경우 작업을 한 예술가의 안일한 소치이거나 혹은 구원을 지연시키는 것에 대한 최소한의 상기도 없이 구원의 약속만을 표현하려는 단호한 의도의 표시이다. 카타콤에 도상을 만든 화가들은 인류 최초의 조상을 자주 그리지는 않았다. 그럼에도 이러한 이미지의 매우 초보적 형상의 예가 존재한다(나폴리, 놀라). 그리고 4세기에 그 도상은 유니우스 밧수스(359년)의 유명한 석관에서처럼 구원의 주제와 관련된 일반적 표시로 이미지-기호들이 체계적으로 배치되어 있는 완전한
도 12 도상적 프로그램에 포함되어 있다. 여기서 원죄는 그리스도의 수난뿐만 아니라 베드로와 바울로의 순교를 보여주기 위해 전개된 구원 시리즈에 균형을 부여하는 데 사용되었다. 구원의 과정은 예루살렘 입성, 구세주가 도래하는 장면으로 시작되는데, 이것은 동방박사의 경배와 도상학적으로 동일한 의미이지만 이런 식으로 더욱 발전된 구원의 과정을 통해 동방박사의 경배가 그리스도의 육화와 구원의 상징이었다는 사실이 확증된다. 경배는 집단적이거나 개인적인 구원의 역사에 자리 잡은 가장 오래된 이미지-기호였고, 이 사실은 그것이 처음부터 장례 미술에 빈번하게 등장한 이유를 우리에게 밝혀준다.

로마 카타콤 벽화에 그려진 도상의 주제와 로마 석관 도상의 주제는 대체로 같다. 마찬가지로 로마 석관의 도상과 3-4세기에 지방에서 제작된 석관의 도상 사이에도 본질적 차이는 없다(남부 이탈리아와 시칠리아, 북부 이탈리아, 프로방스, 스페인, 북아프리카와 콘스탄티노플에서조차). 그러나 점차 풍부해지는 레퍼토리와 도처에서 등장하던 새로운 도상 때문에 무덤의 관례에 대한 이 도상의 단일성은 단지 기념물들의 연대를 참작할 때만 나타난다. 초기에 나타나고 있는 탁월한 단일성은 3세기 벽화와 부조에서 찾아볼 수 있다. 그 단일성은 기독교 공인 이후 점차 감소되며 기독교 미술의 각 분야는 더욱 많은 자율성을 지향하고 다양한 곳에서 영향을 받기 시작했다. 이 부분은 나중에 성서의 주제를 다루는 이미지-기호들, 그리고 이것의 주제와 묘사적인 그림들의 관계에 대해 논할 때 다시 언급하

도록 하겠다.

이제 카타콤이라는 장소는 도상 제작자들이 자유롭게 제작을 하는 데 별로 도움이 되지 않았으며, 교회 벽면에서 회화가 급속하게 발전했다는 가정을 해보자. 5세기 후반부터 로마에 있는 카타콤 벽화는(나폴리에서는 기독교 공인 이후 몇 세기 동안 접근이 용이한 지하 회랑이 여전히 이용되었다) 이전 벽화들을 반복하거나 건물 표면 그림들을 모사한 것으로 후자의 것은 최근 비아 라티나에서 발견된 카타콤에 수없이 많다. 비아 라티나 도 66, 74
벽화 연구에서는 특히 양식적 문제나 도상학적 프로그램과 관련된 연구일 경우 이 후자의 실제에 대해 생각해보며 진행시키는 것이 도움이 된다.

4세기 석관에 나타나는 도상학은 더욱 흥미롭고 독창적이다. 여기서도 마찬가지로 기독교 공인 이후 건립된 거대한 교회의 기념비적 미술은 깊은 흔적을 남겼다. 바로 이때부터 위엄 있는 영광의 그리스도 도상과 베드로, 바울로와 같은 사도들의 새로운 도상이 예수의 부활과 육화의 가장 도 30
오래된 형태들과 함께 석관 위에 나타나기 시작한다. 그러나 무엇보다도 4세기 벽화에서처럼 석관에서도 이미지-기호는 묘사적 그림의 경향을 띠고 도 11, 12
있는데 이러한 중대한 발전에 대해서는 후에 다시 언급하겠다.

하지만 그전에 우리가 이미지-기호라는 용어로 지칭하며, 또한 최초의 것이라고 간주하는 기독교 도상의 정확한 종교적 가치 문제를 제기해보아야 할 것이다. 분명 대다수 사람들은 이러한 장례 미술 도상이 모든 다른 이미지들처럼 그것이 재현하는 인물들을 환기시키는 데 사용된다는 간단한 대답을 할 것이다. 하지만 이러한 대답에 만족한다는 것은 진정한 문제를 피하는 결과를 낳는다. 기독교도들이 도상에 대한 최초의 부정적 태도를 버리고 도상 레퍼토리를 무덤이나 분묘 같은 성스러운 장소에 도입했을 때에는 그렇게 할 수밖에 없는 중대한 이유가 있었을 것이다. 그렇다면 과연 그들의 의도는 무엇이었을까?

위에서 살펴보았듯이 초기 기독교 도상은 오직 기독교 미술의 두 범주인 카타콤 벽화와 석관 장식에만 사용되었고, 종교적 의미 또한 명확했다. 그리고 대부분의 도상들이 과거에 하느님이 신자들에게 약속한 구원의 예를 표현하는 반면, 또 다른 도상들은 그리스도에 의해 실현된 구원의 사업을 상기시키거나 죽은 자가 내세에서 다른 의인들과 함께 행복한 생을 누리기를 희망할 수 있도록 해주는 기독교의 성사를 그려냈다. 다른 분야보다 선행되었던 기독교 장례 미술의 도상학적 프로그램의 일반적 정의는 공동묘지 벽화나 석관과 같은 어떤 개인의 무덤에 인간 각자의 구원이나 인류의 구원을 상기시키는 도상, 죽은 자의 신앙심의 공덕(그가 경험했던 고해와 영성체들)을 나타내는 도상들을 한데 모았기에 표현하는 사실을 완전히 설명하는 데에는 충분하지 못한 것 같다.

이처럼 도상을 한 곳에 모아 표현하는 것의 심리적 동기는 기독교 장례의 도상학적 내용과 동시대 이교도들의 것을 비교하면 조금 더 명백해진다. 이교도들은 종종 석관과 분묘의 벽에 신화적 이야기에서 차용한 장면들을 재현했다. 그중 어떤 표현들은 죽음을 일반적 테마로 취하는가 하면 멜레아그로스나 엔디미온 같은 신화 속 인물의 죽음을 표현하거나, 내세나 하늘 혹은 축복받은 섬들로 보내진 죽은 자의 영혼을 재현하고 있다. 위에서 보았듯이 이 두 범주의 주제는 카타콤이나 석관과 같은 초기 기독교의 장례 미술 시리즈 속에서 이교도 도상의 대응물로 나타난다.

그러나 분명 이교와 기독교의 장례에 관련된 내용들 사이에는 근본적 차이가 있다. 무엇보다도 기독교 장례 미술에는 죽음의 테마가 부재하는 반면, 이교의 장례 미술에는 죽음의 테마가 중심에 자리하고 있다. 기독교인들은 복음서나 구약성서에서 빌려온 주제에서 얻은 테마라고 해도 죽음에 대한 내용을 의도적으로 회피한다. 아마도 죽음에서 승리한 그리스도로 인해서 초기 기독교 도상학에서 이 테마가 배제되었는지 모른다. 두 번째로 기독교 도상학은 내세를 다루는 이교도적 전통을 계승할 때도 이를 훨씬 조심스럽게 진행시켰다. 오랫동안 내세의 삶의 표상은 삶을 표현할 때도 기도자상의 상징적 형상, 혹은 훨씬 추상적인 선한 목자가 그의 어깨에 메고 있는 어린 양에 한정되어 있었는데, 둘 다 기독교도의 영혼을 상징하는 것이었다. 4세기 말이 되어서야 (당시로서도 매우 드물게) 성인에 의해 천국으로 인도되는 죽은 자의 그림이 나타났으며, 이는 이교의 장례 도상학의 오래된 테마를 뒤늦게 해석한 예외적 경우이다. 도 15, 16

이교의 장례 도상들 중 비아 라티나 지하납골당에서 최근 발견된 헤라클레스의 행적은 기독교 장례 도상—적어도 중요한 범주인 구원의 이미지—과 가장 밀접하게 연결되어 있다. 둘 사이의 유사성은 우리가 기독교와 이교 그림의 더 깊은 종교적 의미를 고찰할 때 나타난다. 왜냐하면 이 경우 도상의 진정한 의미는 인간에게 선을 행하는 신의 능력을 상기시키는 것이기 때문이다. 표현된 에피소드를 기독교 관점에서는 하느님이 죽음으로부터 신자를 구하는 내용으로, 이교 쪽에서는 인간들을 해방시키기 위해 자신의 생을 바친 구원자 헤라클레스의 업적으로 기억할 것이다. 다시 말하면, 구원 혹은 해방을 나타내는 기독교의 도상과 헤라클레스의 행적을 나타내는 이교의 도상은 각각 인간을 위해 봉사하는 신의 능력을 명시하는 데 주력하고 있는 것으로, 바로 이러한 이유 때문에 그 도상들이 장례 미술에 사용되었던 것이다.

이러한 대응 구조는 더 확장되었다. 비아 라티나 카타콤의 헤라클레스 시리즈는 헤라클레스의 업적에 국한하지 않고 그로 인해 혜택을 입은 사람들의 도상도 포함하고 있다(알케스티스는 사후 헤라클레스에 의해 내세의 이상적 세계에서 영원히 사는 남편 아드메토스에게 돌아가게 된다). 이렇게 하느님에 의해 구원되는 아브라함, 이삭, 노아, 라사로 혹은 중풍환자 등을 표현하는 기독교의 도상들과 대응되는 헤라클레스의 도상처럼 이 카타콤의 기독교 도상도 효과를 발휘했다. 그 도상들은 각 사람에게 특별히 신의 보살핌의 혜택을 받은 성서나 신화 속의 인물들이 갖는 부러운 조건을 통해 그 자신의 최후를 볼 수 있도록 예고해주었기 때문이다.

초기 기독교 도상과 동시대 장례 미술의 이교도적 해석의 유사성을 인식하는 것은 양쪽의 종교적 의미를 캐내는 데 도움이 된다. 그러나 무덤 속에 이와 같이 서로 다른 두 시리즈를 모아놓은 사람들의 의도를 더욱 완전하게 밝혀내기 위해 우리는 같은 시기에 제작된 로마 시대 경기의 영향을 받은 도상을 증거로 제시할 수 있다. 이 도상들은 초기 기독교 도상이 나타나던 시대에 매우 흔한 것들이었는데, 그것과 초기 기독교 도상의 유사성은 지금까지 그 주제가 보여주는 차이가 너무 크다는 이유로 단 한 번도 거론되지 않았다. 로마 사회 전 분야에 반향을 일으켰던 검투 경기와 경기장의 중요성은 잘 알려져 있다. 기독교 의식의 언어도 검투 경기의 어휘에서 많이 차용하여 순교자 혹은 단순한 신자를 운동 경기의 승자에 비유한다거나, 종교적 체험에서 맛본 승리를 투기장에서의 결투나 승리와 관련된 용어로 묘사했다. 마찬가지로 기독교 도상은 검투 경기에 의해 창조된 도상의 레퍼토리에서 수많은 형상을 빌려왔다. 예를 들면 월계관을 놓을 돌기둥 옆에 서 있는 경기자의 모습이나 투기장에서 야수와 싸우는 검투사의 모습이 그것이다. 요컨대 로마의 기독교 공동체는 검투 경기나 원형경기장의 세계와 밀접했기 때문에 이 시대에 관해서는 도상학적 주제가 아니라 이미지의 기능을 비교하는 것이 마땅할 것이다.

네덜란드 고고학자 살로몬슨J. W. Salomonson은 튀니지 엘젬El-Djem에서 발견된 바닥 장식용 모자이크를 연구해 그것이 다섯 명의 검투사가 참석한 축제를 나타내고 있으며, 경기장 광경에서 영감을 얻은, 기독교가 공인된 로마 제국에 관한 시리즈의 일부였다는 것을 증명했다. 또한 그는 그림 테두리에 여러 번 반복되어 나타나는 이삭 다발로 표현되고 있는 벽사辟邪 모티프와 검투사 중 한 명이 손으로 잡고 있는 왕홀 형태로 된 벽사의 상징을 밝혀낼 수 있었다. 북아프리카의 다른 모자이크들도 엘젬 모자이크와 비슷하다. 그것 역시 검투 경기의 영향을 받은 장면들로, 동물과 격투를 벌이는 검투사들의 모습을 담고 있다. 하지만 거기서도 우리가 바로 위에서 예로 들었던 이삭 다발, 왕홀 등과 같은 벽사를 표현하는 상징이 카르타고 계통의 더욱 추상적인 부적 모티프들과 어우러져 나타나고 있다. 이러한 종류의 도상들 중 엘젬의 또 다른 모자이크는 특별히 교훈적이다. 실제로 거기에는 벽사를 나타내는 몇몇 상징과 검투사 모티프뿐만 아니라(앞서 관찰한 모자이크 모티프 외에 불행으로부터 보호하는 이미지를 볼 수 있다) 경기를 관람하는 사람들의 환호에서 끌어낸 문구가 새겨져 있다. "너는 (그러한 공적을 이행할 수 있는) 유일한 자다", "(너의 영광이) 영원히" 같은 명문들은 검투사들의 승리를 표현하는 도상으로서 위풍당당한 성격을 잘 드러내 보이고 있다. 유명한 검투사들의 공적을 표현하는 도상학적 기념물로 꼽을 수 있는 이 명문들은 주문자들이 이 공적을 되풀이하고 영원히 지속시키려는 욕망을 드러내는 것이지, 그것이 수반하는 벽사적 상징과 환호의 말은 아니었다. 본래 벽사와 관련된 상징들은 지나간 것에 대한 효과가 없기 때문에 그것을 단순히 기념하는 그림 위에 표현한다는 것은 쓸데없는 일이었을 것이다. 그 상징들이 존재한다는 사실은—수도 많고 빈번하다—이러한 구성이 도상들을 바라보거나 소유한 사람에게 좋은 영향력을 발휘한다는 것을 의미한다. 부연하자면 이러한 상징과 도상은 주문자를 위해 같은 종류의 의도들, 즉 그것이 상기시키는 구원이나 해방을 되풀이하고자 하는 희망에서 영감을 얻은 초기 기독교 도상과 동시대 그림들의 중요한 의미를 한층 더 확고하게 해주고 있는 것이다. 이것은 동시대에 죽은 자나 산 자에게 똑같은 구원이 허락되기를 바라며 상기시키던 노아나 다니엘의 구원의 모든 형상에서 기대했던 것과 심리적으로 매우 가깝다.

두 가지 고고학적 사실이 우리가 방금 고찰한 이교의 도상들과 기독교 도상들의 유사성을 더욱 강화시킨다. 우선 검투 경기에서 영향을 받은 다른 다수의 로마 시대 작품들로, 이것들은 분명 벽사의 효력을 지니고 있다. 고고학자 살로몬슨은 부분적으로 발드마르 데오나[Waldemar Deona]와 다른 고전주의 고고학자의 연구보다 앞서 이루어진 연구에 의거하여 유리잔이나 접시, 항아리, 램프 같은 다양한 일상용품에 그려진 어떤 동물들과 싸우는 남자나 다른 동물들과 싸우는 야수가 나타난 장면의 빈도수에 주목했다. 그리고 이 모든 테마가 지니고 있는 벽사의 의미를 인정했는데, 그 벽사적 의미는 꿈에 관한 옛 연구서에서 나타난 사냥venatio 장면의 사용으로 확인되었다. 이 책은 결투를 표현한 그림을 길조로 해석했는데 늑대, 사자 혹은 황소와 싸우는 검투사와 동물들끼리의 싸움에도 똑같은 해석이 적용된다. 이 사실은 초기 기독교 도상 기능에 대한 연구에 매우 중요하지만 우리가 '라티푼디움 시리즈'라고 부르는 도상들을 다루는 다른 장에서 재검토될 것이다. 지금은 인간과 동물 사이의 싸움의 표현이 지니는 벽사적 의미를 증명하는 것이 중요한 일이므로 이에 대해 계속 살펴보자.

초기 몇 세기 동안 만들어진 모자이크 바닥은 경기장의 것과는 다른 도상으로 되어 있는데 이것 또한 같은 목적을 지향하고 있다. 그중 많은 것이 안티오크의 개인 저택에 있다. 그것은 각각 아나네오시스, 크테시스, 소테리아, 아폴라우시스(복원, 창설, 보존, 번영) 등 여성으로 의인화되어 있다. 각각의 의인화는 기초 공사를 하거나 주거지를 복원하는 행위 등의 목적과 일치한다. 왜냐하면 모자이크 의인화는 새로운 주거지 주민의 순조로운 미래를 기원하는 취지로 제작된 것이기 때문이다.

바닥 장식용 모자이크의 다양한 모티프와 주제는 우리가 앞서 검토한 승리를 구가하는 검투사의 경우와 같은 의도를 나타내고 있다고 볼 수 있다. 즉 이 구성물들은 장식적 매력과 부적의 가치를 지니고 있는 것으로, 그곳을 자주 출입하는 사람들에게 이로운 영향을 발휘한다고 여겨졌다.

(바닥에 위치했기 때문에 보존될 수 있었던) 이교의 바닥 장식 모자이크가 아주 많은 데 비해 이와 유사한 기독교 도상은 아주 조금밖에 없다. 그러나 매우 귀중한 가치를 지닌 예가 있는데, 바로 예배의식에 쓰였을 것으로 추측되는 주석 항아리로 19세기 튀니지에서 발견되었다. 이것은 당시 로시G. B. de Rossi에 의해 출판된 이후 사라졌다. 이 특이한 오브제의 겉면

은 돋을무늬가 새겨진 부조로 덮여 있고 기독교와 이교의 레퍼토리에서 빌려온 많은 모티프가 기묘하게 나열되어 있다. 승리의 관을 쓴 검투사, 사냥 장면, 어린 양과 에덴동산의 네 강, 종려나무 같은 모티프들을 사용한 것으로 보아 분명히 기독교의 것이 틀림없다. 이것은 다양한 도상들로 나열된 부분에 그 그릇을 사용하는 사람들을 위한 소망을 나타내는 희랍어 명문이 함께 있는 기이한 오브제이다. 경기장에서 차용한 기독교와 이교의 모티프가 벽사적 상징을 나타내고 있다는 사실은 명백하다. 그리고 그것의 유사한 작용은 그릇 표면에 함께 새겨진 명문으로 표명된 소망들을 실현시키는 데 기여하고 있다.

요컨대 이 오브제의 가치는 두 시리즈의 도상들을 병치시킴으로써 검투 경기에서 영감을 받은 도상과의 비교가 적합한가에 대한 마지막 의문을 깨끗이 씻어주는 데 있다. 튀니지에서 발견된 항아리는 검투 경기에서 영감을 받은 도상 시리즈가 부적의 가치를 지니고 있으며 기독교 도상, 특히 카타콤과 석관 표면에 표현된 구원 도상에도 유사한 기능이 부여될 수 있다는 결론의 정당성을 입증하는 실제적 증거가 된다. 여기서도 마찬가지로 기독교 도상 제작자들이 본래 상기시키려 했던 것은 장차 도래할 구원에 대한 단순한 상기가 아니라 영원히 현존하는 신의 능력에 대한 상징적 표현들이었던 것이다. 우리는 초기 기독교 도상의 종교적, 도덕적 의미를 명확히 밝히기 위해 이러한 관점을 설정하고, 기독교인들이 나름대로 해석하기 위해 사용했던 그러한 관례 위에 우리의 관례를 정해 유사한 이교의 기념물과 비교하는 방법을 사용하고자 한다.

또한 우리는 동시대 – 최초의 도상학적 노작들이 제작된 시대 – 의 기독교도들이 때때로 그들의 신학적 생각을 표현하기 위해 도상을 이용했다는 것을 유추해볼 수 있다. 그들은 예를 들어 로마의 장례 미술 속에 교회의 두 중요한 성사인 세례와 성체배령을 표현할 때 (그들 가까이 있는) 그 도상들을 필요로 했을 것이다. 위에서 이 도상들은 마치 영혼의 구원을 자신 있게 소망할 수 있는 신자와 같이, 죽은 자를 특징짓는 데 할당된 주제에 포함되었다. 하지만 마찬가지로 성사에 관한 도상은 그것이 순전히 상징적이거나(물고기 혹은 빵) 묘사적이라 해도(그리스도의 세례 장면, 오병이어의 기적, 최후의 만찬) 역시 그 안에 어떤 교리에 대한 언급을 내포하고 있다는 것은 확실하다.

이는 우리가 성사와 마찬가지로 망자의 신앙을 나타내는 도상으로 분류했던 다른 성서 장면에서도 마찬가지이다. 예를 들면 뱀과 함께 있는 아담과 이브와 주현절(동방박사의 경배) 장면이 그러한데, 왜냐하면 이 장면들 또한 명백하게 원죄와 구속이라는 기독교의 본질적 교리를 주장하고 있기 때문이다.

초기 기독교 도상학이 교리 분야에 관여했던 부분을 무시할 수는 없지만 교리적 테마에 관련된 도상들은 구원을 묘사하거나 상징적으로 형상화시킨 경우와 비교하면 극히 적다. 이것은 특히 카타콤의 경우에 더욱 그러하다. 4세기 석관들은 교리에 관한 도상학에서 더욱 멀리 나아갔는데 우리는 이 분야(삼위일체와 부활의 테마)에 관한 초기 기독교 도상의 중요 작품에 할당된 장에서 몇몇 예를 보게 될 것이다. 하지만 이러한 도상학은 지금 우리의 주된 관심 대상인 최초의 장례 미술 틀 안에서는 거의 나타나고 있지 않다.

하지만 동방에서 발견된 초기 기독교 미술의 한 작품이 당시로서는 유일한 벽화 연작의 훌륭한 예를 제공하고 있는데, 거기에는 주제와 구성뿐
도 13 아니라 교리적 가치도 잘 드러나 있다. 230년경에 건축된 작은 세례당 벽화가 바로 그것인데, 이 세례당은 유프라테스 강가, 로마 제국의 경계에 있던 소도시 두라에우로포스의 저택에 있던 것으로 기독교 종교의식에 사용되었고, 1차 세계대전 직후에 발견되어 남아 있던 세례당의 일부분이 예일대학 미술관으로 옮겨져 벽화와 함께 복원되었다. 이 건축물과 벽화의 연대에는 의심의 여지가 없기 때문에 우리는 세베루스 가문 출신의 황제 통

치 이후 기독교도들이 (비록 그들의 종교가 비합법적이었다 하더라도) 제국의 도시 안에 종교의식을 위한 건물을 소유하고 있었고, 종교의식을 위한 도상을 상대적으로 풍부하게 사용하고 있었다는 것을 확인할 수 있게 되었다. 우리는 그러한 건축물들이 로마 제국의 통치를 받던 동방의 지방 도시에 존재하는 특수한 것이었는지는 알 수 없다. 그러나 꼭 그렇다고 믿어야 할 근거도 없다. 알다시피 기독교인들이 숭배하던 장소들은 그곳에 있던 것들과 함께 3세기와 4세기 초에 있던 기독교 박해 때 도처에서 파괴되었다. 두라 세례당 건물이 부분적으로 남아 있는 것은 순전히 우연에 의한 것이다. 256년경 파르티아의 공격이 있기 전날 밤 로마 제국의 국경 도시를 지키던 사람들은 도시에 인접한 성곽들을 강화하기 위해 심사숙고 끝에 이 건물을 매몰시켰고, 파르티아인들이 그 도시를 점령한 이후 복구되지 못했던 것이다.

두라 세례당의 도상 프로그램은 시리아 북부 셈족 계통 기독교도들의 특별한 프로그램은 아니었다. 하지만 그 본거지가 어디든 간에 두라 세례당의 도상 프로그램은 주제 면에서 다른 것보다 더 중요한 내용을 표현하고 있고, 벽에서의 위치 배열은 로마 카타콤의 도상 프로그램과 구분된다. 도상들의 배치를 통해 형성된 계급 구조는 조화와 테크닉에 의해 두드러지게 강조되어 나타난다. 그런 식으로 아담과 이브의 장면은, 카타콤에서는 구원된 자들 가운데 어디라도 위치할 수 있고 선한 목자와 어떤 지형학적 관계도 갖지 않는 데 비해, 두라 세례당에서는 다른 방법으로 취급되어 있다. 방의 정중앙에 위치한 앱스[2](세례반 뒤에 있는)는 아담과 이브, 양떼를 이끄는 선한 목자와 같은 주제에 할당되어 있다. 즉 원죄와 구속이라는 기본적 교리들을 재현하는 이 두 도상은 그 위치로 인해 도상적 장식의 중심이 된다. 게다가 이 두 주제의 명백한 근거들에 비추어볼 때 양떼를 인도하

2 교회 건축에서 동쪽 제단 뒤편에 반원형으로 움푹 들어간 부분으로 초기 기독교 시대부터 이곳을 프레스코화나 모자이크로 장식했다-옮긴이.

는 선한 목자 형태로 표현된 구원에 대한 도상은 압도적인 반면, 원죄에 대한 도상은 벽감 아래 구석을 차지하고 있다. 중심 테마인 구원에 대한 목가적 도상은 나머지 벽에 펼쳐져 있다.

세례당의 모든 벽은 벽화로 덮여 있지만, 절반도 남아 있지 않기 때문에 도상학적 내용 전체의 범위를 알 수는 없다. 남아 있는 부분에는 복음서의 장면이 지배적인 데 비해(네 개 중 하나) 로마와 캄파냐에 있는 초기 카타콤에는 구약 장면이 대부분인 것은 순전히 우연한 일일 것이다. 하지만 두라에 남겨져 있던 단편들은 그 도상이 세례식을 기념하는 것에 사용
도 14 된 도상이라는 것을 말해준다. 우물가의 사마리아 여인과 물위를 걷는 예수는 세례식에서 가장 중요한 물의 테마를 상기시킨다. 그 밖에도 골리앗에게 승리한 다윗, 중풍환자의 치유, 예수의 부활(이 주제는 무덤가에 있는 성녀들 장면을 통해 도상학적으로 표현되어 있다)도 그려져 있다.

이와 같은 관점에서 구원을 표현하는 여러 도상이 장례의식에 의존하고 있음이 분명한 카타콤의 도상과 비교할 수 있다. 유대인과 기독교도의 기도뿐만 아니라 이후 초기 기독교의 예배의식에서 영감을 받은 사상이 로마 카타콤의 도상학과 3세기 두라 세례당에 똑같은 영향을 미쳤다. 망자들 혹은 새 신도들을 위해 기도할 때 기독교도들은 줄곧 구원 혹은 해방에 관한 성서적 행적들을 상기시키려 했고, 이것은 결과적으로 신의 전능에 호소하자는 생각에 이르게 되었다(두라에 있는 골리앗에 대한 다윗의 승리, 물에 빠진 성 베드로를 예수가 구한 기적, 중풍환자를 치유하는 기적). 이것은 종교적 의미가 동일한 도상을 사용했음을 말해준다. 장례식과 세례식처럼, 중요한 예수의 부활은 비록 의식에 관한 도상이 카타콤에 아직 존재하지 않았지만 4세기부터 석관에 자주 사용되었고 중요한 부분이 되었다. 그러니까 이 점에 관해서 230년경의 두라의 다른 도상 제작자와 3-4세기 서방의 도상 제작자의 관습이 매우 유사함을 알 수 있다. 매장 장소에서처럼 기독교 입문이란 신비가 예정된 자리에서 도상이 과거의 사건들을 상

기시키는 것 이상을 표현하고 있음을 우리는 짐작할 수 있다. 즉 어떤 의미로는 세례당 벽에서와 마찬가지로, 마치 우리들이 묘지 앞에서 성사를 거행하면서 그렇게 생각하듯 이 이미지들은 새 신자들을 위한 하느님의 개입을 영속시키려는 의도를 갖고 있다.

부활 장면은 흔치 않은 해석을 보여주고 있는데, 촛불을 든 세 명의 성녀가 천사 없이 닫혀 있는 거대한 석관으로 향하고 두 개의 별이 석관 끄트머리에 나타나 있다. 이 부활 장면은 같은 주제를 표현하고 있는 로마의 다른 도상들보다 반세기 이상, 그리고 무덤에 도착한 세 성녀에 관한 도상보다도 한 세기 이상 앞서 있다. 두라 화가들이 사용한 도상학적 레퍼토리는 로마 화가들의 그것과 완전하게 일치하지 않음이 틀림없다. 그리고 복음서 장면에 대한 해석을 고찰해보면 역시 매우 근접해 있기는 해도 구별되는 전통의 모사 같다는 인상을 받게 된다. 중풍환자의 기적은 연속적인 두 개의 에피소드(치유 이전과 이후)로 표현되어 있다. 이 장면은 그리스도가 물에서 성 베드로를 끌어내는 장면과 마찬가지로 카타콤 벽에 표현된 구원의 주제보다 더 묘사적인 방식으로 표현되어 있다. 그렇다고 이 도상들이 반드시 성서 필사본의 세밀화에서 파생되었다는 것은 아니다. 어쨌든 서로 다른 두 양식이 네이브[3]에 있는 그림 위치에 따라 각각 사용되었는데, 벽 상부에 있는 도상(기적)에는 흰색 바탕 위에 작은 인물들이 빠른 필치로 소묘되어 있다. 그러나 하단의 도상은 규모가 웅장하고 완전한 색채로 장엄한 리듬 속에 거대하게 표현되어 있다. 벽의 위치에 따른 주제의 해석 차이는 흑해 북쪽 연안에 있는 판티카파이움^Panticapaeum^의 옛 그리스 식민지인 케르치^Kerch^에 있던 유사한 종류(3-4세기)의 벽화를 기준으로 볼 때, 두라의 기독교 화가들이 로마 제국 동방 지역의 화가일지도 모르는 이교도 선구자에게서 이어받은 것이다. 프레스코화에서도 벽 상부의 하얀

3 교회 한가운데의 중심 공간으로, 신랑^身廊^이라고도 한다. 나르텍스(현관)에서부터 트랜셉트에 이르는 부분을 가리킨다 – 옮긴이.

바탕에는 도식적 스케치가, 하단에는 거대한 도상이 표현되어 있음을 볼 수 있다.

두라 세례당에 남아 있는 것으로 판단해볼 때 거기에 있는 그림들은 발견되기 이전에는 상상할 수 없었던 사실, 즉 기독교 공인 한 세기 전에 이미 기독교 종교의식에 사용된 장소가 도상으로 장식되었다는 사실을 보여준다. 이와 같은 벽화 양식과 그림으로 벽을 장식하는 방법은 화가들이 로마 제국의 동방 지역에 있던 이전의 이교도들의 예들을 따랐다는 것을 증명해주고 있다. 그러나 두라 세례당의 화가들은 주제의 선택과 구성에 있어서 어떤 체계를 따르고 있었는데, 이것은 분명 그 이전에 두라 지역에 로마 카타콤의 초기 기독교 도상과 거의 같은 시대의 기독교 도상이 이미 존재했다는 사실을 의미한다.

로마 카타콤의 회화는 그리스-로마 세계에서 탄생한 동시대 작품들이 서로 유사하듯 두라 벽화와 비슷하다. 하지만 우리가 이미 언급했듯이 그 관계는 그리 밀접하지 않은 것으로, 두라의 회화가 더욱 묘사적인 형상들을 추구한 반면 로마 카타콤의 회화는 가능한 한 간략한 이미지-기호에 오랫동안 집착하고 있다. 그러나 후자의 독창성은 무엇보다도 로마 도상의 특징이 된다. 나폴리와 거기서 멀지 않은 놀라에서 같은 시기에 나타난 기독교 벽화들은 훨씬 더 묘사적으로, 두라 미술 경향에 더욱 가깝다. 게다가 두라의 화가들은 로마의 화가들이 결코 등한시하지 않았던 장식적 효과에 완전히 무관심했다. 기독교 공동체의 모든 일원이 쉽게 접근할 수 있는 방에 그려진 그림들인지라 자연히 묘지 납골당 벽에 그려진 그림보다 더 묘사적인 경향을 갖게 되었을 것이라고 볼 수도 있을 것이다. 이와 같은 두라 미술의 특징은 이러한 종류의 고찰 혹은 다른 유사한 고찰로 설명되어야 할 것으로, 현대의 비평가들이 흔히 생각하는 지방주의 때문은 아닌 것이다. 3세기 로마와 프랑스 남부 프로방스에서 나타난 세례에 관한 시리즈 도상학과 두라 세례당의 도상학은 우리가 언급했듯이 신자들의 구원을 보장하는 하느님의 권능이라는 공통의 종교적 테마로 연결되어 있다. 하지만 두 경우 모두 선한 목자(복음서에서 빌려온 상징)가 구약성서에서 끌어온 구원의 이야기처럼 묘사되어 있는데, 이것은 개인과 종교의식에서 행해지는 기도의 도상적 대응물이다. 이런 이유로 도상학은 두 경우 모두 같은 기능을 갖고 있는 것처럼 보이는데 영감을 주는 기도와의 차이에도 불구하고 도상학은 매번 적응했다. 그러나 개인의 기도이건 의식이 거행되는 동안 낭송되는 기도이건 문제가 되는 것은 결국 개인의 운명이었다. 고려의 대상이 되는 예식은 공동체 전체보다 개인에 관계된 것인데, 세례식과 장례가 그 경우이다.

이렇게 우리는 이 예술의 종교적 의미와 영향 범위, 그리고 출현한 시기를 규정할 수 있다. 이 예술의 실용적 성격은 신자들이 추구하던 현실적 정서를 내포하고 있고, 이는 이 미술이 반드시 성직자의 승인을 받은 것은 아니라는 것을 의미한다. 그리고 이러한 고찰은 기독교 미술의 갑작스러운 개화에 놀라는 사람에게 설득력 있는 근거가 될 수 있을 것이다.

두라와 로마의 작품들을 분리시키는 모든 것, 다시 말하면 묘지에 사용할 도상을 창조한 예술가들의 경험과, 세례에 사용할 도상을 창조한 화가들의 독립적 경험에도 불구하고 우리는 도상에 대해 고위 성직자의 개입이 없었는지에 대해 의문을 제기할 수 있다. 각각의 집단은 자신의 도상학적 자원을 이용했다. 로마에서는 기독교도들에게 복음서의 진리를 가르치는 철학자의 모습이나 목가적 풍경 속의 목자와 양떼 모티프 같은 고전적이고 상징적인 장면을 사용한 반면, 두라에서는 고전 미술의 직접적인 영향은 나타나지 않았다. 그러나 선행하는 것의 부재는 비록 모든 지방적 전통의 가능성을 배제하지 않더라도 모든 도상이 지역적 전통에 의존하고 있었다고 단언할 수도 없게 만든다. 크리미아 반도에 있는 케르치의 장례 도상도 간과해서는 안 될 것인데, 이는 그것들이 당시 두라 세례당의 도상들과 매우 가깝고 친숙한 몇몇 특징(상층부에 스케치로 그려진 아주 작은 장면들과, 하단부에 그려진 거대한 인물들)을 보여주고 있기 때문이다.

따라서 결국 기독교 도상학의 초기 작업들이-한편으로는 로마, 다른 한편으로는 메소포타미아에서의-각자의 방식과 약간씩 다른 종교 사상의 요구에 따른 지역적 주도의 결과로 생겨났다는 가설을 배제할 수 없다. 그리고 그것이 사실이라면, 예를 들어 이러한 초기의 도상학적 시도가 로마 제국을 통해 기독교 공동체 집단 전체로까지 보급되지 않았다는 사실을 인정하는 것은 그리 놀랍지 않은 일이다.

하지만 이러한 언급과 반대되는 다른 고찰사항이 있는데 이것은 어떤 협의된 행동노선에 유리하게 작용하는 듯하다. 그중 가장 중요한 것은 당시 로마 제국에 다양한 종교들이 공존하고 있는 가운데 어떤 종교적 도상학의 초기 모습들이 동시적으로 나타나고 있다는 사실이다. 초창기 기독교 도상학은 모두 세베루스 가문의 황제들 시대 로마와 두라에서 실현되었다. 그리고 이러한 놀랄 만한 개화(이전 200년 동안 이러한 개화에 대해 아무런 준비도 없었다)는 기독교적 방식은 전혀 아니었다. 그래서 단지 이러한 도상학의 동서양 분파 간의 접촉을 시도하기 위한 것일지라도 당연히 교회 당국의 개입을 의심하지 않을 수 없다. 위의 두 분파는 공동 결정의 결과이거나 아니면 상호간의 영향에 의해서 생길 수 있었다. 이러한 고찰은 가설적 성격을 지니면서도 그럴듯한 진실의 모양새를 제시한다.

만일 우리가 문제를 기독교 도상학의 유일한 영역에만 국한시켜 본다면 상황은 바로 위와 같지만, 관찰의 영역을 조금 더 넓히면 상황이 다르다. 왜냐하면 전통적으로 형상을 사용하지 않는 고대의 종교 중 기독교만이 3세기 전반부터 도상학을 성립한 유일한 종교는 아니었기 때문이다. 만일 기독교가 200년간에 걸쳐 도상의 사용을 거부하다가 결국 기독교적 구상 미술을 창조했던 사실이 상당히 의외라면, 유대인들도 같은 방향의 변화를 겪었다는 것은 한층 더 놀라운 일일 것이다. 모세와 셉티미우스 세베루스 황제 사이에는 많은 시간이 흘렀고 그동안 유대인들은 성스러운 존재의 형상화는 물론 살아 있는 사람을 그린 초상화마저도 거부해왔다. 그러나 3세기 전반 드디어 종교적 경향을 띤 그림이 하나 둘씩 유대인 기념비에 모습을 나타냈다. 이것은 마치 유대인의 종교적 도상학 창조가 시작되는 듯한 인상을 주는데, 유대교 도상학 초기 작품은 어떤 의미에서는 기독교도의 최초의 창조물과 유사하다. 갈릴리에 있는 카페르나움 유대회당 부조 같은 상징적 형상물과 유사하지만 조금 나중에 만들어진 다른 예로는 프리지아에 있는 아파메아 주화를 들 수 있다. 이것은 이 도시에 사는 유대 공동체에서 제조된 것으로 방금 떠나온 방주 앞에서 기도하는 노아와 그의 부인 같은 성서의 장면을 보여주고 있다. 드디어 243년 이전에 두라의 유대회당 벽은 거대한 벽화 연작으로 뒤덮이게 되는데, 이 두라는 우리가 기독교 세례당 벽화를 보았던 바로 그곳이다.

유대교와 기독교 도상학 사이의 관계나 상대적 유사성의 근거가 어떻든지 간에 기독교 도상학자는 무엇보다도 다음과 같은 문제에 직면하게 된다. 어째서 전통적으로 반反도상적 태도를 취했던 로마 제국에 공존하던 두 종교가 같은 시기에 종교 미술을 갖게 되었는가? 이 질문에 대답하기 위해서 여러 가지 논거를 제시할 수 있다. 무엇보다도 두 종교를 분리시키는 모든 것에도 불구하고 비록 적대적이긴 하지만 양 공동체는 서로 영향을 주고받았다. 특히 우리는 초기 기독교 종교의식이 그 내용과 형식에서 (성사를 제외하고) 유대 교회 종교의식의 영향을 받았음을 알고 있다. 게다가 유대인들과 기독교도들에게 도상학이 비슷한 시기에 나타났다는 점은 이 두 계파가 같은 혈통을 갖고 있다는 사실을 인정한다면 쉽게 설명될 것이다. 그것을 더 명확하게 파악하기 위해서는 막 태동한 두 도상학을 동시에 고찰해야 하고 그 경향과 실제를 비교해야 할 것이다.

3세기 유대교 도상을 분석하고자 하는 시도는 아직 기독교 도상 연구를 충분히 발전시키지 못한 우리를 곤경에 빠뜨릴 수도 있다. 그러나 동시대 유대교 도상 작품을 모르면 기독교 도상학의 기원을 이해할 수 없으므로 유대교 도상에 내포된 의도를 파악하는 차원에서 몇 작품을 살펴보기로 하자. 자파와 카페르나움에 있는 유대회당 출입문 상인방에 있는 부조에는 (그리고 더 나중에 나온 유사한 작품 위에는) 상징적 형상물이 있다. 여호와, 신전의 일곱 가지 촛대, 별, 왕관과 독수리, 여러 마리의 네 발 달린 짐승, 그리고 천국의 종려나무가 그것이다. 기독교 도상처럼 이 모두에도 그리스-로마 미술의 영향이 나타나고 있고, 갈릴리 유대회당의 도상에도 인근 바알 사원의 장식적 모티프가 나타나고 있다. 이러한 초기 유대교 도상의 전형적 특징은 이러한 상징들이 유대 종교의식의 존재를 알리기 위해 도처에서 개별적으로 재생산될 수 있었다는 점이다. 그러므로 이것은 닻, 비둘기, 어린 양 등과 같은 기독교 이미지-기호의 상징적 대응물인 것이다.

프리지아의 아파메아 주화에 나타난 방주 옆의 노아와 그의 부인 도상은 종교적 해석의 문제를 전혀 제기하지 않는다. 이 도상은 이 도시에 있는 유명한 성골함, 즉 아파메아의 유력한 유대 공동체가 관리하고 있던 방주의 조각을 연상시켜 그 대상을 기념하고 있다. 성서에서 인용한 사건을 도상학적 용어로 해석하는 것은 이 경우 그 사건의 실제 유적지에서 영감을 얻었다. 이후 기독교도들도 똑같은 경험을 하게 되지만, 4세기 이전에는 이들이 유대인의 본보기를 따르려 하게 된 후(성 헬레나[Saint Helena]가 골고다의 십자가를 발견한 이후)에도 유사한 것이 전혀 관찰되지 않았다. 다시 말해서 유대인들이 기독교도를 앞선 것이다. 기독교도보다 앞서 유대인은 이교도 성소의 도상이나 성상의 도상을 화폐에 그려넣은 사건의 도상으로 대체하는 점에서 로마 기념주화의 영향을 받았다. 유대인의 경우 노아의 방주가 성골함으로 표현되었다.

유대인의 이 두 경험은 동시대의 것이지만 너무나 다르기 때문에 그것을 하나에서 유래한 것으로 귀결시키려고 애쓰는 것은 헛된 일이라고 생각된다. 3세기 기독교도들처럼 유대인들도 종교적 종교의 정수를 구현하는 도상 창조의 필요성을 느끼고 있었다. 그러나 그들이 갈릴리나 프리지아에서 실현한 것은 완전히 다른, 다른 기능을 가진 다른 장르의 도상이었다.

결국 우리에게 중요해 보이는 것은 두라 유대회당의 벽화이다. 작고한 크랠링C. H. Kraling이 이것을 페르시아와 로마 제국에 인접한 셈족의 작은 왕국들 중 한 왕국의 수도인 에데사Edessa를 중심으로 문화적 영역을 넘어 펼쳐진 유대인의 왕성한 활동과 관련시켰던 것은 타당한 것 같다. 여기서는 우리의 기독교 연구와 직접적 관계가 있는 이 그림들의 몇 가지 특징을 추려보는 것으로 국한하겠다.

이 벽화들은 우리가 갈릴리 카페르나움 부조에서 보았던 것과 같은 종 도 17, 18,
류의 상징으로서 아파메아 주화의 상징과 비교될 수 있는 성서 장면을 결 19
합시키고 있다. 그 점에 있어서 두라 유대회당은 로마의 석관이나 기독교 카타콤과 유사하다. 이 모든 것은 성서에서 발췌한 장면이나 기독교 상징과 유사한 배합을 보여준다. 그러나 두라 유대회당의 도상은 성서에서 영감을 받은 3세기의 간략한 소묘로 된 기독교 도상과는 달리 마치 틀에 끼어진 도상처럼 세부적으로 묘사되어 있다. 또 다른 기본적 차이점으로는 두라 유대회당의 도상은 종교 공동체의 일상적 예배의식을 위해 쓰이던 넓은 방 벽면에 펼쳐져 있는 데 비해, 이러한 시도와 맞서는 기독교 도상의 대응물은 기독교 공인 이후에야 나타난다는 점이다. 여기서 우리는 유대 신앙이 3세기 초 로마 제국에서 공인된 데 비해 기독교 신앙은 그렇지 못했고, 콘스탄티누스 대제 때에 이르러서야 합법화되었다는 사실을 잊어서는 안 될 것이다.

더욱 중요한 사실은 3세기 기독교 도상 시리즈와 비교해볼 때 이와 같은 유대 도상이 지니고 있는 의미의 차이이다. 위에서 언급했듯이 기독교
도상의 주된 목적은 언제나 개인의 구원이었다. 반면 두라 도상의 전체 주 도 17
제는 모든 선택된 백성의 운명이었는데, 도상의 선택과 배치에서 그것이 명백하게 드러난다. 이 점에 관해서도 역시 두라의 유대 도상은 기독교 도상의 내용보다 반세기 더 앞서 있었다. 세부적으로 들어가지 말고 단지 이

점을 확실하게 만드는 몇 안 되는 장면들을 떠올려보자. 유대의 상징적 주제 중에는 언약의 궤와 사자, 그리고 이스라엘의 열두 지파에 대한 야곱의 이중의 축복 등과 함께 성전이 압도적이다. 서술적 장면에서는 우선 홍해를 가로질러 선택된 민족을 인도하는 모세를 볼 수 있다. 시리즈 전체는 자신이 선택한 민족을 위해 행한 하느님의 개입에 대한 역사를 상기시키며 성전과 방주에 할당되어 있다. 또한 이스라엘의 은인 에스델 이야기(여기
도 18, 19 에서는 그녀의 사촌 모르드개의 승리), 에제키엘의 눈앞에 나타난 죽은 자들의 부활 장면, 그리고 끝으로 선택된 민족 전체가 무명의 주인공으로 나타나는 서술적 장면들 중 다윗이 사무엘에게서 기름부음을 받는 장면, 혹은 다윗 왕의 즉위 장면이 있다. 두라 유대회당 벽에 펼쳐져 있는 거대한 도상 프로그램 전체가 이스라엘 민족의 종교적 이해와 관계되어 있다는 것은 의심할 여지가 없다. 그것이 과거를 향해 있든 메시아에 관한 미래를 향해 있든 그 주제는 언제나 선택된 민족의 운명이었다.

그렇다면 이 도상들은 이스라엘 종교사의 어떤 면모를 설명하고 있는가? 그것들은 수세기 동안 행해진 하느님의 민족에 대한 염려인 동시에 이스라엘의 하느님이 그 반역자들과 그 민족의 원수들에게 가하는 형벌을 설명하고 있다. 그 어떤 사상도 하느님의 민족을 이스라엘과 동일시하는 방식과 메시아의 왕국에 임하는 최후의 영광보다 유대교를 더 잘 특징짓는 것은 없다.

그러나 기독교의 보편주의는 두라의 종교적 도상학이 보여주는 민족주의적 표현 방식에서 멀어지게 되었다. 앞으로 살펴보겠지만 콘스탄티누스 대제 이후 도상학은 점차 하느님의 왕국이라는 이 풍부한 주제를 독점하여 두라의 종교 도상과 다른 독자적 주제를 발전시켜나갔다. 그렇지만 두라의 도상들은—더구나 3세기 기독교 도상과는 너무나 다른—각자의 형상화를 통해 하느님의 전지전능과 (총체적으로 선택된 민족으로 간주된) 신자들의 지복[至福]을 나타내려 애쓴다는 점에서 유대회당 도상과 일치

한다. 여기서 또한 우리는 도상과 마찬가지로 장례 부조와 두라 세례당 벽화에서도 과거에 하느님이 그의 백성들에게 내린 은혜들을 열거하면서 구원을 환기시키는 기도(시편 118장 같은 유대인의 기도)를 인용할 수 있다. 다시 말해 이 도상학은 야훼에 의해 선택된 이스라엘 민족 전체에 관계된 구원의 문제를 제외하면 동시대 기독교 시리즈에서 확인한 도상학과 매우 유사한 종교적 의미를 갖고 있다.

우리는 이러한 결론을 역으로 뒤집을 수 있다. 즉 이러한 종류의 도상 프로그램은 유대인의 하느님은 위대하며 그의 백성들은 수세기에 걸쳐 그의 은혜를 끊임없이 누려왔다는 것을 의미한다고 볼 수 있는 것이다. 하느님은 그의 민족을 여러 재난들로부터 보호했고, 죽은 자들을 살려냈으며, 창세기부터 이스라엘을 축복했다. 여기서 또한 우리는 같은 시대 유대회당 도상의 테마인 위안과 보호에 대한 확신, 그리고 구원과 같은 테마를 발견할 수 있다. 그리고 만약 한쪽이 지상의 공동체 생활에 전념하고 다른 쪽이 죽음 후의 개인의 구원을 다룬다 하더라도 유대교와 기독교 도상은 모두 이 도상을 바라보는 신자를 위로하거나, 믿음을 더욱 굳건하게 만들거나, 종교적 실천으로 인도하는 것을 명백한 목적으로 삼는다. 이러한 고찰은 유대교와 기독교의 도상학이 세베루스 시대에 동시에 생겨난 이유를 더욱 명확하게 볼 수 있도록 해준다. 이 경우 우리에게 참고 자료를 제공한 기독교 도상학은 과거의 경험을 수단으로 한 구원을 목적으로 하고 있는데, 이러한 내용을 선택하는 미술은 신자들을 관리하거나 새 신자를 창출하는 데 사용된다. 유대교가 도상학적으로 훨씬 앞서 있는 듯 보였지만, 기독교는 여러 다른 인종 집단을 끌어들이는 데 더 적합했고 3세기에 융성했던 영지주의의 요구에 더욱 민감했다. 분명히 새로운 유대교 도상학이 먼저 시작되었고, 이후 기독교 도상학이 태어났을 것이다. 그리고 이 종교들이 각각 구원을 약속하고 있으므로 최초의 기독교 도상학은 그보다 조금 먼저 나타난 유대교 도상학에 대한 응답이나 반대론으로 생겨났을 가능성이 매우 높다.

이 모든 것은 대부분 확인될 수 없는 가설이다. 그러나 그들의 연대기적 출현 순서가 어떠했든지 간에 유대교와 기독교 도상학은 같은 시대에 시작되었으며, 아마도 유대교 공동체와 기독교 공동체가 공존하고 있던 로마 제국의 여러 지역에서 거의 동시적으로 시작되었을 것이다. 이러한 지역 가운데 하나가 로마였는데, 이곳의 유대인들은 기독교도들보다 도상을 제작하는 데 덜 적극적이었던 반면 기독교도들은 유대인들보다 고대의 영향에 훨씬 개방적이었다고 상상된다. 두 미술은 3세기 초 거의 동시적으로 나타나기 시작했으며 동로마 제국의 지역에 따라 그 강도가 달랐다. 팔레스타인과 페르시아 국경 사이에서는 유대교 도상학이 빠르게 성장했고, 로마 제국의 동쪽 지방에서 융성했던 셈족의 미술과 페르시아 국경을 넘어 로마 제국과 인접한 지역에 퍼져나간 페르시아 미술(두라 유대회당의 벽화와 도시의 다른 성소의 벽화)과 접촉하면서 차용한 것들을 이용해 더욱 광범위한 규모로 발전해나갔다. 당시 근동의 기독교도의 세력은 약했고 성소의 수도 적었다. 이들은 페르시아 미술보다는 그들의 이웃으로 유대 미술에 가깝던 로마 제국에서 도입한 미술의 영향을 받았다(두라 세례당 그림들 참조).

3세기 초 로마 제국 동쪽 지방과 메소포타미아 상류에 위치한 페르시아에서는 이례적으로 종교 미술이 발달했고, 이와 같은 현상은 점차 여러 다른 종교 미술에까지 파급되었다. 로마의 경우 기독교와 로마의 활동 범위에 대해 이미 언급했고 페르시아의 경우는 대략 240-270년 사이 크테시폰[Ctesiphon]에서 발생한 마니교가 도상을 사용하면서 두라 지역과 같은 로마 제국의 접경 지방에서 점차 서쪽으로 퍼져나가기 시작했다. 마니교는 시청각적 포교 방법을 사용한 첫 번째 경우인데 조로아스터의 추종자들은 이를 비난했다. 이러한 방법은 우리에게 매우 특별한 흥미를 불러일으킨다. 왜냐하면 고대 말기 유대교와 기독교의 포교단은 그림을 이용하지 않고 종교를 전파시켰기 때문이다. 남아 있는 도상은 없지만 문서를 통해 우리는 그중 몇몇은 마니교 추종자나 이후 마니교의 적대자(예를 들어 『왕들의 책*Chāh-nāmeh*』[4]의 저자 페르도우시Ferdowsi 같은 회교도)에 의해 제작되었음을 알 수 있다. 이를 통해 마니와 그의 제자들이 군중에게 보여주려 했던 도상적 주제 목록을 작성할 수 있다. 즉 신과 최후의 심판에 나타나는 심판관, 그리고 보상을 받는 선한 사람들과 형벌을 받는 악한 사람들이 그것이다. 최후의 심판 광경을 통해 개종 가능성이 있는 사람들에게 영향을 미치려고 노력한 포교의 두 번째 예가 마니인데, 4세기 이후 영국에서의 성 아우구스티누스의 기독교 포교와의 유사성을 생각해보는 것도 흥미롭다. 마니교도들은 마니가 사용한 주제에 다른 도상, 특히 옥좌 모티프를 덧붙였는데 이것은 마니의 수난과 승천을 상징하며, 마니 자신이 교회 최상좌에 보이지 않게 존재하고 있음을 나타내는 초상도 덧붙였다. 옥좌 옆에 위치한 마니의 초상화는 숭배 대상이었다. 이러한 마니교 도상학을 이해할 수 있게 하는 세밀화가 남아 있는데, 그것은 중국 미술의 영향을 강하게 받아 훨씬 나중에 만들어진 것이다. 이 삽화들은 마니교 공동체의 지방 분파를 위해 투르키스탄Turkestan에서 제작된 필사본에 들어 있다. 크테시폰에서 출발한 마니의 전도단은 계속되는 박해에도 불구하고 한편으로는 페르시아와 중앙아시아 쪽으로, 다른 한편으로는 로마 제국을 거쳐 아프리카와 이탈리아까지 진출했다. 따라서 이 도상학이 마니교 공동체가 생겨

4 페르도우시가 쓴 페르시아 민족 서사시. '왕서王書'를 뜻하는 페르시아어이다. 사산 왕조 마지막 황제의 명으로, 여러 이란 왕들의 역사가 7세기 전반에 「흐와타이나마크khvatay-nāmak」라는 제목으로 중세 페르시아어로 편찬되었고, 8세기 중반에 이브눌 무카파에 의해 「페르시아제왕전諸王傳」이라는 이름으로 아랍어로 번역되었는데, 원전 및 역서가 모두 없어졌다. 10세기 이란계 사만 왕조가 수립되자 민족의식이 고취되면서 이란 고유의 신화 · 전설 · 역사 등의 편찬이 성행하여 10세기 전반에 운문 및 산문으로 된 여러 작품이 나왔으나, 이것들도 모두 없어졌다. 10세기 후반 사만 왕조의 궁정시인 다키키가 같은 소재로 집필에 착수했는데, 1000구句의 단계에서 살해되어 미완성에 그쳤다. 957년에 완성된 산문 「왕서」를 위주로 30년 남짓 걸려서 완성한 작품이 이란이 자랑하는 민족 시인 페르도우시의 『왕들의 책』이다. 약 6만 구로 이루어진 이 대서사시는 인류의 조상, 최초의 왕 카유마르스로부터 사산 왕조 마지막 왕에 이르기까지의 신화 · 전설 · 역사 등을 수록했다. 이란 민족 최대의 문학 유산으로서 페르시아 문학의 최고봉의 하나로 꼽힌다–옮긴이.

나는 곳마다 반향을 일으켰음에 틀림없다. 퓌 빌헬름 쾰러[Feu Wilhelm Koehler]는 레오 대교황의 격려 아래 5세기 초 로마에서 생겨나 신학 사상으로 배양된 도상학이 서방에서의 마니교 파급에 대한 뛰어난 대응이었다고 평가했다.

서양의 미술은 400년경에 이르러서야 마니교와 만나게 된다. 로마 제국의 동쪽 지방과 페르시아에서 3세기 후반부터 4세기 사이에 유사한 동시에 격렬한 접촉이 일어났다. 니베르크[Nyberg], 비칸더[Wikander], 푸슈[Puech] 같은 현대 석학들은 이란의 도상학 분야에서는 신의 계시, 교회, 그리고 포교를 기록한 책과 함께 융성한 마니교 덕분에 페르시아의 국교가 된 조로아스터교의 창설과 전통적 조로아스터교의 법전 편찬이 이루어질 수 있었다고 평가한다. 우리는 새로운 연구들을 통해 사산조 시대에 볼 수 있는 국가 교회의 공적 미술 또한 마니교 도상학을 모방한 것이었다는 것을 보여줄 수 있기를 바란다. 도상을 포교의 수단으로 사용했던 마니교 포교단이 근동의 유대인들과 기독교도들의 구상 미술에 대한 전통적 반감을 없애도록 했다고 할 수 있는 어떤 근거도 없다. 그런 가설을 미제로 남겨두고, 우리가 앞서 제기했던 다음과 같은 질문에 답할 수 있는 좋은 기회를 가질 수 있을 것이다. 기독교도들이 유대인들을 뒤따랐고, 이 두 공동체의 도상학이 3세기 초에 시작되었다는 것을 인정한다면 왜 이 도상학이 그 전도 아니고 그 후도 아닌 바로 이때에 형성되었을까? 마니교의 요인이 그것을 해명해줄 수 있을지도 모른다. 왜냐하면 마니교는 포교를 위한 도상 제작을 특히 중요시했기 때문이다. 그러나 매우 다행히도 그 연대들은 이런 가정을 포기하게 만든다. 즉 최초의 유대교와 기독교 도상이 분명히 200년 직후에 나타난 반면—혹은 조금 이전일 수도 있다—가장 오래된 마니교 도상은 대략 240년 이전에는 나타나지 못했다는 것이다.

그럼에도 불구하고 마니교의 증거는 두 가지 목적에 도움이 될 수 있다. 마니는 그가 창설한 종교를 위해 도상을 창조할 수 있었다. 그리고 그 도상을 포교의 수단으로 삼았는데, 왜냐하면 종교 분야에서 그와 가장 가까운 이웃이었던 유대인과 기독교도 모두 각각 도상학을 창조했기 때문이다. 이 경우 이 세 가지 도상 체계 속에서 어떤 유사성을 발견하기를 기대할 수 있을 것이고, 특히 (우리에게 가장 흥미로운) 그것에 부여된 종교적 가치와 세 공동체의 종교적 삶에 부여된 세 가지 유형의 관습에서 그럴 것이다. 그러나 현재 우리가 아는 한, 마니가 그가 창설한 종교의 사상을 도상으로 표현하고 전파할 수 있다고 판단했고 240년경 메소포타미아 상류에서부터 설법하기 시작했다는 사실을 단언할 수 있다. 그가 만든 도상은 군중에게 설득력이 있었고, 그 증거로 〈최후의 심판〉이 중심 역할을 했다. 우리는 또한 두 번째 방법으로 마니교에 대한 증거를 한층 더 신중하게 이용할 수 있다. 마니교의 도상 창조와 조금 후에 생긴 유대교와 기독교의 도상 간의 상관관계를 미리 가정하지 않더라도 우리는 그 도상학들이 시작된 시기에 대해 연대적인 것을 알리는 것만으로도 만족할 수 있다. 나타난 순서가 어떻든지 간에 도상학이 짧은 간격을 두고 연이어 생겨난 것에는 의문의 여지가 없다. 세 종교의 도상이 거의 동시에 출현했고, 각각의 경우를 보면 현재 알려진 가장 원시적 미술적 표현들(모두 일반 군중을 대상으로 하던) 중 몇몇은 페르시아와 로마 제국 사이의 경계 지역인 유프라테스 강 상류에 남아 있다. 3세기 초에는 '로마의 평화Pax Romana' 덕택에 많은 종교들과 여러 사이비 종파, 그리고 철학적이고 종교적 신앙을 증거하는 사람들이 로마 제국 도시에 모여 자유롭게 살고 있었다. 특히 동방 지역 도시에서는 로마법과 번영이 이와 같은 공존을 뒷받침했는데, 아직 불안정한 상태에 있던 각 종교 그룹 내부의 심한 동요로 이들은 서로 화해하기도 하고 때로는 대치하기도 하며 조직을 정비해나갔다.

또한 어느 정도 헬레니즘 문화에 속해 있던 이 세계에서 그리스-로마의 전통은 표현 양식과 이데올로기에 대한 선전 도구로서의 미술을 더 선호하게 했다. 그리고 공존하던 종교 간의 경쟁은 각 도상의 계승자들과 창조자들을 자극했으며 종교들 사이의 경쟁이 더 심화될수록 그 종교들이 사용하던 도상들은 서로 닮아갔다. 즉 각자가 그리스 고전주의의 도상학 언어를 사용하고 있었기 때문에 그것들의 차이는 단지 로마와 이란, 그리고 헬레니즘 문화의 연장으로서의 유산에 대한 그들의 해석에 기인하는 것일 뿐이었다.

두라의 유적 발굴은 위와 같은 상황에 대한 최고의 도판을 제공하고 있다. 특히 서로 다르지만 형식 면에서는 놀라울 정도로 비슷한 여러 종교들의 예는 두라의 벽을 따라 길게 늘어서 있는 성소들의 벽화를 보는 것만으로 충분하다. 두라 세례당은 유대회당뿐만 아니라 미트라와 팔미르의 신들에게 바쳐진 사원, 그리고 아타르가티스[Atargatis], 아르테미스 아자나트코나[Artemis Azzanathcona], 셈족의 제우스, 그리고 토착신 아르테미스와 아도니스에게 바쳐진 성소들 근처에 있다. 시기는 달라도 그리 멀리 떨어진 시대의 것은 아닌 이 성소들의 도상은 모두 두라가 폐허가 되던 243년까지도 공존하고 있었다. 어쩌면 몇 년 후 그곳에는 마니교의 성소도 있었을 수 있다.

두라 성벽의 폐허에 나타나는 특이한 광경은 로마 군대와 후기 고대의 종교를 연구하는 사학자들에게만 시사하는 바가 있는 것은 아니다. 그것은 또한 잔해들이 보여주듯 이 종교 미술들이 태어났던 당시 환경을 우리에게 설명해주며 궁극적으로 이러한 도상을 창조한 사람들의 생각을 드러내주고 있다.

각 성소에 나타나는 도상들은 어쩌면 다른 종교의 도상 창조와 연결되어 있었는지도 모른다. 그것은 서로 뚜렷하게 구별되는 종교 공동체들이 사용했던 도상이다. 당시의 종교 중 가장 단호하게 형상의 사용을 거부하던 유대교와 기독교는 자신들의 종교가 다른 종교들과 구별되는 점을 강조하여, 그들의 종교적 특징을 느끼게 하는 데 있어 경쟁을 포기하지 않았음을 보여주고 있다. 이 점에서 같은 시대 로마의 기독교인들이 유대인들과 공유하고 있던 구약의 주제들을 부각시키고 있었던 반면, 두라의 기독교인들은 복음서 주제에 우선권을 두었다는 사실은 매우 놀랍다. 두라에서는 유대인들과 기독교인들이 서로 경쟁관계에 있었는데 그들의 도상학 레퍼토리가 이와 같은 현상을 잘 증명하고 있다.

TVRAVRBINEOFITVSIITADDEVM·V

제2장 동시대 이교 도상과의 동화

우리는 서문에서 도상학과 언어의 밀접한 관계에 대해 언급했었다. 다시 말해 도상학은 언어 문법과 비교해볼 수 있는 것으로, 어떤 일정한 규칙에 따라 여러 다른 종류의 요소들이 각기 결합하여 문장이나 담론을 만들 듯 도상을 만들어내는 것이다.

본 장과 다음 장에서 다룰 이러한 고찰은 도상학의 형성을 연구하는 데 있어 길잡이가 될 수 있을 것이다. 여기서 우리의 목적은 특히 초기 기독교 미술에서 사용되던 도상학적 용어들—언어로 따지면 단어와 문장에 해당되는—을 규정해보는 것이다. 우선 언어로서 기독교 도상학이 처음으로 형성되던 시기에 가장 널리 퍼져 있던 모티프들을 조사한 다음 도상 제작자가 로마 제국의 공식 미술의 어휘들에서 차용해온 용어들을 살펴볼 것이다. 동시에 이렇게 사용된 어휘들이 초기 기독교 시대라는 역사적 상황 속에 적응되어가는 과정을 추적해볼 것이다.

도상학에서 그것을 제작한 화가나 조각가의 창조적이고 개인적인 몫은 사실상 극히 미미하며, 그 나머지는 모두 시각 예술의 일반적인 어휘에 속한다. 다시 말하면 그것은 일반적으로 사용되고 있는 언어나 혹은 특수한 기술적 언어에 속하기도 한다는 말이다. 그렇게 함으로써만 창조자는 주위로부터 이해를 받을 수 있다. 그리고 이것이 바로 미술이나 언어 같은 모든 표현들이 지닌 명백한 목적인 것이다. 상투적으로 만들어진 작품이나 덜 진부하지만 그래도 꽤 흔하던 동시대의 수많은 복제 작품들이 보여주듯이 고대 말기의 기독교 도상학 또한 이와 같은 일반적 규칙을 지켰다. 실제로 초기 기독교 도상보다 앞서 제작된 이교의 작품에서도 이와 똑같은 특징이 엿보인다.

우선 당시 작가들이 생각조차 할 필요 없이 기계적 또는 의무적으로 사용해야만 했던 도식과 모티프의 카테고리부터 살펴보자. 이것은 도상학 분야에서는 윤리학자나 신학자의 작업과 같은 가치를 지닌다. 이러한 분류는 그리스도, 성모 마리아, 그리고 성인들을 포함한 모든 오래된 기독교 도상의 중심적 주제로, 인간 형상에 대한 표현 방식의 대부분을 포함하고 있다. 기독교 도상학은 이렇게 필요에 의해 서 있거나 앉아 있거나 혹은 엎드린 자세로 표현된, 즉 인간의 자세 중 가장 흔한 자세로 형상화된 인물들로 가득 차 있다. 이교와 초기 기독교의 도상도 똑같은 도식을 사용하고 있다. 이러한 유사성은 반드시 기독교 도상 제작자들이 이교도 동료의 도식을 차용했다는 것을 의미하지는 않는다. 하지만 이 점은 그들도 동시대인이 공유했던 유일한 언어로서 시각적 형태를 사용했다는 것을 증명해주는 것으로, 이와 같은 고찰은 우리가 열거하려고 하는 모든 모티프에 적용될 수 있다.

그 유사성을 확인하기 위해서는 로마의 아우렐리우스(비알레 만초니, 3세기) 가문 지하납골당 벽 하단에 일렬로 서 있는 인물들과 학자나 사도들, 그리고 선지자들의 전형과 유사한 독립 인물상과 비교해보는 것만으로도 충분할 것이다. 마찬가지로 우리는 오래전부터 박넝쿨이 우거진 정자 아래 누워 있는 요나와 이교도 석관에 누워 있는 엔디미온[5] 도상 사이의 유사성에 주목해왔다. 여기에서의 모방은 의도적인 것으로 보인다. 예를 들

어 죽은 아이를 표현하고 있는 로마 석관 조각에서 태양 아래 벌거벗은 몸
을 드러낸 젊은이들처럼 누워 있는 요나를 표현했다. 이따금 집회 장면이 도 10
나 철학자를 형상화한 그림에서 발견되기도 하나 곁에 아무도 없이 혼자
앉아 있는 인물은 아주 희귀하다. 이교도이건 기독교도이건 간에 이러한
종류의 도상은 앉은 자세로 정면을 보거나 옆을 향하고 있으며—흔히 대머
리인 경우가 많다—어깨나 상체의 일부분이 드러나는 엑소미스[exomis]라는
옷을 입고 작은 두루마리 쪽으로 몸을 구부리고 있는 인물로 표현된다. 두
경우 모두 단순히 현자에게 부여된 자세를 넘어서 펼쳐진 두루마리를 읽는
행동까지 유사하다.

우리는 이와 똑같은 원칙을 기도하는 자세로 하늘을 향해 팔을 뻗고 도 10
있는 인물에게서도 찾을 수 있다. 이러한 오란테[6] 자세, 즉 기도자상 테마
를 가장 선호한 기독교 미술은 이것을 기독교 도상의 전형으로 재빨리 확
립시켰다. 기독교 신앙의 상징인 기도자상에는 이교적 대응물이 존재하는
데 도상학적 관점에서는 이 두 그룹을 구별해낼 수 없다. 팔을 들어올리는
것은 기도의 의미일 수도 있지만 아주 흔하게는 놀라움을, 혹은 의식에서 도 20
는 갈채 혹은 증언을 나타내기도 한다(이것은 오늘날에도 여전히 선서를
할 때 취하는 동작이다). 예를 들어 파리 생트-샤펠[Sainte-Chapelle]의 돋을새김
을 한 거대한 옥석이나 로마의 경건한 황제 안토니우스의 원주 기단 위에
서 혹은 로마 집정관의 딥티크에 나타나는 이러한 동작의 이교도적 버전
은 모두 기독교 버전의 대응물을 가지고 있다. 모스크바의 알렉산드로스
대왕의 연대기 고문서에서 볼 수 있는 '아이'를 안고 있는 신의 어머니, 혹 도 21
은 막시미아누스 주교좌에 있는 몇몇 상아 조각(성서 사건의 증인인 선지

5 그리스 신화에 등장하는 아에틀리오스와 칼리케의 아들로, 달의 여신 셀레네의 사랑을 받았다. 그러나 그가 늙는 것을 두려워한 셀레네는 엔디미온을 젊고 아름다운 모습으로 라트모스 산 동굴에서 영원히 잠자게 만들었다—옮긴이.

6 초기 기독교 시대 로마의 카타콤과 석관에 나타난 주제로, 두 팔을 하늘로 향해 벌리고 기도하는 자세를 말한다—옮긴이.

자)을 그 예로 들 수 있다. 그러나 더 자주 나타나는 평범한 동작은 연설자의 제스처이거나 단순히 연설을 할 때 취하는 동작으로 현인, 수사학자, 이교의 행정관리, 그리스도와 그의 제자들, 그리고 기독교 도상에 나타난 예언자의 동작이 그것이다. 이것은 나중에 축복의 제스처와 섞이게 되고, 바로 이러한 이유로 기독교 도상에서 매우 중요하고 지속적 위치를 차지하게 된다.

여기에 덧붙여 기독교 시대에 유행하던 도상학적 표현들 가운데 이교도나 기독교도, 철학자, 작가, 혹은 교육자가 들고 있는 작은 양피지나 두루마리도 포함시켜야 한다. 그리스도나 철학자로 표현된 다른 기독교의 인물들은 어깨와 상반신의 일부가 드러나는 엑소미스 의상을 걸치고 나타나는데, 그런 식으로 선지자와 사도들은 그리스도가 진정한 철학의 창조자라는 것을 예언했고 가르쳤다. 그러나 엑소미스로 인해 드러나는 나체 때문에 당시의 기독교 미술은 이러한 의상의 사용을 제한할 수밖에 없었고, 대신 행정관리나 시인, 현인 같은 로마 시대의 고위층 인물들이 입는 전형
도 22, 23 적 의상인 길고 펑퍼짐한 토가나 다른 망토를 많이 사용하게 되었다. 이때부터 그리스도와 선지자, 그리고 사도들은 기독교 도상에서 다른 인물들과 구별되는 의복을 걸치고 나타나게 된다.

그리스도나 선지자, 사도들의 초상화가 없었기 때문에 사람들은 그들
도 11, 49 의 모습을 고상하고 표정이 풍부하며 수염이 없거나 여러 형태의 수염이 난 인물로 창조했다. 카타콤에서 흔히 볼 수 있는 이들의 초상은 4세기 석관에 더욱 자주 나타났는데 여기서 그리스도는 일반적으로 사도들 한가운
도 51 데에 있다. 시리아 아파메아의 바닥 장식용 모자이크에 보이는 호메로스를 둘러싸고 있는 철학자들, 아우렐리우스 지하납골당 벽화에 그려진 토가를 걸친 익명의 사람들, 그리고 빈 국립도서관에 보관된 디오스코리데스 필사본에 모아놓은 일곱 명의 가장 저명한 의사와 비교해보면 사도와 선지자들의 고상하고 표정이 풍부한 얼굴의 출처를 쉽게 알 수 있다. 그들은 로

마 제국 조각에 나타나는 많은 세속적 얼굴 초상과 닮았다. 우리는 기독교 도상 제작자들이 로마 제국의 이교도 미술에서 나타나는 여러 현인들의 모습에서 영감을 받아 그린 인물들에, 스탕달이 '고귀한 사상에 익숙하다'고 표현한 모습을 부여했음을 확인할 수 있다. 그렇다고 몇 세기 동안 이것이 거짓 초상화에서 개인적 특징을 기억하는 것과 다른 특징을 구분하는 것을 방해하지는 않았는데, 성 안드레아, 성 베드로, 그리고 성 바울로의 초상이 바로 이런 경우로, 최초의 작품들(황금색 배경 위의 옆모습)은 3세기까지 거슬러 올라간다. 이렇게 해서 현인에게 부여된 고상하고 표현이 풍부한 가상의 얼굴들로부터, 일정한 특성을 갖는 소위 '유사 초상화' 장르가 자리 잡게 된 것이다.

집단 인물화의 경우 배치의 문제 역시 같은 관례를 따랐다. 예를 들어 스승을 둘러싸고 있는 제자들이나 그리스도와 함께 있는 사도들의 경우 사도들은 가장 고령부터 수염이 나지 않는 가장 어린 나이까지 나이 순서에 따라 자리 잡고 있는데(원칙적이고 의도적이라 할 정도로 다양한 연령층으로 묘사되어 있다) 12사도의 경우 젊은 남자의 모습으로 그려진 필립보와 토마로 끝난다. 그럼에도, 나이 순서에 따른 도상이 제도화되기 전부터 기독교도들은 자주 오랫동안 다른 형식을 사용했다. 예를 들면 어떤 장면의 주인공들은 모두 젊은이나 아이로 그려졌다. 즉 모세, 노아, 이사야, 예수, 성 바울로 모두 수염이 나지 않은 청년으로 표현되었는데, 도상은 그들에게서 나이를 지워버린 것이다.

로마 제국 시대에 이교도 로마인들은 이런 종류의 도상을 높이 평가했고 어린아이들은 사냥, 검투 경기, 격투, 다양한 활동과 종교의식 장면에서조차 성인의 역할을 대신했다. 기독교 미술 초창기에 몇몇 도상 제작자들은 18세기 프랑스 미술을 연상시키는 이러한 소박한 장르를 새로운 종교에서 영감을 받은 장면, 다시 말해 예수의 포도밭과 성체배령을 암시하는 상징적 포도의 수확과 같은 장면에 적용시키려 했다. 그 예는 로마의 산타 코스탄차의 모자이크와 유니우스 밧수스의 석관에서 볼 수 있는 어린아이들의 포도 수확 장면이다. 로마에 있는 매우 오래된 도미틸라 카타콤의 어떤 벽화는 어린아이 모습의 큐피드와 프시케를 보여준다. 여기에서도 마찬가지로 이 인물들은 상징적인데 천국에서의 프시케는 내세의 영혼을 표현한다. 마찬가지로 최근 로마의 비아 라티나 지하에서 발굴된 공동묘지의 수수께끼 같은 기독교 그림에서 우리는 무릎까지 내려오는 속옷을 입고 서 있는 어떤 인물 앞에 있는 종려가지를 쥐고 있는 다섯 명의 아이들을 만나게 된다.

그러나 이런 어린아이 테마는 기독교도들에게서 그다지 높게 평가받지 못했고, 포동포동한 어린아이들은 곧 우아한 청년들로 교체되었다. 이러한 변형은 적절했는데 왜냐하면 청년들의 모습이 추상적 개념—여기서는 영혼의 개념—과 더욱 쉽게 결합되어 그 개념은 기독교 장례 미술 시리즈의 이미지-기호와 일치되고, 또한 도상 안에 지속적으로 나타나는 이러한 진지한 분위기를 저버리지 않아도 되기 때문이다. 여기에서 우리는 초창기 기독교 미술에서 언어학자들이 자신의 영역에서 종종 찾아볼 수 있는 현상을 확인할 수 있다. 즉 하나의 언어가 그 언어를 사용하던 한 세대에서 다른 세대로 넘어갈 때 그것의 형태와 가치도 변한다는 사실이다. 구술 표현에서와 같이 도상학에서도 동일한 형태와 기호의 의미가 변화됨을 엿볼 수 있다.

초기 기독교 이야기에 나오는 인물들의 젊음은 이야기의 상황을 시대 초월적으로 만든다. 이야기 속 주인공들은 모두 영원히 젊은 채로 머무르며, 결과적으로 그 이야기 자체가 모든 시대의 것이 되는 것이다. 많은 중세 텍스트들은 유사한 동시에 상반되는 또 다른 개념에도 적용된다고 생각했다. 즉 영원함이 주인공의 변하지 않는 젊음으로 표현될 수 있다면, 마찬가지로 수염 난 얼굴, 풍성한 머리털을 가진 성숙한 남자도 힘의 지속과 충만함을 암시하는 상징이 될 수 있는 것이다. 이 같은 유형의 모습은 특히 영원히 전지전능하고 모든 곳에 존재하는 존엄한 예수를 나타내기 위해 사용되었다. 그리스도의 모습과 주피터, 넵투누스 혹은 플루토스 같은 고대 후기 그리스-로마 문명의 전통적인 신들 사이의 유사성은 오래전부터 인정되어왔다. 이러한 인물들 사이에는 분명 상호작용하는 의미가 있었고, 그래서 기독교 도상 제작자들이 그리스도의 전지전능한 위엄을 표현하기 위해 이러한 유형의 모습을 자발적으로 사용했던 것 같다. 그렇다고 해서 이것을 직접적 차용이라고 말하기는 어려운데, 왜냐하면 어떤 기독교도도 이교도 신의 얼굴을 한 그리스도를 상상할 수는 없기 때문이다. 실제로 기독교 미술이 이교 미술을 직접 차용했다는 것은 생각할 수도 없는 일이다. 수북한 머리털과 긴 수염이 난 위엄 있는 얼굴은 공동의 레퍼토리의 일부분이었으며, 기독교도들은 이교도들과 같은 방식으로, 마치 우리들이 똑같은 말을 여러 다른 의미로 사용하듯 레퍼토리를 얻어온 것일 뿐이다. 그들은 또한 하느님 또는 신의 전지전능함을 지칭하기 위해 굳이 같은 의미를 부여하지 않고서도 동일한 구술적 어휘를 사용했다.

동시대 미술에 나타나는 다른 장면들도 이와 유사한 경우를 보여주고 있다. 그것은 신 혹은 영웅이 하늘로 올라가는 것에 관한 것으로, 경주자들이 이륜마차를 비스듬하게 세우고 열심히 하늘 사이로 달려가는 모습이다. 태양과 달을 의인화하는 것과 황제가 누리는 사후의 영광은, 기독교도들이 엘리야와 그리스도의 승천을 형상화하기 위해 그것을 사용하기 훨씬 전에 이미 고대 그리스-로마 시대의 도상 제작자들이 즐겨 사용하던 도식이었다. 불가피한 개작을 거쳐—신화 혹은 로마 제국 시대의 판화에서 볼 수 있는 승천 그림도 마찬가지로 개작이 필요했다—기독교 도상학은 주변에서 통용되던 시각적 도식을 채택했다.

기독교 도상학에서는 승천을 표현하기 위해 다른 유형의 도상을 사용했는데, 정면에서 본 개선 마차가 그것이다. 마차를 타고 개선하는 황제를 표현한 장면은 고대 후기 문명의 미술에서 빈번하게 나타난다. 그 장면들 도 54

은 라불라 복음서 세밀화에서 그리스도의 승천과 결합되어 있는 에제키
엘이 하느님의 환상을 보는 도상의 출발점으로 사용되었다. 에제키엘의
환상은 (네 마리 말 대신에) 네 개의 바퀴가 달린 마차와 네 마리 동물, 신
이 타는 마차의 빠른 움직임에 대해 언급하고 있다. 보통 말들이 놓이는
위치에 그려진 네 마리 동물에 대한 세부적 묘사를 제외하면 기독교적 승
도 24 천은 하늘 속의 마차가 이교도들의 그것처럼 비스듬하게 올라가는 것이
아니라 수직으로 상승한다. 마차 바퀴와 증인으로서의 선지자 모습이 표
현된 바우이트에 있는 에제키엘의 환상이 그려진 옛 도상은 이렇게 기독
교 도상학의 승천 같은 도상들이 이교의 유형에 의존하고 있음을 확증해
주고 있다.

고대 후기의 이미지 중 목가적 도상은 기독교 초기 미술에 엄청난 양의 테마를 제공했다. 목가적 도상의 주요 테마는 목자와 그의 개, 양떼와 염소떼, 그리고 아주 드물게 소 혹은 장식적 나무와 함께 그려진 바위, 시골풍 건축물 등이다. 로마 시대에는 벽 장식에서 이런 종류의 조용한 전원 풍경을 흔히 볼 수 있다. 도시인을 매료시킨 팔라티노 언덕의 유적지에는 이러한 유형의 모습이 보존되어 있으며, 로마의 빌라 파르네제에서 발견된 우아한 고대풍 스투코 장식, 혹은 초기 기독교 시대로 거슬러 올라가는 수많은 벽화와 부조, 바닥 장식용 모자이크들이 이와 같은 목가적 풍경 모티프를 보여준다. 베르길리우스 작품의 삽화는 로마 화가들에게 양떼와 함께 있는 목자와 관련된 테마를 다룰 기회를 제공했는데, 특히 이교도의 장례 미술은 내세에서의 이상적인 생을 상기시키기 위해 이러한 모티프를 도입하여 자주 사용하게 되었다. 그러므로 이러한 이교도 도상과 기독교도가 제작했던 최초의 도상 사이에 어떤 관계를 정립하는 것은 지극히 자연스러운 일일 것이다. 왜냐하면 이들은 장례 미술에서 목가적 주제에 상당히 중요한 위치를 부여하고 있었고, 이는 5세기까지 기독교 미술에서 가장 중요한 부분을 차지했던 분야이기 때문이다.

이러한 도상학은 분명 예수를 목자에 비유하고, 신자들을 그의 양떼에 비유하는 성경에서 기인한 것이다. 장례 미술로 이교도 석관에 나타나던 이 목가적 주제가 기독교 석관에 자주 나타나게 된 것은 필연적이다. 이 두 그룹의 도상은 가끔 구별하기 어려울 정도로 시각적, 용어적, 사상적으로 동일하다. 그러므로 우리는 바티칸의 베르길리우스 필사본 세밀화에서 지팡이를 짚고 양떼 사이에 있는 목자의 모습이 기독교 석관에 나타나는 것을 보고 그리 놀라지 않는다. 이러한 도상학의 계보는 지극히 자연스럽게 기독교의 선한 목자를 포함하고 있다. 이러한 유형의 도상은 석관뿐 아니라 트레비우스 유스투스Trebius Justus의 묘 같은 이교도의 영묘, 그리고 아우렐리우스 가문의 납골당(선한 목자를 다룬 최초의 기독교 그림과 같은 시대의)에서 찾을 수 있는데, 여기서 목자는 기독교와는 전혀 무관한 그림들과 어울려 있다.

더욱 흥미로운 주제가 비아 아피아Via Appia의 산 세바스티아노San Sebastiano 바실리카[7]에 보관되어 있는 이교도 석관에 관례적으로 묘사된 목가적인 그림에 나타나고 있다. 한 목자의 가족이 작은 집 앞에 있으며 여자는 팔에 아기를 안고 앉아 있다. 이 3세기 조각은 기독교 도상학자에게 매 도 26
우 귀중한데, 왜냐하면 그 시대에 관례적으로 다루어졌음이 분명한 어머니와 아기의 주제에 대한 예를 제공하고 있기 때문이다. 초기 기독교 도상 제작자는 아기 예수를 안고 있는 마리아를 표현하기 위해 이 모티프를 사용했는데 산 세바스티아노 석관에 표현된 아기를 안고 있는 어머니의 모습은 후일 비잔틴의 테오토코스 호데게트리아Theotokos Hodegetria[8]라는 도상학 유형

7 313년 밀라노 칙령으로 기독교가 공인된 이후 당시 로마의 공회당인 장방형의 바실리카 플랜을 도입해 지은 교회로 동서의 방향성을 두어 동쪽엔 제단을, 그리고 서쪽엔 파사드, 즉 정문을 두었다-옮긴이.

8 희랍어에서 테오토코스는 '신의 어머니'라는 뜻이며, 호데게트리아는 '길을 가리키는 자'라는 의미를 지니고 있다. 이 성모 마리아 유형은 마리아가 왼팔로 아기 예수를 안고 오른손으로는 인류의 길인 예수를 가리키고 있다-옮긴이.

을 낳았다(비잔틴에 관한 장 참조). 오늘날 아퀼레이아 고고학박물관에 소
도 25 장되어 있는 이교도 장례 비석은 어머니와 아이의 다른 모습을 보여준다.
여기서 두 인물은 정면을 향한 자세로, 아이는 어머니의 몸 중심에 있고 두
인물 모두 어깨 높이 흉상으로 원형 틀 속에 들어 있다. 그럼에도, 어머니
도 27 와 아이는 아주 자연스러운 느낌을 주며, 이 장면(산 제논의 예처럼)은 비
잔틴 도상의 니코포이아Nikopoia 유형[9]의 기원이 되었다. 어머니와 아이에
대한 세 번째 이미지는 유사하면서도 더욱 발전된 단계를 보여준다. 로마
에 있는 4세기에 제작된 치미테로 마조레 벽화의 인물들은 정면을 향해 앞
뒤로 자리 잡고 있을 뿐만 아니라 어머니는 기도자의 자세를 취하고 있다.
그 인물들은 성모 마리아와 아기 예수를 표현했을 가능성이 높다. 세부 묘
도 6 사는 접어두고 같은 그림이 블라케르니오티사Blacherniotissa[10]라는 비잔틴 양
식의 성화상에 도상학적 도식 역할을 했다는 사실에 주목할 수 있다. 그것
은 서 있는 자세의 성모 마리아로, 그녀 앞에는 큰 원형 속에 있는 아기 예
수가 있다.

동시대 이교 도상과 비슷한 기독교 도상 카테고리 전체와 개별적 예들로 구성된 이러한 목록을 늘리는 것은 그리 어렵지 않다. 대부분의 경우 이교도가 일반적으로 사용한 도식들은 널리 퍼져 있는 형태였고, 기독교는 이 형태들을 일상 언어의 어휘처럼 특별한 의미를 부여하지 않고 사용했다. 예전에 특별한 도식의 사용을 유도한 것은 비슷한 이교도 그림에서 파생되어 선택된 주제였다. 예를 들어 목가적 도상, 철학자, 승천 혹은 신격화, 어머니와 아이로 된 그룹의 경우와 같은 이교 미술이 기독교 도상학 언

9 니코포이아는 승리를 가져온다는 의미의 영광의 성모상 유형으로 아기 예수를 마리아의 중심에 놓고 정면을 향해 앉거나 서 있는 자세를 취하는데 후일 서구 중세의 영광의 성모상의 기초가 되었다 – 옮긴이.

10 영광의 마리아 유형이나 카타콤 벽화에 나오는 기도자상처럼 두 손을 하늘을 향해 벌리고 기도하는 자세를 취하고 있으며, 콘스탄티노플에 있는 블라케르네스 교회에서 이와 같은 성화상을 숭배했기 때문에 그 명칭이 부여되었다 – 옮긴이.

어의 기원이었다는 것을 의미하는 것은 아니다. 우리는 오히려 이러한 도상에서 모든 도상 제작자가 사용한 유일한 시각적 언어에 속하는 용어, 또는 도식의 보편적 사용의 효과를 엿볼 수 있는데, 그들은 때때로 새로운 의미가 이러한 용어와 도식에서 나온 것으로 생각했다. 그러므로 이 용어와 도식은 초기 기독교 미술의 형성 과정에서 중요한 역할을 했다. 기독교 미술도 결국은 로마 제국 미술의 특수한 분야에 불과했으므로, 로마 제국 미술의 다른 분야에서 기독교 미술과 비교할 만한 실례를 찾아볼 수 있을 것이다.

마찬가지로 우리는 가장 기독교적인 문학 작품에서도 같은 시대에 같은 언어로 작성된 모든 문서와 담론에서 공통의 일상적 용도로 쓰이던 엄청난 양의 어휘들을 발견할 수 있다. 그러나 고대 후기 도상학은 이 시대의 모든 미술에 공통되는 이러한 배경을 뛰어넘어 동시대의 특수한 몇몇 분야의 도상학과 특별한 관계를 갖고 있다. 이것은 특정한 언어가 필요에 따라 전문 분야의 특수 용어를 이용하는 것과 마찬가지다(종교 용어에서 발견되는 군사적 또는 에로틱한 표현의 예). 기독교 도상 제작자들은 이렇게 공식적인 로마 제국 미술의 전통적 도식들이 포함된 옛 레퍼토리와 이 예술에서 파생된 이차적 흐름 속에서 필요한 것을 얻어왔다.

앞선 고찰들은 대부분 기독교 도상 제작자들이 창작 활동을 꽃피우기 시작한 콘스탄티누스 대제의 기독교 공인 이전 도상에 관한 것이었다. 그렇다고 이와 같은 기독교 미술의 개화가 기독교 공인(313년경) 직후에 나타난 것은 아닌 듯 보인다. 첫 번째 나타난 중요한 창작은 매우 특이한 방향에서 분출되었다. 당시 종교의 사상과 관습이 자유롭게 표현될 수 있었기 때문에 기독교 도상학이 모든 방향에서 자유롭게 발전할 수 있었으리라고 짐작할 수도 있겠으나 실제로는 그렇지는 못했다.

기독교 로마 제국의 형성기였던 콘스탄티누스와 그 아들들의 통치 시대는 기독교 미술사가에게 유용한 자료를 거의 남겨놓지 않았다. 이 책에서 언급된 장대한 스타일의 기념비적 건축물을 포함한 대부분의 건축물들은 콘스탄티누스 대제에 의해 파괴되었다. 또한 4세기에 콘스탄티누스나 그의 측근, 그리고 다른 누군가가 작성한 당시 도상들에 대한 정보를 제공하는 어떤 문서나 기념비도 남아 있지 않다. 무엇보다도 이 시대부터 우리가 알 수 있는 것은 석관과 카타콤인데, 3세기의 전통에 비해 새롭다고 말할 수 있는 부분은 상대적으로 빈약하다. 그 예로는 콘스탄티누스 통치 말기에 제작된 그의 딸 콘스탄티나(로마 산타 코스탄차)의 영묘의 돔(십중팔구 삽화가 들어 있는 필사본에서 유래했을 성서에 관한 소규모 모자이크 도상으로 장식되었다)과 파네아스Paneas라는 팔레스타인의 작은 마을 공원에 있는 예수 그리스도 발아래 위치한 에모루아스Hémoroisse의 조각상을 들 수 있다.

연대가 추정되고 보존되어 있는 기독교 공인 이후의 작품이 극히 드물다는 사실은 당시의 상황을 반영하는지도 모른다. 즉 이 시대의 교회 벽이 모자이크나 프레스코화로 장식되어 있었던 것 같지는 않다. 그렇다고 해서 성서 장면을 이동 가능한 오브제나 필사본에서 자주 사용했다는 것을 알려주는 것도 발견할 수 없다. 기념비의 부재에서 이런 결론을 이끌어 낸다는 것이 위험할 수도 있지만, 여기서 그 위험성은 다른 곳보다는 적어 보인다. 실제로 우리는 상당히 많은 당시의 이교 도상들을 볼 수 있다(4세기 전반). 트리어Trier에 있는 콘스탄티누스 궁전의 프레스코화, 콘스탄티누스 대제비의 것으로 확인된 초상화가 포함된 초상화들, 로마 광장 근처에 있는 콘스탄티누스 대제 개선문에 새겨진 군대의 승리를 표현하고 있는 부조 시리즈, 마지막으로 354년에 만들어진 삽화가 들어 있는 달력이 그것이다.

로마 산타 코스탄차 회랑의 터널식 천장에 있는 이교적 기념물(예를 들어 달력 도상)에 대응시킬 수 있는 눈에 띄는 기독교적 주제는 콘스탄티누스가 꿈을 꾸고 난 후, 후기 로마 제국 황제 군단의 깃발인 라바룸과 병사들의 방패 위에 새겨넣게 했던 키-로chi-rho라는 문자가 혼합된 그리스도의 모노그램(성명의 첫 글자를 합쳐 만든 글자)뿐이다. 이 모노그램은 상징적 기호일 뿐 구상적 그림은 아니었다는 사실에 유의하자. 이러한 황제의 취지는 독창적 종교 도상을 창조하려는 초기 기독교도들의 시도로의 복귀를 상기시킨다. 그 당시와 같이 여기서도 문제가 되는 것은 상징적 기호를 지어내는 것이다. 그러나 콘스탄티누스나 측근이 만들어 콘스탄티누스의 이름으로 전파된 이 상징은 이전에 제작된 기독교 장례 미술의 상징적 도상이 갖지 못했던 특수성을 갖고 있었다. 성상숭배와 결별한 콘스탄티누스가 상징적 도상들과 그리스도의 종교를 분리시키고자 했을 수도 있다. 키-로 모노그램은 종교의 상징적 기능에 적합했고 황제는 자신이 통치하는 국가의 운명을 거기에 결부시켰다. 왜냐하면 이 상징은 이 종교의 창시자인 그리스도의 이름을 상기시키기 때문이다. 우리는 예수가 지상에서 보낸 생애 중 팔레스타인에서의 기억과 특히 예수의 존재로 인해 성역화된 예루살렘의 몇몇 장소에 대한 콘스탄티누스의 관심에 대해 잘 알고 있다. 당시 유대회당에 표현된 미술에서 지켜지던 상징 기호에 대한 유대인의 전통—일곱 가지로 된 촛대—은 예루살렘과 성지 도처에 존속하고 있었고 콘스탄티누스도 이 전통을 따랐다. 그러나 우리는 기독교 도상학에 대한 콘스탄티누스의 유일한 공헌은 그의 의도나 텍스트와 참고 자료에 비추어볼 때, 단지 그가 지휘하는 황제 군대를 그리스도의 보호 아래 두는 것에 국한된다는 사실을 잊지 말아야 한다(사람들은 그 모노그램을 황제의 깃발인 라바룸과 그의 투구뿐만 아니라 병사들의 방패 위에도 그리게 했다).

이러한 황제의 영향력은 여러모로 흥미롭다. 무엇보다도 여기서 우리는 그 기원과 창조자, 그것이 고안된 로마라는 장소와 313년이라는 연대, 그리고 역사적 정황(312년 밀비오 다리에서 있었던 전투 전날 밤) 등이 알려진, 기독교 도상 창조에 있어서 매우 희귀한 경우와 대면하고 있다. 물론 도상학적 차원에서 이것은 그다지 뛰어나지 못하며 유감스러울 정도로 평범하다. 그러나 콘스탄티누스에 의해 채택되고 유포된 이 모노그램의 종교적 의미에 있어서, 문서 자료와 고고학적 증거물들이 의외의 사실을 우리에게 알려주고 있다. 즉 그리스도 – 우리는 의도적으로 그리스도교라고 말하지 않고 그리스도라고 부르겠다 – 의 상징은 군대를 통솔하는 로마 제국의 우두머리로서 모노그램이 새겨진 투구와 황제 깃발을 지닌 황제에게 국한되어 사용되었다는 사실이다. 이 상징은 명백하게 부적 같은 가치를 갖고 있는 것으로, 군대는 그 모노그램의 주체를 수호자와 안내자로 선택했다. 다시 말해서 기독교 교회의 승리가 이루어진 결정적 시기 동안에 창조되었고, 그 승리를 이루게 한 장본인인 황제에 의해 채택된 이 상징은 기독교 도상학에서 그 이전 전통인 장례 미술로 거슬러올라가는 다른 모든 상징들과 마찬가지로 어떤 실질적인 기능을 지니고 있었고, 그런 점에서 보면 그 기능은 시원적이라고 말할 수 있다. 또한 우리는 더 오래된 도상학의 관습에 따라 이 상징이 기독교의 중대한 원칙과 교리에 대해 설명도, 반영도 하지 않는다는 사실에 유의해야 한다. 사람들은 그것을 그리스도에 의한 구원을 상기시키거나 표현하는 데 사용했다. 여기에는 특별히 주목해야 할 사항이 하나 있는데, 그것은 바로 기독교 미술의 미래를 그런 식으로 예상했고, 그 상징이 함축하는 보호의 기능이 개인적이 아니라 집단적이었다는 사실이다. 단지 여기서의 집단성은 그보다 더 이후인 아리우스파 황제들에 대한 교회의 승리 이후처럼 기독교 교회 전체를 포함하지는 않았다. 313년 콘스탄티누스는 성직자와 동일한 시각으로 상황을 보지 않았고, 그에 의해 선택된 상징은 사실 그의 군대, 말하자면 그 자신이 수장으로 있는 로마 제국을 보호해야 하는 성질의 것이었다.

콘스탄티누스 대제와 동시대인이며 그의 전기를 쓴 유세비우스는 콘스탄티노플의 새 궁전 입구에 콘스탄티누스가 이번에는 구상적이면서도 상징적 그림을 그리도록 했다는 사실을 우리에게 알려준다. 거기서 콘스탄티누스 자신과 그의 아들들은 발아래에서 꿈틀거리는 용을 무찌르고 있는 승리자로 표현되어 있다. 그것은 이교도 적을 그리스도의 이름으로 무찌른 콘스탄티누스의 승리를 나타내는 그림이었다(아마도 그의 최후의 적인 이단자 리키니우스를 표현하고 있는지도 모른다). 여기서도 우리는 다시 콘스탄티누스에 의해 창조되고 기독교의 영감을 받은 도상학에 황제의 정치적 고심과 군사적 능력이 반영된 것을 볼 수 있다. 이것은 군대, 승리와 황제를 직접적으로 영광되게 표현하는 것을 제외하면, 피정복자에 대한 태도에 부여된 상징에서 동일하게 나타났다.

기독교적 승리를 나타내는 도상은 콘스탄티누스와 그의 아들들의 시대에 고전학[古錢學]에서 비약적인 발전을 이루었고, 무적의 군주 이미지를 새기는 데 공헌했다. 새로운 기독교는 이 왕조의 통치자들이 겸손함을 기본으로 하는 기독교의 가치와는 거의 관계없는 이런 미술을 장려하는 것을 막지 않았다. 사실상 그들의 신앙은 국가의 필요보다 덜 중시되었고 당시에 인정된 기독교 선교는 로마 제국의 전통 제도와 정복자의 정당화에 사용되었다. 기독교화된 로마 제국 교리에 따라 권력의 위계를 정하는 도상학적 방식을 창조해낸 것도 콘스탄티누스의 통치하에서였다. 이전에 신들에게 배정되었던 황금 옥좌 위에 앉아 있는 인물의 도식은 황제를 표현하는 데 사용되었다. 제국의 위대함의 표현은 그렇게 변하지 않고 남아 있었다. 그러나 그 표현에는 존엄하거나 신격화된 황제를 축복하거나 왕관을 씌워주기 위해 하늘에서 내려오는 손을 표현하는 의미 있는 방식이 추가되었다. 그것은 하느님의 손이었고 그것을 통해 하늘의 신이 지상의 왕에 대한 천상의 지배자라는 것을 보여주고 있다. 지상에 서 있는 인물 위로 하늘에서 내려오는 손의 테마는 존엄함의 테마만큼이나 명백한 도상학적 취지 도 19
를 담고 있었다. 그러나 후자의 것이 고대에서 유래되었다고 한다면 손의 테마는 유대 미술에서 유래된 것이다. 콘스탄티누스의 메달보다 한 세기 전에 제작된 두라 유대회당 벽화(호렙산 위의 모세와 에제키엘의 묘사 장면)에 그 손이 이미 표현되어 있다. 그 손은 무엇보다도 기독교화된 제국의 미술에 응용되었다. 개종 이후 콘스탄티누스는 끊임없이 예루살렘과 그리스도에 의해 성역화된 장소에 대해 특별한 관심을 쏟았는데, 이러한 경향은 아마도 그리스도라는 인물을 통해서 기독교를 이해하려는 그의 방식과 관계가 있는지도 모른다. 그의 통치 기간 동안에 그리고 그 이후에도 계속 주조된 큰 메달 위에 새겨진 존엄함을 표현하는 도상과 하느님의 손은 분명히 도상학을 천 년 동안 확고부동하게 살아남도록 만들었음에 틀림없다. 예를 들면 세계적 기독교 제국이라는 개념은 천상의 제국을 반영하고 있는데, 지상의 군주는 그의 힘을 코스모크라토르Cosmocrator[11]인 신성의 군주에게서 이어받는다는 것이다. 바로 여기에서 처음으로 기독교 도상학은 보편적이며 종교적이고 정치적인 교리의 중심 사실을 표현하는 수단으로 사용되었다. 이전 도상들은 제한적이고 개인적인 범위의 종교적 사실들을 해석하는 데 사용되었다. 콘스탄티누스 도상에 의해 보여지고 쌓여온 왕국의 결정적 개념은 부분적으로만 종교적이었고, 혹은 후기 로마 제국에서 통용되던 의미에서 종교적이었다.

(마치 장례 도상학처럼) 개인의 특수한 방식보다는 근본적 개념을 해석하는 데 사용된 보편적 차원의 도상이 로마 제국의 우두머리에 의해 주도되었고, 그것이 그의 개종 직후에 이루어졌다는 사실은 매우 의미 있다. 만약 교회가 주도했었다면 무엇보다도 우선시되는 도상학 테마들을 고르는 데 영향을 주었을 것이라는 생각을 해볼 수 있을 것이다. 즉 로마 제국이 아니라 기독교 공동체에 우선 순위를 두어 기독교 세계 전체를 나타내도록 했을 것이다. 기독교의 원칙을 시각화하는 것은 당시 최고의 지성들을 고무시켰던 그리스도에 대한 정의나 교회의 교리에서 시작되었을 것이다. 그러나 만일 당시 고위 성직자들이 도상학을 개인적이고 대중적 신앙

11 우주의 창조자이자 지배자-옮긴이.

표현의 수단으로 만들려고 했거나 감화시킬 수 있는 수단으로 만들기 위해 그 도상학을 표명하는 것을 지도하는 책임을 맡았다면, 그것은 400년대 이후에나 가능했을 것이다. 콘스탄티누스 시대의 성직자는 이러한 수준의 과업을 맡을 준비가 되어 있지 못했는데, 왜냐하면 그가 알고 있던 기독교 미술은 3세기의 신자들이 행했던 실리적이고 아직은 옹색한 것이었기 때문이다. 반면 로마 제국 행정부는 이미 확립된 형식에 따라 제국의 영화를 주제로 하는 공식적 도상학의 모든 레퍼토리를 해석해내는 데 통달한 모든 계급의 도상 제작자들과 장인들을 이용하고 있었다. 결과적으로 일단 기독교로 개종한 이후 로마 제국은 기독교 도상학이 도약하는 데 크게 기여했다. 따라서 이러한 로마 제국의 행위가 도상학 분야에서의 교회의 체계적 간섭보다 우선했다는 사실에 놀라워할 필요는 없을 것이다. 교회의 기독교 도상학 통제는 점진적으로 이루어졌다.

이러한 첫 출발은 당시 기독교 도상학 확립에 미친 독특한 방향을 잘 이해할 수 있도록 해주기 때문에 매우 중요했다. 승리를 표현하는 모든 도상학적 언어를 기독교 도상학도 받아들였으나, 때때로 새로운 종교에 고유한 사상들을 표현하도록 표현 방식에 제한을 두었다. 이러한 처음의 시도는 기독교 도상학의 미래에 깊은 자국을 남겼고 오늘날까지도 당시 창작물들은 모든 기독교 미술에서 가장 본질적인 것으로 남아 있다. 오늘날에도 여전히 이 뿌리 깊은 전통 때문에 대부분의 사람들은 신의 실체에 관해 말할 때, 후기 로마 시대로 거슬러 올라가 그 명확한 형식적 기원을 찾고 있다. 즉 그리스도는 항상 엄숙하게 옥좌에 앉아 축복의 제스처를 취하고 있 도 31, 32
고 양옆에는 천사들과 성인들이 둘러싸고 있다. 또한 그는 왕관을 들고 있거나 성인들에게 왕관을 씌워주기도 한다. 마리아 역시 진주와 보석으로 장식된 예복을 입고 옥좌에 앉아 있다. 이것이 콘스탄티누스 이후 로마 제국 통치 시기에 나타난 우리들에게 친숙한 기독교 미술이다. 동시에 초기 기독교 개화기 관습의 영향으로 성직자는 그 시대 의상의 영향을 받은 사제복을 입게 되었다. 그리고 이는 수세기에 걸쳐 의식 집행자들의 제스처와 움직임을 결정지었으며 예배의식, 제식들과 교회 기도 형식에 지워지지 않는 흔적을 남겼다.

기독교 미술에 남은 로마 제국 도상학의 흔적은 비록 테마와 주제를 알맞게 변용시킨다든가 도상학의 세부적인 것을 차용하거나 유사한 이미지들을 창조하기 위해 더욱 오래된 모델들을 사용한다든가 하는 다양한 방식으로 나타나긴 해도 선명하게 남아 있다. 로마 제국 미술이 기독교 도상학에 가장 분명하게 이바지한 주제는 하느님이 지닌 최고의 권위와 관련된 것이었다. 기독교 도상 제작자들은 로마 제국 통치자의 핵심 테마이자 후기 로마 제국의 공공 기념물에 나타나고 있는 이러한 모델들을 폭넓게 이용했다. 그리스도에 의해 드러난 신의 전능함이라는 주제를 다양하게 응용하는 것에서 로마 제국 미술의 영향이 드러난다. 이러한 응용은 동일한 시대에 이루어진 것은 아니고, 그것의 이상적 원형은 유지하면서 필요에 따라 혹은 여러 다른 동기들에 따라 창조되었다.

이 주제에서 영감을 받은 가장 오래된 장면은 사도 바울로 앞에서 하
도 31 느님의 율법이 쓰인 작은 두루마리를 베드로에게 건네주는 예수의 모습이
다. 엄숙한 모습의 세 인물은 대칭적으로 자리를 잡고 있다. 우리는 율법으
로 표현된 교회가 사도들 중 가장 존경받던 베드로에게 전해지는 장면이
나타난 로마의 산타 코스탄차(350년경)의 아주 오래된 모자이크 작품을 알
도 29 고 있다. 또한 이 같은 주제가 1세기 후 나폴리의 산 조반니 인 폰테San Giovanni in Fonte 세례당 돔에 표현된 모자이크에서도 나타나고 있음을 알고 있다. 거기서 우리는 흥미로운 세부 묘사를 만나게 되는데, 그것은 구체로 된 우주가 마치 그리스도의 우주적 권위에 의거한 도상학적 암시처럼 그리스도의 형상을 떠받치는 장면이다.

권위를 나타내는 제국의 모델은 로마 화폐만큼이나 다양한 작품에 형상화되어 나타난다(예를 들면 세베루스 가문의 황제 시대 화폐 중에는 승

리자에게 관을 씌워주는 황제와 옥좌의 구실을 하는 구체로 된 우주가 나타난다). 마드리드 역사아카데미에 있는 4세기 말에 만들어진 커다란 은접시 중앙에는 테오도시우스 1세가 로마 제국 고위 관리에게 두루마리를 전해주는 장면이 나타나 있다. 이 의식의 제스처는 고위 관리에게 권력을 이양하는 것을 나타낸다. 다시 말해 기독교 미술은 로마 제국 미술에서 도식뿐만 아니라 주제도 물려받았다. 로마 제국의 모델이 로마 제국의 실제적 예식을 보여주는 반면, 상상에 기반을 둔 기독교 상징주의는 궁정 예식들을 모를 경우 이해될 수 없다.

라벤나의 산 비탈레 성당 앱스에도 똑같은 장면이 있는데, 여기서도 그리스도는 우주의 통치자로서 구체로 된 우주 위에 앉아 있다. 그러나 이 도 28
번에는 예수가 비탈레 성자에게 순교의 왕관을 내밀고 있다. 한편 교회 건립자인 성 에클레시오는 그리스도에게 비탈레 성당의 축소된 모형을 바치고 있다. 그들이 동반하고 있는 천사들은 그리스도에게 성인들을 소개하고 있다. 이것은 분명히 궁정 예식에서 영감을 얻은 것인데, 성인-순교자들에게 부여된 의복이 그것을 증거하고 있다. 사실 로마 제국의 기독교 미술은 역사적 현실을 고려하지 않고 궁정 고위 관리들의 의복인 타블리온tablion, 즉 옆구리 쪽을 직사각형으로 장식하고 어깨에서 핀으로 고정시킨 무거운 망토와 그 위에 걸치는 흰 비단으로 된 아름다운 튜닉을 순교자에게도 입혔다. 이러한 유형의 순교자 도상은 흔하면서도 독특하다. 우리는 그중에서 두 가지 예를 살펴보겠는데, 먼저 산 조반니 인 라테라노San Giovanni in Laterano 세례당에 속한 산 베난치오San Venanzio 예배당 모자이크를 보자. 예복으로 표현된 공식적 부분도 모자이크뿐만 아니라 이 시대의 모든 모자이크 속에 스며들어 있다. 이들의 동질성은 모자이크 세공자들의 예술적 솜씨 결여에서 기인한 것도, 동양의 영향을 받은 스타일에 의한 것도 아니며, 오직 신적인 것과 성스러움의 존재를 느끼게 만들려는 의식적 욕구에서 기인한 것이다. 4세기에 마르첼리누스는 황제를 표현할 때는 꼿꼿함, 부동의 자세, 그리고 돌과 같은 태연함으로 표현하는 것이 필수적이라고 생각했다. 그런 식으로 최고 통치자는 신의 은총으로 충만한 사람의 초인간적인 강직함을 드러내게 되는 것이다. 그의 상징적 꼿꼿함은 고위 관리의 부동자세와 조직적인 예식이 거행되는 동안 계산된 리듬을 따르는 움직임에 대응된다. 기독교 도상학자들은 이 모든 것을 모방했다.

기독교 도상에 있어서 로마 제국 미술의 영향은 다른 곳에서도 여전히 느껴진다. 예를 들면 존엄한 모습의 예수를 다루는 두 테마 중 하나는 엄밀하게 말해서 이미 인용된 율법을 양도하는 장면과 유사하다. 여기서 그리스도는 공식적 이미지에서 황제가 창을 쥐고 있는 것처럼 십자가를 쥐고 있고 양옆에서 사도들은 경배하는 자세를 취하고 있다. 다른 테마에서 그리스도는 옥좌에 앉아 있다. 그러나 여기에서는 산 비탈레 성당의 구체로 된 우주가 아니라 우주를 나타내는 알레고리적 인물의 망토로 형성된 활처럼 휜 권좌 위에 앉아 있다. 바람에 부풀려진 망토가 머리 위로 아치를 형성하고 있고, 바로 이 아치 위에 그리스도가 앉아 있는 것이다. 이러한 독
도 30 특한 형식은 이미 테살로니키의 갈레리우스 개선문을 장식하고 있는 황제의 도상에 응용되었다.

사도들의 집회를 주관하는 그리스도 테마는 기독교 도상학에 공식 미술의 도상학적인 전형을 도입한 테마 중 하나였다. 이 장면은 4세기 중반
도 31 으로 거슬러 올라가는 몇몇 석관의 정면에 나타난다. 여기서 그리스도는 코스모크라토르로서 예루살렘을 상기시키는 어떤 건축물—궁정 혹은 도시—을 배경으로 앉아 있는데, 이것은 로마 제국의 도상 모티프에서 빌려온 것이다. 사도들은 그리스도를 둘러싸고 앉아 있으며 이는 실렌티움[silentium]이라는 황제의 신성한 왕궁에서 진행되는 회의나 통치자 자신이 주재하는 집회를 연상시킨다. 카타콤의 몇몇 벽화들은 아마 다음과 같은 집회 모습에서 훨씬 더 많은 영감을 받았는지도 모른다. 말하자면 그리스도는 앉아 있고 대부분의 다른 인물들은 서 있는 집회의 구도가 그것이다.

현재 덤바턴 옥스Daumbarton Oaks에 소장되어 있는 바르베리 점토판에는 그리스도가 주관하는 사도 회의를 표현하는 다른 예가 나타나고 있다. 여기서 집회는 재판이 진행되는 재판소로 표현된다. 변호인석 난간, 소송인들, 그리고 보상과 벌을 지시하는 물건들이 있어서, 이 장면이 분명히 로마의 법정이라는 사실을 알려주고 있다. 그러나 이것은 재판관과 배심원—그리스도와 사도들—의 신분, 그리고 의인들에게 약속된 보상을 상징하는 작은 주머니 위에 새겨진 그리스도의 모노그램이 가리키는 것으로 보아 어쩌면 최후의 심판에 관한 것인지도 모른다. 우리가 알기로는 이러한 장면을 생각나게 하는 로마 제국의 작품들 중 남아 있는 것은 아무것도 없다. 더 훗날의 복제품을 제외하고 우리에게 남아 있는 것들은 그 단면을 보여준다.

콘스탄티누스 대제 개선문 아치의 부조를 보면 황제가 주재하는 공식적 집회 중 라르기티오largitio라고 하는, 통치자가 그를 둘러싸고 있는 군중에게 재정 원조를 제공하는 장면이 형상화되어 있다. 오늘날 우리가 그렇듯이 형식적 비교에만 관심이 있다면 중앙 부분 부조가 가장 흥미로울 것이다. 라르기티오 테마는 통치자의 명령을 이행하고 있는 서기들이 있는 측면에 표현되어 있다. 똑같은 방식으로 구상되고 제작된 다른 공식적 집회 장면이 브레시아 고고학박물관에 소장된 오래된 로마의 부조에서 나타난다. 콘스탄티누스 대제 개선문의 부조보다는 훨씬 덜 알려져 있지만 이 작품은 기독교 도상학의 비약적인 발전 이전의 로마 공식 미술 속에 나타난 이러한 종류의 표현들에 대한 사실을 확실하게 보여주고 있다.

구약성서의 예언자들이 언급한 하느님의 모습을 나타내는 도상은 교회의 앱스, 특히 그리스와 셈 계통의 근동 지방에 있는 교회들의 앱스에 나타나는데, 그것은 로마 제국의 위엄을 나타내는 도식에 입각하여 각색되었다. 그러한 환영의 도상을 위해 사람들은 일반적으로 신에게 후광을 추가했고 환영을 보는 사람들은 통치자의 신하들의 자리에 배치되었다. 5세기

도 77 로 추정되는 테살로니키의 호시오스 다비드Hosios David는 이러한 유형의 도
상들 중 가장 두드러진 예이다. 비록 예언자들의 신원이 논란거리가 되었
도 24 지만 전통적으로 사람들은 테살로니키에서 신과 함께 있는 두 인물이 에제
키엘과 하바쿡이라고 생각하고 있다. 이러한 신의 모습은 4세기와 그 이후에 이집트 바우이트 수도원의 작은 예배당에 자주 표현되었다. 여기서 신의 모습은 신 주위에 모여 있는 모티프에 의해 결정되는 형상화된 환영의 선택으로 구별된다. 빛으로 표현된 후광이 매번 나타나고 환영을 보는 사람과 그 환영의 증거들은 바뀐다. 환영을 보는 사람들은 때때로 에제키엘 혹은 사도들과 성모 마리아의 역할을 하는데, 물론 마지막 그룹은 예수 승천을 상기시킨다. 도상은 여러 다른 주해자들의 설명을 상기시키는 인물들로 완성되어 있다.

로마 제국의 모델을 반영하고 있는 초기 기독교 미술에서 자주 취급되던 또 다른 두 가지 테마가 있는데, 동방박사의 경배와 예수의 예루살렘 입성이 그것이다. 도상학적으로 이집트로의 피신과 매우 비슷한 이 장면들은 복음서 저자들이 묘사한 에피소드에 의거하고 있으며, 이는 당시 도상 제작자들이 잘 알고 따르던 텍스트들이었음이 분명하다. 그러나 그 텍스트들을 해석하는 데 있어서 이들은 로마 제국의 공식 미술에서 영향을 받았다. 특히 아주 상징적이며 공적인 것으로 로마 황제에게 패한 근동인과 야만인들이 선물과 왕관을 바치는 도상과, 최고 통치자가 제국의 도시나 정복된(소위 해방시켰다고 말하는) 자치 도시를 방문할 때 거행하는 헬레니즘적이고 로마적인 의식을 표현하는 도상의 영향을 받았음을 알 수 있다. 이러한 종류의 도상들은 기독교도들이 독점하기 이전 로마 제국에서는 패한 적들에 대한 로마 제국의 힘의 확장과 최고 통치자의 방문으로 명예를 얻은 도시들을 나타내는 상징적 가치를 지니고 있었다.

이제 위에서 언급했던 기독교의 두 가지 테마를 다룬 예와 거기에 대응되는 로마 제국의 공식 미술에서 끌어낸 도상들을 비교해보자. 만일 우

리가 테살로니키에 있는 갈레리우스 개선문에서 봉헌물을 들고 있는 파르 도 34
티아인들이나 테오도시우스 1세가 콘스탄티노플에 건립한 이집트식 오벨
리스크 기단의 왕좌에 앉아 있는 황제들 앞에 서 있는 패배한 야만인들의 도 33
두 그룹을 잘 살펴본다면 분명 이 두 기념비와 테살로니키에 있는 성 게오
르기우스 설교단의 조각 사이에 나타나는 큰 유사성을 발견하게 될 것이
다. 이와 같은 유사성은 특별히 거기에 형상화된 동방박사의 경배와 갈레
리우스 개선문에 있는 부조 사이에서 더 잘 나타나고 있는데, 특히 서 있는
인물의 배경이 되고 있는 둥근 벽감과 무엇보다도 봉헌물을 바치고 있는
사람들의 제스처와 의복은 매우 유사하다. 또한 로마의 산타 마리아 마조
레 교회의 유명한 모자이크화에 나타난 동방박사의 경배 장면도 예로 들 도 41
수 있는데, 이 장면의 모든 디테일들은 로마의 공식 미술에서 야만인들이
황제에게 선물을 봉헌하는 장면에서 직접적으로 유래하고 있다.

예루살렘 입성 테마에 관해서는 에치미아진Echmiadzin 상아 조각에 나타 도 57
난 장면과 현재 베를린 미술관에 소장되어 있는 나귀를 탄 예수 그리스도
가 두 천사 사이로 나타나는 콥트의 부조에 대해 언급하고자 한다. 공식 미
술에 상응하는 것으로는 런던에 있는 금으로 된 유명한 메달(305-306)에 도 35
표현된 콘스탄티누스 클로루스 황제의 아드벤투스Adventus[12] 장면과 케르치
에서 발견된 접시가 있는데, 여기에서 기병 차림의 콘스탄티누스 2세(337- 도 36
361년 통치)는 오른쪽에는 날개 달린 승리의 여신을, 왼쪽에는 무장한 군
사를 대동하고 나타난다.

로마의 공식 미술이 기독교도의 새로운 도상학에 공헌한 것은 우리가 열거한 몇몇 범주의 도상에만 국한되지 않으며 다른 많은 예를 들 수 있다. 공식적 작품들의 영향력은 4세기부터 시작된 기독교 미술이 취한 보편적 방향에도 발휘되었다. 기독교 도상이 기독교 공인 이후 소수 정예집단의

12 로마 제국 시대 황제가 개선 같은 공식적 장면에서 군중 앞에 나타나는 것—옮긴이.

중대한 영적 관심(다시 말하면 교리상의 문제, 그리고 기독론에 관한)을 거의 반영하고 있지 못한 것은 당시의 도상 제작자들이 이러한 새롭고 추상적인 사상을 삽화로 표현하고 도상들을 구성하는 데 필요한 기초 지식을 갖고 있지 못했기 때문이다. 반면에 로마 제국의 도상학 선례는 이들에게 하느님의 권능을 상징적으로 나타내는 수법을 제공했다. 그러나 이미 제시되어 있는 도상학 선례에 만족해야 했기 때문에 반드시 기독교적 체험의 정수를 충실하게 반영하는 것만은 아니었다. 따라서 매우 중요하고 장대한 작품의 경우, 이 시대의 기독교 도상학은 로마 제국을 개종시켜서 기독교를 국가 종교로 결정지은 로마 황제들의 공식 미술에 친숙한 방법을 사용하면서 그 뼈대를 형성해나갔다.

콘스탄티노플에 있는 아르카디우스 황제 시대의 원주와 로마에 있는 산타 마리아 마조레의 모자이크 역시 공식적으로 중요한 두 도시에서 로마 당국과 교회에서 동시에 행한 창작의 단일성과 평행관계를 잘 보여준다. 누구나 로마에 있는 역사적 사건에 관한 부조로 장식된 마르크스 아우렐리우스와 트라야누스 황제의 원주에 대해 잘 알고 있을 것이다. 비용을 많이 들여 승리를 기념하기 위해 2세기에 제작된 이 독특한 기념비적 원주들은 그 후 아마도 단 한 번, 400년경 콘스탄티노플에서 아르카디우스 황제가 그의 아버지 테오도시우스 1세와 그 자신을 기념하기 위해 세운 원주에서 모방되었던 것 같다. 이 두 원주는 현재 파괴되었지만 우리는 르네상스와 이후의 데생들에서 그것의 면모를 어느 정도 알아볼 수 있다. 이것보다 더 명백하고 기이한 모방의 예를 찾기란 쉽지 않을 것이다. 300년이 지난 후
도 36, 37 에 한 기독교도 황제가 막대한 비용을 들여서 이교도 황제의 기념비들을 그들에 대한 기억이나 그것이 콘스탄티노플에 건립되던 때를 떠올리게 하는 그 어떤 것도 없이 모방하게 했으니 말이다.

우리는 이러한 혁신이 동시대인들에게 준 인상을 쉽게 가늠할 수 있다. 사실상 이 원주들과 그 기단은 2세기부터 외면되어온, 역사적 사건을

시각적으로 표현하는 전통을 되살려내었다. 이 원주에는 역사적 에피소드나 상징적 의식, 전쟁과 군사작전 장면과 함께 군중, 산이 많은 풍경과 도시가 묘사되어 있는데, 이 모든 장면은 승리에 대한 축하와 찬사로 가득 차 있다. 이 기념비적 원주에서 나선형으로 줄지어 올라가며 완전한 시리즈를 형성하고 있는 이러한 장면들은 그리 흔하지 않았음에 틀림없다. 따라서 우리는 어렵지 않게 그 장면들이 동시대인들에게 준 막대한 영향을 짐작할 수 있으며 로마의 중요한 기독교 작품인 산타 마리아 마조레의 모자이크가 그것을 증명하고 있다고 생각할 수 있다.

분명히 승리를 표현하는 미술에서 영향을 받은 이 모자이크는 콘스탄티노플에 있는 원주보다 20년 정도 늦은 430년 직후 교황 식스투스 3세(432-440년) 통치 시기에 제작되었다. 앱스 앞에 있는 개선 아치 모자이크는 어떤 이야기의 에피소드를 연속적으로 표현하는 것이 아니라, 몇 개의 독립된 장면들을 위에서 아래 칸으로 구분된 공간 속에 배치하고 있다. 주제의 선택과 배치가 사건의 연대기적 순서와 일치하지는 않지만 도상학적 양상을 증명하고 있다. 이런 관점에서 볼 때 이 모자이크는 단일한 테마와 유사한 구성을 가졌다는 점에서 아르카디우스 황제 원주 기단에 있는 부조에 대응된다. 두 경우 모두 그리스도와 황제의 최고 권력에 관한 것으로 로마 제국의 도상학 관례에 따라 표현되어 있다. 도 38, 41

그와는 반대로 네이브 모자이크들은 서술적 성격을 지니고 있다. 모자이크 제작자들은 교회 건축의 구조에 제한을 받을 수밖에 없었기 때문에 독립된 개별적 패널로 표현된 그들의 작품은 구성이라는 관점에서 보면 보잘것없다. 대신 도상들이 연속적 띠를 이루고 있어 마치 가위로 오려낼 수도 있을 것 같은 느낌을 주는데, 만약 그러한 오려내기가 실제로 가능했다면 이 모자이크들과 콘스탄티노플에 있는 황제 원주의 부조 간의 관계는 더욱 강조될 수 있을 것이다. 그런데 놀라운 사실은 성경의 테마를 다룬 모자이크에 나타나고 있는 아브라함과 모세의 이야기가 로마의 군사적 용어로 해석되어 있다는 것이다. 또한 산타 마리아 마조레의 모자이크 제작자들은 공간을 표현하기 위해 부조의 관례를 이용했다. 즉 공간의 깊이를 표현하기 위해 평면에서 후경을 화면 상단으로 밀어 올리는 독특한 방법을 사용한 것이다. 또한 놀랍게도 동일한 모자이크에서 궁전의 건축 양식을 발견하게 되는데, 이것은 승리를 표현하는 주제에는 적합했을지 몰라도 예를 들어 모세의 생애를 다룰 경우에는 그렇지 못했다.

따라서 도상학적 측면에서 산타 마리아 마조레의 모자이크를 주의 깊게 관찰해보면, 가장 동시대적이고 가장 유명한 로마 제국의 기념물과의 유사성을 확인할 수 있다. 이 모자이크는 로마 제국의 영향을 말해주는 가장 광범위하고도 암시적 본보기를 제공하며, 결과적으로 로마 제국의 공식 미술이라는 근원에서 기독교 미술이 끌어올 수 있었던 범위를 가늠케 한다. 그러나 다른 한편으로 사상 면에서 이 모자이크는 그 공헌도가 극히 제한되어 있음을 느끼게 한다.

그럼에도 불구하고 다른 곳에서는 찾아볼 수 없는 몇 개의 흥미로운 종교적 개념이 개선 아치 도상에서 발견된다. 산타 마리아 마조레에서 찾아볼 수 있는 독특한 도상적 성격은 이 모자이크들이 다른 미술에 의존하고 있는 결과들에서 유래한다. 로마 황제의 승리를 표현하는 미술은 기독교도가 그것을 통해 나타내려 했던 사상을 전달하도록 고안되어 있지는 않았다. 이런 의미에서 그들의 노력은 이따금 몇몇 모호한 그림(동방박사의 경배에서 어린 예수 오른쪽에 있는 인물의 신분 등)을 만들었다. 사람들은 가끔 산타 마리아 마조레의 개선 아치를 '에페소스의 아치'라고 잘못 부르는데, 이는 제3회 에페소스 공의회(431년) 직후에 제작된 모자이크가 이 종교회의에서 채택된 성모 마리아에 관한 종교 법규를 반영한다고 추측하기 때문이다. 만약 산타 마리아 마조레의 모자이크를 통해 이 교리를 표현하려는 의도가 확실하다 하더라도(물론 사실과 거리가 있지만) 이 모자이크는 로마 제국의 공식 미술에서 유래된 도상학으로는 종교회의에서 논의된 신학적 개념을 표현할 수 없었다는 사실을 증명해줄 것이다. 그러나 거기서 신학적 의도를 찾아내기란 아마도 불가능할 것이다.

그와는 반대로 승리를 표현하는 미술의 영향을 받은 기독교 도상들은 언제나 매우 훌륭하게 하느님의 권능을 표현할 수 있게 되었다. 로마 제국의 공식 미술이 권력 개념을 상기시키는 일련의 테마와 도식을 제공했기에 이러한 전통적 주제를 기독교 테두리 안에 적용시키는 것은 꽤 쉬운 작업이었다. 공식적 기호 체계의 모티프들 중에서 산타 마리아 마조레 개선 아치의 모자이크 제작자들은 위에서부터 몇 개의 칸을 나누어 구성했다. 가장 높이 있는 칸은 최고 권력을 나타내는 추상적 기호들로 채워져 있고, 그 아래는 황제와 고위 관리, 그리고 아랫부분 칸은 조공과 환호를 보내며 로마 제국의 힘을 인정하는 이방인들이 자리 잡고 있는 반면, 패널의 가장 밑바닥에는 로마 제국의 적들이 사슬에 묶인 죄인의 모습으로 나타나 있다. 따라서 산타 마리아 마조레 개선 아치에 있는 거대한 모자이크는 다음과 같은 로마 제국의 구상에 따라 배치되었다. 즉 옥좌는 하늘에서 통치하는 하느님의 권능의 상징으로서 가장 꼭대기 중앙에 위치하고 있고, 첫 번째 칸에는 예수가 그의 백성인 히브리인들과 로마인들의 왕으로서의 존엄성을 인정받고 있으며, 두 번째 칸에는 이방의 왕들이 아기 예수에게 선물을 바치며 경배하는 모습이 그려져 있다. 마지막으로 그보다 더 아래쪽에는 적 헤로데 왕이 패배와 적개심을 표현하고 있는 모습이 나타나 있다.

도 38

여기서 승리를 표현하는 로마 제국의 도상이 기독교 도상으로 변천되었음은 명백하며 이것이 지니는 교훈의 성격도 명확하다. 즉 기독교도들에게 있어 교회 개선 아치의 장엄한 도상은 관람객 모두에게 하느님과 그리스도의 전지전능을 보여준다. 그 권능은 하늘부터 땅끝까지 닿아 있고, 땅 위에서는 로마 제국과 모든 야만인의 나라까지, 다시 말해서 사람이 살고 있는 세상 전체를 총괄한다. 기독교 도상 제작자들은 이 모든 것을 성서에 출처를 둔 역사적 사건을 다루는 도상과 몇몇 추상적 기호를 모든 사람이 이해하는 도상학 언어 속에 통합하면서 제작했다. 물론 이 도상학 언어는 사상적 관점에서 볼 때 더욱 특별하게 기독교적이고 야심 찬 작품을 생산할 영감을 불어넣을 수 있었다. 이 점에 관해서는 현재 우리의 관심이 기독교 도상학의 형성과정에 있어 로마 공식 미술의 참고와 그 중요성에 집중되어 있으므로 나중에 다시 거론하겠다.

그리스도의 권능에 대한 여러 가지 도상의 틀 역할을 했던 황제에 관한 레퍼토리는 일반적으로 로마 제국의 공식 미술과 결합되는 유일한 것이다. 역사적 승리를 표현하는 원주의 부조를 논하면서 우리는 기독교 도상
도 39, 40, 학에서의 권력 표현과 신의 전지전능의 의미를 강조했다. 그러나 이 부조
42, 43 들이 우리에게 주는 교훈은 엄밀하게 이러한 로마 황제의 외관에만 국한되지는 않는다.

군대 장면이 조각된 프리즈도 기독교 미술에 영향을 미쳤다. 산타 마리아 마조레 모자이크에 나타난 성서와 관련된 장면들은 로마의 원주에 있는 군대와 관련된 장면 도식을 따라 구상되었다. 이러한 종류의 도상은 전투 장면뿐만 아니라 이방인들과의 평화적 접촉이나 성벽으로 둘러싸인 도시들이 공략당할 때 국경에 있는 군대 상황에 대한 표현도 포함하고 있다. 모자이크에서 군대와 민족은 역사적 장면을 다룬 원주 부조에서처럼 운집한 군중 모습으로 옮겨가고 있는데, 가끔 이러한 군중이 이집트인들이거나 때로는 히브리인들이라는 사실을 떠올리기란 쉽지 않다. 실제로 그것은 로마 군단이 도처에서 야만인들과 싸움을 벌이는 장면이라는 착각을 일으
도 44, 45, 킨다. 원주에서처럼 모자이크에서도 성벽으로 둘러싸인 도시들이 자주 나
46, 47 타난다. 산타 마리아 마조레의 다른 장면에서는 이스라엘의 선지자 모세와 여호수아, 그리고 그 밖의 인물들이 작은 언덕 위에서 히브리 민족을 내려다보고 있다. 군대 전투를 나타내는 로마 제국의 부조에서도 동일한 도식이 황제, 장군, 백부장 혹은 로마 장교를 가리키는 데 쓰이고 있다. 인물

들은 산타 마리아 마조레 모자이크 중 하나에서 볼 수 있듯, 여호수아가 태양에게 운행을 멈추도록 명령하는 것처럼 병사들에게 연설하기 위해 높은 담이나 단 위에 올라서 있다. 마치 로마의 장군처럼 군마 위에 올라선 채 포도주와 빵을 가져오는 제사장 멜기세덱과 만나는 아브라함을 보여주는 도상은 동일한 레퍼토리의 전형적인 장면에 해당되지만, 여기서는 이방인들과의 평화적 접촉을 표현한다. 다른 모자이크에서는 왕좌에 앉아 있는 이스라엘의 최고 지도자가 군대에 관한 부조에서 한 로마 장교가 정복된 지역의 대표자들을 맞이하는 것처럼 이웃 종족에서 보낸 사절들을 맞이하고 있다. 또한 여기에서는 산타 마리아 마조레 모자이크에서 발견되는 의인화, 즉 바람, 강 혹은 하늘의 사자처럼 인류 사건에 개입하는 의인화도 볼 수 있다.

군대 관련 도상이 기독교 도상학자에게 제공했던 것은 초기 기독교 미술의 평범한 프로그램 속에서는 쓸모가 없었다. 무엇보다도 그 효과는 5세기에 씌어진 것으로 추정되는 구약성서 중 판관기의 매우 오래된 필사본 삽화에서 두드러지게 나타난다. 중세 사본에 의거해 판단해볼 때 이 시대에는 시편의 삽화도 같은 영감의 근원에 닿아 있다. 그렇기 때문에 전투 테마와 텍스트 속에 나타나는 폭력 행위는 그리 놀라운 일은 아니다.

이제 로마 제국의 공식 미술에 완벽하게 의존하고 있는 기독교 도상학의 한 분야인 법정, 심판, 죄의 선고와 사형 집행에 관한 분야를 주목해보자. 정치 권력의 특권 중 하나인 사법 기능을 지닌 황제나, 그를 대행하는 법관이 재판을 주재하는 장면을 보면 죄수를 심문하거나 형벌을 내리는 모습이 나타난다. 또 그의 대리인들은 피고인이나 사형수를 끌고 나가 감옥의 문을 지키고, 그를 때리거나 참수하기도 한다. 심판 장면은 로마 사법관의 석관에 빈번하게 나타나는데 동일한 도상학적 도식이 솔로몬과 다니엘 혹은 예수와 기독교 순교자의 심판에도 적용되었다. 이것은 표준화된 양식이고, (현재는 로마 국립박물관에 있는) 로마 빌라 파르네세의 벽화에서는 색다른 해석을 볼 수 있는데, 이곳의 심판 장면에는 신화적 인물들이 나타나 있다.

재판에 관한 테마를 다루는 미술에 나타난 참수형 장면은 십중팔구 동시대적이었을 것이다. 로마 제국의 원주에 표현된 이러한 도상은 기독교 성인 도상학에서 흔히 볼 수 있는 사형 집행 장면을 가장 직접적으로 예고하고 있다. 그 도상들은 분명히 승리를 표현하는 도상에서 유래하고 있는 듯한데, 왜냐하면 '평화를 추구하는' 로마 군대를 기리기 위해 성인 도상학에 사형 집행 모습이 가장 빈번히 형상화되어 있었던 반면에, 일반적 재판으로 결정된 사형 집행 도상은 형상화할 가치가 없었기 때문이다. 이 모델을 기독교 미술에서 빌려왔다는 사실은 매우 암시적이다. 왜냐하면 그것은 빌려온 어휘의 의미 변화를 드러내며 본래 의미까지도 왜곡시키기 때문이다.

로마 제국이 참수형을 집행하면서까지 제국의 질서를 세운 사법관이나 군인들을 기리는 이러한 그림을 보급시켰던 반면, 기독교 도상에서는 동일한 도상학적 도식을 사형에 처해진 사람들에 대한 기억을 고양시키고 로마 제국을 대표하는 사람들이 이들에게 가한 불공평에 항의하기 위해 사용했다. 로마 행정 당국의 미술과 실제 경험의 영향을 받았지만 바로 그 정부를 비난하는 데 사용된 이러한 도상의 최초의 본보기들은 기독교 공인 이전에 나타났다. 무릎을 꿇고 눈이 가려진, 이름을 알 수 없는 세 순교자가 사형집행자가 내리치는 칼을 맞을 준비를 하고 있는 모습이 로마의 아벤티누스 언덕에 있는 산티 조반니 에 파올로SS. Giovanni e Paolo 교회의 아주 작은 고해소에 그려져 있다. 4세기 로마 석관들은 베드로와 바울로가 재판받을 때의 모습을 각각 보여주고 있다(이 시대에 처형 장면은 표현되지 않았다). 사도들의 고난을 그린 최초의 도상들은 매우 간략한 방식으로 다루어져 있는데, 어쩌면 이렇게 간략한 표현에서 생기는 부정확한 면이 앞서 언급했듯이 기독교도들이 의미의 왜곡을 받아들이기 힘들었던 것을 반영할 수도 있다.

전통적 미술에서 사형수와 형벌받는 자들을 표현할 때에는 로마 제국 사회에 대한 이들의 죄가 강조되었다. 따라서 종교화를 적의 지배를 받던 사람들에 대한 동정심을 표시하는 도구로 사용하기까지는 시간이 걸렸다. 바로 이 점이 고대 후기의 기독교 미술에서 그리스도가 십자가에 못 박힌 도상이 드물거나 없고, 다른 도상들도 빈약한 이유라고 주장되어왔다. 풍습에 있어서의 급변이라는 가정을 거부할 이유는 없지만, 그것은 단지 참수형을 그린 장면을 도상학으로 증명하기가 더 어렵게 만들 뿐이다. 사실 로마 당국에 의해 행해진 십자가 처형을 표현한 경우는 찾아볼 수 없지만 로마 제국의 원주에 나타난 군대 관련 부조에는 로마 제국의 승리를 표현하면서 제국의 적들이 참수형을 당하는 장면이 나타난다. 이 도상은 같은 형벌에 처해진 성자들의 모습과 비교해볼 때에 중요한 기준을 제공한다.

물론 위에서 언급된 테마와 도식만이 로마의 공식 미술에서 기독교 도상학으로 옮겨가게 된 유일한 것들은 아니었다. 로마 제국 미술의 다른 많은 영역들도 여러 다양한 동기와 방법에 따라 기독교 공인 이후 기독교 도상학에 모델을 제공했다. 우리는 그중 몇 가지 예를 기독교 초상화에 대한 연구에서 간단히 언급하려 한다. 실제로 이 초상화들 중 몇몇은 로마 제국 고위 관리들의 초상화를 위해 사용된 도식을 직접 채용하고 있는 반면, 다른 초상화는 똑같거나 비슷하게 만드는 방식을 통해 파생된다.

주로 황제, 법관, 군대의 공식 활동을 다루고 있는 로마 제국 미술 이외에도 다른 분야가 기독교가 공인될 즈음 기독교 도상 제작자들이 만들어내고 있던 도상학에 유용한 자료를 제공했다. 이제부터 대지주의 농장 저택이나 별장에서 유래되어 이들의 취미나 사상을 반영하고 있는 도상학에 대해 언급해보고자 한다. 이것은 매우 제한적이지만, 간과해서는 안 될 측면이다.

십중팔구 유대회당에 나타난 미술과 경쟁하며 나타난 두라의 장례 시리즈와 도상을 자세히 보면 이것이 도회풍의 미술, 고대 후기 도시민들의 취미와 근심이 반영된 도시 미술인 것을 파악할 수 있다. 로마 제국 미술의 영향을 받은 기독교 도상학은 로마 제국의 전 영토와 사회 환경을 위해 만든 모델에서 유래되었다. 한편 중앙 권력 집단과 도시민 이외에 강력한 원로원 계층이 있었는데, 이들은 시리아와 북아프리카, 시칠리아에까지 영향력을 미치고 있었고, 어느 곳에서나 광대한 소유지[latifundia]를 보유하고 있었다. 어떤 경우, 기독교도가 매우 부유하고 권세 있는 지주의 저택에 기거함으로써 로마 제국 귀족의 소유지에서 제작된 미술이 기독교 도상의 레퍼토리에 더욱 기여한 것처럼 나타난다. 이 미술은 많은 별장에서 발견된 바닥 장식용 모자이크와 시리아에 있는 이집트 옴미아드 왕조 시대의 귀족들 성의 둥근 천장 장식, 그다지 중요하지 않은 여러 기념물 연작에 지속적으로 나타나고 있다. 이를 통해 우리는 이 미술과 그것의 도상학적 프로그램을 짐작할 수 있다. 기독교 도상 중 특이하면서 중요한 카테고리의 모델로 사용되는 로마 별장 장식에 속하는 테마군도 있다. 다행히 이 도상학 분야의 출발점과 도착점을 관찰할 수 있는 기회가 있으므로, 독자들은 이러한 도상들이 보여주는 순수한 기독교적 몫을 유용하게 가늠할 수 있을 것이다.

'도미누스 율리우스[Dominus Julius]'라고 알려진 어느 지주의 영토에서 유래한 카르타고의 바닥 장식용 모자이크가 그 출발점이다. 모자이크 중앙에는 주인의 저택이 묘사되어 있고, 아래쪽에는 부부로 보이는 주인들이 있으며 노예들이 이들을 둘러싸고 있다. 이들 중 한 사람이 주인 앞에서 그의 이름이 적힌 두루마리를 들고 있는데, 그것은 판매 행위나 율리우스가 영토에 대해 갖는 권리를 확인시켜주는 서류와 관계된 것 같다. 그의 부인을 둘러싸고 있는 다른 노예들은 보석과 고기를 짊어지고 있는데 이것은 율리우스의 부유함을 상기시킨다. 위쪽 맨 꼭대기에 자리 잡고 있는 여성의 화신 발밑 닭장 앞에는 암탉과 병아리들이 있는데, 이는 가정을 상징하는 듯하다. 두 노예가 다가와 영토에서 난 생산물들을 보여주고 있고, 패널의 네 모퉁이에는 사계절과 각 계절에 해당되는 노동을 의인화한 고풍스러운 인물들이 자리 잡고 있다. 마지막으로 중앙에 해당되는 영주의 주거지 양옆에는 시골 귀족 계급의 오락인 사냥을 준비하는 모습과 사냥에서 돌아오는 내용이 그려져 있다.

이 모자이크는 특정 소유자에 속한 영지를 표현하고 있으며 명확하게 집결된 상이한 테마들이 관례적으로 표현되어 있다. 중앙에는 율리우스의 소유를 상징하는 집이 있고, 경작지에서 생산된 과일을 집으로 운반하는 사람들이 상세하게 묘사되어 있다. 패널 네 귀퉁이에는 사계절을 상징하는 네 장면이 뒤따르고 있다. 다시 말해서 이것은 거주자들의 노동과 시간의 영원한 흐름을 통해 규모 있고 부유한 사유지를 상징적으로 표현하고 있는 것이다. 또한 가족의 상징으로 여겨지는 암탉과 병아리 테마도 주목해야 한다.

5-6세기 그리스와 셈족 계통의 근동 지방 교회에는 북아프리카와 유럽에서처럼 기독교를 주제로 한, 드물지만 알레고리적 내용이 표현된 양탄자 형태의 바닥 장식용 모자이크가 남아 있다. 이것은 또한 팔레스타인 도 48
에 있는 동시대의 유대회당에서도 마찬가지이다. 알려진 대부분의 예들은 레바논 등의 성지에 남아 있다. 대부분의 경우 흰 바닥 위로 드러난 포도넝쿨 장식이 사람들과 동물을 둘러싸고 있다. 같은 지역에 있는 더 이후에 제작된 이슬람 기념물과 비교해보면 이 모자이크들이 십중팔구 이교도적 원천을 지닌 것으로 추측할 수 있다. 실제로 8세기 옴미아드 왕조 궁전의 두 벽화에는 동일한 기본 용어가 다시 나타난다. 카스르알하이르 Qasr' el Heir 에는 중앙에 식물 넝쿨 문양 속에 땅과 사냥을 의인화한 인물과 악사들이 표현되어 있고, 카스르암라 Qasr' Amrah 에는 소용돌이 문양 속에 흉상, 동물, 악사, 무용수가 나타난다. 두 번째 예는 궁륭형 천장에 펼쳐져 있는데 고대 말기에는 바닥과 천장을 동일한 테마로 장식하는 일이 종종 있었다.

몇몇 교회의 바닥 장식은 위에서 언급된 모티프 중 다소 자유로운 모티프 선택의 예를 보여주고 있다. 다른 것들은 체계적인데 바로 이를 통해 그것과 카르타고의 지주 율리우스의 모자이크 사이의 연결고리를 포착할 수 있다. 여러 경우 이 모자이크의 중심(카르타고의 모자이크에서 집을 의인화한 장면 위에 영지 소유자의 거처를 형상화한 부분)에는 명문에도 언급된 바 있는 대지가 놓여 있다. 두 인물이 그에게 과일 바구니를 내밀고 있는 데서 카르타고 모자이크와 다른 특징이 엿보인다. 공물을 바치는 사람들이 '집'을 향해 바구니를 내밀고 있다. 팔레스타인의 몇몇 모자이크도 암탉과 병아리들 테마를 표현하고 있는데, 여기에서 엄마 암탉이 병아리들을 안전하게 보호하는 모습과 여우에게 희생되는 아빠 수탉이 겪는 위태로움을 대비시키고 있음을 볼 수 있다. 같은 모자이크에서 밭이나 정원에서의 작업을 표현한 도상을 볼 수 있는데, 비록 이것이 계절의 리듬과 일치하는지는 알 수 없지만 다른 팔레스타인의 바닥 장식에도 계절과 달의 의인화가 나타난다. 이렇게 이 모든 장식에서 유사성을 찾아볼 수 있다. 카르타고 모자이크에 나타나는 사냥 장면에는 이따금 밭농사일이 첨가되어 나타난다.

이와 같은 이교도적 주제의 기독교식 표현은 팔레스타인 바닥 장식의 특징이다. 사냥꾼들은 동물들을 죽이는 대신 쫓아내는 것에 만족하고 있는데, 추측컨대 그것은 들짐승에 대한 인간의 방어를 표현하고 있는 것으로 보인다. 이러한 생각은 인간에게 매질을 당하거나 안장을 얹은 동물들이 플루트 소리에 훈련되고 길들여지는 동물 도상에서 함께 표현되고 있다. 이제 교회 바닥 장식의 주제는 땅과 그 땅을 경작하고 들짐승으로부터 그 땅을 보호하는 인간의 노동으로 바뀐다. 우리는 실제적이고 사적인 영역으로서 땅을 표현하는 표현에서 도식적이기는 마찬가지이지만 하느님이 지배하며 교회의 활동이 펼쳐지는 영역으로 변형된 보편적 땅으로 넘어가고자 한다.

이 개념을 표현하기 위해서 근동의 기독교도들은 카르타고의 바닥 장식 모델을 취해서 그것을 여러 각도로 변형시켰는데, 예를 들면 수많은 작은 장면들을 병렬하는 방식(마치 이스탄불 대궁전의 바닥 장식처럼)을 포도넝쿨로 대체했다. 여기서 포도의 소용돌이 모양은 각각 독립된 도상의 틀로 사용되고 있다. 그러나 거의 규칙적으로 위에서 아래로 겹쳐진 여러 칸에 나누어진 하나의 그림처럼 보이는 이 도상들을 보는 이들은 그 도상과 당초문이 관계없는 것으로 여기게 된다. 각 장면들이 포도넝쿨로 된 틀 없이 한곳에 표현된 지주 율리우스의 모자이크도 이와 같은 식으로 보아야 할 것이다.

카르타고 모자이크를 마다바와 네보 산(또는 비스가 산)의 것과 비교해보면 개인 영토의 이교도적이고 상징적인 도상이 기독교도들의 손에 넘어와서 어떻게 보편적 땅의 이미지가 되었고 또한 하느님에 의해 통치되는 이상적 땅의 이미지가 되었는지가 드러난다. 기독교 진리의 해석을 위해 사용된 이러한 알레고리적 도상은 로마 제국 미술의 방법보다 더욱 한정되어 있었다. 그러나 지방 대지주들의 별장에 나타난 미술은 하느님이 통치하는 평화롭고 조용한 땅의 테마를 표현하는 데 기여했다. 이 테마는 고대 말기에 어느 정도 성공을 거두었는데 무엇보다도 팔레스타인과 근동에 있는 로마 제국 속령에서 특히 그러했다. 여기서 이 테마는 구약성서의 예언에 기초한 유대교 테마인 예정된 메시아의 평화라는 주제와 만나게 된다. 원죄 이후 인간에게 적대적이라 거부당했던 동물 모티프는 평화가 도래할 때 이들이 다시 길들여지고 안전하게 된다는 메시지를 전한다.

우리는 여기서 서술적 도상의 문제는 거론하지 않겠다. 이 알레고리적 모자이크의 기독교적 요소를 평가할 때 겪는 어려움은 도상 속에 있는 종교적인 것을 측정하는 것이 아니라 알레고리의 명확한 의미를 발견하는 데 있다. 7세기 말(695년의 공의회) 비잔틴의 희랍인들은 소위 그들이 말하는 진리의 그림자가 결코 진리 자체, 즉 그리스도의 육화 이후의 사건 자체만큼 유익하지는 못하다는 명확한 이유로 기독교 도상에서 알레고리의 사용을 중지했다. 위에서 연구된 알레고리적 도상은 근동 지역의 기독교에서 6세기쯤 잠시 나타났다가 7세기 아랍의 침략 이후 완전히 사라진다.

우리는 앞에서 초기 기독교 시대 도상학 용어의 토대를 이루고 있는 가장 본질적이며 일반적인 구성 요소들에 대한 정의를 시도해보았다. 그것을 파악하기 위해 우리는 로마의 공식 미술과 거기서 파생된 작품들에서 영향을 받은 초기 기독교 작품을 분석해보았다. 이 두 분야에 대한 개관은 어떻게 초기 기독교 미술이 당시 널리 통용되고 있던 이교 도상 언어의 영향을 받았고, 어떻게 기독교 공인 이후 로마 제국 황제들의 후원을 받았으며, 어떻게 그 덕택에 기독교 미술이 위세를 크게 떨칠 수 있었는지에 대해 이해할 수 있게 해주었다.

이제 이 두 번째 부분에서는 초기 기독교 도상학에 대한 연구를 다른 각도에서 고찰해보고자 한다. 즉 주제의 관점에서 초상화와 성서에 근거한 서술적 장면이라는 두 개의 중요한 범주로 나누어 그것과 주변 예술과의 관계를 검토하면서 그 원천을 찾아보고자 하는 것이다. 도상학 연구에서 이와 같은 역사적 방법은 분명하게 규정된 예로 들 수 있는 작품들의 수가 충분할 때 확실히 유익하다. 즉 우리는 이교도의 작품이건, 기독교도의 작품이건 간에 같은 부류에 속하는 작품들을 비교함으로써 기독교 도상 제작자들이 창조해낸 부분과 해석한 부분을 추론해낼 수 있는 것이다.

초상화는 어떤 유형을 따라 표현되었든 아니면 개성적으로 표현되었든 간에 확실한 분류가 가능하기 때문에 특별히 초상화 분야에서 분명하고 흥미로운 결론들을 이끌어낼 수 있으리라고 본다. 반면 성서 장면 분석에서 보편적 흥미를 유발하는 결론을 이끌어내기는 더 어렵다. 즉 어떤 장면은 오직 그것이 구약과 신약 두 곳에서 상세하게 표현되어 있을 때만 성스러운 이야기에 속한다. 그럼에도, 성서에 근거한 주제로 볼 수 있는 것의 양과 다양성은 무한하다. 가장 중요한 부분인 복음서에 표현된 그리스도에 대한 이야기만 해도 너무나 많은 주제 선택을 제공하고 있으므로, 성서에서 발췌한 장면들에 대한 엄격한 분류는 제외하겠다. 더구나 세속적이거나 이교적인-다시 말해 신화적인-종교화와의 비교는 그리 유익하지 않다.

여기서는 비교를 확실하게 하기 위해 성서의 수많은 장면에서 분명한 유형의 시리즈에 해당되는 장면과 그 위치로 인해 특수한 종교적 기능을 지니는 장면(가끔은 동일한 장면들)만을 선택했다. 작품의 구성과 도상의 기능 같은 보충적 자료들은 이따금 불분명한 다른 작품을 분명하게 밝혀내는 데 도움을 줄 것이다. 실제로 그 자료들은 기독교 성서의 서술적 도상이 처음 생겨난 시기를 발견하게 해주는 동시에 그것을 제작한 사람들이 받은 영감의 출처를 밝혀내는 일을 가능하게 한다.

어쩌면 이러한 도상학 연구에서 초상화와 성서에 관한 서술적 장면을 다루는 것이 뜻밖의 일일 수 있을 것이다. 그러나 이와 같은 선택은 오직 이 두 분야에서 도상 제작자가 이전의 전통적 영향에서 완전히 자유로울 수 있었으며 오직 그가 그리고자 하는 인물의 모습과 회화에 등가적 가치를 부여하는 성서 내용에 의해서만 인도되었을 것이라는 생각에 의한 것이다. 이 같은 관점은 이전에 그리고 지금도 여전히 암암리에 인정되고 있는데, 바로 이러한 점이 기독교의 초상화와 성서에 기초한 서술적 장면이 단지 기독교의 영역을 넘어서서 비교 연구의 대상이 되지 못했던 이유이다. 물론 이와 같은 가정은 잘못된 것으로 이 두 유형의 도상들은 일반적 관점에서 예외적이기는커녕 다른 것과 마찬가지로 그 시대의 공통적인 도상학의 도식들을 포함한 당시에 유행하던 예술적 관습에서 다양한 영향을 받았다. 비록 조심스럽기는 하나 우리의 결론은 성서에 관한 모든 도상을 단지 구약과 신약의 직접적 삽화처럼 간주하려는 일반적 견해를 일부 부정한다. 물론 사람들은 자연스럽게 서술적 도상의 목적이 성서의 내용을 도해하는 것이라고 생각할 수 있을 것이다. 이는 그 삽화가 계시된 한 종교의 도상이고 그 계시가 영원히 성서 속에 기재되어 있기 때문인데, 그렇다면 모든 기독교 미술은 단지 성서에 구술적으로 표현된 계시의 시각적 대용물에 지나지 않는 것인가?

그러나 기념물들은 이와 같은 관점, 아니면 적어도 기독교의 서술적 주제에 대한 도상학적 해석을 전적으로 성서 원문에 대한 직접적 삽화로 간주하는 것에 대해 회의하게 만든다. 이러한 접근방식의 가치는 가장 오래된 복음서 필사본 삽화에 대한 체계적 검토와, 개별적이건 그룹이건 구약 장면으로 장식된 초기 기독교 미술의 기념물과 소규모 오브제에 대한 체계적 검토로 증명된다.

어떤 텍스트와 등가의 가치를 지니는 시각적 표현을 할 수 있는 도상을 위한 가장 논리적인 장소는 복음서 필사본 삽화일 것이다. 그러나 가장 오래된 삽화들은 아무런 예도 제공하지 못하고 있다. 대신 우리는 거기서 서술적 도상이나 암시를 통해 구약성서의 에피소드를 상기시키는 이미지-기호를 찾아낼 수는 있지만 그것은 복음서의 이야기를 해석한 것이거나 주석일 뿐이다. 구약성서에 관한 주제를 다루고 있는 고대 후기의 도상처럼, 우리는 카타콤과 교회 벽, 석관과 예배 의식에 사용되는 가구, 복음서 겉표지와 약상자 그리고 부적에서조차 대부분의 도상들이 묘사보다는 어떤 것을 생각하게 만드는 이미지-기호 카테고리에 속하고 있음을 보게 될 것이다. 이러한 도식적 도상들이 표현하고 있는 복음서의 사건은 그것을 제작하기 위해 도상 제작자가 성서의 원본을 참조해야만 했다는 것을 뜻하지는 않는다(실제로 기독교인이라면 그 정도는 알고 있어야 했다). 이러한 도상의 대상이던 대중의 이해를 위해서 화가는 기초적으로 대중이 반응할 수 있는 최소한의 정보를 지니고 있어야 했다. 우리는 이러한 기호적 도상과 서술적 도상 같은 범주의 도상들이 그것들이 위치하고 있던 장소나 사용되던 기능에 따라 선택되었다는 사실을 알게 될 것이다. 이러한 뚜렷한 공통적 근거는 이 도상의 특별한 기능과 창조 이유(성서 원본에 관한 시각적 등가물을 확립하려는 단순한 희망사항과는 거리가 먼, 오직 기능과 관계된 이유)를 밝혀내는 데 도움이 될 것이다.

제3장 | 기독교 도상과 초상화

본 장에서는 초기 기독교 시대 '초상화'라는 일반적 주제를 다루려고 한다. 그리고 우리가 분석할 초상화들을 그 기능에 따라 그림과 문서로 분류하여 검토하고자 하는데, 그 기능은 기본적으로 두 가지 요인에 의해 결정된다. 즉 초상화에 나타난 인물의 사회적 지위와 신분, 그리고 초상화의 용도가 그것이다. 여기서 물론 우리의 변함없는 단 하나의 목적은 기독교 도상을 생산해낸 바로 그 시대에 제작된 초상화를 다루는 것이다. 따라서 기독교적인 초상화-이미지를 주로 살펴보겠지만 어떤 이유로든 기독교 초상화를 이해하는 데 도움이 되는 것이라면 그것이 기독교 작품이 아니더라도 다루어보고자 한다.

가족적 용도로 제작되었건 개인적 용도로 제작되었건 간에 예전의 초상화 범주는 오늘날과 유사한데, 초상화의 용도는 주인공의 특징을 되살리는 데 있다. 우리는 사람들이 초상화를 제작하는 경우와 그 이유를 쉽게 상상할 수 있다. 이와 같은 개인적 초상화들은 혼자이거나 그룹으로 혹은 가족의 여러 구성원들과 함께 표현되었다. 기본적으로 이러한 부류의 초상화는 두 개의 범주로 분류된다. 각 초상화는 주인공의 신체적 특징을 사실적으로 표현해냄으로써 초상화의 주인공을 기념하는 무언의 회상물이 된다. 그런데 이와 같은 사실은 살아 있는 사람을 그린 초상화에 해당되는 것이지만 이것은 또한 초상화의 예술적 테마가 장례 미술의 영역으로까지 확대됨을 의미하는 것이다. 즉 살아 있는 사람들에게 필요한 고인의 초상화라든가 또는 내세에서의 다른 생을 위해 시신 옆에 놓는 고인의 초상화가 그 경우이다. 이렇게 사적 초상화의 범주는 무한하며 그래서 줄곧 제작되어왔다.

활발히 전개되었던 가족 초상화처럼 중요한 또 다른 초상화 범주가 고대 후기에 등장한다. 공적 초상화가 그것으로, 이 부류의 초상화의 목적은 사회의 모든 사람들에게 보여주는 데 있다. 공적 초상화는 공공적 의도, 즉 궁정이나 군대 혹은 국가의 행정, 그리고 종교나 직업 공동체와 같은 기관의 의도에 의해 주문 제작되었을 것이다. 사회적 기능에 따라 초상화 자체는 한 그룹에 속한 구성원으로, 예를 들면 법관이나 장교, 황제 같은 행정부의 대리인으로 표현된다. 이러한 범주의 초상화가 지니는 특징은 사적 초상화에서처럼 신체적 특징을 비슷하게 재현하는 단순한 목적을 넘어서 여러 가지 사실들을 한데 모아 표현하는 데 있다. 그가 속한 사회적 계층이나 직업, 지위를 통해 사회적으로 그 사람을 알아볼 수 있도록 가능한 한 많은 요소를 함께 사용하는데, 초상화의 주인공 옆에 놓이는 고유한 장신구, 의복, 전형적 활동, 혹은 인물의 신분(재판관, 시인, 사도) 등이 함께 표현된다.

이러한 공적 초상화는 초상화를 주문한 사람의 의도에 따라 기능도 변하게 된다. 즉 공적 초상화는 묘소에 놓는 장례용으로 사용될 수도 있고, 개선문, 원주, 법정이나 사무실 집기와 같이 어떤 공공 건물의 벽, 가구 또는 공동생활에 관계되는 특수한 용도의 오브제로 사용될 수도 있으며, 관리의 의복이나 고관, 군인과 병사의 짧은 조끼와 방패 같은 갑옷에 사용될 수도 있다.

우리는 기독교 도상학에 관한 연구의 대부분이 기독교적 내용과는 전혀 연관이 없는 로마 제국 시대의 사적이거나 공적인 그리스-로마식 초상화와 관련된 엄청난 양의 증거물을 검토해서 얻는 이익이 무엇인가에 대한 의문을 가질 수 있다. 만일 초상화가 사실적으로 그려진 인물의 신체적 외관 이외에 아무것도 제공하지 못한다면 이러한 검토는 쓸데없는 작업이 될 것이다. 그리고 특히 이러한 종류의 초상화는 19세기에도 제작되었다.

그러나 늘 그런 것은 아니었으며, 특히 본 연구와 관련된 시기에는 더욱 그러했다. 각 초상화는 인물의 신분과 초상화의 용도, 그리고 제작의 기초가 되는 의도에 따라 일정한 흔적을 보이고 있다. 초기 기독교 시대 초상화는 동시대 이교도의 세속적 초상화와 동일한 특성을 공유하고 있다. 즉 이교도의 초상화처럼 초기 기독교 초상화는 그 시대의 풍습에 따라 제작되었는데, 최초의 기독교 초상화가 제작된 상황에 대해 좀더 잘 이해하고 싶다면 초기 기독교 시대 로마 제국 초상화 제작에 적용된 방법과 관례에 대한 연구가 도움이 될 것이다. 이 연구를 통해서 초기 기독교 초상화의 수많은 특징에 숨겨진 비밀을 찾아낼 수 있을 것이며, 동시대 유행하던 로마 제국의 작품들을 주의 깊게 검토하지 않았기 때문에 구별조차 할 수 없던 특성들을 이해하게 될 것이다. 특히 이전 혹은 당대 이교도 초상화와의 유사함을 통해 우리가 연구하고자 하는 기독교 초상화의 범주를 정하고 이해할 수 있을 것이다. 그 시대의 전형적 초상화 도식에서 출발하여 정말 기독교적이라고 할 수 있는 점을 끌어내면서 기독교 초상화가 밟아온 과정을 재구성해낼 수 있을 것이다. 그리하여 화가가 당시 창조한 것과 화가 자신도 모르게 전통이 그에게 강요한 것을 구별해낼 수 있을 것이다.

우리의 전반적 고찰은 이와 같은 연구 방법의 유용성을 증명해줄 것이며 그 의미와 기능에 있어서 고대 후기의 기독교 초상화와 현대의 그것을 동일시해서는 안 된다는 사실을 상기시켜줄 것이다. 만약 고대와 중세 초기에 걸쳐 있는 기독교 미술 전체를 조망해본다면, 우리는 놀랍게도 이 오랜 기간에 속해 있는 도상들 중 반 이상이 아담과 이브, 구약에 등장하는 이스라엘의 지도자들에서부터 기독교 교회의 수많은 성인들에 이르는 이 모든 인물들이 예수, 성모 마리아, 그리고 하느님에 의해 부름 받은 인물들의 초상화임을 확인할 수 있을 것이다. 어떤 종교도 이 정도로 시대를 뛰어넘어 도상을 통해 하느님의 위대한 추종자들을 상기시키는 데 주력하지는 않았다.

그럼에도 불구하고 이러한 역사적 인물을 그린 그림, 즉 광의의 초상화에 나타난 표현은 몇몇 예외를 제외하고는 일반적으로 오늘날 우리가 초상화의 특징이라고 할 수 있는 점이 결여되어 있다. 즉 신체적 유사함의 추구와 재현된 인물의 정확한 세부 묘사가 소홀히 취급되었다. 물론 우리는 예수나 대부분의 성인의 모습을 모른다. 그러나 옛 기념물에 표현된 두서너 개의 초상화를 비교해봄으로써 그들의 실제 얼굴과 신체적 특징이 전혀 개별화되어 있지 않다는 사실을 증명해낼 수 있다. 게다가 한 작품에서 다른 작품으로 가면서 얼굴이 변한다는 사실도 증명된다. 그러므로 당시 화가들에게는 어떤 한 개인의 실제 얼굴 모습을 재현하려는 의도가 전혀 없었던 것으로 보인다. 로마의 산 파올로 푸오리 레 무라San Paolo fuori le Mura 바실리카에 있는 교황 초상화를 예로 들어보자. 오래전부터 열 개 정도의 초상화의 인물들은 초상화 옆에 기입된 이름으로 구분되었다.

그렇다면 기독교인들은 왜 초상화의 기본적 특성을 무시하면서까지 기독교 영웅들의 초상화를 이렇게 많이 제작했던 것일까? 이에 대한 대답은 이러한 초상화에서 정확한 신체적 외모를 상기시키는 것 이외에 다른 것을 보아야 했던 초상화가들이나 주문자들의 사고방식에서 찾아야 할 것이다. 따라서 우리의 연구는 고대 말기의 기독교인들은 초상화에서 무엇을 얻고자 했는가라는 질문에 대한 대답이 될 수 있는 자료를 제공해줄 것이다.

우리는 과연 그것을 초상화라고 부를 수 있는 것일까? 옛날 사람들이 그렇게 생각했기 때문에 우리도 그렇다고 생각한다. 그려진 얼굴의 기본적 특징조차 고려되지 않은 초상화 옆에 이름이 명기되어 있다. 그리고 이 이름이 그것을 초상화라고 생각할 수밖에 없게 만든다. 또한 매우 오래된 성인 연구에 관한 이야기들은 우리에게는 별로 정확치 않게 보이는 이 도상들이 동시대인들에게는 꿈이나 환영으로 나타난 성인들을 알아보는 데 충분했다는 사실을 밝혀준다. 이전에 본 도상에 근거한 성인과의 동일시에 대한 이러한 증거는 성인 연구에 매우 자주 나타난다. 우리가 알고 있는 최초의 예들(성 시르와 성 데메트리아누스)은 아주 간략한 형태로 초상화들을 표현하던 시기인 7세기 전반으로 거슬러 올라간다.

그러나 또한 초상화 범주에서 얼굴의 조형적 묘사보다 개성을 끌어내고자 했던 도상도 있었음을 인정해야 한다. 현대 미술에는 마치 고대 후기 화가처럼 초상화마다 똑같은 구조를 드러내는 경향이 종종 있다. 모딜리아니가 그러한 방식으로 작업을 했는데, 그것은 수많은 현대 화가와 조각가처럼 그가 인물의 외관에 대한 객관적이며 세밀한 묘사와는 다른 방식으로 인물을 표현하려고 애썼기 때문임을 우리는 잘 알고 있다. 물론 현대 화가와 우리의 연구 대상인 고대 초상화가의 표현 방식은 다르다. 그러나 얼굴 모습에 대한 정확한 모방에서 출발하는 묘사적 초상화에 대한 거부는 위의 두 그룹에게서 공통적으로 나타나고 있으며 이들의 작품도 엄연히 초상화로 간주되고 있다.

그렇다면 개인적 외모와의 유사성이 부재함에도 불구하고 초상화라고 불리는 이 그림들의 특징은 무엇인가? 그것들을 열거하고 세부사항을 분석하기 전에 우선 당시 다른 범주의 도상들처럼 초상화도 유형적이었다는 사실을 상기해야만 할 것이다. 어떤 인물을 상기시키는 표현에는 동시대인들이 그 의미를 이미 알고 있던 몇몇 도식이 사용되었다. 이런 작업 방법은 이 시대 초상 미술에 대한 정의를 내리기 위해 매우 중요하다. 그러므로 초상화는 그 유형학적 특성(풍경, 공간, 극적 움직임, 행동, 인간의 신체를 표현하기 위한 도식의 사용), 즉 모든 사람들이 알고 있는 다른 범주의 도상과 동일한 원리에 따라 해석되어야 할 것이다.

고대 말기 기독교 초상화의 유형학적 특성은 무엇보다도 분류가 용이하다는 점에 있다. 거기서 끌어낸 도식들은 초상화의 용도와 일치하며 또한 자주 그것에 부여된 종교적, 정치적 혹은 사회적 기능들을 참조하고 있다. 이미 확립되어 있는 모든 종교적 혹은 세속적 기능과 모든 작품들로부터 독립되어 있고 모든 역사적 상황으로부터 자유로운 유형화된 형식의 적용은 예외적이거나 불분명할 수 있을 것이다. 그러나 이와 같은 도식적 초상화들은 존재하며 그것들의 유형학적 성격에는 의심의 여지가 없지만 거기에서 우리 연구에 유익한 결론을 이끌어내기는 어렵다. 그러므로 우리는 특수한 경우에도 적용될 수 있는 보편적이며 개론적인 수준의 설명에 만족할 수밖에 없다.

우리는 고대 말기 도상의 사용이 다른 어느 시대보다 더 빈번했고, 그것이 갖는 중요성은 아주 특별한 것이었다는 사실을 기억해야 한다. 황제 초상화로 시작된 초상화의 몇몇 종류는 그 중요성을 잘 보여주고 있다. 황제 초상화는 그들을 기념하는 주화뿐만 아니라 집정관들의 지휘봉, 철모, 방패, 고위 관리의 예복, 법정, 법전의 표지에도 나타난다. 우리는 로마 제국의 법정에서는 황제 초상화 없이 판결이 선고될 수 없었다는 사실을 알고 있는데, 이러한 곳에서의 도상의 사용은 어떤 상징에서 유래한 것이 분명하다. 즉 최고 통치자의 초상화는 통치자 자신을 대신하는 것으로 황제는 그의 초상화를 통해서 재판관이 황제 이름으로 판결을 선고하는 법정에 참석하고 있는 것과 같은 의미를 지니는 것이다. 황제 초상화는 동등한 법률적 효력을 지니고 있어 실제로 정의의 저울과 인장에 의무적으로 새겨졌는데, 이 또한 초상화로 대체된 황제의 현존이 금속의 비율과 무게의 정확함 혹은 문서의 공증을 보증해주고 있다는 것을 의미하는 것이다.

이러한 황제 초상화에 관한 잘 알려진 사실을 통해 우리는 로마 제국 고위 관리의 몇몇 초상화와 관련된 유사한 증거들을 제시할 수 있다. 물론 여기에는 교회 주교도 포함시켜야 한다. 이러한 위치에 있는 인물들의 초상화는 법률적 증언이나 서명의 가치를 지니고 있었으며, 다른 시대 혹은 다른 정치적, 사회적 상황에서보다도 로마 제국의 통치하에서 이와 같은 공적 초상화는 중요했고, 수도 많았다는 사실을 확실하게 말할 수 있다.

문제의 초상화들, 특히 최고 통치자들의 관념적 '현존'의 보증 자격으로 주화나 인장, 그리고 법정에서 사용되는 초상화에 보이는 개성에 대한 초상화가들의 무관심 또한 매우 인상적이다. 이러한 무관심은 때로 너무 지나쳐서 어떤 경우에는 왕위를 이어받은 황제들이 똑같은 얼굴 모습을 하고 있고, 단지 통치자의 이름만 바꿔 쓰고 있다. 황제와 황후의 흉상은 측면과 사분의 삼으로 된 옆모습이 보이도록 제작되었는데, 혹자는 이러한 초상화들의 유사성을 화폐의 규모와 기법의 쇠퇴로 설명하려 할 것이다. 그러나 공적 초상화에서 황제들을 같은 모습으로 표현하는 것을 설명하기에 위의 논리는 설득력이 없다. 왜냐하면 6세기 집정관들의 초상화나 성 소피아 성당 입구에 있는 10-11세기 모자이크에서 대칭으로 표현된 콘스탄티누스와 유스티니아누스 형상에 똑같은 모습을 부여하고 있는 훨씬 더 큰 규모의 초상화에서도 동일한 모습을 발견할 수 있기 때문이다. 그리고 때때로 가장 도식화된 초상화에서 놀랄 만한 표현력이 보이는 경우가 있으므로 서툰 제작이라든가 기법의 쇠퇴 같은 가정은 설득력이 없어 보인다.

초상화에 나타나는 이러한 도식화 현상은 중세 초기의 초보적 인식 탓일 수 있다. 헬레니즘 시대 그리스와 로마인들을 걸출한 초상화가로 만든 얼굴의 개성에 대한 감수성은 모두 상실된 것 같다. 이 시대 초상화가들은 고대 말기의 화가들보다 얼굴 생김새에 대해 별로 관찰을 하지 않은 것 같다. 『비교 연구: 초상화』라는 저서에서 블라디미르 드 그뤼나이젠Wladimir de Grüneisen은 이 시대 초상화에 나타나는 이런 단순화 현상을 무엇보다도 평민

출신 장인과 잘못 정의된 '동방의 영향' 탓으로 돌리고 있다. 그에게 고전적 초상화에 나타나는 '단순성'은 부정적 표현으로 형태가 빈약해지고 쇠퇴하는 것을 의미한다. 그러나 중세 초기 장인들의 역할을 그렇게 과소평가해서는 안 될 것이다(사실 우리는 화폐, 모자이크 혹은 예배의식에서 쓰이는 성구와 같은 오브제에 표현된 원본을 복제한 초상화를 알고 있다). 우리는 초상화에 나타나는 이런 유형적 특징의 주 원인을 다른 곳에서 찾아야 한다고 생각한다.

황제의 궁전에서 펼쳐지는 의전과 제례식이 자연스러운 행동을 대신하고, 제왕이 존엄한 최고 권력자로서 공식 석상에서 자연스러운 행동을 할 수 없는 것과 마찬가지로 도상도 황제와 고위 관리를 표현할 경우에는 개인적 용모보다는 잘 알려진 그 어떤 것[insignia], 태도, 의식에서의 제스처를 통해 훨씬 더 잘 알아볼 수 있는 군주나 영주 혹은 궁전의 의전관으로 표현하려는 경향이 있었다. 군주와 고위 관리들은 의전 행사 때 자유롭게 움직이는 것이 금지되었고 완벽한 부동성이 요구되었기 때문에 초상 미술은 이와 같은 특권 계급의 외모를 구상하는 데 적합한 조형적 장치를 고안해야 했다. 초상의 인물을 알아볼 수 있게 하기 위해 초상화가는 초상화의 주인공이 어떤 권한의 소유자인가를 알려주는 몇 가지 얼굴 특징들—예컨대 수염의 모양 같은 눈에 띄는 특징들—을 스케치나 어린아이가 그린 그림 수준으로 간략하게 표현하는 데 그쳤다. 거기에 인물의 이름과 함께 명문을 새겼는데, 특히 이름 이외에 없어서는 안 될 것으로 보이는 상징과 관례적 장신구도 정성스럽게 그려넣었다.

따라서 초상화의 모델은 한 개인이 아니라 단지 황제와 고위 관리라는 사회적이며 상징적인 모습으로, 즉 그들의 지위와 사회적 기능에 의해서만 존재했다고 말할 수 있을 것이다. 그러니까 초상화가의 첫째 임무는 초상화로 그려진 인물이 진짜 바실레우스,[13] 영주, 고위 관리나 주교라는 생각을 전달하도록 하는 것이다. 이를 위해 초상화는 인물이 갖는 모든 기본적 특징들, 즉 엄숙하고 고상한 얼굴 모습과 위엄 있는 풍채, 그리고 의전과 일치하는 태도를 갖추고 있으며 사회적 지위에 맞는 의복과 지위에 해당하는 문장을 잘 갖추고 있다는 사실을 보여주어야만 했다. 예를 들어 우리는 병사로 표현된 성 테오도로의 도상을 볼 때 그것이 다른 비잔틴 병사와 비슷한 어떤 한 비잔틴 병사의 모습이라고 생각할 수 있을 것이다. 그러나 사실 그것은 도상학적으로 비잔틴 병사로 규정된 성 테오도로의 도상인 것이다.

지금까지의 고대 말기 초상화 유형학에 대한 논의가 초기 기독교 시대 초상화에 대한 특수한 예들을 검토하는 데 도움이 되기를 바란다. 이러한 유형학적 절차들이 단지 초상화 자체에만 적용될 뿐 아니라 무엇보다도 초상화가 제시되는 모든 방식과도 관련이 있다는 점을 위에서 이야기했다. 따라서 사람들이 잘못 알고 '외적'인 것으로 간주하는 이러한 전형적 형식들은 다음에서 검토될 초기 기독교 초상화를 분류하는 토대가 될 것이다.

이제 고대 기독교인들에게 모든 종교적 초상화가 도덕적으로 중요한 문제를 제기했고, 이는 그 어떤 다른 도상보다도 초상화가 성상숭배의 위험성을 불러일으킬 수 있는 잠재성을 지니고 있었기 때문이었다는 사실을 상기해보자. 기독교 초상화의 유용성과 정당성 문제에 대해서는 그리스도와 사도들, 가장 숭배되는 성인들의 초상화일 경우에 특히 민감한 반응이 나타났는데, 미술사가는 옛 도상들을 연구할 때 이 사실을 절대로 잊어서는 안 될 것이다.

기독교 초상화의 역사는 지금은 사라진 오래된 작품들을 다룬 몇몇 문학 작품을 증거로 하여 시작된다. 우리가 틀리지 않는다면 그 첫 번째 증거는 2세기 소아시아 반도의 문헌학자들에 의해 제시된 사도 요한의 위경으

13 '왕 중의 왕'이란 의미로 본래는 예수 그리스도를 가리키는 명칭이지만 비잔틴 제국 황제들이 자신들을 지칭하는 용어로 사용했다 – 옮긴이.

로, 이것은 사도 요한의 초상화가 제작되었던 당시의 정황을 매우 생생하게 묘사하고 있는 이야기로 시작된다.

요한의 제자인 니고데모는 어느 날 그의 친구 중 화가 한 사람을 집으로 초대했다. 그는 화가에게 사도 요한이 눈치 채지 못하게 초상화를 제작해줄 것을 요청했다. 그 화가는 이틀 동안 작업하면서 첫날엔 초벌 그림을 그리고 두 번째 날엔 채색을 했다. 그리고 화가는 그의 작품을 니고데모에게 건네주었다. 니고데모는 매우 기뻐하며 그것을 그의 방에 걸고 꽃으로 장식했다.

나중에 요한이 니고데모가 방에 자주 틀어박혀 있는 것을 보고 "도대체 자네는 목욕하고 돌아와 자네 방에서 혼자 무엇을 하는가? 나는 자네, 그리고 공동체의 다른 사람들과 함께 기도하지 않는가? (그의 말은 기도하기 위해 혼자 틀어박혀 있어서는 안 된다는 것이었다) 혹시 우리에게 감추고 싶은 무엇이 있는가?"라고 물었다. 명랑한 음성으로 말을 건넨 요한은 니고데모의 방으로 따라 들어가 꽃 장식으로 덮인 어느 나이 든 남자의 초상화와 그 초상화 앞에 촛불이 놓여 있는 제단을 보았다.

사도 요한이 그를 불러서 "니고데모야, 이 초상화는 도대체 무엇을 뜻하느냐? 네가 섬기는 신들 중 하나가 여기에 그려져 있는 것이냐? 내가 보기에 너는 아직도 이교도처럼 살고 있구나"라고 말했다. 니고데모는 "제게는 제 처와 함께 죽음에서 저를 건지신 하느님 한 분밖에 없습니다. 그러나 만약 하느님 다음으로 우리의 은인을 신이라고 불러야 한다면 그것은 이 초상화에 그려진 바로 당신입니다. 제가 장식하고 사랑하고 존경하는 분이십니다. 왜냐하면 당신은 제게 선한 인도자가 되셨기 때문입니다"라고 대답했다.

자신의 얼굴을 한 번도 보지 못했던 요한은 "네가 나를 놀리는구나. 내가 이렇게 생겼느냐? 하느님께 맹세코 네가 어떻게 이 초상화가 나를 닮았다고 설득하겠느냐?"라고 말했다. 니고데모가 그에게 거울을 가져왔다. 요한은 거울을 들여다보고는 초상화를 응시하며 "예수님의 이름을 걸고 이 초상화는 나를 닮은 것 같구나. 그러나 나를 닮은 것이 아니라 내 육신의 모습을 닮았다고 말해야 할 것이야. 왜냐하면 나의 얼굴을 모방한 그 화가가 내 초상화를 만들기를 원했다면 그가 내게 부여한 색깔, 나무로 된 널판, 외관, 형태, 늙음, 젊음, 요컨대 눈에 보이는 모든 것이 그를 계속 곤경에 빠뜨릴 것이기 때문이지. 그러나 자네는 나를 위해 훌륭한 화가가 되어 주게나. 자네는 나라는 사람을 통해 나타난 형태, 얼굴의 특징, 외관, 기질, 그리고 우리 영혼의 모습까지 아시고 그 자신이 우리 모두를 그리시는 분인 예수께서 자네에게 주시는 색깔들을 갖고 있다네. 자네가 방금 그린 것은 불완전해. 자네 것은 어떤 죽은 사람의 초상화야"라고 말했다.

2세기로 거슬러 올라가는 이 이야기가 사실이라면 사도 요한은 초상미술에 대해 그다지 공감하고 있지는 않았던 것 같다. 그러나 그 성인을 알고 있었던 것 같지 않은 화가가 실물을 보고 그린 성 요한의 초상화에 대한 이런 증거를 본다는 것은 지극히 흥미로운 일이다. 또한 자신을 기독교도라고 생각했던 사도의 제자 중 한 사람이 그의 스승의 초상화를 소유하고, 이를 경배물로 삼기까지 했다는 사실은 시사하는 바가 크다.

복음서 시대에 제작된 기독교 초상화를 언급하는 두 번째 텍스트는 조각으로 된 그리스도의 초상화에 대한 이야기이다. 위에서 언급된 텍스트보다 더 이후인 4세기 중반에 제작된 이 텍스트 또한 고찰할 만한 가치가 있다. 그 이유는 무엇보다도 저자 유세비우스가 이전 시대의 원천에서 많은 영감을 얻었고, 그의 거주지에서 멀지 않은 곳에 있던 문제의 조각상을 개인적으로 알고 있었기 때문이다. 게다가 그가 이러한 기독교 초상화의 존재를 설명하고 정당화시키는 방법이 사도 요한의 초상화를 그리게 한 사람을 옹호하고 있는 2세기 위경의 방식과 일치하기 때문이다. 즉 여기에서도 기독교도들이 다시 취한 이교도식 관습인 은인에 대한 도상이 문제가 되고 있다.

유세비우스(『교회사』 7권 18장; Migne, P.G, 20장 680절)는 혈우병에 걸린 여인을 고치는 그리스도의 도상으로 여겨지는, 팔레스타인 도시 파네아스에 있는 조각에 대해 묘사하고 있다. 무릎을 꿇은 한 여인 앞에 한 남자가 서 있다. 유세비우스는 "그들은 그 조각이 예수의 초상이라고 말한다. 옛날에 구세주 그리스도를 은인으로 삼은 이방인들이 그러한 일을 했다는 것은(말하자면 조각상을 세웠다는 것은) 이상한 일이 아니다. 왜냐하면 우리 또한 이방인들의 관습에 따라 옛날 사람들이 구원자라고 간주하는 모든 이들에게 이러한 종류의 경의를 표하는 것에 익숙해 있었고…… 사도 베드로, 바울로, 그리고 예수 자신의 모습도 초상화로 보존되어 있다는 것을 알았기 때문이다"라고 했다.

이제 지금까지 남아 있는 초기 기독교 초상화 중 한 예를 살펴보자. 우선 2세기 아니면 적어도 3세기에 출현하여 4세기까지 퍼져나갔던 사도들을 그린 작은 크기의 초상화부터 시작해보자. 맨 먼저 대부분 로마에서 발견된 동으로 된 메달에 표현된 베드로와 바울로에 관한 오래된 도상에 대해 생각해보자.

어쩌면 독자들에게는 놀라운 사실로 비쳐질 수 있겠으나, 이 도상들은 이와 동등한 그리스도의 초상화가 아직 출현하지 않았던 시대에 나타난 것일 수 있는데, 그렇다면 이것은 우연일까, 아니면 베드로와 바울로 초상이 함께 표현된 이와 같은 메달들은 그 시대의 현실을 반영하고 있는 것일까? 그렇다면 그리스도의 초상화와 비교해서 이들의 초상화가 앞섰다는 것인가? 두 번째일 경우, 그것은 곧 바로 쇠퇴해버린 기독교 초상화의 첫 발돋움과 일치하는 것으로 매우 중요하다. 그것은 이 주제에 대해 우리가 방금 인용했던 외경과 유세비우스에 나타나는 증거들과 비교될 수 있을 것이다.

베드로와 바울로의 메달은 같은 유형의 로마 제국의 다른 메달들과 동일한 기능(즉 화폐의 기능이 아닌)을 가졌음에 틀림없다. 기념의 의미를 지닌 메달은 외경에 나온 것처럼 사도 요한의 제자 니고데모가 스승의 초상화를 숭배했던 것과 같이 베드로와 바울로를 기억하고 존경하던 기독교인들에게 나눠지고 판매되었음이 틀림없다. 그리고 니고데모의 스승에 대한 존경심이 사도 요한의 초상화를 제작하게 만든 것과 마찬가지로 3-4세기의 다른 기독교도들도 메달을 제작함으로써 측면상이나 정면상으로 표현된 베드로와 바울로 사도의 얼굴을 소유하고 관조하기를 원했을 것이다.

이론적으로는 그리스도의 도상이 새겨진 유사한 화폐들이 존재할 수도 있으나 실제로 그런 것은 존재하지 않으며, 사도 요한의 외경을 참조해 볼 때 이 시대에 그런 것은 존재하지 않았음에 틀림없다. 그 텍스트는 명백하게 구별하고 있는데, 니고데모가 갖고 있던 초상화는 하느님의 형상이 아니고 그리스도의 한 제자에 대한 형상이었던 것이다. 니고데모가 제작하게 했고 그 시대의 관습에 따라 촛불과 제단, 그리고 꽃으로 장식하고 숭배했던 그 초상화는 사도이자 한 인간이었던 그의 스승을 표현한 것이었다. 우리는 베드로와 바울로의 초상화가, 그리스도의 초상화는(복음서 장면에서의 형상과는 구분해야 하는 초상화) 생각할 수도 없지만, 철학자, 현인, 저명한 사상가 같이 '존경받는 스승'의 초상화 제작이 이들에게 드리는 기념 예식만큼이나 많던 시대에 나타난 생각을 반영하고 있다고 볼 수 있다.

두 사도의 초상화는 당시 로마 제국 메달에 표현된 초상화들을 모사한 것으로, 두 황제, 두 신, 두 영웅[14]을 그린 초상화에서 보이는 것처럼 측면의 모습으로 서로 마주보고 있다. 두 사도의 초상화가 이 세 작품의 도식과 동일하다는 것은 후에 나타나는 베드로와 바울로의 초상화보다 이교도의 초상화에 더 가까웠던 기독교 초상화의 기원을 보여주는 것이다.

14 예를 들면 로마를 위험에서 구한 쌍둥이 형제 영웅 디오스쿠로이 – 옮긴이.

때때로 로마의 메달에서는 서로 마주보고 있는 측면상 사이에 기독교의 상징이나 제스처로 두 인물 사이의 관계를 나타내주는 작은 인물상이 나타나고 있다. 이러한 부수적이고 설명적 요소들은 베드로와 바울로의 메달에도 나타나는데, 이것은 단지 4세기 혹은 5세기 이후의 사례들에서만 볼 수 있는 것으로, 두 사도 사이에는 콘스탄티누스 시대에 채택된 그리스도의 모노그램이 나타나 있다. 같은 종류의 작품으로, 400년경 제작된 것으로 추정되는 도금 유리잔 위에 그려진 베드로와 바울로의 이중 초상화나, 몇몇 석관에 새겨진 왕관을 씌우는 손이나 사도들에게 관을 씌워주는 모노그램이 있다. 다시 말해서 이 중앙의 작은 모티프는 (로마 제국의 메달이 사도 메달의 표본이 되었듯이) 초상화에 표현된 인물의 종교를 알 수 있게 해준다. 우리가 방금 언급한 작품들에서 그 인물들은 기독교인이며 박해받던 사도인 것이다.

이 메달들은 아주 소박한 화폐에 불과하지만 같은 가치를 지니는 그리스도의 초상화로 장식된 화폐가 없는 경우 이 메달들이 우리에게 가져다주는 증거는 매우 의미 있는 것이다. 이 작품들은 그 시대의 기독교인들에게 초상화는 본질적으로 기념적 가치를 지니며, 그것은 단지 표현된 인물의 신체적 외모를 그려내는 데만 쓰였다는 사실을 상기시켜주고 있다. 그렇다면 초기 기독교 세대들은 과연 그리스도를 위해 이 정도의 초상화를 그리려고 했던 것일까?

그리스도와 다른 성인들의 초상화보다 연대적으로 앞섰던 베드로와 바울로 사도의 초상화는(우리가 지적하려는 것은 모든 맥락이 제거된 독립적 인물로 표현된 회화나 조각으로서의 초상화를 말하는 것이다. 왜냐하면 복음서의 장면에서는 그리스도를 표현하는 부분이 매우 일찍부터 나타나기 때문이다) 4세기에는 사라지고 그리스도의 초상화가 나타나면서 그 발전 과정은 뒤바뀌게 된다. 다시 말하면 베드로의 초상화는(오직 베드로의 것) 로마 제국 공식 미술의 영향을 받던 시대에 제작된 그대로의 모습으로 그리스도의 초상화와 짝을 이루며 나타난다. 그리스도처럼 베드로도 위엄 있는 모습으로 옥좌에 앉아 있지만 그 모습은 차라리 철학자에 가깝다(성 베드로 성당의 유명한 동상 참조). 또한 그는 로마의 트로피식으로 그리스도의 모노그램으로 구성된 십자가를 들고 선 자세로 나타나기도 하며, 석관에서는 그리스도처럼 어린 양을 어깨에 멘 선한 목자로 표현되기도 한다.

만약 위의 사실들이 그 반대의 경우를 증명하지 못한다면 우리는 도상학이 반대 방향으로 발전해갔으리라고 생각할 것이다. 다시 말해 3세기 때처럼 4세기에도 다양한 표현이 예수 그리스도를 위해 사용되기 전에 성 베드로를 위해 창조되었고, 마찬가지 이유로 사도를 위해서 받아들여졌던 기념 초상화가 구세주 예수에게는 그렇지 못했을 것이라고 생각할 수도 있었다는 것이다. 그러나 이러한 가정은 유명한 베드로 대성당의 거대한 동상에 대해서도, 베를린 박물관의 조그마한 동상에 대해서도 아무런 설명을 해줄 수 없으며, 선한 목자로 표현된 베드로 석상에 대해서도 마찬가지이다. 이 모든 경우에 있어 그리스도 도상의 우선권은 명백하며, 그 초상화들은 분명 복제품에 지나지 않을 것이다.

또한 4세기 로마 제국의 석관에 나타나는 베드로와 바울로의 순교를 기념하는 장면들은 그리스도의 수난을 표현하는 도상보다 먼저 나타났다. 그리스도 수난을 표현한 도상은 사도들의 형벌을 표현한 도상에 입각해 각색된 것이지 그 반대가 아닌 것이다. 이것은 필연적으로 로마에 이미 존재하던 기념 메달의 형태로 나타난 베드로와 바울로에 대한 특별한 도상의 존재를 추측하게 한다. 이렇게 2세기와 3세기 로마에서는 사도들의 초상화뿐만 아니라 이들의 순교를 기념하는 도상도 제작되었을 것이다.

4세기부터 베드로와 그리스도의 도상 사이에 나타나고 있는 이와 같은 밀접한 관계는 그리스도의 도상보다 앞서 매우 오래전에 제작된 베드로와 바울로에 대한 도상의 유형 못지않게 흥미롭다. 4세기 기독교 작품에 속하는 성 베드로의 다른 도상은 메마른 바위에서 물이 솟아나오도록 하는 베드로를 보여주고 있다. 이것 또한 모방이지만, 베드로에 의해 모세의 기적이 새롭게 다루어졌다(몇몇 외경에서도 똑같은 방식을 엿볼 수 있다). 요컨대 성 베드로에 관한 최초의 도상은(그리고 부분적으로 바울로의 도상도) 그리스도의 도상과 매우 밀접하게 연결되어 있는데(어떤 경우에는 모세의 일생에서 끌어온 주제를 채택하기도 한다), 사도 베드로가 그리스도에 이어 초대교회의 수장이 되었기 때문에 이와 같은 사실이 그리 놀랍지는 않다. 로마에서 이와 같은 도상의 모사품을 찾아볼 수 있는데, 옥좌의 그리스도나 기독교의 상징으로서 그리스도의 모노그램으로 된 트로피를 들고 서 있는 선한 목자의 모습으로 나타나는 도상의 경우가 그것이다.

그리스도의 도상이 베드로와 바울로의 수난을 기념하는 다른 도상에서 유래한다는 사실은 더욱 놀랍다. 교리에서처럼 역사적으로 제자들의 수난은 그들의 스승인 구세주의 수난을 모방했다. 이 경우 두 사도가 같이 표현되던 초기의 기념 초상화에서처럼 장소에 관한 도상은 그 장소에 있었던 순교자들에 대한 기억을 영구화시키는 데 목적이 있었기에 그리스도 수난 장면에 대한 도상학적 해석의 원천이 되었음에 틀림없다. 로마에서 나타난 이 두 사도에 관한 도상은 아마 이들을 그 지역의 순교자로 공경하던 예배와 부합하면서 시작되었을 것이며, 베드로의 도상은 다른 사도들에 대한 그의 우위성을 반영하고 있다.

우리는 이미 여러 번 현대적 의미에서의 예수 초상화가 왜 모든 장면과 동떨어져서 단독으로 표현되었는가 하는 점과, 기독교 공인 이전 도상학 레퍼토리에는 나타나지 않았는가에 대한 의문을 제기했다(앞에서 인용된 텍스트에 나타나는 1세기 기독교 초상화들과 그노시스파에 의해 그려진 예수의 초상 제외). 그것은 아마도 성상숭배에 대한 두려움 때문이었을 것으로 추측되지만, 최근 오스티아에서 발견된 한 초상화 덕택에 이 신중한 이론에 의문을 제기할 수 있게 되었다. 그것은 용도를 알 수 없는 작은 건물의 내부 벽을 장식한 그리스도의 흉상을 그린 초상화이다. 방의 벽돌은 다양한 색깔의 대리석 상감 기법으로 덮여 있고, 장식의 일부분을 이루고 있는 초상화도 같은 방식으로 제작되었다. 그러므로 이것은 프레스코화도 모자이크화도 아니지만 이를 모방한 것으로 기법 면에서는 기본적으로 유사하다.

이러한 사실에서, 그리스도의 초상화가 5세기에 제작된 오스티아의 상감세공 기법보다 훨씬 더 앞서 존재할 수 있었으리라는 사실을 추론해낼 수 있다. 결국 이와 같은 가정은 그 기원을 적어도 테오도시우스 1세 시대까지 거슬러 올라가게 할 수 있을 것처럼 보이며, 이러한 결론은 그럴 듯해 보인다. 그러나 그것은 유감스럽게도 3세기의 베드로와 바울로 사도에 관한 최초의 초상화와 동시대에 예수의 초상화가 있었는지에 대해서는 아무런 정보도 제공하지 못하고 있다.

상감 기법으로 표현된 오스티아의 그리스도 두상(긴 머리카락과 숱이 많은 수염, 그리고 일반적 표정)은 5세기 전반의 로마 작품인 코모딜라 카타콤 벽화와 산타 푸덴치아[Santa Pudenzia] 모자이크의 그리스도상과 유사하다. 즉 오스티아의 그리스도 초상화는 그보다 훨씬 오래전에 있었을지도 모르는 모델에 의존하고 있다는 가정을 단호히 배제하면서, 다른 세부사항들이 분명하게 보여주고 있는 것처럼 대략 같은 시대에서 유래한 것이 틀림없다. 축복의 제스처를 취하고 있는 그리스도의 손은 데생이 빈약하고, 상감 기법이라는 어려운 기법을 사용하고 있어 연대를 확실하게 추정할 수 없다.

따라서 이것은 그리스도의 초상화가 최초로 제작된 직후인 4세기 말에 대리석 상감 기법으로 묘사되었다는 의미로 보인다. 이 도상에 나타나고 있는 몇몇 특징은 4세기 말경 그리스도 초상화 개념이 다른 초상화 개념과 마찬가지로 일반적으로 받아들여졌으며, 또한 일반적으로 이런 종류의 작품들에서 사용되는 도식이 그리스도 초상화에도 적용될 수 있었으리라는 것을 생각하게 한다. 당시 매우 유행하던 직사각형 테두리로 둘러져 있는 흉상과 축복의 표시로 구부리고 있는 그리스도의 오른손 손가락 같은 세부 표현이 이런 사실을 확증해준다. 그러나 우리는 또한 비록 정면성이 이 시대부터는 하나의 규칙이었지만 약간 몸을 돌려 오른쪽 어깨를 앞으로 내밀고 있는 흉상과 같은 아주 초기 시대의 세부 표현도 찾아볼 수 있다. 이 점은 적어도 흉상으로 된 초상화에서는 아주 희귀한 것으로, 오스티아 초상화에서 유일하게 나타나고 있는 초기 시대의 특징이다. 이런 특징은 아마도 초상화에 진짜 같은 분위기를 나타내고자 하는 욕구를 반영하는 것일지도 모르겠으나, 그것은 기독교 공인 이전에 모델이 존재했었다는 사실을 증명하기에는 불충분하다.

비록 초기부터 유래하는 그리스도의 초상화는 남아 있지 않지만 우리는 다른 곳에서 그 특징의 흔적을 찾아볼 수 있다. 집단 초상화로 정의할 수 있는 유형이 3세기에 출현해서 4세기에 자주 나타나는데, 그것은 카타콤 벽과 석관 정면, 그리고 더 나중에는 기독교 공인 이후 세워진 교회의 앱스에도 나타나고 있다. 이곳에서 그리스도는 어떠한 움직임도 없이 사도들 가운데에 있다. 가장 오래되고 널리 알려진 도상에서는 이들 모두가 앉아 있는 데 반해, 여기에서는 13명의 인물들이 나란히 줄지어 서 있다. 이 도상은 교리문답에 관한 장면으로 그리스도와 그를 둘러싸고 경청하고 있는 제자들의 모임을 보여주고 있다. 이후 이러한 형식은 조금 변형되어 그리스도에게 바실레우스 왕의 모습을 부여하게 된다.

이와 같은 집단 초상화 장르는 특별히 우리의 관심을 끄는데, 사실 제자들에게 둘러싸여 있는 최초의 그리스도 초상화는 이러한 집단적 형태로 우리에게 나타났다. 그것은 헬레니즘 시대부터 전형적 고대 미술에 이르기까지 그룹 초상화의 인기를 고려해본다면 그리 놀라운 사실은 아니다. 이러한 범주의 도상들은 늘 같은 식으로 표현되는데, 즉 스승이나 우두머리가 앞장서서 인도하고 시인과 현자, 학자와 수학자 혹은 선생 같은 인물들이 방이나 앱스에 반원형으로 늘어서는 구성이 그것이다. 당시에 있던 직종으로 이루어진 이러한 집단 초상화 장르는 꽤 널리 퍼져 있었는데, 여기서는 그중에서 가장 오래된 것과 잘 알려져 있지 않은 몇몇 예들을 살펴보기로 하겠다.

가장 최초의 것으로 많은 호기심을 끌고 있는 작품은 이집트 멤피스 도 50 발굴지에서 발견되었다. 세라피에 있는 헬레니즘 시대 신전에는 담화실 안에 현인과 시인들이 안쪽으로 들어간 벽을 따라 앉은 자세로 표현되어 있다. 시리아 아파메아의 별장 외벽을 장식하고 있는 모자이크에는 소크 도 51 라테스가 이끄는 유사한 그룹이 표현되어 있다. 몇 년 전 비아 라티나에서 발견된 카타콤에서는 멤피스와 아파메아에서처럼 아리스토텔레스로 추측되는 그룹의 우두머리가 지팡이로 벌거벗은 한 구의 시체를 건드리고 있고 그 주위에 모여 있는 신분을 알 수 없는 현인들로 구성된 유사한 그룹이 나타난다.

그러니까 이들은 로마의 산타 푸덴치아나 밀라노에 있는 산 로렌초San Lorenzo의 산 아퀼리노San Aquilino 예배당에서처럼, 앱스에 형상화된 제자들과 도 49 그리스도의 집회를 그린 도상 같은 전통적 고전적 테마에서 유래된 것이다. 반원 형태로 앉아 있는 그리스도와 그의 제자들에 대한 테마는 더 나중에 독립적으로 표현된 그리스도 도상과 함께 발전을 거듭하여 중세 도상학에 다시 나타난다. 여기서 전체 성직자가 반원형 의자에 앉은 자세로 표현된 곳은 일반적으로 주교 교회당의 앱스였다. 반면, 비잔틴과 카롤링거 도상학에서 오순절과 종교회의를 다룬 도상은 오순절에 대한 매우 오래된 도상의 구조를 다시 취해 반원형 의자에 주교구의 성직자 회의 구성원과 사도들을 앉히는 것으로 종교회의 장면을 표현했다.

기독교의 창시자, 즉 그리스도가 주재하는 사도의 모임을 그린 집단 초상화는 최소한의 의미 변화 없이 다른 형태를 취하기도 한다. 산 비탈레나 시나이 산, 그리고 사이프러스 같은 6세기의 몇몇 교회에는 그리스도와 사도들의 초상화가 여전히 앱스나 미사를 드리는 제단 주위에 각각 메달 속에 있는 형태로 나타난다. 그것은 벽에 걸려 있는 방패와 흡사한 것으로, 메달 속에 흉상으로 나타나는 그리스도와 사도들의 독특한 구성은 이미 4세기부터 있어왔다. 우리는 브레시아의 상아로 된 유명한 성 유골 상자에서 신분을 알 수 없는 두 개의 초상화와 열세 명이 한 자리에 표현된 이마지네스 클리페아타에imagines clipeatae[15]가 이미 4세기에 나타나고 있음을 볼 수 있다. 사이프러스와 시나이 산 앱스에 일렬로 표현된 이마지네스 클리페아타에 안에는 사도가 아니라 다른 인물들의 초상화가 표현되어 있는데, 이들은 그들을 보호하는 성소의 후원자들이다. 순전히 도상학적 이유로 4세기 모자이크 화가들은 후원자들을 상징적으로 그리스도 옆에 배치해 그들을 사도들과 동일시했다. 연속적으로 이어지는 메달 작품들은 6세기에 유행하던 모티프로, 부적이나 성지의 성유병에서 볼 수 있다. 여기에는 그리스도와 사도가 교회를 상징하는 십자가를 둘러싸고 있는 모습이나, 그리스도의 업적을 요약하는 복음서의 장면들이 표현되어 있다. 따라서 일견 독립된 것처럼 보이는 각 장면들 사이에 긴밀한 관계가 존재하고 있다는 것을 보여주기 위해 고대부터 내려오는 수많은 도상학적 장치들 중에서 나란히 연속적으로 표현되는 메달 테마를 배제해서는 안 될 것이다. 십중팔구 이마고 클리페아타imago clipeata 형태로 된 초상화는 기독교 초상화의 거대한 도상학 영역에서 수위를 차지할 것이다. 그리고 그 선례들은 로마 시대 미술과 이전의 고대 그리스 고전기 미술을 통해 잘 알려져 있는데, 본래 이마고 클리페아타는 초기 기독교 도상과 동시대 이교 미술에서 널리 사용되던 장례 초상화였다. 즉 로마의 석관에서 한두 명의 초상
도 11 화와 함께 원형이나 조개 형태에 둘러싸여 있는 이마지네스 클리페아타에의 수많은 예를 찾아볼 수 있는데, 묘비나 무덤에 가족 전체가 방패처럼 생

15 이마고 클리페아타imago clipeata의 복수형. 방패 모양의 원형틀 안에 인물의 흉상을 표현한 것이다—옮긴이.

긴 원형 내부에 표현되어 있다. 6세기 파도바에 있는 프로스도치모 성인의 무덤에서 볼 수 있듯 기독교 석관은 변함없이 똑같은 도식을 택하고 있는 반면, 밀라노에 있는 산탐브로조[Sant' Ambrogio] 성당에 딸린 빅토르 성자의 순교 교회당 궁륭형 천장 모자이크에는 승리를 표현하는 초상화를 사용하고 있다.

로마인들은 때때로 이마지네스 클리페아타에를 유프라테스 강 유역의 두라에서 발굴된 3세기 사무실 벽 장식에서처럼 특별한 직책을 가진 사람들을 표현하기 위해 사용했다. 천장에 나란히 배치된 메달들은 사무실에서 일했던 관리들의 초상화들로 구성된 일종의 회랑을 형성하고 있다. 도 55
기독교인들은 이러한 도식을 황제나 황후, 집정관들 초상화에 사용했으며 더 나아가 로마 제국의 고위 관리들과 같은 자격을 갖게 된 순간부터 기독교도 황제들이 공식적 초상화를 가질 수 있는 권리를 승인했던 주교들에게까지 확대시켰다. 이와 같은 사실은 여러 가지 이유 중에서도 특히 추방된 군주들에게 가해지는 처벌이 있을 때 왜 주교들의 초상화가 손상을 입어야 했는지를 잘 설명해준다.

주교들의 초상화가 대부분 주교관에 보관되었던 반면, 그 모사품들은 때때로 대성당 벽면에 재현되기도 했다. 그 결과 우리는 (지금은 수도원 박물관에 있는) 원형 틀 속에 들어 있는 교황의 초상화, 즉 이마지네스 클리페아타에로 된 로마의 산 크리소고노[San Crisogono]와 산 파올로 푸오리 레 무라의 모든 회랑을 볼 수 있는 것이다. 그러나 주교관에 보관되어 있는 모든 주교 초상화가 반드시 이마지네스 클리페아타에 형태인 것은 아니며, 라벤나에 있는 산타폴리나레 인 클라세[Sant' Apollinare in Classe] 성당 앱스(6세기)와 밀라노에 있는 산탐브로조 성당 앱스 옆에 있는 5세기의 산 비토레[San Vittore] 예배당 벽에서 볼 수 있는 것과 같이 입상으로 표현되기도 한다.

중세 비잔틴의 주교 초상화로 판단해볼 때 그리스인들은 옛날 초상화에서 가장 유행하던 세 가지 유형을 사용했던 것 같다. 즉 입상으로서 전신

상, 원형 틀—메달—속에 들어 있는 흉상, 그리고 직사각형 틀 속에 표현된 흉상이 그것으로, 이 마지막 유형은 시나이 산에 있는 패널로 된 성 바실레
도 52b 우스 이콘과 파리 메달 보관실에 있는 콥트 패널화, 그리고 베를린 박물관의 다른 주교의 성상에서 보이는 것처럼 여러 오래된 예들에 의해 표현되었다(6-7세기).

이러한 초상화 중 어떤 모사품은 원본의 특성을 여전히 간직하고 있는데, 이 점에 있어서 가장 주목할 만한 것은 산 비토레 교회당의 모자이크로 된 성 암브로시우스 초상화이다. 그 원본이 탁월했음에 틀림없을 뿐 아니라 인물의 개성을 잘 표현해내고 있는 오래된 초상화의 다른 예는 카이세레아[Caiserea]의 성 바실레우스상이다. 이것은 현재 잘 보존되어 있는 이 초상화에 대한 두 개의 모사품, 즉 대략 6세기에 만들어진 시나이 산에 있는 패널화와 로마의 산타 마리아 안티쿠아에 있는 9세기 벽화를 검토하면서 도출해낸 결론이다. 이와 같은 예들은 초기 기독교 시대에 제작된 몇몇 주교 초상화의 품질에 대한 견해를 제공해줄 뿐만 아니라, 틀림없이 이젤화[16]였을 원본에서 어떻게 이러한 초상화가 전파되었는지에 대한 방법을 알려준다. 그 모사된 작품들은 교회 벽에 걸려 있는 것처럼 이동 가능한 것이었을 것이다. 그리고 두 경우 모두 당시 그것을 주문하던 고객과 그것을 복제하는 도상 제작자가 갖고 있던 성인 초상화에 대한 종교적 숭배의 관습 때문이었던 것이다.

성인이건 세속인이건, 집단적 초상화이건 단독상이건, 입상이건 흉상이건, 원형이건 직사각형이건, 이 모든 주교 초상화와 그리스도와 사도들의 흉상이 들어 있는 이마지네스 클리페아타에 사이에는 원칙적으로 근본적 차이가 존재한다. 주교 초상화는 실제 생활에서 영감을 받은 도상에서

16 일반적으로 고대에 나타난 프레스코화가 이동 불가능한 벽화임에 비해 패널에 그리는 이콘, 즉 성화상은 이동 가능한 것이 그 특징으로, 역시 이동이 가능한 현대의 이젤화 또는 캔버스화의 전형이다—옮긴이.

파생된 (혹은 그러한 도상들에 대해 생각하게 하는) 반면, 그리스도와 사도들의 초상화는 이미 우리가 지적한 바 있는 세속적이며 집단적 초상화의 전통적 장르에서 생겨난 것이다. 이것은 물론 이마지네스 클리페아타에 회랑에 나타나는 주교 초상화에서 그랬듯이 사람들이 사도들의 모습에도 개별적 특징을 부여하고자 했다는 점을 내포한다.

이 시대에 널리 퍼진 또 다른 유형의 초상화는 정면을 향해 두 팔을 하늘로 대칭적으로 들고 서 있는 인물상이다. 이 제스처는 기도하는 자세였 도 53
는데, 그것은 무엇보다도 알레고리적 형상을 위해 사용되었다. 상징에서 유래한 오란테, 즉 기도자상으로 표현된 초상화에서 인물이 전혀 움직이지 않고 있는 것은 아니며, 그것은 그가 기도를 하고 있는 중이기 때문이다. 누군가를 이러한 자세로 보여주는 것은 그의 신앙심을 증명하는 것이었고, 그로부터 성인들과 순교자들 그리고 인류를 위해 중재하는 성모 마리아 초상화까지 빈번하게 기도자상으로 나타나는 현상이 생겨났다. 일반적 기도자상의 상징적 기원은 기독교인들이 손쉽게 그것에 상징적 의미를 부여하게 된 사실을 밝혀준다. 신의 어머니 경우가 바로 그러한데, 그녀가 취한 예배자 제스처는 여러 가지 상징적 해석을 야기했고 이 해석들은 이를 (수 도 54
태고지와 예수 승천이라는 특수한 도상을 통해) 그리스도의 육화의 신비와 연결시키고 있다. 기도자상으로 표현된 성모 마리아의 초상화는 마리아를 인간의 중재자인 동시에 교회의 이미지로 만들어내었다. 나중에 기도자상으로 표현된 신의 어머니의 그러한 모습이 지니고 있는 상징성에 대해서는 다시 언급하게 될 것이다.

기도자상으로 표현된 이러한 유형의 초상화에 관한 역사는 특별히 교훈적인데, 왜냐하면 운 좋게도 그것의 여러 발전 단계에 대해 살펴볼 수 있을 뿐만 아니라 같은 도상적 도식에 부여된 다른 의미들도 포착해낼 수 있기 때문이다. 이것은 확실히 구술적 용어가 겪은 의미 변화와 유사한 것으로 변화의 과정을 따른 도상학적 용어의 연속적 적용을 직접 목격할 수 있는 매우 희귀한 경우의 하나일 것이다.

클라우저Th. Klauser에 의하면 본래 기도자상은 신앙심을 표현하는 상징적 도상으로 로마 제국 시대의 미술에서와 같은 의미를 지니고 있었다. 우리가 이미 보았듯 신앙심을 상징하는 이 기도자상은 이교도뿐 아니라 기독교도의 수많은 석관에 나타난 어린 양을 어깨에 메고 있는 목자상과 대응되어 표현되고 있다(본래 그것은 박애주의자를 상징했고, 이어서 기독교와 그노시스파의 선한 목자를 상징했다). 그러나 신앙심의 의인화는 곧 그가 독실했다는 것을 보여주기 위해 고인의 상징적 상으로 변한다. 그리고 여러 석관 중 기도자상은 초상화에 나타나는 특징들과 유사한 눈에 띄는 개별적 특징들을 갖고 있다(라테라노 박물관에 있는 비둘기에 둘러싸인 기도자상을 예로 들 수 있다).

신앙심의 상징으로부터 독실한 인간의 초상에 이르는 발전이 카타콤 벽화에서도 관찰된다. 여기서도 상징적 기도자상은 초상화로 변모하고 강조된 개인의 특징과 정성들여 지은 의복의 디테일은 이러한 발전을 명백하게 드러내고 있다. 그 마지막 단계는 4세기 로마의 트라손과 사투르니우스Trason et Saturnius 카타콤에 있는 기도자상으로 표현된 두 젊은 처녀의 초상화
도 53 와 안티노에Antinoe에 있는(6세기) 테오도시아라는 여자의 초상화에 훌륭하게 나타나고 있다.

이와 같은 발전의 세 번째 단계에서 기독교인은 그가 사망했건 아니면 살아 있건 간에 더 이상 기도자상으로 표현되지 않고 있다. 그러나 그러한 도상학적 유형은 사라지지 않고 성인 초상화를 위해, 특히 순교자들을 위해 새롭게 적용된다. 4세기 로마에서 성녀 아그네스가 산타그네스 푸오리 레 무라Sant'Agnes fuori le Mura 교회의 오래된 지하 고해실 제단에 그려졌고 또한 비슷한 시기에 산티 조반니 에 파올로SS. Gionvanni e Paolo 지하 묘소에 무명의 순교자가 그런 식으로 그려졌다. 한 세기가 지난 후 테살로니키의 성 게오르기우스 성당 궁륭 모자이크에서 여러 순교자들이 같은 제스처를 취하며

나타나고, 마찬가지로 테살로니키에 있는 성 데메테리우스 교회의 주보 성인이나 고대 후기의 다른 수많은 성인들도 당시 성행하던 그들의 초상화들에서 같은 제스처를 취하고 있다. 그러나 거기에 그려져 있는 기독교인을 성인 혹은 순교자로 정하는 것은 단지 도상학의 형식일 뿐 우리가 그 발전 단계를 잘 기록할 수 있는 것은 다른 것에서이다. 즉 상징적 형상과 신실한 기독교인의 초상화, 그리고 성인 초상화나 순교자를 표현하기 위한 도상학적 양식이 그것이다.

우리가 이미 위에서 보았듯이 그려진 인물이 기도를 하고 있으므로 움직임이 있는 것으로 여겨지는 이러한 도상 유형은 상징적 형상에서 기인한다. 이러한 파생은 기도자상으로 표현된 기독교의 초상화가 경건한 제스처를 부여받은 사람의 성스러움을 증명하기 위해 사용되었을 때 다시 쉽게 상징적이 되었던 것을 확실하게 밝혀주는데, 이것은 신의 어머니에 관한 도상들에서 한층 더 명백하다.

이제 기도자상으로 표현된 성모 마리아 도상의 잘 알려진 옛 예들을 고찰해보자. 그리고 수태고지와 예수 승천이라는 사건이 일어났을 때 성모 마리아가 담당했던 역할에 대한 신학적 해석을 통해 그것에 부여된 상징적 가치도 검토해보자. 예를 들어 로마에 있는 치미테로 마조레의 4세기 도 6
벽화는 기도하는 어머니와 그녀 앞에 있는 아기를 보여주는데, 이것은 아기 예수와 함께 기도자상으로 표현된 마리아일 수 있다. 궁륭형으로 움푹 파인 묘소에 있는 다른 두 인물도 마리아와 같은 자세를 취하고 있다. 성모 마리아의 신앙심은 고대의 '피에타pietas'와 동일한 자세에 의해 표현되어 있으며 여기에서 성모 마리아는 수태고지 때처럼 하느님의 의지에 복종하여 그리스도 육화의 도구로서의 역할을 겸손하게 받아들이는 자세를 반복하고 있다. 성모 마리아는 예수 승천에서도 같은 자세를 취하고 있다. 천사 도 54
들이 사도들에게 예수의 재림을 약속하듯이 마리아는 수태고지 때 예수의 첫 강림을 알렸던 제스처를 취함으로써 예수의 재림을 증거하고 있다. 그런데 역사적으로 그녀가 나타나지 말아야 할 예수 승천과 관련된 장면에서 기도자상으로 표현된 성모 마리아는 성모 자신인 동시에 지상에 있는 교회의 상징으로 표현된다(5세기와 6세기의 도상들에서도 마찬가지다). 현재 보비오에 있는 예루살렘의 성유병과 로마에 있는 산타 사비나의 문짝 부조에서는 그 의미가 더욱 추상화된다. 예수 승천에 대한 도상에서 성모 마리아의 기도 자세는 그녀가 도구로 쓰인 그리스도 육화와 그리스도에 의한 구속을 의미하며(수태고지 때의 그녀의 자세를 상기시킨다), 그 제스처는 동시에 하느님에게 신자들의 끊임없는 기도를 보장하는 교회의 기능을 상징한다. 프리울의 치비달(고고학미술관 n. 136)에 소장된 트리어의 필사본인 에그베르트 시편은 동일한 기도자상을 취하고 있는 주교 초상화 회랑을 상상해 보여주고 있는데, 이것은 물론 하느님을 향한 교회의 끊임없는 기도의 상징이라는 같은 이유 때문이다.

지금까지 기도자상 초상화를 통해 성모 마리아에 관한 몇몇 도상을 고찰해보았다. 이제부터는 고대 후기 기독교 도상학에서 우리가 일반적으로 기대할 수 있었던 중심적 위치(중세에서 그 초상화가 차지했던 위치)를 차지하지 못한 하느님의 어머니 혹은 예수 그리스도의 어머니에 대한 다른 초상화를 검토해보자. 우리는 마치 초상화처럼 개별적으로(역사적 장면의 주인공으로서가 아니라) 그려진 그리스도와 성모 마리아의 초기 기독교 도상들이 항상 그 시대에 공통으로 사용되던 유형학적 도식을 따라 제작되었기 때문에 거기서 어떤 직접적이거나 자발적인 '사실성'을 기대할 수 없음을 알게 될 것이다.

우리는 위에서 이미 사도 모임의 중심에 있는 그리스도 도상을 고찰했고, 그것이 현인들의 집단이나 어떤 특정 직업에 종사하는 일원들에게 배정된 고대 미술의 도상학적 양식에 따라 구성되었다는 점을 지적한 바 있다. 우리는 이제 그리스도를 다룬 다른 초기 기독교의 도상들 또한 더 오래된 도상학적 전형에서 유래한 것임을 보게 될 것이다. 그것들은 모두 예수 그리스도를 특별한 상황 속에서 표현하고 있으며, 그의 인격을 (일반적 사실주의적 초상화에서처럼 그의 신체적 외관만을 다룬 것이 아니라) 특정한 모습으로 조명하는 방식으로 처리하고 있다. 즉 어느 곳에서는 현인의 모습으로 사도들 가운데에 앉아 있는 그리스도로, 또 어느 곳에서는 옥좌에 위엄 있게 앉아 신하들, 다시 말해 신자들의 경배를 받고 있는 전 세계의 통치자로서 표현되기도 하며, 혹은 하늘로부터의 승리를 보장하는 지상에서 그를 대리하는 기독교도 왕을 지휘하기도 한다. 다시 말해 이 모든 도상들에서 그리스도의 행동이나 활동의 구체적 현실은 도상으로 표현되고 있지 않다. 그것은 현실의 총체를 상기시키고자 하는 전통적 도상학의 유형들이 현실을 대체하는 극적 초상화인 것이다.

그러나 성모 마리아 자신은 그리스도와 같은 가치를 지닌 모습들과는 달리 기능적이고 전통적인 초상화 주제 구실을 하고 있다. 즉 그녀와 그리스도의 관계에서 나타나는 예외적 성격은 그녀가 하느님 그리고 인간들과 맺고 있는 관계 속에서 성모 마리아를 정의하는 데 도움이 되고 있다. 성모 마리아의 기능적 초상화의 유형학은 전적으로 이 관계에서 발생한다.

그리스도와 성모 마리아의 유형화된 초상화의 도식은 일반인들이 생전 혹은 죽은 후에 장례용으로 사용하던 당시의 초상화에서 유래한 것이 아니다. 예수와 마리아의 초상화에 사용된 도식은 통치자 혹은 집정관의 공식적 초상화에서 유래하고 있는 것으로, 이와 같은 차용은 아마도 로마 제국의 기독교인들에 대한 박해가 끝난 4세기 기독교 공인 이후에 실행되었음에 틀림없다. 그것은 어쩌면 더 일찍 시작되었을 수도 있는데, 로마 제국 미술의 직접적 모방이 아니라 일반적 주권과 승리, 권력과 정의에 대한 개념 또는 통치자나 궁정의 고위 관리들 사이의 관계와 관련된 몇 가지 도상학의 상투적 요소들을 통해서였을 것이다. 그렇지만 이러한 그룹으로 분류할 수 있는 5세기 이전에 제작된 그리스도와 성모 마리아의 초상화는 나타나고 있지 않으므로 사실상 그러한 초상화가 나타났거나 아니면 적어도 그 사용이 확대되기 시작한 것은 테오도시우스 2세의 통치 기간이라고 생각된다.

그러면 기독교인들이 왜 초상화의 모델로 로마 제국의 성스러운 이미지를 취했는가를 설명하기 위해 희귀 자료로 남아 있는 작품을 검토해보는 것이 좋을 것이다. 그것은 바로 6세기 초에 나타난 집정관들의 딥티크
도 55 diptyques[17]로, 이 딥티크는 로마와 콘스탄티노플에서 집정관들의 지시에 따라 제작되었다. 매년 1월 1일에 임기가 시작되는 집정관들은 그들의 공식 임명권을 구리나 상아로 된 작은 두 패널을 연결한 텍스트, 즉 딥티크를 이용해 공표했다. 이 딥티크에는 집정관들이 원형경기장 특별석에 앉아 경기를 주관하는 모습이 그려져 있다. 닫집 아래 앉아 있는 집정관 위쪽에는 황제와 황후의 공식 초상화와 그의 동료인 그해의 두 번째 집정관의 초상화도 나타난다. 그의 머리 위에 자리 잡은 이러한 초상화 그룹은 바로 그가 군주에게서 권력을 이어받고 그것을 다른 집정관과 나누어 갖는다는 것을 의미한다.

집정관 딥티크와 유사한 형태의 납화로 된 이콘이 시나이 산에서 발굴되었다. 이것은 시대적으로 집정관 딥티크보다는 약간 이후의 것이기는 해도 반세기 이상 뒤처지지는 않고 집정관 딥티크처럼 좁고 기다란 형태를
도 56 지니고 있으며 같은 방식으로 연결되어 있다. 그러나 이 이콘은 기독교의 것으로, 왕홀 형태로 된 십자가를 쥐고 있는 성 베드로가 담화실 형태의 건축물을 배경으로 집정관 자리에 앉아 있다. 그 앞에는 집정관 딥티크에서와 같은 순서로 그리스도(황제의 자리)와 성모 마리아(황후의 자리)가, 그리고 둘째 집정관 자리에는 십중팔구 성 요한으로 보이는 두 번째 사도가 있다. 대형 초상화들 위에 있는 이러한 소형 초상화는 베드로는 오직 그리스도와 성모 마리아에 의해서만 사도와 성인이 되며, 다른 동료 사도로 성

17 로마 시대 집정관들을 위해 주로 상아로 제작된 딥티크는 13세기 이후 서구 유럽에서 나무로 된 크고 작은 규모의 패널화로 발전하여 기독교 회화 발전에 크게 기여했다 – 옮긴이.

요한을 취한다는 것을 의미한다. 시나이 산의 이콘은 이러한 식으로 로마의 공식적 도상학에서 영감을 얻은 사도 도상의 본보기를 제공하고 있다. 사도들과 그리스도의 매우 오래된 다른 도상들은 때로 로마 제국의 도상과 법관의 도상에서 유래하기도 한다.

마찬가지로 현재 남아 있는 몇몇 예를 통해 그리스도와 성모 마리아의 다른 초상화가 로마의 공식 미술, 즉 군주들의 신성한 모습에 근거하고 있었다는 사실을 증명할 수 있다. 그러나 남아 있는 황제와 황후의 공식 초상화의 수가 별로 많지 않기 때문에 그것을 증명하기는 집정관 딥티크보다 용이하지 않다. 그래서 이와 같은 비교는 황제들의 공식 도상으로 사용되었던 모든 도상학적 유형을 대표하는 것과는 거리가 먼 소수 자료만으로 할 수밖에 없다. 그러므로 우리는 용어 간의 직접적 일치점을 찾으려고 노력하는 대신 몇몇 실례만을 보여주려 한다. 게다가 누구나 그리스도와 성모 마리아의 존엄한 도상이 로마 제국의 공식 도상을 복제한 것이라는 사실을 인정하고 있으므로, 이에 대해 현재의 문제인 최초의 기독교 초상화에 대한 것을 고찰하는 것만으로 충분할 것이다.

첫 번째로 우리는 라테라노에 있는 유명한 그리스도의 이콘을 만나게 된다. 아케이로포이에토스archeiropoietos라고 불리는 이 이콘은 십자가로 장식된 덮개가 있는 나무 위에 그려진 패널화이다. 역시 나무로 된 덮개는 마치 중세 초기 성유골이나 필사본 장정에서 그랬듯 그리스도의 초상화를 보호하기 위한 것이었다. 이제는 거의 지워져버린 그림은 군주처럼 위엄 있게 옥좌에 앉아 있는 그리스도를 형상화하고 있다.

6세기로 거슬러 올라가는 이 작품은 집정관 딥티크처럼 좁고 길쭉한 모양을 하고 있는데, 이와 같은 유사성은 아마도 이 도상 제작자에게 영감을 주었을 황제들의 초상화가 실제로 딥티크 형태를 취하고 있었다는 사실에 근거하고 있을 것이다. 우리는 5세기에 편집된 유명한 『노티티아 디그니타툼*Notitia dignitatum*』[18]에 표현된 군림하는 황제들의 도상을 통해 집정관 딥티크와 황제 초상화의 유사성을 추론해낼 수가 있다. 실제로 이 도상들은 위에서 인용한 집정관 딥티크와 옥좌의 그리스도로 표현된 이콘과 같은 형태를 취하고 있다.

『노티티아 디그니타툼』에 있는 황제 초상화는 위엄 있는 모습으로 옥좌에 앉아 있는 군주의 도식이 아니라, 두상 혹은 흉상으로 주화에 표현된 황제 초상화의 도식이나, 상아로 된 수많은 딥티크에서 볼 수 있는 입상으로 표현된 집정관 도식을 따르고 있다. 우리가 알고 있기로는 중세 비잔틴과 오토만 제국의 모사품을 제외하고 고관들에게 둘러싸여 있는 황제 초상화는 하나도 남아 있지 않다. 그렇지만 옥좌의 도식(즉 옥좌에 앉은 통치자)은 『노티티아 디그니타툼』에 형상화된 초상화와 함께 공식 초상화에 쓰였음에 틀림없다.

게다가 우리에게는 그것에 대한 간접적 증거로 제시할 수 있는 두 개의 작품이 있으며 이러한 타입의 상아 세공품들은 입상, 혹은 옥좌에 앉아 있는 황후들을 보여주고 있다(첫 번째 것은 피렌체의 바르젤로의 것이고 두 번째 것은 빈의 안티켄-잠룽의 것이다). 거기서 초상화는 권력을 나타내는 문장과 의상을 통해 공적 성격을 나타내고 있으며 집정관 딥티크 같은 상징적 닫집이 황후의 머리 위로 솟아 있다. 다른 그룹은 엄밀히 말해 군주들의 성스러운 이미지와는 관계없는 여러 목적에 적용된 이 도상의 복제품인데, 위엄있게 옥좌에 앉아 있는 황제를 표현하고 있다. 예를 들어 할베르슈타트에 있는 5세기에 제작된 집정관 딥티크 꼭대기에는 공동 섭정하는 두 황제가 한 옥좌 위에 앉아 있고 그들 옆에는 두 로마의 의인화와 황제의 근위대원들이 자리를 잡고 있다.

우리는 콘스탄티누스 시대에 제작된 여러 금메달에서 나타난 왕좌에 위엄 있게 앉아 있는 황제를 빈과 파리에 있는 메달 보관실뿐 아니라 마드리드 역사아카데미에 소장된 유명한 은접시에서도 볼 수 있다. 이 작품들은 옥좌에 앉아 있는 군주를 보여줄 뿐만 아니라 공동 섭정하는 로마 황제들과 근위대원들도 보여주고 있다. 매번 나타나는 닫집은 점차 거대한 벽으로 변해갔는데 이런 닫집의 빈번한 출현은 그것이 상징적 기능을 부여받았음을 의미한다.

요컨대 옥좌에 앉아 있는 황제라는 공식적인 성스러운 이미지imago sacra가 없음에도 근위대에 둘러싸여 옥좌에 위엄 있게 앉아 있는 황제의 초상화는 (로마 제국이 기독교화 된 이후에도) 분명히 황후를 포함해서 로마 군주들의 공식 초상화에 사용되었던 도식에 해당된다. 이것은 황제 도상의 모사품인 집정관들을 표현한 다른 유형에서도 확인할 수 있는데, 두 호위병 사이에 앉아 있는 법관을 표현하고 있는, 다름슈타트Darmstadt의 상아 세공품은 이와 같은 사실을 보여주는 좋은 예이다.

그리스도와 성모 마리아의 수많은 초상화, 특히 한 명 혹은 여러 명의 수행원을 동반하고 정면을 향해 엄숙하게 옥좌에 앉아 있는 초상화들은 분명 이러한 공식 초상화에서 파생된 것이다. 성모 마리아의 수행원으로는 두 천사가, 그리스도의 수행원으로는 두 사도와 성인들이 나타나는 이러한 그룹은 중세와 르네상스 시대 이탈리아 화가들의 '성스러운 대화'를 예고하고 있다.

여기에서는 위엄 있게 표현된, 대부분 아주 유명한 그리스도와 성모 마리아에 대한 몇몇 예를 들어보겠다.

우선 그리스도에 관한 예로는, 옥좌에 앉아 동방박사들로부터 예물을
받는 모습이 표현된 산타 마리아 마조레 개선 아치의 모자이크와 라벤나에 도 41
있는 산 비탈레의 앱스 모자이크, 그리고 사도들 가운데 왕좌에 앉은 그리 도 28
스도를 형상화하고 있는 4세기와 5세기의 카타콤, 즉 도미틸라와 코모딜라의 두 벽화가 대표적이다. 또한 로마, 밀라노, 라벤나 같은 곳의 초기 기독
교 석관에도(4-5세기) 사도들 가운데 옥좌에 앉아 있는 그리스도의 상이 도 31

나타나고 있으며, 6세기 작품으로 '다섯 개의 칸'이라고 불리는 상아로 된
도 57 딥티크에도 왼쪽 패널(상부) 중앙에 두 사도에 둘러싸인 채 왕좌에 앉아 있는 그리스도의 도상이 나타나고 있다.

옥좌에 앉아 있는 성모 마리아에 대한 예로는 데살로니카의 성 데메테리우스 교회 모자이크(6세기), 시나이와 로마의 산타 마리아 인 트라스테베레Santa Maria in Trastevere에 있는 패널로 된 6세기와 8세기의 유명한 이콘, 그리고 예루살렘 성지의 여러 성유병과 위에서 언급한 다섯 칸들로 된 딥티크(오른쪽 판 뒷면 중앙에)가 대표적이다. 이 모든 것에서 성모는 언제나 두 천사 혹은 성인들에 둘러싸여 정면을 향하고 있다.

(본래는 복음서의 표지였던) 다섯 칸으로 나눠진 딥티크에서 위엄 있게 표현된 그리스도와 성모 마리아의 초상화는 서술적으로 표현된 소규모 장면들에 둘러싸여 있다. 날고 있는 승리의 화신과 함께 표현된 승리의 장면이 각기 패널 위쪽에 나타나고 있는데, 이와 같은 도식은 십중팔구 황제 칙서의 겉표지나 군주 재판의 기록서 구실을 했던 유사한 상아 작품의 도식에서 끌어온 것이다. 로마 제국 시대의 이와 같은 재판 기록들은 중앙에는 황제와 고위 관리들의 모습을, 주위의 작은 칸에는 황제의 공적을 나타내는 장면들을 표현했을 것이다. 따라서 황제를 표현한 모델은 구성상 중앙에 위치하게 되는 위엄 있는 그리스도와 성모 마리아의 초상화로 대치되었을 것이며, 그 주위는 정경이나 위경 같은 복음서의 표지처럼 동일한 복음서 이야기에서 발췌한 이야기체의 소규모 장면들을 표현하는 장치로 바뀌었을 것이다. 즉 성모 마리아에 있어서는 전기적 도상이, 예수에게 있어
도 59 서는 기적에 관한 도상, 가령 헤라클레스와 미트라의 '위대한 공적'에 할당된 위치와 동일한 것을 예로 들 수 있다.

그러므로 그리스도와 성모 마리아에 관한 도상 중 가장 널리 퍼져 있는 유형의 하나인 '존엄자' 그룹은 우리가 이미 연구한 초상화 유형과 같은 과정을 거쳐 형성되었다고 단언할 수 있다. 존엄자 유형에 있어서도 또

한 당시 흔했던 황제 초상화의 도식을 어떻게 기독교 주제에 적용시키는가가 문제되었을 것이므로, 여러 가지 도상에 적용되었던 위엄 있는 모습의 그리스도와 성모 마리아 도식은 분명히 로마 제국의 공식적 도상에서 유래되었을 것이다.

이와 같이 로마 제국의 공식적 모델을 기독교 초상화에 동화시키는 과정에서 다른 유형의 그리스도 초상화가 탄생했다. 기독교인들은 책을 쓴 저자의 초상화를 (코덱스로 된 최초의 책에서부터 나타났음이 틀림없는 방식으로) 필사본의 첫머리 그림으로 사용했다. 우리는 테렌스 같은 이교도 저자들의 여러 오래된 작품에서 이와 같은 방식이 사용되었고, 6세기부터는 복음서나 구약과 같은 기독교 서적에도 적용된 것을 볼 수 있다. 이교도들이 쓴 두 권의 책에서도 마찬가지로 자기 사무실에 앉아 글을 쓰고 있거나 생각에 잠겨 있는 흉상으로 된 저자의 초상화가 이마고 클리페아타 형식으로 표현되어 있다.

이미 언급했듯이 기독교도들은 계속해서 기존의 이교도 도상에서 모델을 취해 그들의 특별한 요구에 적용시켜나갔다. 하지만 그 방법을 달리했는데, 그것은 특별히 기독교적 주제들을 비슷한 의미를 지닌 흔히 사용되는 표현의 도식에 적용시키는 것이었다. 그러나 기독교의 개입은 아주 강력하여 6세기 말 성지의 성유병에 나타나고 있는 것처럼, 세공사들은 동방박사의 경배와 목자의 경배 도상의 서술적 도식을 존엄함을 표현하는 도상으로 재구성했다. 우리는 놀랍게도 당시의 한 성유병 표면에서 화면 중앙 거대한 옥좌에 앉아 있는 황후의 모습으로 표현된 성모 마리아 앞에 몸을 굽히고 있는 동방박사들과 목자들, 그리고 대칭적으로 위치한 두 인물 그룹을 만나게 된다. 이러한 종류의 수정은 고대 말기 매우 강력하고 영향력 있는 군주들의 비호 아래 매우 빈번하게 행해졌던 것 같다. 그것은 서술적이고 드라마틱한 장면에서 잘 조화되고 있기는 하지만 이러한 유형의 상을 초상화로 간주할 수는 없다.

기독교 도상 제작자들의 특수한 방식, 그러니까 이미 확립된 기존의 도식을 기초로 초상화나 초상화와 유사한 것을 제작하는 것과 비슷한 방식이 기원 후 최초의 몇 세기 동안 존재했던 다른 종교들의 실제 경험에서도 발견된다.

이제까지 우리는 종교와는 관계없는 법관들의 공식 도상이 포함된, 로마 제국 황제들의 세속 초상화에서 파생된 기독교 초상화만을 고찰해보았다. 그러나 기독교 미술이 탄생하기 바로 직전 기독교 초기 시대 광대한 로마 제국에 퍼져 있던 다른 종교들의 도상학도 똑같은 창조 과정을 밟았던 것 같다. 우선 초상화 혹은 초상화로 분류할 수 있는 것에 한정시켜, 정면을 향해 옥좌에 앉아 있는 하늘과 땅의 군주인 제우스 또는 주피터에 관한 도상을 살펴보겠다. 물론 이러한 도상학적 테마는 헬레니즘과 로마 시대의 군주제보다 훨씬 더 오래된 것이나 고대 말기에 구성된 이 테마에 대한 해석—바티칸에 소장되어 있는 6세기 베르길리우스 책 속에 있는—은 로마 제국 황제의 존엄함을 직접 모방한 것임을 보여주고 있다. 그리고 밀라노 암브로시우스 도서관에 있는 6세기의 일리아드 필사본 삽화들은 이미 위에서 인용된 것으로 기독교의 집단적 초상화 형식에 따라 반원형 의자 위에 앉아 있는 한 무리의 신과 군 지휘관을 보여주고 있다.

이 시대에 절대 권위를 표현하는 도상들이 늘어났고 이 도상들의 도식은 디오니소스나 이시스, 그리고 아리안느나 비너스에게도 적용되어 그들은 존엄한 왕이나 여왕의 도상으로 표현되었다. 예를 들면, 카르타고에 있는 비너스-아리안느 모자이크에는 대관식 도상이 표현되어 있고, 안티오크(다프네)의 모자이크에는 마치 패배한 적처럼 표현된 사냥된 동물들에 둘러싸인 디오니소스(바쿠스)가 승리자의 모습으로 나타나 있다. 이러한 종류의 도상이 지니고 있는 대중성은 분명 헬레니즘 시대의 왕국들과 로마 시대에 확립된 군주제의 발전과 연관이 있다. 패널의 중심이 (형상화된 모든 상징적이고 역사적인 장면 중) 다윗 왕에게 할당된 두라 유대회당의 벽화에서 볼 수 있듯, 이상적 이스라엘 왕으로 표현된 위엄 있는 다윗의 도상에도 역시 헬레니즘 시대 왕의 도상이 반영되었다고 보아야 할 것이다. 신하와 고위 관리에 둘러싸여 정면으로 옥좌에 앉아 있는 왕을 보여주고 있는 장면에서 우리는 또한 헬레니즘 시대 궁정 미술에서 끌어온 모티프에 대한 것과, 어쩌면 그 수도가 에데사였던, 처음에는 유대교로 후에는 기독교로 개종한 오스로에네^Osroene^ 장인들인 아브가르^Abgars^의 존재를 추측해낼 수도 있을 것이다.

로마 제국 시대 시리아와 이집트 지역에서도 마찬가지로 그 지역 신들을 숭배하는 사람들에 의해 로마 가정의 라라리아^lararia^ [19]와 비교될 수 있는 벽화나 트립티크 같은 이콘이 제작되었다. 신들은 이러한 이콘에서 옥좌에 앉아 있는 왕으로 나타나고 여전히 우리가 바로 전에 보았던 로마 제국, 혹은 기독교적 위엄을 그린 도상에서처럼 옆으로 늘어서거나 별로 중요치 않은 신들에 둘러싸여 있다. 이집트 카라니스^Karanis^에서 발굴된 두 점의 2세기 벽화가 좋은 예인데, 하나는 옥좌에 앉아 있는 하르포크라테^Harpocrate^를, 다른 하나는 다른 신들에 둘러싸인 알 수 없는 신을 보여주고 있다. 별로 인용된 적이 없는 이 흥미로운 도상의 복제품이 1920년경 발굴되어 현재 미시간대학 켈시 고고학박물관에 보관되어 있다. 세 폭으로 된 다른 이콘의 중앙에는 위엄 있는 지방신의 도상이 표현되어 있고, 세 개의 패널 중 현재 베를린 박물관에 보존되어 있는 하나의 패널에는 팔미라 신의 도상이 표현되어 있다.

이러한 종류의 이콘들은 중세 기독교의 트립티크를 예고하고 있는데, 현재 루브르 박물관에 소장된 하르바빌^Harbaville^ 트립티크라고 불리는 10세 도 58
기 비잔틴 상아세공 트립티크가 그 좋은 예일 것이다. 최근에 시나이 산에서는 이와 비슷한 7세기 혹은 8세기에 제작된 것으로 추정되는 목조 트립

19 로마 시대의 조상을 모시는 작은 사당.

티크 패널 몇 개가 발견되었다. 거기에는 여러 성인들의 도상이 겹쳐서 표현되어 있는데, 이처럼 부차적 도상들을 겹쳐 표현하는 관습은 이미 시리아의 이교도 트립티크 패널에서도 나타났다. 따라서 시나이 산의 작품은 이교도 트립티크와 중세 기독교 미술 사이의 과도기를 보여주고 있는 것이다.

마지막으로 신의 초상화가 화면 중앙을 차지하고 그의 생애와 관련된 에피소드와 공적이 초상화 주변 테두리를 채우고 있는 이교도의 이콘을 볼 수 있다. 그것은 여러 신들에게 적용되었던 형식이었지만 특히 과거 미트라 신에 대한 표현에서 자주 사용되었던 것으로, 두라의 미트라에움이나 로마에 있는 산타 프리스카에서처럼 회화 형태로 나타나거나, 아니면 미트라의 초상화가 그의 '생애'를 그린 장면들로 둘러싸여 있는 부조로 장식된 바닥에 나타난다. 이러한 유형의 작품 중 가장 오래되고 훌륭한 예는 나폴
도 59 리 국립박물관에 있는 부조인데, 거기서 헤라클레스와 옴팔레는 헤라클레스의 과업을 형상화하고 있는 작은 장면들로 둘러싸여 있다.

이와 같은 도식이 중세 비잔틴의 수많은 이콘의 모델 구실을 했으리라는 사실에는 의심의 여지가 없을 것이다. 아토스 산에 있는 바토페디아 보물박물관에는 복음서의 장면으로 둘러싸인 그리스도의 수난을 표현한 12세기 작품이 소장되어 있다. 그보다 더 오래전 6세기 복음서의 겉표지로
도 57 사용되었을 다섯 칸으로 나뉜 딥티크에서도 동일한 배열이 나타나고 있다. 상아로 된 패널에서 중앙의 자리를 차지하고 있는 인물들은 그리스도와 성모 마리아이며, 그들을 둘러싸고 있는 장면은 그들에 대한 이야기를 재현한 것임을 상기해보자.

우리는 초기 기독교인들이 초상화에 대해 가졌던 생각과 특히 기독교 도상학 레퍼토리에서 괄목할 만했던 성인들의 초상화에 대한 반응에 대해 알고 있는 것이 거의 없다. 그러나 다음의 두세 가지 사실들은 우리의 관심을 끌기에 충분한 것으로, 비록 이것이 이러한 종류의 도상들의 실제 형태

에 관해 알려주는 것은 거의 없지만 그래도 몇 개의 연대를 확인해줄 수는 있을 것이라고 생각한다.

그리스도에 관한 도상을 출발로 기독교인들이 도상을 숭배한 증거가 6세기 후반부터(『순교자』 2권, 1946) 증가되었다는 사실은 아마도 우리가 최초로 지적한 것일 것이다. 이러한 관점은 에른스트 키칭거[Ernst Kitzinger]가 그리스도와 성인들의 도상 숭배에 대한 당시의 텍스트가 다수 제시된 선집을 출판한 이후 더욱 확실해졌다. 하지만 우리가 강조하고자 하는 점은 위의 사실 때문에 기독교 초상화에 대한 숭배가 6세기 후반에야 시작되었을 것이라고 추측하는 것은 잘못되었다는 것이다.

여기서 인용하는 텍스트들은 전혀 알려져 있지 않은 것은 아니지만, 대부분 동시대인 4세기 말과 5세기 초에 작성된 것임을 상기해야 한다. 그 텍스트들은 다음과 같다.

1) "많은 신자들이 묘소와 그림을 섬겼다[novi multos esse sepulcrorum et picturarum adorantes]"라는 성 아우구스티누스의 유명한 문장은 많은 사람들이 무덤과 회화를 숭배했다는 사실을 입증하고 있다: (『가톨릭교회의 윤리에 대해……』 1권 24장 75쪽, Migne, PL 32장 1342행). 이 텍스트는 어떤 회화에 의거하고 있는지는 명시하고 있지 않지만 무덤과 회화가 같이 있다는 것은 그것이 장례 초상화에 대한 것임을 암시한다.

2) 이 시기에 안티오크의 성 요한 크리소스토모는 그의 기독교 동향인들이 성 멜레티우스 주교의 초상화 제작에 열성을 보였다고 언급하고 있다. 그들은 이 초상화에 종교적 의미를 부여했다(『우리들의 아버지 멜레티우스에 대한 강론……』 Migne, PG, 10장 516행).

3) 상점에 벽사 목적으로 성 시메온 살로의 초상화를 걸어놓는 관습이 안티오크에서 시작되어 로마에서도 다시 행해졌다(테오도레, 『종교사』, 26권, Migne, PG, 82장, 1463행 이하).

4) 이후 전적으로 믿을 수는 없는 텍스트에는 동방 세계에서 오랫동안

거의 아테나의 거상처럼 여겨졌던 호데게트리아 유형의 성모상을 표현한 유명한 이콘이 성지에서 발견되었으며, 그것을 그곳 군주의 아내인 아테나이 에우도키아가 콘스탄티노플에 있는 테오도시우스 2세(408-450년)의 누이 풀체리아에게 보냈다고 기록되어 있다. 성 루가의 작품이라고 여겨진 그 이콘은 비잔틴 사람들의 눈에는 진짜 초상화로 보였다. 풀체리아가 그것을 자신을 위해 세운 교회 혹은 개인 예배당에 안치했기 때문에 그 이콘은 곧 숭배의 대상이 되었다. 성모 마리아에 대한 다른 여러 숭배를 야기한 이 사건은 마리아를 신의 어머니로 공포했던 에페소스 공의회 직후에 해당하는 5세기 전반기에 일어났다. 그래서 이런 이콘 초상화에 대한 숭배가 이 시대에, 아마 그리스도 초상화에 대한 숭배보다 앞서 확립되었거나 퍼져나갔으리라고 생각할 수도 있다(특히 6세기 후반-7세기 초의 텍스트는 그리스도의 초상에 연관된다).

그래서 400년경의 몇 년 동안 기독교화된 로마 제국의 여러 지역과 지방에서는 성모 마리아를 포함한 성인들의 초상화 숭배가 급속하게 발전했다. 비록 불완전하지만 숭배의 범위나 형태에 관한 증거들은 6세기 후반보다 대략 200년 앞선 시기로 거슬러 올라간다.

그러나 우리는 더 먼 이전 시대로 거슬러 올라갈 수도 있는데 그것은 우리가 이미 위에서 보았듯이, 기독교 기원에 대해 말하면서 유세비우스가 그리스도와 제자들의 초상화가 그들이 살아 있었을 때 제작되어 동시대인의 숭배를 받았다고 주장하고 있기 때문이다. 물론 우리는 이 증언을 지나치게 때늦은 것으로 간주하거나 시대착오적인 것이라고 거부할 수도 있다. 하지만 이러한 부정적 자세는 타당치 않다. 왜냐하면 우리가 아는 바로는 그리스도와 사도들의 초상화는 유세비우스 시대에 널리 퍼져 있지도, 특별히 숭배받지도 않았기 때문이다. 그러니까 유세비우스의 텍스트에 그의 주변 상황이 반영되었다고 보는 것은 오류이며 더구나 그가 그리스도와 성인들의 초상화에 대해 공공연히 반대했던 만큼 더욱 그러하다.

우리는 자신의 초상화 제작과 그의 한 제자가 집 안에서 자신의 초상화를 숭배했던 사실에 대해 이야기하고 있는 복음서 저자인 성 요한의 위경에 비추어볼 때에야 유세비우스가 쓴 구절을 더 잘 이해하게 될 것이다. 그러나 이러한 숭배가 당시의 습관적 형식을 취하고 있다는 사실 또한 언급되어야 한다. 즉 꽃으로 장식된 초상화가 천으로 덮인 책상에 놓여 있었고, 두 개의 촛불과 제단이 초상화 앞에 놓여 있었다. 위경에는 성 요한이 자신의 초상화를 숭배하거나 그의 모습을 그리는 것을 금지했다는 사실이 기록되어 있다. 어찌되었건 여전히 자신을 기독교인으로 간주하는 성 요한의 제자는 그의 정신적 아버지인 사도의 초상화를 소유하고 그것을 숭배하는 것이 조금도 나쁘지 않다고 생각하고 있다. 문헌학자들에 의하면 이 텍스트는 2세기 소아시아에서 유래되었다. 따라서 이 위경은 사도들이 살았던 시대의 관습에 대한 중요한 증거가 된다.

요컨대 위경과 유세비우스 모두 초상화의 사용과 그 숭배를 은인에게 감사하는 것에 익숙하던 초기 기독교 세대의 탓으로 돌리고 있다. 우리가 갖고 있는 정보가 단편적일지라도 그 내용을 부정할 수는 없다. 더구나 그리스도와 성인들의 초상화 숭배가 6세기에 나타났다고 하는 가설은 이것이 신중하면서도 열정적이었던 초기 기독교인들을 통해 지속되어온 오래된 숭배의 관습에서 생겨났다는 가정보다 설득력이 약하다는 결론을 내리게 한다.

초기 기독교 시대의 오래된 성스러운 초상화의 다양한 범주에 대해 고찰한다는 것은 결국 이와 같은 사실을 간접적으로 인정하는 경향을 띠게 된다. 이것은 우리의 연구가 기독교도의 초상화 제작에서 야기된 수많은 사실들을 보여주고 있기 때문이다. 초기 기독교 세대는 그들이 그리스도나 사도들, 혹은 순교자들의 초상화를 장식하여 상징적으로 존경을 표시하는 것이 잘못된 일이라고 생각하지는 않았던 것 같다. 그들은 그렇게 처신하며 당시 사회의 관습에 순응했던 것이다. 더구나 그 시대에는 종교 유파나 철학적 학파의 창시자 같은 위대한 사람의 제자들이 그 창시자의 초상화를 소유하고 숭배하는 것은 관례적 일이었다. 성 이레네우스(『이단자들을 공박하며』 Adv, haereses, 1권 22장 4절, Migne, PG, 6장, 672열 이하)와 유세비우스(『콘스탄티나에게 보내는 서한』, Migne, PG, 20장, 1545열 이하)는 우리에게 (유세비우스의 동일한 텍스트와 다른 증거를 통해) 마니교에 대해 알려주는 만큼 마술사 시몬의 제자들에 대해서도 알려주고 있다. 이후 성상숭배로 다시 돌아가는 것을 두려워했기 때문에 성직자들은 모두 초상화 숭배뿐만 아니라 장례 초상화마저도 금지하게 되었다. 이러한 금지는 많은 예술적 관습을 과거로부터 빌려와 기독교 미술이 만개하기 시작한 400년경에서야 문자 그대로 완전히 철회되었다.

기독교 초상화와 그 제도는 점차 널리 퍼져나갔고 초대교회의 교부들에 의해 용인되었다. 테오도시우스 2세가 조상에 대한 이교도식 예배를 금지시킨 것도 정확히 같은 시대의 일인데, 이것은 장례 초상화 미술에 치명적이었음에 틀림없다. 그중 한 분야가 교회에 의해 보존되었는데, 성인품에 오른 고인의 초상화는 정당하게 숭배의 대상이 되었다.

우리는 일반인들의 장례 초상화는 4세기 말에 사라진 반면 그 도상학적 도식은 예외적으로 기독교 성인 도상을 위해 보전되었다는 사실을 밝혀내었다. 고인의 초상화가 지니고 있던 본래의 목적인 숭배사상이 400년경에는 성인들의 초상화에도 적용되었다. 이 시대 성인에 대한 숭배는 기념적 성격을 띠는 것으로, 초기 기독교인들이 온갖 종류의 기념 초상화 숭배를 위해 간직했던 왕관이나 광배 같은 형태들만이 나타난다. 다음 세기에 이 숭배는 콘스탄티노플에서 발전했고, 이것은 아마 6세기 말과 7세기 초에 더욱 밀접해진 황제들의 성스러운 초상화와 그리스도 초상화의 유사성과 연관지어 보아야 할 것이다.

전통적으로 매우 까다롭고 종교적 화제인 공식 초상화에 대한 숭배는 최고 통치자로서의 그리스도의 초상화로 대체되었고, 모든 성인 초상화로까지 발전되었다. 결국 이 시대의 새로움이란 수많은 기독교 초상화의 출현과 수적 증가에 있는 것이 아니라, 기독교 초상화를, 특히 그리스도 초상화를 단순한 기념물이 아니라 숭배의 대상으로 발전시켰다는 데 있다.

제4장 | 기독교 도상과 역사적 사건

사람들은 기독교가 로마 제국의 종교 미술에 역사적 윤곽을 제공했다고 생각한다. 즉 기독교인들은 신화에서 영감을 받은 인물과 상상의 사건 대신, 성서의 장면과 인물을 형상화했다는 것이다. 모든 일반화가 그렇듯이 이러한 생각이 완전히 옳은 것은 아니다. 초기 기독교 시대 도상학은 도식화된 표현으로 성서에 묘사된 사건이나 인물을 상기시킬 뿐 재현을 목적으로 하고 있지는 않다. 즉 기독교 도상의 본래 목적이 과거의 역사적 사건을 참조하는 것이었다 할지라도, 당시 기독교 도상은 성서에 나타나는 주인공들의 초상화나 서술적 장면을 재현하기보다는 이미지-기호를 더 자주 제작했던 사실을 앞 장에서 이미 살펴보았다. 그리고 그 나머지는 형식과 제작의 문제인 것이다.

이와 같은 문제들은 미술사가에게 매우 중요한데, 그러한 문제들을 연구하면서 기독교 역사에 관한 도상이 어떻게 창조되었고, 어떤 부분이 이전 모델에 해당되고 진정으로 독창적이며, 기독교적 부분이 어떤 것인지를 더 잘 이해할 수 있게 되기 때문이다. 우리는 3장에서 기독교 초상화가 당대에 유행하던 유형들에 얼마나 의존하고 있었는가를 살펴보았다. 그리고 앞으로 역사적 도상에서도 동시대 미술의 독특한 전통의 흔적을 찾아볼 수 있을 것이다.

기독교의 역사적 도상이라는 것은 지상에서 보낸 예수의 생애와 성인들의 전기, 그리고 구약의 사건들을 참조하고 있는 모든 도상을 의미한다. 우리는 모두 성모 마리아의 수태고지와 호렙 산에 있는 모세를 그린 수백 개의 회화나 부조로 된 도상들에 대해 알고 있지만, 이러한 도상들이 어떻게 창조되었는지는 잘 모른다. 그래서 우리는 같은 성격의 오브제—예를 들면 필사본 같은—에 나타나는 도상들을 하나로 묶어 살펴보려고 하는데, 사실 도상학적 전통이 종교적 기능을 수행하는 도상들에 결부되는 것은 흔한 일이다. 그러므로 이미 서문에서 기독교 미술이 무엇보다도 성서에 기초를 둔 하나의 종교 미술이고 성서 필사본에서 기독교 도상학의 첫 개화를 발견할 수 있을 것이라고 언급했듯이, 우리의 연구를 성서 필사본 삽화 도상으로 시작하고자 한다.

이와 같은 연구에 적당한 고대 후기부터 9세기에 제작된 필사본의 수는 극히 적다. 남아 있는 구약성서 필사본 두 개와 신약성서 필사본 네 개에는 구약성서나 복음서 한 부분만이 포함되어 있기 때문에 우리 연구는 그 출발부터 과학적으로 불충분한 여건 속에서 진행될 수밖에 없다.

두 개의 구약성서 중 하나는 6세기에 희랍어로 쓰인 창세기 필사본으로 현재 빈에 있다. 다른 하나는 6세기 이전의 것으로 추정되는 모델에서 영감을 얻은 삽화가 들어 있는 필사본으로, 애슈버넘 백작이 소장했던 라틴어로 쓰인 투르의 모세5경인데, 8세기 것으로 추정되며 현재 파리에 있다. 우리는 이 필사본과 삽화들이 어디서 유래했는지 알 길이 없다. 그리고 이 필사본들은 여기저기 흩어져 있기 때문에 어쩌면 우리는 그 사실을 결코 알 수 없을지도 모른다. 그중 현재 대영박물관에 소장되어 있는 희랍어로 쓰인 성서 필사본은 로버트 코튼 경의 소장품이었기 때문에 코튼 성경이라고 불린다. 코튼 성경은 많은 부분이 18세기 화재로 훼손되어 몇 개의 삽화만 남아 있다. 또한 파리 국립도서관에 소장된 고대 시리아어로 쓰인 구약성서에는 여러 다른 작품에 나타나는 도상뿐 아니라, 당시 성서 도상 도 61 제작자들이 수행했던 역할에 대한 개념도 나타난다.

여기서 이 삽화들을 일일이 개별적으로 묘사할 생각은 전혀 없다. 그러나 현존하고 있는 세 개의 삽화가 들어 있는 성서의 예 중 가장 중요한 두 필사본은 삽화라고 할 수 있는 그림들로 장식되어 있기 때문에 세밀하게 살펴보아야 할 것이다. 이 삽화들은 성서의 이야기를 어느 정도 완전한 그림으로 표현하고자 했지만, 굳이 해석해내려 하지는 않았다. 빈 국립도서관에 소장되어 있는 창세기 필사본 삽화는 삽화의 내용이 담긴 텍스트 아랫부분에 위치하고 있는 반면, 파리에 있는 애슈버넘의 모세5경 삽화들은 연속적 구절들에서 발췌되어 도식적 구성으로 결합된 여러 장면들이 페이지 전면에 걸쳐 그려져 있다. 현재 남아 있는 코튼 성경의 삽화들은 본문 구절 옆에 있는 작은 직사각형 칸 안에 그려져 있다. 이처럼 각 삽화들이 보여주고 있는 서로 다른 형태에도 불구하고, 빈의 창세기 필사본과 애슈버넘의 모세5경은 모두 텍스트의 시각적 등가물을 창조해내려고 노력했지, 굳이 그 텍스트의 주석으로서의 이미지를 만들어내려고 하지는 않았다.

이러한 사실은 표면상 평범하고 당연한 것으로 여겨질지 몰라도 실제로는 전혀 그렇지 않다. 코튼 성경은 이미 그림으로 그려진 주석을 보여주고 있는데, 예를 들면 알렉산드리아 학파의 신학에서 영향을 받은 창조 도상에서 도상 제작자는 각각의 날에 창조된 것뿐만 아니라 의인화된 개념도 형상화해내고 있다. 의인화된 각 개념은 개별적 창조의 날과 일치하고 있어, 창조 세 번째 날의 삽화는 세 개의 의인화된 개념을, 여섯 번째 날의 도상은 여섯 개의 의인화된 개념을 보여주고 있다. 성서에는 없는 이러한 의인화된 개념들은 성서의 이야기 자체를 변화시키지는 않지만 그것을 통해 도상 제작자는 어떤 기독교 신학자의 주석과 일치하는 해석의 요소들을 첨가시킨다. 여기서 우리는 처음으로 성서와 상관없는 요소가 도상 제작자에 의해 성서 도상 가운데 삽입되었다는 사실을 상기해야만 할 것이다. 코튼 성경에서 도상 제작자는 역사적 장면들을 참조할 때 성서의 내용 자체에서 얻을 수 있는 영감에만 자신을 한정시키지 않았다. 그러나 창조의 날에 나타나는 날개 달린 화신의 도상을 그가 완전히 혼자서 그려냈는지 아니면 이전의 '플라톤 철학을 신봉하는' 도상화가에게서 그것을 차용했는지는 우리도 모른다. 이 모티프는 사실상 로마 제국 시대 알렉산드리아 회화의 전통에 이미 있었다(이집트의 투네 엘 제벨^Tuneh el djebel^과 헤르모폴리스^Hermopolis^ 벽화를 참조할 것).

빈의 창세기나 애슈버넘의 모세5경 같은 가장 오래된 성서 필사본 삽화는 성서의 내용에 전적으로 충실하다. 그 필사본들의 제작자에 대해서는 전혀 언급되어 있지 않으나 우리는 이 두 기독교 필사본 삽화의 이면에서 유대교의 모델을 찾아야 하는 게 아닌가 하는 의문을 가질 수 있다. 즉 확실하지는 않지만 모세5경의 삽화가 그려진 히브리어로 쓰인 필사본이 여럿 존재했을 수 있고, 적어도 그 해석판이 한 개 이상 있었을 수도 있다는 추측을 할 수 있다는 것이다. 이러한 가정은 우리가 이미 언급했던 구약 필사본들과는 반대로 세밀화로 장식된 최초의 복음서 도상들이 단순히 텍스트의 시각적, 회화적 등가물 이상이라는 사실에 부분적으로 의거한다.

도 60

이제부터 이탈리아의 로사노 대성당 보물박물관에 소장된 희랍어로 쓰인 복음서들을 검토해보자. 여기 로사노 복음서 삽화들은 화가의 의도대로 본문과 멀리 떨어져 있다. 자신들이 쓴 복음서 앞에 그려진 저자들의 초상화 이외에 삽화들은 모두 필사본 앞부분에 모여 본문 내용과 분리되어 있다. 사실상 삽화는 이제 더 이상 성서의 본문 내용을 뒤따르는 도상이 아니라, 복음서에 묘사된 사건들을 상기시켜주는 그림일 뿐인 것이다. 즉 분명한 본문 내용에 도상학적 해석의 흔적이 덧붙여지게 되는 것이다. 예를 들어 최후의 만찬에서 사도들과 함께 탁자에 앉아 있는 예수의 도상에 이어 두 줄로 서서 그리스도가 손으로 주는 빵과 포도주를 받는 제자들의 행렬 장면이 뒤따라 나오는 구성은 분명 기념 도상에서 유래했으며, 그렇게 해서 독자에게 그리스도와 사도들의 최후의 만찬이 성찬식의 시초를 재현한다는 사실을 상기시키고자 하는 의도를 보여주고 있다. 다른 페이지에 나타난 슬기로운 처녀들과 미련한 처녀들의 비유에서는 슬기로운 처녀들이 에덴동산에 있는 모습으로 그려지는 예외적 방식으로 표현되어 있다. 복음서의 성스러운 내용이 세밀화에 도입되면서 도상학 분야에 단순화된 해석을 가져왔다.

파리 국립도서관에 소장된 '시노프 복음서'로 알려진 6세기의 마태오 복음서는 로사노 복음서와 공통점을 갖고 있다. 예배의식에서 영감을 받은 것이 그것인데, 성체배령의 시초가 여기에서는 오병이어의 기적으로 표 도 62
현되어 있다. 예를 들면 풀밭의 군중과 떨어져 있는 세 인물 중 가운데에 있는 그리스도가 베드로와 안드레아가 가져온 빵과 물고기를 축복하고 있는데, 이는 물론 성찬식을 상징하는 것이다.

시노프와 로사노의 필사본은 관객이 원하는 방식으로 복음서를 해석하게 만드는 동일한 의도를 드러내고 있다. 이 두 필사본의 묘사 장면 옆이나 아래 부분에는 그 장면을 가리키고 있는 둘 또는 네 명의 선지자가 나타나는데, 그들은 관객을 향해 커다란 두루마리를 펼쳐 보이고 있다. 그리고 각 주요 장면에는 재현된 복음서 사건과 관련된 예언자들의 예언의 구절이 두루마리 위에 씌어 있다. 서구 화가들이 중세 후기까지 자주 사용한 관습이 최초로 출현한 것이다. 그것은 도상화가들이 많이 사용하게 될 최초의 도상학적 장치, 즉 비슷한 것과 반대되는 것을 비교하거나 병렬하는 방법(여기에서는 구약과 신약의 사건들이 함께 표현되어 구약의 예언이 신약을 예시한다)으로, 각 도상학적 용어의 전형적 과정에 나타나는 특별히 기독교적 형식이다. 이러한 장치에 대해서는 신학과 관계된 도상학 창조에서 다시 거론할 것이다.

비슷하지만 다른 형태의 해석이 피렌체의 라우렌티나 도서관에 소장
도 63 된 고대 시리아어로 쓰인 복음서(라불라 복음서) 삽화에 나타난다. 여기서 모든 삽화는 로사노 복음서에서와 같이 책 앞부분에 위치하고 있으나, 이 복음서에는 삽화가 페이지 전면과 여백에 그려져 있다는 점에서 약간 다르다. 페이지 전면에 그려진 삽화 중 두 개는 예수의 십자가 처형과 무덤 앞에 모여 있는 성녀들, 예수 승천 같은 복음서 사건에, 다른 두 삽화는 성령 강림과 마티아의 사도 선출 같은 사도행전의 사건에 할당되어 있다. 반면
도 64 다른 많은 세밀화들은 목차가 있는 여백에 그려져 있다. 그러니까 재현된 장면의 대부분은 복음서 내용에 해당되는 구절 옆이 아니라 일종의 색인이나 용어 색인 옆에 있는 것이다. 이와 같은 배열은 도상이 성서 본문과 분리되어 책 첫머리에 모여 있는 로사노 필사본의 배열과 매우 비슷한데, 이는 복음서 장면에 나타나는 선지자들의 모습에서도 마찬가지이다. 그러나 라불라 복음서에서 선지자들은 개별적으로 표현되어 있지 않고, 신약의 사건들을 표현한 장면 위에 마치 초상화의 회랑처럼 열두 페이지에 걸쳐 한 줄로 나타나고 있다. 즉 그들의 모습만으로도 메시아에 대한 예언을 상기시키기에 충분한 것이다. 복음서 필사본에 나타나는 선지자 도상은 예수가 선지자들이 기다렸던 메시아이며 신약이 구약의 완성이라는 성서 본문 자체에 대한 주석의 역할을 이행하고 있는 것이다. 그러나 이와 같은 주석은 역사적 도상과 함께 표현되지 않고 이러한 장면 옆이나 다른 페이지에 위치한 인물들에 의해 암시되고 있다.

파리 국립도서관에 소장된 다른 고대 시리아 복음서(시리아, 33)에도 삽화가 목차의 여백에 있지만 선지자들은 누락되어 있다(시리아, 341, 이 도서관에 소장된 다른 구약 삽화들은 다른 필사본 저자들의 초상화와 크게 다르지 않다). 그리고 에치미아진의 아르메니아 복음서(예레반, 2374번, 이전에는 229번) 마지막 부분에는 6세기 혹은 7세기에 제작된 세밀화 네 점이 있다.

이제 삽화가 들어 있는 복음서 중 마지막 필사본에 대해 언급하고자 하는데, 그것은 6세기에 제작되어 케임브리지 코르푸스 크리스티 칼리지에 소장된 라틴어로 쓰인 성 아우구스티누스 복음서이다. 다른 곳에서는 도65
전혀 나타나지 않았던 것을 통해 삽화를 제시하는 방법이 변했음을 볼 수 있다. 여기서 복음서 삽화는 표현된 구절과 정확하게 일치하고 있는데, 그것은 어쩌면 삽화의 규모가 작기 때문일 것이다. 또한 삽화는 카타콤 벽화나 석관 부조 장면에서처럼 간결하게 표현되어 있는데, 예를 들어 하나 또는 두 명의 인물의 재현은 최소한의 장신구만으로도 충분하다. 여전히 삽화는 관련된 본문과 분리되어 있지만, 네 권의 복음서 각 권의 본문 마지막 부분과 다음 권의 첫머리 사이에 모여 있다. 본문과 삽화를 분리시키는 이러한 방법은 목차 옆에 삽화를 한데 모아 표현하는 방식과 같으나, 제시하는 방법은 매우 독창적이다. 몇몇 소규모 장면은 본문 앞에 있는 복음서 저자 초상화의 양옆에 같이 표현되어 있고, 위의 삽화와 거의 같은 크기의 삽화들이 복음서 마지막 부분에 모여 있다. 나중에 보게 되겠지만 이러한 두 종류의 삽화는 로마 제국 시대 이교도 예배의식을 표현하는 두 장르의 부조를 모방하고 있는 것이다. 코르푸스 크리스티 칼리지 복음서의 삽화를 그린 기독교 화가는 성서를 읽는 것에 만족하지 않고, 동시대 미술에서 공통적으로 사용되었던 일종의 이미지-기호를 알고 이를 모방한 것이다.

이제 삽화가 들어 있는 6세기 복음서로 다시 돌아가보자. 이 시대의 복음서 중 그 어느 것에도 빈의 창세기 필사본에 나타나는 세밀화나 본문의 구절과 일치하는 삽화를 한 페이지에 되도록 가깝게 배치시키고 있는 애슈버넘의 모세5경처럼 재현하고자 하는 성서 내용에 충실한 직접적 삽화들로 된 도상은 없다. 시노프 복음서의 경우를 제외하면, 모든 복음서의 삽화들은 보통 본문에서 완전히 분리되어 필사본 앞부분에 모여 있다. 케임브리지 복음서에는 각 장의 첫머리에 있는 색인 다음에 있는 세밀화가 필사본의 속표지 구실을 하고, 다른 세밀화 하나가 성서 본문보다는 앞에 있는 끝부분에 이어 나타나고 있다. 고대 시리아어로 된 라불라 복음서와 파리에 있는 시리아어로 작성된 복음서(시리아, 33)에서는 삽화들이 자주 목차 옆에 나타나며, 로사노 복음서에 있는 삽화들은 목차와는 떨어져 있지만 역시 필사본 앞페이지에 모여 있어 목차와 비교해볼 수 있다. 우리는 그림들의 기능을 이해하는 데 도움을 주는, 이와 같은 6세기 성서 필사본들의 전형적 장치에 주목해야 할 것이다. 고대 시리아어로 된 두 필사본과 케임브리지 필사본의 삽화들은 외양까지도 위에 언급된 목차와 비슷한데, 그 삽화들은 실제로 아주 작으며 극도로 요약되어 있다. 그것은 카타콤에 있는 소규모 회화나 석관 부조처럼 성서의 어떤 사건들을 묘사하기보다는 상기시키는 역할을 하는 기호들이기 때문이다. 우리는 이 필사본을 읽는 독자가 페이지 가장자리에 있는 작은 삽화들(혹은 케임브리지 복음서의 마지막에 있는 이콘에서처럼 집결되어 있는 페이지들)을 보면서 주어진 구
도 21 절을 찾는 모습을 상상할 수가 있다. 알렉산드로스 대왕의 연대기(모스크바 푸슈킨 미술관)로 알려진 파피루스 필사본 여백에도 기독교 역사의 사건들을 상기시키는 초상화와 간략한 장면들이 아주 단순한 도상학적 기호의 형태로 나타나고 있는데, 여기에도 여전히 이미지-기호의 범주가 나타난다.

우리는 가장 오래된 복음서 필사본에 나타나고 있는 이와 같은 간략한 형태들이 과연 어디에서 온 것인지에 대해, 즉 그것이 본래 본문의 직접적 삽화로 창조된 다음 목차나 각 장 앞에 있는 색인을 위해 도식화되고 단순화된 표현에서 파생된 것인지, 아니면 남아 있는 몇몇 예들을 통해 관찰할 수 있는 이러한 기능을 위해 특별히 구성된 것인지에 관한 질문을 해볼 수 있다. 두 번째 질문의 증거로는 삽화가 그려진 대부분 오래된 성서 같은 직접적 증거뿐 아니라, 로마 카타콤과 석관의 도상, 두라에우로포스 세례당 벽에 그려진 도상들이 있다. 다시 말해 가장 오래된 기독교 도상에는 모두 이미지-기호가 먼저 나타났다는 것이다. 도식적 삽화가 서술적 삽화로 대

체되는 변천과정에서 아주 의미 있는 작품들이 나타난 것은 4세기 중반 이후였다. 기호적 도상이 서술적 도상들보다 먼저 생겨났다는 가정과, 그 가정을 뒷받침하는 변화과정에 대해서는 다시 언급하게 될 것이다. 이것은 적어도 하나의 규칙이었는데, 복음서에 나타나는 소규모 이미지-기호가 반드시 더 서술적이며 더 완전한 도상에서 유래한 것은 아니다. 필사본에서 '목차' 역할을 하는 이미지-기호의 기능은 필사본 삽화, 장례와 관련된 도상, 작은 세례당의 장식이나 가정에서 혹은 성직자가 사용하던 관습적으로 종교적 주제를 표현한 다양한 소형 오브제의 경우처럼 일반적이며 도식적인 도상 프로그램 같다. 그러므로 성서 필사본 삽화가 대개는 신속하게 제작된 이와 같은 도상들에 영향을 끼쳤다고 생각할 근거는 없다. 어떤 도상 제작자도 그리스도의 세례나 예루살렘 입성을 재빨리 스케치하기 위해 복음서를 참조할 필요는 없는 것이다. 특히 그는 문맹자들을 포함한 모든 사람들을 대상으로 하는 예배의식과 관련된 장소나 일상적 용도의 오브제에 복음서 장면을 그려야 할 때는 외워서 그렸다. 600년경의 사적 편지에 쓴 그레고리우스 대교황의 유명한 표현에 의하면 교황이 그런 기능을 부여했던 그림이 교회 벽이나 공동으로 사용되는 오브제에 그려졌다는 사실을 명시하고 있지는 않지만, 당시 가장 널리 퍼져 있던 이러한 종류의 도상은 문맹자들에게 성서를 대신했다. 그렇다고 성서의 삽화가 성서를 소지할 기회가 거의 없었던 문맹자들의 종교 교육에 사용될 수 있었다는 것은 물론 아니다.

6세기 복음서들 중 하나는 언뜻 보기에 복음서 본문에 대한 직접적 삽화로 보일 수 있는 그림을 가짐으로써 일반적 규칙에서 벗어나 있는 것처럼 보인다. 그것은 바로 시노프 복음서의 경우로, 삽화가 (본문보다 앞에 있는 페이지에 모여 있는 대신) 본문 속에, 그 도상이 상기시키는 구절 옆에 위치하고 있는 것으로 볼 때, 6세기의 다른 성서들의 삽화와는 달라 보인다. 하지만 우리는 이미 시노프 복음서의 여러 삽화가 분명히 모든 구절을 도상학 언어로 직접 번역한 것은 아님을 보았다. 거기에는 문장과 삽화 사이에 다른 곳에서 영감을 받은 도상들이 삽입되어 있고, 바로 이러한 이유로 복음서 장면 양옆에 작은 두루마리를 들고 있는 선지자가 나타난 것이었다.

시노프 복음서 삽화에 나타나는 자주색 양피지, 가로 여백에 있는 삽화들, 복음서 장면 옆에 있는 선지자들 등이 로사노 복음서에도 나타나 있는 반면, 여기에서는 삽화들이 여백이 아니라 관련된 복음서 구절 아래에 잘 배치되어 있다. 시노프 복음서 필사본에는 지면 부족으로 가장자리에 자리 잡고 있는 선지자들이 복음서 장면의 인물들보다 훨씬 크게 나타난다. 로사노 필사본의 선지자들은 라벤나의 산타폴리나레 누오보 성당이나 로마의 대성당에서처럼 성서 본문에 따라 여러 칸에 있다. 여기에 나타나고 있는 기념비적 미술과의 유사성은 이 두 필사본 삽화를 설명할 때 우리가 따라가야 할 방향을 지시해주고 있다. 로사노 필사본 앞부분에 모여 있는 도상들은 필사본에 적용된 바실리카 교회 벽 장식 같은 대규모의 장식을 반영하고 있는 것 같다. 로사노 필사본과 시노프 필사본의 삽화는 본래 필사본을 위해 제작되었던 것 같지는 않다. 즉 삽화가 참조하는 성서 구절 옆에 있어 편리하다는 이유 때문에 시노프 필사본에 삽화가 적용된 것은 더 나중의 일이라는 것이다.

초기 기독교 회화의 전개과정은 이미지-기호가 서술적 이미지보다 더 오래되었다는 것을 보여준다. 실제로 여러 시대에 제작된 로마 제국의 장례 이미지가 그것을 증명하고 있다. 초기에는 도식적이고 가장 간결한 도상이 출현했고 뒤이어 그것을 완성하고 더욱 정확하게 하려는 경향이 두드러져 결국 4세기 말에는 아주 개별적인 성격의 인물과 장면으로 표현되는 것을 볼 수 있으며, 이러한 변화는 역행될 수 없는 것이었다.

오란테, 즉 기도자상과 관련된 초기 기독교의 수많은 도상들이 그것을 증명하고 있다. 그 시리즈는 기도자상이 반半추상적 기호로 되어 있는 3세기 초 지하 공동묘지의 가장 오래된 도상에서 시작된다. 정면을 향해 있는 나이도 성도 없는 한 인물의 단순한 도식에서 우리는 단 한 가지 사실만을 알 수 있다. 즉 그가 기도하는 자세로 두 팔을 들고 있다는 것이다. 그 다음 도식적이지는 않지만 (만약 우리가 석관에 그려져 있거나 조각되어 있는 기도자상을 포함한 많은 기념물들을 고려해본다면) 점진적으로 기도하는 인물은 더욱 사실적이 되어 마침내 인물의 특징과 의상의 세부가 표현된 한 개인의 장례 초상화에까지 이른다. 400년경 교회는 기도자상의 제스처가 성인들의 중재 개념에 적합하다는 이유로 그 도식을 순교자 초상화를 제작할 때 사용했다. 기도자상 도상의 진보는 기호에서 출발해 서술적 도상에 이르는 궤적을 따르고 있다. 연회 장면 같은 전형적 초기 기독교 미술의 다른 범주에 속하는 도상도 이와 유사한 과정을 밟았다. 3세기 초의 연회 장면에는 이름이나 성, 나이를 알 수 없는 불규칙한 수의 연회자 그룹이 나타나기 때문에 그 장면이 기독교 의식과 관련된 연회인지, 아니면 복음서에서 인용한 장면인지 알 수 없었다. 중요한 것은 이 두 해석이 모두 가능하다는 것으로, 이 도상은 분명한 복음서 사건과 예배의식을 통해 그것을 되풀이하는 종교의식과 관련된 연회를 동시에 암시할 수 있다. 나중에 이러한 도상들은 더욱 구체화되었고 장신구의 세부도 모호하지 않을 만큼 충분하게 표현되었다. 그러나 5세기 이후, 종교의식과 관련된 연회를 그린 도상들은 사라지고 연회의 도상학적 도식은 최후의 만찬이나 오병이어의 기적 같은 복음서 사건에만 예외적으로 적용되었다.

초기 기독교 시대 작품 중 또 다른 작품들은 서술적 표현에 도달하기 위한 기독교 미술 작품의 정상적 변천 과정이 바로 이 암시적 기호, 또는 이미지-기호에서 출발했다는 것을 관찰하고 확인할 수 있게 해준다. 우리는 그중에서 이 장에서 다루어야 할 역사적 주제에서 끌어온 소수의 예만을 인용해보려 한다. 1955년 비아 라티나에서 발굴된 4세기 말의 개인 지하납골당 벽화에는 초기 기독교 미술에서 역사적 장면을 다루는 도상의 발전의 마지막 단계에 해당하는 뛰어난 작품들이 나타났다. 이 도상들 중 마지막 단계의 예를 선택해서 그보다 이전에 제작된 도상에서 찾을 수 있는 다른 역사적 장면들과 비교해보자.

3세기 카타콤 벽화에 나타나는 이미지-기호의 테마인 이삭의 희생은
비아 라티나 카타콤에 있는 이삭의 테마와 비교되는데, 여기서 후자는 훨
씬 더 서술적으로 표현되어 있다. 칼릭스투스(루치나 성당의 지하실)의 매
도 66 우 오래된 카타콤 안에 있는 우물가의 사마리아 여인에 관한 장면도 다분
히 도식적이며, 비아 라티나의 도상은 풍속화의 양상을 띠고 있다. 모세가
홍해를 가로지른 사건과 시나이 산에서 율법을 받고 첫 성소를 세운 사건
도 74 은 비아 라티나의 도상 제작자에게 대중과 공간, 그리고 풍경을 그릴 기회
를 제공했다. 행동과 회화적인 것을 강조하고 본문 그대로의 묘사에 관한
도상학적 대응물을 창조하는 이러한 서술적 양식은 카타콤 도처에 나타난
다. 역사적 주제의 레퍼토리 역시 놀랄 만큼 확대되었는데, 특히 구약에서
발췌한 야곱의 사다리, 요셉의 꿈, 파라오의 딸에 의해 목숨을 건진 모세,
삼손의 무훈, 롯과 그의 딸들 등의 역사적 에피소드는 이전의 그 어떤 기념
물에서도 나타나지 않던 것이다.

이러한 레퍼토리의 확대는 기독교 도상학 발전의 신호일 뿐만 아니라, 역사적 주제를 다루는 도상의 의미가 변했다는 것이기도 하다. 성서에 관한 이와 같은 방대한 도상들은(실제로 20여 개 가까이 있다) 이제 더 이상 구원 또는 개별적 신자들의 구원과 관련된 것들은 아니다. 비아 라티나 카타콤에 있는 역사적 장면들은 4세기 초부터 건립되는 바실리카의 벽화를 예고한다(반대로 지하 공동묘지의 벽화가 바실리카 벽화의 반영일 수도 있다). 게다가 야곱의 사다리나 야곱의 축복과 같은 몇몇 특별한 도상 유형은 (개별적 구원의 시리즈와는 구별되는) 신의 섭리에 의해 구원이 약속된 선민의 역사에 관한 것을 표현하고 있는 개념처럼 두라 유대회당 벽화에서 그 선례를 찾아볼 수 있다. 비아 라티나 카타콤 벽화와 두라 유대회당 벽화

의 유사성은 한 세기나 늦게 기독교도들이 받아들인 서술적이며 역사적인 도상을 이미 3세기 초에 받아들인 유대회당을 주목하게 만든다. 그리고 이러한 유사성은 기독교의 초기 경험뿐만 아니라 고대 후기 전체에 걸쳐, 특히 테오도시우스 통치에 비아 라티나 카타콤이 있던 시대에 있었을 유대교와 기독교의 작품 사이에 있었던 직접적 접촉을 암시하고 있다. 그러나 이와 같은 가정은 유대교와 기독교 작품 사이에 존재하는 몇몇 도상학적 유사성들에 의한 것으로, 만약 이 가정이 입증된다면 우리는 로마 카타콤의 도상과 유대교의 영향 사이의 추측된 관계를 확실히 할 수 있을 것이다. 실제로 두라 유대회당의 벽화들은 이미 3세기 초에 동일한 양식 경향을 보여주고 있다.

그러나 서로마 제국의 화가들도 이미 두라의 벽화가 제작되던 3세기 전반기에 서술적 기법을 연마하고 있었기 때문에 우리가 만약 이러한 생각을 지나치게 강조한다면 오히려 오류를 범할 수도 있다. 예를 들어 비알레 만초니Viale Manzoni에 있는 아우렐리우스 가문 공동 지하납골당에 있는 궁륭형 묘소는 군중과 함께 공간을 재현하고자 하는 건물과 언덕으로 장식되어 있다. 같은 시대의 프리실라 카타콤의 카펠라 그레카Capella Greca에서도 같은 양식으로 표현된 기독교 도상(특히 궁륭 아래 부분과 팀파눔[20]에 있는 라사로의 부활이나 이삭의 희생 등)을 볼 수 있으며, 로마 제국의 오래된 도상 중에서 같은 양식으로 표현된 다른 예들을 더 찾아볼 수도 있다. 즉 이것은 3세기와 4세기 말 사이에 기독교화된 로마 제국 미술에 명백하게 드러나는 현상으로, 도식적인 것에서 서술적인 것으로 변해가는 양식의 발전과정이 이 시대 로마 회화의 일반적 변천과정에 대한 기독교적 반영은 아니라는 것이다. 로마 제국의 회화는 모든 분야를 동시에 그리고 순차적으로 표현한 것이다. 그러나 이와 같은 고찰을 통해 적어도 로마에 있던 기독교인들

20 교회 정문인 파사드 상단의 반원에 해당되는 부분으로 부조로 장식된다 – 옮긴이.

이 그들의 역사적 도상을 위해 신중한 선택을 했다는 사실, 즉 처음에는 이미지-기호를, 4세기 말에는 서술적 이미지를 선택했다는 것을 입증할 수 있기 때문에 기독교 회화에 국한된 이러한 고찰도 중요하다.

로마에서 기독교 도상의 변천과정을 보여주는 증거들은 서로 일치하며 다른 역사적 도상에 대해 우리가 언급했던 내용, 즉 기호적 도상들이 서술적 도상들보다 연대적으로 앞섰다는 사실을 확실하게 해준다. 만약 우리가 (실제로 검토할 수 있는 남아 있는 작품보다 더욱 완전하고 지혜롭게 구성되었다고 여겨지는 사라진 작품들을 고려하지 않고) 단지 남아 있는 기념물들에 대한 연구에만 만족한다면 6세기의 삽화가 들어 있는 복음서들은 직접적인 삽화의 예, 다시 말해 서술적이고 복음서 본문 내용 이외의 것의 영향을 받지 않은 삽화의 예를 전혀 제공해주지 않는다. 물론 유스티니아누스 황제 시대(527-565)에 성서에 직접적으로 삽화를 그리는 일이 없었다고 단언할 수는 없다. 그러나 이 시대에 그러한 작업이 행해졌다는 증거는 단지 구약의 창세기에서만 존재하고 신약과 관련된 증거는 없다. 결론적으로 상세하고 서술적인 복음서 도상이 이 시대에 존재하지 않았고, 가장 많이 기대할 수 있는 성서 필사본에서 이러한 종류의 삽화는 일반적으로 선택된 성서 본문의 선택에 대한 직접적 반영이라는 것을 강조하고자 한다.

만약 그런 도상들이 성서 필사본에 존재하지 않았다면, 이것을 다른 곳에서 찾아볼 수도 있다. 실제로 복음서에서 발췌된 주제들은 5세기, 특히 6세기에 모자이크나 상아 세공품, 직물이나 금은 세공품, 그리고 패널에 그려진 이콘과 다른 종류의 오브제에 자주 표현되었다. 독립적으로 표현되었건, 아니면 시리즈로 표현되었건 간에 복음서 삽화는 점점 더 유행하게 되었지만 그것이 본래부터 복음서 필사본 삽화용으로 제작되었다고 생각하게 하는 것은 아무것도 없다.

이제부터 여러 다양한 기념물과 오브제에서 끌어온 몇몇 독특한 역사적 장면의 예를 보자. 예를 들어 상아로 된 약상자에 표현된 예수의 치유 기적 장면은 복음서 구절에서 영감을 얻은 게 분명하다. 그러나 조각가가 이를 어느 세밀화에서 발췌했거나, 이 가상의 세밀화가 복음서 내용에 해당하는 체계적 삽화에 속한다고 말할 수 있는 것은 아무것도 없다. 그 기적 사건은 삽화와는 무관한 어떤 이유로 약상자 표면에 표현되어 있다. 즉 이 약상자를 만든 사람은 이 같은 치유 도상의 예를 참조해 유사한 치유가 상자 속의 약을 복용하는 사람들에게도 일어나기를 원하는 그의 희망과 확신을 표현한 것이다.

한 목걸이 메달은 한쪽 면에는 수태고지를, 다른 쪽 면에는 가나에서의 기적을 재현하고 있다. 이 두 장면은 복음서 구절을 삽화로 그리는 것보다 더 명백한 기능을 갖고 있다. 가나의 기적은 '첫 번째'라는 희랍어 명문을 동반하고 있는데, 이것은 그리스도가 그의 신성함의 상징인 전능함을 처음으로 나타냈다고 하는 복음서 저자의 말을 상기시킨다. 다른 면의 수태고지에서는 대천사가 마리아에게 한 "안녕Ave"이라는 말을 볼 수 있는데, 이것은 무염성을 표현함은 물론 부적 위에 위치하는 것으로 보아 건강을 기원하는 것으로 볼 수 있다. 즉 성모 마리아를 위해 하느님의 사자가 사용한 이 구원이라는 문자는 목걸이를 걸고 있는 사람에게도 전해질 수 있는 것이다. 이 두 도상 중 하나는 예수 그리스도를 통한 하느님의 권능을 참조하고 있으며, 다른 하나는 "안녕"이라는 말에 함축된 소망과 약속과 관계되어 있다. 만일 그 도상들이 지니고 있는 의미를 명확하게 밝힐 수 있다면 기독교 교회의 축복에서부터 마술에 대한 믿음에 이르는 여러 다양한 벽사 목적이 목걸이 하나에 집결되었다고 말할 수 있을 것이다. 여하간 이 장면들이 위치한 장소는 그것이 단순히 복음서의 두 에피소드에 의거하고 있는 것과는 상관없다는 것을 보여주고 있다. 그것들은 목걸이나 약상자와 결합되어 벽사적 의도를 드러내는 기능을 설명해주고 있다.

한 쌍의 도금 메달은 장면들로 이루어진 완벽한 사이클에 복음서 연도 67 작 내용의 도상을 사용하는 방식을 잘 보여준다. 소아시아의 동쪽에 있는 아다나Adana에서 발견된 이 두 작품은 정확히 6세기의 것으로 추정되고 있다. 그리고 이 두 메달은 같은 거푸집으로 만든 것으로 그 형태가 동일하여 펜던트나 목걸이로 사용된 수많은 동일한 메달들을 생산할 당시의 작업장을 상상케 한다. 그리스도와 사도들의 도식적 초상화가 있는 메달의 한쪽에는 그리스도의 어린 시절을 표현한 장면들이, 그리고 다른 한쪽에는 그가 행한 기적들 시리즈가 표현되어 있다. 이 시리즈 중 첫 번째 도상은 마태오 복음서와 루가 복음서 첫 장의 삽화로 보이지만, 두 번째 도상은 사건들이 연대적 순서에 따라 소개되어 있지 않아 이와 같은 가정을 즉각 배제하게 한다. 거기에 그리스도의 기적은 사실상 임의적으로 모여 있다. 그래서 기적 중 그것이 선택된 것은 그 기적들이 모두 치유를 구현하고 있기 때문이라는 결론을 내릴 수 있다. 이 테마들은 약상자의 테마처럼 그리스도의 구원 능력을 증거하는 사건들을 상기시키며 결국 그 메달을 걸고 있는 사람을 위한 예수의 능력이 발휘되도록 하기 위해 기적들을 재현하는 것이다. 예수의 어린 시절에 관한 시리즈가 갖는 치유적 가치는 그리 확실하지 못하다. 그러나 우리는 그것과 같은 부류의 여러 가지 오브제들(예를 들어 그 위에 있는 수태고지가 그려진 메달)과 아다나의 메달에서 그것을 다시 찾아볼 수 있다. 즉 우리는 이름을 알 수 없는 기증자 옆, 다시 말해 시리즈 첫머리에 그려진 메달을 걸고 있는 사람의 옆에서 6세기의 벽사를 위한 다른 메달에서 이미 보았고, 수태고지 때 대천사가 성모 마리아에게 건넨 첫 번째 말인 "안녕"이라는 말을 읽을 수 있다.

그러나 여기서는 "하느님이 너와 함께 하신다"라는 말로 표현되고 있다. 어떤 부적도 이 정도로 소유자의 욕구에 더 잘 부응하도록 만들어질 수는 없을 것이다. 그리고 이 시리즈는 별로 잘 알려지지 않은 전설에 나오는 "여기 왕 중의 왕이 계신다"라는 동방박사의 경배의 말로 끝난다. 동방박사들의 입에서 흘러나온 이 말은 복음서에서 유래한 것은 아니다. 그러나

이 말은 사람들이 기대하고 있는 보호 능력을 확신시키고 부적을 소지한 모든 사람이 지닌 근심에 응답하고 있다. 동방박사들이 환호하며 말한 "왕 중의 왕"이라는 말은 그리스도의 최고의 권능을 인정함을 의미한다. 다시 말해서 이 시리즈는 하느님이 메달 소지자와 함께 한다는 것을 확인시키는 "안녕"으로 시작해 그의 전지전능함을 상기시키면서 끝나고 있다. 그러므로 이 메달의 소지자들은 그것의 효력을 신뢰할 수 있었던 것이다.

응용 미술의 다른 분야 중에서 특히 직물은 수많은 기독교의 역사적 도상의 다른 예를 제공하고 있다. 이들 중 몇몇은 초기 기독교 교회의 제단 테이블보로 사용되거나, 성상 안치소나 네이브의 기둥과 기둥 사이 장막으로 사용되었다. 우리는 로마의 산타 마리아 안티쿠아 성당에서 그 예를 발견할 수 있는데, 직물에 표현된 역사적 장면은 교회 벽화와 성구에 장식된 도상들과 매우 가깝다(우리는 이 두 예를 이미 보았다). 같은 장르의 도상으로 장식된 다른 직물로는 종교의식에 사용되는 의복이 있는데, 라벤나 산 비탈레의 모자이크에는 테오도라 황후가 아랫부분에 동방박사의 경배가 수놓인 의상을 입고 있다. 봉헌하는 황후의 의상으로 이 주제를 선택한 데에는 다분히 상징적인 의도가 들어 있다. 아마시아의 아스테리우스 텍스트는 소아시아의 기독교인들이 의복에 자주 복음서 사건의 도상을 그리고 다녔다고 전하고 있다(『루가 복음서 성구에 대한 강론 Homilia in locum Evangelii secundum Lucam...』, Migne, PG/XL, 164 이하). 여전히 벽사 목적의 목걸이와 팔찌처럼, 동일한 기적을 다룬 도상으로 장식된 의복에는 그 옷을 입고 있는 사람들을 병이나 불행으로부터 보호하는 효력이 있었다. 아마시아의 아스테리우스는 이러한 사용이 기독교인들에게 적합하지 않다고 생각했다. 6세기 이전에 그것이 사라진 것을 보면 교회가 실제로 그 사용을 금지했음이 틀림없다. 사실 그것은 이교도의 전통으로, 수많은 콥트의 튜닉과 354년에 제작된 달력 세밀화에 나타나고 있다. 4세기의 어느 황제가 별과 성스러운 것과 관련된 상징들로 장식된 의복을 입고 있는 모습을 상기시키는 것으로도 충분할 것이다. 이처럼 도상을 직물에 사용한 것은 본래 종교적이며 벽사적인 동기에서 출발했다. 직물에 그려진 서술적 장면들은 이교도의 것이건 기독교의 것이건 간에 필연적으로 간결하며 도식적인 이미지-기호였던 것이다.

이제 성당 벽화를 검토해보자. 우선 라벤나의 유명한 산타폴리나레 누오보 성당 측벽에는 사각형 안에 몇몇 복음서 장면들이 연대순으로 배열되
도 23 어 있는데, 수태고지, 예수 탄생, 세례 같은 주요 에피소드 대신 부차적 에피소드들이 패널 전체를 차지하고 있으며, 비록 십자가 처형이 빠져 있어도 그중 절반은 그리스도의 수난을 재현한 작품들로 채워져 있다. 우리는 복음서 시리즈가 항상 성서 본문에 대한 삽화 그려넣기라는 생각에 동의한다고 하더라도 오래전부터 이 시리즈가 예외적 경우라는 사실에 주목해왔
도 68 다. 모자이크 제작자들이 그리스도의 지상에서의 생애에 관한 중요한 사건들을 소홀히 할 수는 없었을 것이므로 이러한 도상들을 선택한 데에는 예배의식과 더 나아가 일 년 중 어느 기간에 거행되는 미사를 위해 선택된 복음서 구절의 선택이 영향을 끼쳤다고 생각된다. 지금은 비록 시리아의 야곱파 달력이 아니라 로마나 밀라노의 달력을 참조하고 있더라도 이와 같은 가정은 여전히 설득력이 있다. 그러나 문제의 교회가 시리아 교회건 아니면 이탈리아 교회건 간에 모자이크에 표현된 장면들이 한 해의 예배의식에서 읽히는 구절의 목록과 대략적으로만 일치한다는 사실에 주목해야 한다. 테오도리쿠스 통치하에 세워져 장식된 이 교회 벽에는 아다나 메달에 표현된 시리즈와 비교되는 복음서의 장면들이 나타난다. 아다나 시리즈가 예수의 어린 시절과 기적을 표현하고 있는 반면 라벤나의 모자이크에서는 몇몇 비유로 보충된 기적 사건과 예수 수난에 관한 도상을 다시 볼 수 있다. 비록 이러한 관점이 확실하지 않을 수도 있지만, 벽사 목적으로 제작된 메달의 도상학적 프로그램과 예배의식에서 영향을 받은 모자이크 프로그램에 나타나는 구성 방식은 매우 동일하다. 여기 산타폴리나레 누오보 성

당 모자이크에서 모자이크 제작자들의 의도가 그리스도에 관한 역사적 몇몇 에피소드를 상기시키는 목적 이외에 신자들에게 성서 장면에서 선택한 사실을 보여주려고 하는 것이라는 점을 암시하는 것은 발견할 수 없다. 이 벽화를 좀더 세밀하게 관찰해보면 그 모자이크들은 서술적 도상들에 대해 우리가 갖고 있는 일반적 생각과 전혀 일치하지 않음을 알 수 있다. 그것은 분명하고 뚜렷하기보다 장면을 겨우 알아볼 수 있을 정도의 세부만을 제시하고 있을 뿐이다. 물론 이러한 신중한 태도와 형식에 나타나는 극도의 소박함은 정말 감탄할 만하다. 그러나 강하게 표현된 몇몇 인물을 제외하면 이러한 솜씨는 여전히 도식적 수준에 머무르고 있으며, 결국 카타콤이나 우리가 위에서 이미 언급한 목차에 덧붙여진 세밀화의 기호적 도상과 그리 다르지 않다. 그러므로 (관객에게 더 가깝게 있다고 해서 더 많은 것이 보이는 것은 아니기 때문에) 이 모자이크의 장면들이 벽 꼭대기까지 밀려 올라가 표현되어 있는 것은 그리 놀라운 일은 아닐 것이다. 이와 같은 산타폴리나레 누오보의 가장 축약된 형태부터 가장 세밀하게 표현된 것까지를 아우르는 복음서의 모든 장면들은 복음서의 본문과 연결되어 거기에 그려진 도상 외의 다른 목적을 위해, 그리고 필사본 삽화와는 관계없이 제작되었음에 틀림없는 많은 도상들과 같은 카테고리에 속하고 있는 것이다. 대부분 문맹인 대중을 위해 교회 벽이나 성구에 표현된 이 도상들은 미사가 거행되는 동안 읽히던 복음서의 주요 구절들을 상기시킨다. 그리고 그와 같은 도상들이 특히 소규모 오브제에 표현되어 있을 경우에는 주로 벽사적 성격을 갖고 있던 것이다.

물론 동시대의 서술적으로 세밀하게 표현된 몇몇 교회 벽화와 필사본 삽화와 유사할 수도 있겠지만 현재 보존되어 있는 것은 없다. 6세기 가자의 코리치우스Choricius라고 하는 수사학자가 팔레스타인 도시에 있는 성 세르지오 교회 모자이크에 대한 글을 남겼다. (지금은 남아 있지 않은) 모자이크에 대한 긴 설명과 예수의 어린 시절에 관한 상세한 묘사는 마치 그것이 성서 필사본처럼 묘사적 도상과 관련되어 있다고 우리가 믿게 할 수 있다. 그러나 코리치우스의 글은 수사학의 일부로, 그가 이 텍스트에서 가자의 도상과 모순되지 않는 정도에서 극적이고 서술적 방향으로 도상학을 해석하고 풍부하게 만들었을 것이라는 가능성을 배재할 수 없다. 어찌됐건 이 교회의 모자이크와 가자의 수사학자 코리치우스의 묘사는 일치하지 않기 때문에 이 모자이크가 없는 상황에서 이 텍스트를 증거로 볼 수는 없다.

이제부터 교회 장식에 포함되는, 벽화처럼 기념비적 미술의 시각에서 검토될 수 있는, 상아로 된 6세기 기독교 작품에 대해 고찰해보자. 라벤나
도 69 의 대주교, 막시미아누스 주교좌의 상아로 된 작품은 가장 뛰어난 기독교 상아 작품의 예이다. 우선 앞에서 이미 초상화와 함께 검토해보았던, 그리스도 혹은 성모 마리아의 전기에서 발췌한 소규모 장면을 표현하는 다섯 개의 칸으로 나뉜 딥티크를 상기해보자. 앞에서는 초상화 자체에 주목했으나 이제부터는 초상화 주변 테두리에 있는 도상들을 검토해보자. 다섯 장면으로 된 이 도상들은 양 측면에 두 개씩, 하단에 하나가 있고 그 형식은 극도로 압축되어 있다. 이 도상들은 초상화의 공식적 전형들과 일치하며 칸 속에 표현된 전기적 에피소드는 그리스도와 성모 마리아의 영광을 강조하려는 의도에서 선택되었다. 성모 마리아에 관한 시리즈는 전기적 성격이 강한 반면 그가 행한 기적을 다룬 그리스도에 관한 시리즈는 단지 몇몇 에피소드들로 이루어졌으며, 소규모 도상에는 가끔 사실적 에피소드가 우연히 나타나기는 해도 모든 서술적 전개가 배제되어 있다. 이것은 그
도 70 들의 생애나 활동을 다섯 장면으로 요약해놓은 것으로, 훨씬 긴 이야기에서 끌어온 특징 있는 몇몇 이야기에서 선별한 것들이다(바티칸에 있는 작은 이콘도 참조). 그렇다고 이렇게 선별된 것들이 동일한 칭송사나 전기에서 발췌하여 더 완전하게 표현한 시리즈보다 시대적으로 더 앞섰다는 것을 시사하지는 않는다.

도상학적으로 표현된 이러한 종류 중 가장 아름답고 기념비적인 유일

한 예는 유스티니아누스와 동시대 사람인 라벤나의 대주교 막시미아누스의 유명한 주교좌를 장식하고 있는 부조이다. 여기서 역사적 장면은 복음서 장면의 수로 보나 해석된 방식으로 보나 더욱 발전된 양상을 보여주고 있다. 상아로 된 각각의 패널에는 다른 주제들이 표현되어 있는데, 한 주제를 두 개의 패널에 연속적으로 다룬 장면도 있다. 패널들은 공들여 제작되었고, 베들레헴을 향한 여행길에 오른 수태한 성모 마리아의 모습 같은 것에서는 자연주의적 세부 묘사가 나타난다. 이것은 그리스도와 성모 마리아의 초상화가 있는 딥티크의 틀과 같은 유형의 도상이라고 볼 수 있으나, 이 주교좌를 조각한 사람이 발휘한 훌륭한 테크닉과 복음서 장면에 더 많은 생동감과 리얼리티를 부여하려고 했던 그의 욕구에 의해 종전의 이미지-기호는 서술적 표현에 가까워졌다. 이러한 변화가 조각가의 뛰어난 예술적 재능으로 인한 것이라는 사실은 그 주교좌의 또 다른 곳의 혁신적 모습에서도 드러나고 있다. 주교좌를 장식하고 있는 직사각형으로 된 두 개의 작은 패널에 한 장면을 연속적으로 표현하는 것이 그 예이다. 막시미아누스 주교좌에 표현된 역사적 장면들이 필사본 삽화의 영향을 받지 않았다는 것은 분명하다. 그것은 보통 주교좌에서보다 훨씬 작은 규모로 표현된 상아 딥티크에서 사용된 주제들이 확대된 것이다.

지금까지 인용된 모든 예들은 성서 필사본 삽화와 상관없이, 따로 떨어져 있건 한데 모여 있건 역사적 장면을 표현하고 있기 때문에 선택되었다. 우리가 이미 보았듯이 기독교의 역사적 장면을 취급한 도상들은 일반적으로 아주 간결하다. 따라서 이 도상들은 어떤 텍스트의 서술적 삽화라기보다는 로마 제국의 석관과 카타콤 벽화에 나타나는 이미지-기호와 더욱 닮아 있다. 우리는 역사적 도상으로 장식된 오브제들의 종교적 또는 미신적 기능에 대하여 언제라도 정의를 내릴 수 있다. 이러한 기능은 그것들이 창조된 이유를 암시하는데, 예를 들어 주제의 선택과 건축물, 혹은 어떤 오브제들과 같은 것이 사용된 장소는 그 도상의 이용 용도에 대한 확고한 증거를 제시한다.

이러한 논거는 당대의 몇몇 유사한 비기독교적 기념물들을 통해 더욱 강화될 수 있을 것이다. 우리는 작은 칸들에 표현된 역사적 장면으로 구성된 그리스도와 성모 마리아에 대한 도상에 대해 알고 있는데, 이와 같은 틀은 우리가 앞서 연구한 기독교 미술과 같은 이유로 동시대 이교 미술 속에도 나타나고 있다. 성모 마리아 초상화를 둘러싸고 있는 테두리 칸을 채우고 있는 예수의 유년기와 관련된 이야기들처럼, 미트라 신이나 영웅 헤라클레스 '초상화'의 테두리로 사용되는 조각이나 그림이 있는 칸에는 이들의 전기가 그려진 장면이 나타난다. 그중 흥미로운 몇 개의 장면들을 보면, 각각의 사건들을 구분할 수 있을 정도의 단순한 몇 개의 선으로 그려진 한두 인물이나 나무, 그리고 산으로 신화 이야기가 요약되어 있다. 이러한 표현들은 여러 소규모 기독교 이콘과 6세기 케임브리지 복음서 세밀화와 매우 가까운 것이다. 기독교와 이교의 도상들은 마치 연속된 역사적 에피소드처럼 표현된 크로키 시리즈로 구성되어 있다. 두 경우 모두 크로키가 지나치게 단순화되어 있어 표현된 이야기에 익숙한 관객만이 그 장면들을 알아볼 수 있을 정도이다. 따라서 우리는 기독교 미술과 마찬가지로 이교 미술에서도 이미지-기호가 지배적임을 볼 수 있다.

미트라 신과 영웅 헤라클레스 이야기에서 발췌한 이미지-기호에 대한 작품들은 이러한 신과 영웅을 믿는 사람들의 신앙심을 돈독하게 했고, 나무나 돌, 그리고 금속판에 저부조로 장식한 수많은 소규모 이교도 이콘이 이와 유사한 형태로 표현된 신앙심에 대한 응답으로서 같은 대중을 위해 제작되었다. 언제나 간결하며 치유나 벽사의 기능을 지닌 기독교인들의 이미지-기호에 대해서도 똑같은 말을 할 수가 있다. 즉 기독교인들은 삽화가 그려진 화려한 필사본에도, 위대한 예술가의 작품에도 나타나지 않는 이와 같은 대중적 도상의 사용을 계속 확대해나간 것이다.

확고하게 자리를 잡고 널리 사용되던 로마 제국 시대의 전기적 장면들은 물론 기독교의 전기적 장면의 모델 구실을 했으며, 특히 어린 시절을 표현하기 위해 사용된 에피소드들과 관련될 때 더욱 그러했다.

여기서 로마의 전기와 관련된 도상의 몇 가지 예를 검토해보아야 한다. 로마 제국 시대의 석관 부조에서 그 예들을 찾아볼 수가 있는데, 우선 디오니소스 생애의 여러 단계를 추적할 수 있는 도상이 있는 석관과 미트라 신의 영웅적 이야기를 다룬 두라의 것을 보자. 디오니소스의 '전기'는 현재 루브르 박물관에 소장되어 있는 날염된 비단에 그려진 4세기의 〈안티노에의 장막〉에 다시 나타난다. 거대한 마차를 타고 엄숙한 행렬을 하고 있는 디오니소스 위로 기적적 탄생과 갓 태어난 아기의 목욕으로 시작되는 여러 에피소드가 나뉘어 그려져 있다. 그리고 여기서 나타나고 있는 전기적 장면과 동일한 몇몇 주제가 제밀라[Djemila]의 바닥 장식용 모자이크에서도 발견되고 있다.

이 장면들 가운데 몇몇 테마는 본래 디오니소스의 이야기에만 속하는 것이다. 그러나 다른 테마들, 특히 어린 시절에 관한 테마들은 유형학적 성격을 지니고 있다. 그 증거는 고인의 삶을 그린 로마 석관 부조에서 볼 수 있는데, 평범한 한 사람의 삶을 요약하는 이 전기적 부조는 보통 석관 정면에 있다. 그것은 (한 여자가 앉아 있고 다른 여인이 그녀를 돕는) 탄생으로 시작하여, 아기의 목욕 장면이 뒤따라 나오는데, 이 첫 번째 에피소드는 디오니소스의 '전기적' 장면과 유사하다. 아니면 오히려 둘 다 동일한 유형학을 따르고 있다고 말할 수 있을 것이다. 이어서 그 사람이 나이를 더 먹은 후의 삶에 관련된 여러 에피소드가 나타나는데, 2세기나 3세기로 추정되는 로마 국립박물관에 있는 로마 시대 석관은 이러한 어린 시절 장면들 도 71
의 매우 흥미로운 발전의 좋은 예이다. 여기서 전기적 장면은 다른 곳에서보다 더 확대되어 있다. 석관 상부 주위 좁은 칸에 표현되어 있는 갓난아기 도 72
의 목욕 장면 다음에는 아기가 오늘날의 외발 스케이트와 유사한 물건에 의지해 첫 걸음마를 하는 모습이 나타나고 있다. 학습 장면과 여러 다양한 도 73

놀이가 이어 나타나지만 부조의 여러 부분이 마모되어 석관 프리즈에 이어지는 모든 장면들을 확인할 수는 없다.

역사적 기독교 도상학에 대한 검토를 하는 데 있어 이와 같은 종류의 이교 작품 연구는 특별히 큰 도움이 된다. 실제로 이러한 연구를 통해 이미 확고히 존재하던 전기적 이교 도상의 유형을 확인하고, 그와 같은 도상의 많은 요소가 기독교의 역사적 도상 구성에 모델 구실을 했다는 사실을 입증할 수 있다. 특히 성모 마리아와 성 요한의 유년기 장면이나 다윗 왕과 교회 성인의 도상이 그 좋은 예인데, 이렇게 해서 우리는 기독교인들이 복음서와 필사본만으로 성인들의 삶을 다룬 작품을 창조하지 않았고, 그들 주변에 유행하던 유형학적 도상을 응용하는 것으로도 충분했다는 사실을 알 수 있게 된다.

이러한 결론들은 현재 남아 있는 교회 건축에 대한 직접적 검토에 기초하고 있다. 그러나 당시에도 독창적이며 완벽하게 표현된 삽화가 있는 복음서나 다른 텍스트를 직접적이고도 자연스럽게 장면화시킨 것이 있었을 수 있다. 그러나 비록 이러한 장면들이 존재했다 하더라도 남아 있는 고대 후기의 교회 건축에는 아무런 흔적도 남아 있지 않다. 따라서 그것들의 정신적 내용과 형식에 대해서는 초기 기독교 원본의 복사품으로 간주되는 중세 초기(9-10세기)의 몇몇 필사본 도상 작품들을 검토할 수밖에 없다.

희랍어로 쓰인 필사본 중 파리 국립도서관의 한 복음서(희랍, 115) 여백에 표현되어 있는 매우 고전적인 양식의 소규모 삽화를 인용해보자. 10세기로 거슬러 올라가는 이 필사본에는 비록 심하게 훼손되기는 했어도 성서 본문의 직접적이고 상세한 삽화의 요소가 보존되어 있다. 그것들의 양식과 색채, 그리고 구체적 세부(장면 뒤에 드리워진 장막, 나무들이 있는 밝은 풍경, 건축물 등)는 고대 말기의 전형적 모델에 의존하고 있음을 시사하고 있다.

약간 더 오래된 것(9세기 말, 10세기 초)으로 여백에 삽화가 있는 희랍어로 쓰인 시편(판톡토르 61, 아토스; 클루도프 시편, 모스크바 국립역사박물관; 희랍 20, 파리 국립도서관)은 고대 후기 양식으로 신약의 사건(겟세마네 동산에서의 그리스도와 수난의 여러 장면)을 표현하고 있다. 이것은 서술적이며 매우 사실적으로 표현된 장면을 포함하고 있다. 이 장면들의 모델은 어쩌면 복음서와 시편을 위해 제작된 6세기 성서 삽화일 것이다. 복음서 주제는 기독교인들이 오래전부터 해왔던 것처럼 성서 본문에 대한 해석을 삽화로 표현하기 위해 자주 삽입되었다.

9세기의 다른 필사본인 카롤링거 왕조의 훌륭한 작품, 위트레흐트 라틴어 시편은 고대 말기의 성서 본문 삽화를 복제한 또 하나의 예이다. 물론 시편은 구약성서에 속하며 그 본문의 첫 번째 삽화는 빈 창세기처럼 유대인들에 의해 시도되었을 수도 있다. 고대 후기에서 유래된 위트레흐트 시편의 거의 모든 도상에서 기독교가 개입한 흔적이 명백히 드러난다. 이것은 작품 전체가 5세기 로마에서 제작된 고대 말기의 것을 모델로 한 삽화로서, 적어도 기독교인들이 성서에 계속 삽화를 그려넣었다는 가장 훌륭한 증거가 될 것이다.

같은 종류의 다른 증거들이 에그베르트 코덱스와 엑스-라-샤펠Aix-la-Chapelle[21] 복음서 같은 오토 왕조 시대의 작품에도 나타나고 있다. 중세 양식이 첨가된 이 필사본에 그 증거가 한눈에 나타나는 것은 아니기 때문에 여기서는 그 첨가된 내용을 언급하는 데 그치겠지만, 만일 이 필사본을 더 세밀하게 연구해본다면 고대 말기 이전에 라틴 지역, 더 나아가 이탈리아에서 제작된 복음서의 풍부하고 직접적인 삽화의 영향을 발견할 수 있을 것이다.

우리는 또한 회교도 지배하에 있던 스페인의 성서에서도 오토 왕조 시대의 필사본만큼 발전된 구약과 신약에 걸친 아주 오래된 다른 도상의 흔

21 독일어로는 아헨으로 794년 샤를마뉴 대제가 제국의 수도로 정함 – 옮긴이.

적을 발견해낼 수가 있을 것이다. 오토 왕조 시대 작품의 원형만큼 오래된 비잔틴 전통에 속해 있는 듯한 이 도상에 대해서는 이 분야에 대한 새로운 연구가 필요할 것 같다.

오래된 예들이 부재하는 가운데 추측으로밖에 존재 여부를 가늠할 수 없는 복음서들의 직접적이고 서술적인 삽화에 대해 명확한 개념을 갖기란 그리 쉽지 않다. 그러나 우리는 일련의 귀납적 추리를 통해 최초의 기독교 도상 작품들을 상상해낼 수 있고, 또한 이 도상으로부터 신학의 중심지였던 알렉산드리아와 안티오크의 번역본을 구별할 수 있을 것이라는 생각도 해보았다. 그러나 실제로 알렉산드리아와 안티오크는 도상학에 있어서 오늘날까지도 미지의 세계로 남아 있기 때문에, 이 추측 중 어떤 것도 가능해 보이지 않는다. 우리에게 옛 도상에 관한 자료를 제공하는 곳은 로마나 라벤나, 테살로니키, 나폴리 혹은 밀라노 같은 로마 제국의 다른 서구 도시인데, 그것조차도 현재 이 도시들에 남아 있는 것에 의존해 성서의 삽화 전체에 파생되었을 수 있는 기독교 도상들이 제작된 장소와 연대를 결정하기에는 불충분하다. 따라서 지금으로서는 지나치게 빈약한 고증에 기반을 둔 자료들을 요구하기보다는 위의 사실을 인정하는 편이 더 나을 것이다.

이미 보았듯이 주어진 주제를 요약하고 크로키하는 데 사용된 복음서의 요약된 도상들에 대한 정보가 더 많다. 우리는 직접 자료를 검토할 수 있는 유리한 입장에 있으며, 수많은 기독교 이전의 전통에 속하면서 그 전통을 계속 이어가며 특별히 기독교적 주제에 그 전통을 적용하는 특수한 종교적 기능을 지닌 도상적 삽화들과 만나게 된다.

이제 마지막 두 장에서는 신학적 개념들을 표현하고 있는 도상을 다룰 것이다. 어떤 인물이나 복음서의 사건을 재현하고 있는 모든 도상은 신학적 내용을 담고 있는데, 그것은 그 도상이 하느님의 계시 속에 함축되어 있는 것을 보여주고 있기 때문이다. 이러한 관점에서 보면 그리스도의 탄생이나 예루살렘 입성은 기독교 교리에 대한 언급과 같은 것이 된다.

우리는 이미 이러한 역사적 주제를 다루었으며, 이러한 종류의 도상들은 신학자나 설교집 저자들이 쓴 성서 주석처럼 늘 현존하지만 신학적 논증들과는 비교될 수 없는 맥락 속에서만 존재한다는 사실을 보았다. 때로 그 도상들은 고인들을 위한 기도와 관계된 것으로 그리스도의 제자들을 위한 부활의 소망을 표현하고 있다. 그리고 어떤 곳에서 그 도상들은 이교도에 대한 승리자이며 새로운 로마 제국의 주인인 기독교 하느님의 전능함을 찬양하고, 많은 경우 단순히 이러한 계시의 주인공인 예수 그리스도나 그의 제자들과 그들이 참여했던 사건과 관계되어 있다. 여기서 이 마지막 도상들의 경우는 그림으로 표현된 '전기'로 볼 수 있을 것이다. 이미 말했듯이 기독교 도상 제작자들이 그리스도의 생애에 무관심할 수는 없었기 때문에 종교적 의미의 관점에서 볼 때 그들이 그린 장면에 그들이 개입한 사실이 자주 목격되는 것이다. 이렇게 해서 전기는 신학에 의해 수정되었다. 그러나 복음서 장면이—복음서 필사본뿐만 아니라 다른 곳에서도 역시—이와 같은 신학적 테마에 간접적으로 도달했다는 것도 사실이다. 그것들은 성서의 내용에 대한 주석의 형태를 취했고, 일반적으로 초기 기독교 시대의 전기와 관련된 도상의 도식에 머물렀다.

일반적으로 고대 말기의 기독교 도상 제작자들의 작업은 이러한 범위 안에서였다. 그러나 그들은 때때로 도상의 창조를 시도하기도 했는데 그 주되고 직접적인 목적은 기존 도상학 언어로는 표현하기 어려운 신학적 개념을 설명하는 것이었다.

그렇다면 그들이 어떻게 이와 같은 작업을 했는지를 알아보기 위해, 우리는 주제를 삼위일체, 그리스도의 육화, 그리스도의 부활, 그리고 세례, 성체배령 같은 소수의 매우 중요한 신학적 테마들에 국한시켜 이러한 종류의 창작 도상들을 살펴보려 한다.

우선 이러한 주제들을 시각화해야 하는 초기 기독교 도상 제작자들을 상상해보자. 이러한 도상이 창조되던 시기 지중해 지역에서는 인간의 생각을 전달하는 주요한 수단으로 문자가 그림을 대신하게 된 때로부터 천 년 이상이 흘렀다는 사실을 기억해야 한다. 따라서 초기 기독교 시대 신학의 진리를 정착시키기 위해 교부들이 가졌던 관심은 도상이 아니었다. 교부들도 주변 사람들처럼 많은 글을 썼으며, 교리를 포함해 모든 것을 다루던 그들은 때때로 시적 비유를 이용하기도 했다. 예를 들어 그들은 쟁기나 돛단배 혹은 닻의 모습에서 십자가의 형태를 발견했다. 복음서와 성서가 그들에게 길을 열어주었듯 그들은 어린 양이나 선한 목자를 그리스도의 상징으로 만들었고 그리스도의 제자들을 '사람을 낚는 어부들'이라고, 천국을 그들의 '그물'이라고 불렀다. 그러나 이것은 모든 카테고리를 이해하여 도상학을 완전하게 정착시키는 데는 충분하지 않았을 것이다. 로마 제국 통치하에 있던 지중해 지역에서 기독교 같은 수준 높은 종교적 사상을 설명하기 위해 도상을 사용한다는 사실은 많은 지식인들에게 매우 기이하고 유행에 뒤진 작업처럼 비춰졌을 것이다. 도상은 기원후 로마 제국 지역에서 철학이나 동시대의 종교 교리를 위해 사용되던 빈약하고 드문 표현, 일종의 화석 같은 것이었다. 그렇기는 해도 이 시대의 사람들도 낡은 관습이 사라지는 데 얼마나 오랜 시간이 걸리는지 알고 있었고 기독교 도상이 탄생한 모든 지역에서는 여전히 상징적 이미지들이 계속 사용되고 있었다.

기독교인들도 남들처럼 했지만 그들에게 요구된 창조적 노력은 다른 종교의 그것을 훨씬 능가하는 것이었다. 왜냐하면 기독교 도상은 도식적 알레고리나 단순하게 인물과 역사적 사건을 상기시키는 대신 기독교 교리의 추상적 개념을 표현해야 했기 때문이다. 실제로 표현해야 할 교리가 없던 이교에는 도상이 없었기 때문에 어떤 이교 도상학 레퍼토리도 기독교 도상 제작자에게 모델을 제공하지는 못했을 것이다. 우리는 어쩌면 이후 유대교의 메시아니즘이 기독교 교리를 표현한 도상보다 앞서 착상되었다는 사실을 알게 될 수도 있을 것이나, 지금으로서는 확실한 것이 전혀 없으므로 반대로 기독교의 경험에 나타난 새로움과 독창성을 강조해야 할 것이다. 기독교 도상 제작자들이 사용했던 모티프나 교리에 의미를 부여하기 위한 구성 방식이 무(無)에서 출발한 것은 물론 아니다. 하지만 이러한 종류의 도상이 지닌 새로움은 놀랍기만 하다.

우리는 교리를 시각화하고 있는 가장 오래된 도상이 어떤 것인지를 보여주기 위해 많은 작품 중 몇몇 예를 선택했다. 이 작품들을 검토해보기 전에 처음부터 회화로는 거의 표현될 수 없는 개념을 도상으로 표현하고자 하는 시도가 두 가지 형태로 나타났다는 사실을 강조하고자 한다. 첫 번째 형태는 단순하고 직접적이라고 부를 수 있는 도상으로서, 한 단어로 된 구술 표현에 비유될 수 있고 교리를 정의하는 데 단 하나의 이미지로도 충분한 경우이다. 십중팔구 첫 번째만큼이나 오래된 신학적 개념들을 표현하는 두 번째 형태는 그 개념을 여러 이미지로 표현하는 것이다. 마치 한 문장이 몇 개의 단어로 이루어지듯, 그 전체가 교리를 정의하는 것이다. 왜냐하면 문어 혹은 구어에서 서로 이어지는 용어들을 병치시키는 조형 예술의 속성에 속하기 때문이다. 꾸준하게 서로 보완해주는 도상들의 지형학적 병렬 상태를 만드는 기독교 사상이 이미지로 해석되는 분야가 있다. 그것은 중세 신학자들과 도상 제작자들이 이 용어에 부여한 유형학인데, 다시 말하자면 구약과 신약의 사건과 인물들 사이에 존재하는 관계에 대한 것이다. 이러한 유형학의 가장 풍요로운 결과는 서구 중세에 나타났지만 이와 같은 방법은 이미 초기 기독교 시대에 시작되었다. 이러한 도상학의 복잡한 형태 중 몇몇 오래된 예를 보면 놀랍게도 고대 후기의 도상 제작자가 중세 신학자보다 여러 세기 뒤처져 있음을 관찰할 수 있다. 그리스도와 서한체를 쓴 사도 바울로, 그리고 모든 교황들이 이미 구약에서 신약의 예시를 보았던 것이다.

우리는 이러한 유형학의 몇 가지 예로 연구의 일부를 끝내고, 초기 기독교 도상학의 형태와 내용에 대한 검토를 마치려고 한다.

제5장 | 단일 이미지로 시각화된 교리

고대 말기의 기독교 신학에 관한 도상은 불완전하고 불안정해서 그 다양한 표현 방식 중 그 어느 것도 사람들의 관심을 오래 끌지 못했다. 그러나 이러한 불완전한 형태 중에서도 흥미로운 예를 찾아볼 수 있다.

기독교 교리에 관한 사상을 형상화하는 작업이 어려웠음에도 몇몇 도상 제작자들은 기독교의 핵심 주제를 다루었다. 그러나 아주 불규칙했던 그들의 작품은 대부분 실패했는데, 삼위일체도 그러했다. 삼위일체 자체가 도상을 통해 해석하기에는 그다지 적합하지 못한 주제였기 때문에 고대 후기의 도상 제작자들이 실패한 것은 그리 놀라운 일은 아니다. 그들은 결국 삼위일체 교리를 시각화하는 만족스러운 도상을 창조해내지 못했다. 그 증거는 모든 시도가 매번 포기되고, 곧 새로운 시도로 대체되어도 그 또한 논란의 여지가 많거나 별로 오래가지 못했다는 사실에서 잘 드러난다.

초기 기독교 시대 삼위일체의 개념을 시각화한 세 가지 시도는 우리의 관심을 끌기에 충분하다. 특히 불운하게도 중세에 거의 도외시된 첫 번째 시도는 바로 석관 조각가들에 의한 것이었다. 아니 차라리 조각가 한 사람이라고 말해야 할 것이다. 왜냐하면 우리는 라테라노의 고古미술관에 있는 단 한 개의 예밖에 모르는데, 석관 작업장에서는 언제나 그들이 만들 줄 아는 것만을 반복해 만들었기 때문이다. 여기서는 한 사람은 앉아 있고 다른 두 사람은 서 있는(부조의 상단 맨 왼쪽 끝에 재현되어 있는) 세 인물로 삼위일체를 재현한 유일한 시도를 엿볼 수 있다. 오직 신성한 세 인물의 개별성만을 강조하고, 단일성은 소홀히 취급된 구성을 통해 왜 이 도상이 실패했는지 그 이유를 이해할 만하다.

어쩌면 당시에는 삼위일체 개념을 시각화한 두 번째 도식이 더 관심을 끌었을 것이다. 그것은 6세기경의 이집트 바우이트Baouit 벽화로, 로마의 독수리를 닮은 독수리가 나타난다. 이 독수리의 머리와 펼쳐진 날개 위에는 세 개의 똑같은 월계수관이 있고, 이것은 보통 (“내가 알파요 오메가이며, 시작이고 끝이다”라고 말하는) 예수의 옆이나, 그의 형상을 대신하는 십자가 옆에 있다. 콥트 벽화에서 삼위일체의 세 인격은 이렇게 그리스도의 상징을 세 번 반복하고 이 세 기호는 날개를 펼친 독수리 위에서 결합되는 추상적 도식으로 재현되어 있다. 세 인격으로 된 삼위일체의 단일성은 이러한 형상 속에 명확하게 표현되어 있는데, 이는 로마 제국의 도상학에서 독
도 55 수리의 펼쳐진 날개는 언제나 최고 통치자의 흉상이나 모노그램을 받들고 있기 때문이다. 거기 서 있는 둘 혹은 세 명의 황제의 흉상(집정관의 왕홀에 있는 하나, 둘, 혹은 세 공동섭정 황제의 흉상)은 최고 권력을 공유하고 있는 공동섭정 황제와 연결된 것이다. 삼위일체 속에서 세 부분으로 된 신성의 단일성과 차별성을 동시에 형상화하고 있는 바우이트의 이런 방식은 신학적 관점에서는 아주 만족스러운 것이었다. 그러나 우리가 알기로는 이 방식도 앞에서 언급한 석관과 마찬가지로 별로 성공을 거두지 못했는데, 그 이유는 알려져 있지 않다. 어쩌면 이와 같은 요소들이 너무 추상적이었는지도 모르며, 또는 일반적으로 삼위일체의 세 인격 모두를 위해서는 사용될 수 없는 그리스도의 상징이 두 번째 인격에서 나오는 것으로 간주되었기 때문인지도 모른다. 즉 만일 석관의 도식이 세 인물의 분리나 모순

을 강조했다면, 어쩌면 이 경우는 단일성과 하느님의 아들의 특성을 지나치게 강조했기 때문에 실패했다고 볼 수 있을 것이다.

초기 기독교 시대 삼위일체에 관한 세 번째 표현은 신약과 유형학적으로 대응되는 장면을 찾아낼 수 있는 구약에 근거한 것이다. 여기서 도상 제작자들은 상당히 추상적인 개념과 역사적 사건에서 끌어온 요소를 결합시키고 있다. 역사적 사건 전체를 형상화하는 다른 곳과는 달리 여기서는 삼위일체 모티프가 강조되었다. 고대 말기에 삼위일체 개념을 형상화하기 위해서 동방박사의 경배 주제를 사용했는데, 그 이유는 매우 오래된 유대의 전설에 각각의 동방박사가 분명히 신이 현현하는 환영을 보았다고 되어 있기 때문이다. 중세 초 비잔틴 도상은 도상 제작자가 그 이야기를 알고 있었다는 사실을 증명하고 있다. 11세기 콘스탄티노플의 한 세밀화에는 세 동방박사 중 첫 번째 박사가 하느님 아버지를 상징하는 노인으로 표현된 성부를 팔에 안고 있고, 두 번째 박사는 보통 숱이 적은 수염이 난 얼굴로 표현되는 그리스도를 안고 있으며, 세 번째 박사가 성령의 상징인 임마누엘 아기 예수를 안고 있는 모습이 나타나 있다(코덱스 타포 14, 예루살렘 희랍 총대주교 도서관). 소아시아 중부에서 최근에 발굴된 중세 한 지방에서 제작된 벽화에서는 각각 테두리 안에 그려넣은 한 명씩 분리된 동방박사 앞에 하느님의 형상이 나타나 있다. 이것은 콘스탄티노플과 같은 테마를 다룬 것으로 그리 대담한 해석은 아니다. 이렇게 다양한 도상은 비록 증명할 수는 없지만 십중팔구 고대 말기까지 거슬러 올라간다.

그러나 반대로 삼위일체에 관한 아주 오래된 몇 개의 다른 도상은 아주 명백하게 표현되어 있다. 가장 잘 알려진 것은 마므레의 참나무 아래서 아브라함을 방문하고 있는 세 명의 신비로운 방문객을 다룬 뛰어난 작품이다. 어쩌면 이 주제를 다룬 가장 오래된 도상일지도 모를 로마의 비아 라티나에 있는 4세기 카타콤 벽화는 천상에서 온 세 방문객의 신분을 강조하듯 도 74
이 표현되어 삼위일체를 암시하고 있는 것 같다. 로마의 산타 마리아 마조도 75 레 성당 모자이크(430년경)에는 삼위일체에 대한 도상 제작자의 의도가 분명히 드러나는데, 여기서 아브라함을 방문하는 세 방문객 중 중앙의 인물은 빛나는 원형으로 둘러싸여 있다. 도상학적 관점에서 이러한 구별은 물론 그리스도의 변용에서처럼 그리스도를 가리키며, 후광을 제외하면 그리스도와 그들 사이에 차이점이 없기 때문에 결국 다른 두 인물은 성부와 성
도 76 령으로 해석된다. 라벤나의 산 비탈레 성당 모자이크에는 방문객들이 단순히 테이블에서 아브라함의 대접을 받고 있는 모습으로 나타나고 있는데, 여기서도 비록 후광은 없더라도 보통 흉상의 예수 초상화에서 볼 수 있는 팔의 위치와 제스처를 통해 그를 알아볼 수 있다. 그리스도 옆에 있는 인물도 축복의 제스처를 취하고 있는데, 어떻게 보면 이 세 인물은 서로 유사하다. 중세, 특히 비잔틴 제국에서는 아브라함을 방문하고 있는 테이블 주위에 모인 세 인물은 삼위일체를 재현하는 데 반복적으로 사용되었다. 물론 그것은 아브라함이 환영으로 본 주의 현현이 창세기 내용에 기인하고 있기 때문이다. 기독교 신학자들은 이렇게 빛 속에 나타나는 세 인물을 삼위일체로 받아들였다. 방금 우리가 확인했듯이 도상 제작자들은 4세기 초, 혹은 좀더 이후인 5세기에 확립된 전통을 되풀이했고 이를 삼위일체에 대한 해석으로 확립해나갔다.

좀더 추상적인 삼위일체를 재현한 다른 두 개의 도상 역시 복음서의 요소를 내포하고 있다. 이들은 모두 의미가 분명치 않은 특별한 형식의 도상인데, 어쩌면 이러한 특이성 때문에 실패했는지도 모른다. 이들 중 첫 번
도 54 째 도상인 돋을무늬 세공의 부조로 장식된 몬차Monza의 성유병 중 첫 번째 컷에는 예수의 승천과 성령 강림 장면이 결합되어 나타나고 있는 듯하다. 대부분의 세부를 살펴보면 그것은 분명 예수 승천에 대한 관례적 형상이다. 그러나 하늘로 올라가는 옥좌에 앉은 예수 그리스도의 발아래에 나타난 하느님(성부)의 손과 비둘기 한 마리(성령)는 아마도 성모 마리아와 사도들에게 내려오는 하느님의 은총이 삼위일체에서 온다는 해석에 의거한

것일 것이다. 두 번째 예는 놀라의 성 바울리노 텍스트(사도행전 32, 세베루스에게, 놀라 성당 앱스 모자이크에 시로 쓰인 명문을 모방)를 통해 알려져 있다. 여기서 그는 당시 앱스에 있던 여러 이미지가(여기서는 하나의 모티프 위에 다른 모티프가 위치하는 식으로) 삼위일체를 재현하고 있음을 길게 설명하고 있다. 즉 하느님의 손은 성부이고, 비둘기는 성령, 십자가와 어린 양은 성자라는 것이다.

이 도상 역시 앞의 도상에 비해 그리 성공을 거두지는 못했다. 그러나 이 도상의 구성에 나타난 세 모티프가 배치된 순서는 성유병 구성에서 사용된 것보다는 더 정상적으로 보인다. 그러나 이 두 도상에서 우리는 예수 세례 도상에서 나타나는 하늘에서 날아 내려오는 비둘기와 (성유병에서) 그것을 놓아준 하느님의 손 같은 모티프가 복음서에서 유래하고 있다는 사실을 확인할 수 있다.

그리스도의 세례 장면은 아브라함의 환영을 제외하면 초기 기독교 시 도 70
대를 거쳐 중세와 현대까지 이어진 삼위일체에 대한 유일한 도상학적 해석이었다. 그것은 예수가 세례를 받는 순간 삼위일체의 세 인격이 동시에 주의 현현을 선언하는 복음서의 한 구절, 즉 하늘에서 성부의 목소리가 들렸고, 성자는 요르단 강물 속에 서 있었으며 비둘기의 형태를 띤 성령이 하늘에서 내려와 성자의 머리 위에 머물렀다는 사실에 의해 정당화되는 이점을 갖고 있다. 6세기부터 도상 제작자들은 복음서에서 유래하지 않는 '기술적' 해석만을 덧붙이면서 성서의 내용을 충실히 따랐다. 도상 제작자들은 오직 목소리를 통해서만 나타나는 성부 하느님을 상기시키기 위해 (콘스탄티누스 황제의 메달에서처럼) 동시대 유대 미술에서 빌려온 하늘에서
내려오는 손 모티프를 선택했다. 그 손은 하느님이 현존함을 의미하는 것 도 19
으로, 그리스도를 가리키는 손가락이나 그의 머리 위에 막 씌워지는 왕관 위의 손가락은 "이는 내가 사랑하는 아들, 내 마음에 드는 아들이다"라는 복음서의 내용을 표현한다. 이와 같은 삼위일체에 대한 재현은 아브라함

의 그것처럼 삼위일체에 대한 부분적 표현일 뿐 도상 제작자가 감히 접근할 수 없는 삼위일체의 본질을 상기시켜주지는 않는다. 이것이 왜 이러한 종류의 도상이 성공했는지를 설명해줄 수 있을지도 모른다. 아마 삼위일체는 아브라함이 본 주의 현현의 경우와 예수가 세례 받을 때 요한이 본 것처럼, 오직 그것이 발현하는 모습으로만 파악될 수 있고, 그 본질은 회화적으로만 표현될 수 있는 것 같다.

산타 마리아 마조레 성당의 개선 아치에 있는 삼위일체에 대한 다른
도 38 오래된 도상을 보자. 이 도상에서 우리는 (성부를 대신하는) 빈 옥좌와, 그 위에 (성자를 위한) 복음서가 놓여 있는 모습을 볼 수가 있는데, 카푸아베테레Capua Vetere에 있는 같은 도상에는 비둘기(성령)가 책 위에 있다. 중세 비잔틴에서 이러한 도상이 반복되었지만, 세 인격의 다름을 고려하지 않고 상징을 사용하는 결점을 갖고 있어 관객의 상상력을 거의 불러일으키지 못했다. 이러한 점은 우리가 방금 본 도상들에서도 마찬가지로 나타나고 있으나, 이 도상들은 삼위일체의 본질을 재현한다기보다는 그 발현 중 한 경우를 재현하려고 했을 뿐이다(게다가 도상 제작자들은 아브라함의 환영과 예수 세례 도상에서 상투적 세부 외의 부분에서는 성서를 충실히 따르고 있다). 삼위일체에 관한 오래된 도상들은 아주 드물며 불완전하다. 특히 고대 말기 전 기간에 걸쳐 일어난 삼위일체에 대한 논란이 지녔던 엄청난 중요성을 고려해보면 더욱 그러하다. 삼위일체 교리가 도상 제작자들이 알고 있던 방법으로 표현될 수 없었던 사실에 비추어볼 때 우리는 그들의 입장을 분명하게 이해하게 된다. 그러니까 그들은 로마 제국의 모노그램을 들고 있는 독수리나 제국의 옥좌 같은 그들이 갖고 있던 레퍼토리에서 몇 개의 모티프를 선택해 수정, 응용했다. 또한 그들은 추측컨대 동시대의 상징적 도상에서 옥좌에 앉아 있는 비둘기나 성서를 상징하는 닫혀 있는 책의 모티프도 끌어냈을 것이다.

복음서는 우리에게 하늘에 있는 하느님 아버지, 즉 성부는 보이지 않

는다고 가르치고 있다. 그래서 성부는 결코 그 자신 그대로, 다시 말해서 그의 본질 자체로 표현되지 못했다. 그러나 하느님은 보이지 않는다는 법칙에도 유명한 예외가 있다. 선지자 이사야와 에제키엘은 자신의 눈으로 하느님을 보았다. 결국 그런 식으로 하느님이 나타나셨을 때 그들이 한 묘사를 통해 회화적 표현이 가능해졌다는 것이다. 바로 이렇게 선지자들과 요한계시록의 저자가 본 환영을 통해 하느님의 형상이 기독교 도상학의 레퍼토리에 도입되었다. 성부 하느님에 대한 회화적 재현의 가능성을 끈질기게 부인했던 수많은 신학자들의 주장과는 반대로 이러한 형상들은 5세기 직후에 출현해 그 뒤로 결코 사라지지 않았다. 그렇지만 하느님은 표현될 수 없다는 원칙과 충돌하지 않기 위해 도상 제작자들은 도상을 제작할 때 그것이 특별한 증인들에게만 허락된 순간적이고 예외적인 환영에 관한 것이라는 사실을 분명하게 표현하는 데 신경을 썼다. 이러한 생각은 두 가지 방법으로 표현되었는데, 환영을 보는 사람을 환영 앞에 그리든가, 아니면 원이나 빛의 후광을 이용해 형상의 나머지 부분으로부터 초자연적 현상인 환영을 고립시키는 것이 그것이다. 이것은 당대의 언어로 그러한 출현이 우리가 지각할 수 있는 세계에서는 생소한 일이며 환영을 보는 오직 그 사람(혹은 환영을 보는 몇몇 사람)에게만 가능한 일이라고 말하는 것과 같은 가치를 지니고 있었다.

우리는 모두 동일한 방식으로 제작된 이러한 종류의 오래된 도상들을 알고 있다. 그중 한 예에는 빛나는 구름 속에 환영이 정면으로 나타나고 있고 환영을 보는 사람은 그것을 응시하며 시종에게도 보여주거나 공포에 질려 땅에 엎드려 있다. 바우이트 벽화는 선지자 에제키엘이 본 환영에 대한 도 24
장려한 예를 제공하는데, 거기에는 땅에 엎드린 선지자와—도상학이 공인하는 것에 의거해서—환영을 보는 또 다른 인물들인 예수의 제자들이 환영 앞에서 당황한 모습으로 표현되어 있다. 6세기부터 나타나는 그리스도의 변용에 관한 도상에서도 같은 요소가 결합되어 있는 것을 다시 볼 수가 있다. 얼굴이 변모되면서 그의 신성을 표시하는 후광과 주의 현현이 일어나는 동안 마치 환영을 보듯 신비한 빛에 무릎을 꿇거나 뒤로 나자빠진 예수의 세 제자가 그 예이다. 테살로니키 호시오스 다비드 예배당에 있는 5세
도 77 기의 매우 아름다운 모자이크에는 빛나는 구름 사이로 나타나는 예수의 모습이 있다. 거기서 주의 현현을 두려운 듯 바라보고 있는 인물과 책을 펼치고 있는 또 다른 인물이 그 증인으로 표현되어 있다. 각각의 경우 그 도상은 일상생활에서 영감을 얻은 것이 아니라, 기독교 미술이 개화되기 훨씬 이전인 로마 제국의 공식 미술의 도식에서 유래된 것이다. 이 도식은 떠오르는 아침 해를 표현하는 것으로, 고인이 된 황제의 승천을 표현하기 위해 사용되었다. 첫 번째 도상에서는 새 한 마리(독수리)가 태양의 화신을 인도해 하늘로 날아 올라가는 반면에 두 번째 도상에서는 네 마리의 말이 끄는 이륜마차가 이제 신이 된 황제를 태우고 하늘로 올라가고 있다. 이 두 도상에서는 모두 지상에 앉아 있는 한 사람이 막 신이 된 황제를 향해 양팔을 들어올리고 있는데, 그것은 태양에 대응되는 것으로 대지의 의인화인 텔루스Tellus와 관계된 것이다. 황제의 신격화는 디부스divus[22]의 승천에 대한 시각적 증거이며, 그 증거는 법적으로 요구되었다. 분명히 로마 제국에서 황제의 신격화와 관련된 가장 오래된 도상에는 하늘로 비스듬하게 올라가고 있는 네 마리의 말이 끄는 이륜마차의 도식이 나타나 있다(이것은 빛나는 후광으로 싸여 있지 않다). 기독교 도상학은 4세기에 그것을 계승했지만 그다지 즐겨 사용하지는 않은 것 같다.

주의 현현을 표현하고 있는 기독교의 오래된 작품 중 비아 라티나 카타콤의 엘리야의 승천을 묘사하고 있는 기묘한 벽화와 몇몇 석관을 주목해야 한다. 특히 이 벽화에는 로마 제국 화폐에도 나타나는 솔 인빅투스sol invictus[23]가 솟아오르는 장면에 텔루스의 자세로 반쯤 누워 있는 어느 목자의

22 죽은 황제에게 붙이는 명칭.

커다란 모습이 있다. 더 나중에 나타난 보다 권위적인, 정면에서 본 수레가 보이는 테마는 선지자들에게 나타난 주의 현현을 표현하는 도식으로 채택되었다. 이와 같은 도식은 도상이 앱스 궁륭에 위치할 때 쉽게 적용될 수 있었다. 변용 장면에서처럼 후광이 하느님을 에워싸고 있고, 선지자들은 주의 현현을 목격하는 증인들로서 그 증거를 보며 주의 발아래 또는 양옆에 엎드린다. 이처럼 인물을 완전히 둘러싸는 타원형 후광을 덧붙인 것은 기독교인들이었다. 그 기원은 예를 들면 의인화된 태양처럼 한 사람의 머리 주위에서 빛나는 후광 같은 것이다. 십중팔구 페르시아의 조로아스터교에서 유래했을 후광은 서구에서는 로마의 산타 마리아 마조레 모자이크에서 처음으로 나타났다(비록 라벤나에서 이 후광은 중앙의 인물만을 둘러싸고 있지만). 위에서 이미 살펴보았듯이 이와 같은 후광은 마므레 참나무 아래에서 아브라함을 방문하고 있는 신비한 세 인물이 신적 존재라는 도 75, 76
것을 암시하는 데 사용되고 있다(또한 산타 마리아 마조레에 있는 세 인물의 실루엣을 에워싸고 있는 구름—빛나지 않고 후광이 에워싸고 있는 것을 시선에서 벗어나게 하는 자욱한 구름—을 참조할 것). 이것은 후광에 대해 암시하는 것이 없는 성서의 내용과는 무관한 주의 현현에 대한 최초의 회화적 모티프였다.

(로고스에 대한 도상과는 관계없이) 성부 하느님에 대한 가장 오래된 도상은 로마 황제들을 신격화하는 데 사용되던 상징적 형상에서 영감을 받아 그 기본 형태를 만든 다음, 거기에다 새로운 모티프인 빛나는 후광을 덧붙여 완성된 것이다. 확실하지는 않지만 이 새로운 테마는 삼위일체처럼 어느 정도 완전한 도식에 적용되고, 변용에까지 확대 적용될 수 있는 도상학적 창조의 좋은 본보기이다.

때때로 이러한 신들에 대한 환영에서 그리스도가 육화된 모습으로 형

23 '무적의 태양'이라는 뜻—옮긴이.

상화되었을 때를 제외하면 구약의 성부 하느님과 로고스로서의 성자 하느님을 구분하기는 힘들다. 이러한 불확실성은 "나를 보는 사람은 나를 보내신 분을 보는 것이다"라는 요한복음의 구절들을 떠올려보면 의도적일 수도 있다. 이 두 인격의 본질은 항상 뚜렷이 구별되지만 사람들의 눈앞에 나타나는 성부와 성자의 외양—사람들이 보는 것과 도상 제작자가 재현할 수 있는 것—은 동일하다.

바로 이러한 이유로 테살로니키의 초기 기독교 도상 제작자들은 독단적으로 구약의 예언자와 요한계시록의 주의 현현을 혼용했고, 결과적으로 구약에 나타나는 하느님의 모습과 종말 때 나타나는 그리스도의 모습이 뒤섞여버렸다. 요한계시록의 영향력, 즉 두 번째 인격의 존재는 여기서 네 마리의 상징적인 동물이 들고 있는 책으로 지시된다. 벽화와 모자이크에 표현된 주의 현현은 첫 번째 인격인 하늘에 있는 성부 하느님의 모습인 동시에 그리스도의 육화를 제외한 두 번째 인격인 로고스의 환영이다. 예수의 재림은 그 환영을 본 증인들인 사도들에 의해 상기된다. 사도행전에는 예수가 승천할 때에 대해 "흰 옷을 입은 두 사람"이 사도들에게 나타나 "너희를 떠나 승천하신 저 예수님께서는, 너희가 보는 앞에서 하늘로 올라가신 모습 그대로 다시 오실 것이다"라고 기술되어 있다. 요컨대 삼위일체의 두 번째 인격의 형상은 주의 현현과 그 증인 외의 다른 도식을 사용하지 않고서도 표현될 수 있었던 것이다. 비록 항상 충분하지는 않았어도 세부 묘사로써 로고스의 모습을 표현할 수 있었고, 육화 이외의 다른 방식으로도 재현될 수 있었다.

우리가 방금 관찰했던 도상들과는 반대로 로고스의 모습이 표현된 장면은 물질적 세계 밖에 있었는데, 그리스도의 육화 기간을 제외하면 하느님은 오직 예외적인 소수 사람들에게만 아주 짧은 순간에 나타났다. 그래서 우리는 상상을 통해 천상에 있는 하느님의 거처로 들어가 성인이나 천사 같은 천상의 인물들에 둘러싸여 있는 하느님을 보게 된다. 성서의 어떤

구절에서도 이런 내세를 묘사하지 않았다. 그러나 요한계시록의 도처에서
발견되는 구절들을 통해 사실 막연하기는 하지만 네 개의 강이 있는 정원
과 성벽으로 둘러싸인 도시 안에서 그리스도가 성인들이나 천사들에 둘러
싸여 옥좌에 앉아 있는 천국의 모습을 그려낼 수 있다. 4세기에서 7세기 사 도 28
이에 제작된 수많은 석관 조각과 앱스에 있는 모자이크화는 하느님의 아들
이 그의 장대한 거처인 천국에 있는 모습을 보여주고 있다. 사람들은 도상
제작자들이 예수를 수염이 없는 젊은 남자나, 반대로 나이 든 멋진 수염과 도 78
당당한 체구를 지닌 남성적인 어른으로 표현해 빛나는 모습의 예수를 재현 도 22
할 때의 미묘한 차이를 암시한다고 생각했다. 그러나 이것은 잘못된 생각
으로, 수염이 있건 없건, 머리가 짧건 길건, 엄격한 표정이건 부드러운 표
정이건 간에, 이 모든 특징들은 신학적으로 더욱 확실한 그리스도의 도상 도 49
에 사용될 수 있었다 하더라도 반복적으로는 사용되지 않았던 것 같다. 우
리가 말하고자 하는 것은 기독교 조각가들이 예수를 소년이나 우아한 몽상
가의 모습으로, 때로는 수염이 난 성숙하고 힘이 넘치는 성년의 모습으로
재현하면서 종교적 개념을 표현하기를 원했는지, 아니면 두 번째 인격의
특징이나 그가 이룩한 업적들을 상기시키기를 원했는지에 대한 실제 의도
가 확실하지 않다는 점이다. 즉 문제는 도대체 사실적 표현과는 거리가 있
는 조각가들의 이러한 작품에서 상징은 어디에 있으며, 도상 제작자의 취
미와 재능을 반영하는 우아하고 표현적인 강한 얼굴 모습에서 단순한 모방
이 어디에 있는가 하는 것이다.

그리스도 육화를 제외하면 인자로서의 그리스도(혹은 육화된 말씀)의
모습이 갖는 의미와 영원하며 창조되지 않고 처음부터 존재하는 말씀으로
서의 하느님의 모습이 지니는 의미를 구분할 수 없다. 이 사실을 고려한다
면 초기 기독교 미술에 나타나는 그리스도에 대한 신학적 도상의 존재는
의심스러워 보인다. 예를 들어 청년 예수는 유니우스 밧수스 석관의 예루 도 12
살렘 입성에서처럼 복음서 장면에 표현될 수 있거나, 라벤나의 산 비탈레

성당 앱스나 바우이트의 몇몇 예배당에서처럼 천국의 옥좌에 앉아 영원히 승리를 구가하는 왕으로 표현될 수도 있다. 후자의 경우에는 육화된 그리
도 32 스도와 더 이상 관계가 없으며, 게다가 존엄함을 나타나는 장면에서는 수염이 난 준엄하며 독단적 모습으로도 그리스도를 형상화할 수 있다. 여기에서 내릴 수 있는 가능한 결론은 도상 제작자들이 그리스도의 특징이나 머리카락, 얼굴 표정 같은 것으로 육화되지 않은 말씀과 육화된 말씀을 결코 구별해낼 수 없었다는 것이다. 이것은 결국 도상 제작자들이 사용하고 있던 도상학 언어 속의 특정한 용어에 분명한 의미를 부여하는 것을 거부했다는 사실을 의미하는 것일지도 모른다.

다른 예를 들어보자. 테살로니키 호시오스 다비드(혹은 크리스트 라톰) 앱스에 있는 영원한 젊은이로 표현된 로고스-그리스도의 모습과 유니우스 밧수스 석관 조각에서 젊은이로 표현된 그리스도 모습의 의미가 같지 않다고 생각해보자. 그리고 또 산 비탈레 성당에 있는 천상의 젊은이로 표현된 그리스도의 모습이 로고스에 대한 시간의 무력함의 상징이라고 가정해보자. 여기서 시간은 그에게 영향을 끼칠 수가 없으므로 그리스도는 영원한 젊은이로 존재하며, 따라서 영원성은 불변하는 젊음과 같은 것으로 해석된다. 그러나 다른 곳에서는 육화된 말씀인, 고로 영원한 그리스도가 나이 든 모습이다. 거기서 그는 수염 난 백발 노인의 모습으로 표현되어 있다. 그렇지만 그것은 노인과는 관계가 없는 것으로, 여기서 세월의 흔적은 노인의 백발이 아주 긴 시간을 의미하듯, 영원함으로 전도된 하나의 상징인 것이다. 요컨대 영원에 대한 개념은 도상학적으로 젊은 사람의 얼굴로도 혹은 노인의 얼굴로도 표현될 수 있다는 것이다.

이러한 모호성은 더 멀리 나간다. 우리는 수염이 없는 그리스도가 어떤 활동에 참여한 실제의 성년 참가자들을 푸티[putti] 혹은 아기들로 대체하던 로마 제국의 우아하고 경쾌한 미술에 적당하다고 했다. 이교와 기독교 도상에서 이 아이들은 밭농사, 원예, 포도 수확, 혹은 추수, 경마 경기, 사냥

등의 장면에서 성인들을 대신해 표현되고 있다. 사랑스럽지만 개성 없는 청년의 모습으로 표현된 그리스도의 도상은 바로 이러한 로마 제국 미술의 맥락에서 이해되어야 한다. 반면, 모자이크에서 볼 수 있는 수염 난 어른의 모습으로 표현된 그리스도 도상은 유희를 진지한 것으로, 경박한 이상주의를 역사적 진실(셈족 계통의 그리스도)로 대치하려던 사실주의에 대한 몰입이 반영된 것으로 보아야 할 것이다. 이제 동양적으로 표현된 수염이 난 그리스도에 대한 몇몇 예를 상기해보자. 베드로와 마르첼로 카타콤 프레스코에서 한 예를 발견할 수 있는데, 그곳에 표현된 테마는 바실리카 앱스에 있는 것처럼 존엄자에 대한 것이다. 또한 코모딜라 카타콤 천장 장식과 최근 오스티아에서 발견된 상감 세공에는 모두 긴 머리칼과 풍성한 수염이 있기는 하지만 동양적이지는 않은 아름답고 고상한 얼굴이 나타난다. 바로 이를 통해 수염과 긴 머리로 표현된 그리스도 도상이 시리아와 아르메니아 같은 근동 지방의 영향이라고 생각하는 학자들의 오류를 지적할 수 있을 것이다. 그리스의 제우스 신과 로마의 주피터 신은 모두 수염이 나고 긴 머리를 가진 모습으로 표현되어 있지 않은가? 그러니까 근동 지방의 영향을 받았다는 이론은 이제 접어두고 차라리 수염과 긴 머리를 가진 모습으로 표현되는 그리스도 도상이 속할 수 있는 두 개의 상이한 카테고리를 끌어내보자. 그 첫 번째 범주의 예로는 라벤나의 산타폴리나레 인 클라세 교회에 있는 둥근 방패 모양 원형 테두리 안에 표현된 모자이크에 나타난 전형을, 두 번째 범주의 예로는 로마의 산티 코스마 에 다미아노SS. Cosma e Damiano 앱스 모자이크에 나타나고 있는 수염과 머리가 덥수룩하게 자란 모습으로 표현된 한 중년 남자의 초상화를 선택할 것이다.

(가정일 뿐 증명은 되지 않은) 도상 제작 의도를 밝혀내며 겪는 이러한 어려움은 여러 양상을 띨 수 있다. 이제 피렌체에 있는 시리아어로 쓰인 라불라 복음서(586년)를 그 마지막 예로 제시하고자 한다. 이 경우에는 같은 필사본에 한 화가가 그린 그리스도의 외모가 서로 다르게 나타나기 때문에

앞의 예들과 다르다. 그리스도는 필사본 전체에서 수염이 드문드문 난 젊
도 78a 은이로 표현되고 있는데, 때때로 턱선을 따라 짧은 수염을 기른 이마가 좁
은 세모꼴 얼굴로 표현이 되기도 하며 머리카락은 짧고 곱슬곱슬하다. 그
러나 이 복음서의 다른 부분에서는 그리스도가 어깨까지 내려온 긴 머리와
도 78b 더 길고 풍성한 수염이 난 둥근 얼굴로 표현되기도 한다. 이 마지막 도식이
그리스도가 주의 현현으로 표현되는 예수 승천 때에 단 한 번 나타나는 반
면, 다른 도식들은 그리스도의 다른 복음서 장면들을 표현할 때 사용된다.
그렇다면 시리아의 세밀화가들이 사람의 아들로 태어난 로고스와 육화되지 않은 로고스를 구별하기를 원했다는 결론을 내릴 수 있을까? 이러한 가정은 그럴듯해 보이기는 하지만 실제로 비교 검토하지 않고는 받아들이기 어렵다. 우리는 화가나 조각가들이 정말 그러한 개념을 위해 수염과 긴 머리카락을 통해 남성의 모습을 표현할 때 주어지는 표현 요소들을 사용했고 또한 그것을 원했는지를 확실하게 말할 수는 없다. 이 양자택일의 측면은 양쪽 다 가능하지만 적어도 초기 기독교 시대와 관련될 때는 그 어떤 것도 확실하지 않다.

오래된 그리스도 도상에 대한 비교 연구는 그리스도가 육화된 기간, 혹은 그 외의 기간의 삼위일체의 두 번째 인격에 대한 신학적 정의에 대응되는 도상을 창조하려는 목적으로 표현된 그리스도의 모습 중 특히 얼굴에 다양한 특징이 드러나고 있음을 지적하고 있다. (주교공의회 시대 신학자들에게는 첫 번째 문제였던) 이와 같은 문제가 도상 제작자들에게도 근심거리였는지 아닌지는 알 수 없다. 만약 4세기에서 7세기 사이 그리스도 연구의 중심 주제가 작품 속에 지나치게 모호하게 표현되었다면 우리는 도상으로 해석하기 어려운 신학적 개념을 표현하는 데 적당한 도상학 용어가 당시에 있었는가 하는 데 의심을 품을 수밖에 없을 것이다. 이러한 결론은 이제는 고인이 된 요제프 빌페르트Joseph Wilpert, 오스카르 불프Oskar Wulff, 루트비히 폰 지벨Ludwig von Sybel 같은 석학들의 전통을 이은 최근 100년

간의 많은 고고학자들의 저서를 읽어온 독자들에게는 놀랍게 비칠 수도 있을 것이다. 그러나 우리는 대부분 신학과 관계없는 이들이 집필한 이 훌륭한 책들이 문제의 방향을 돌려놓았다고 생각한다. 이들은 우리처럼 남아 있는 기념물들의 종교적 배경에 만족하는 대신, 기념물을 신학적 체계로 된 삽화로 간주하고 있다. 물론 이러한 방법은 폐기되어야 하는데, 왜냐하면 그 방법이 결국 기념물에게 우리가 원하는 것을 말하도록 강요하기 때문이다.

분명 고대 말기에도 소수의 지적 관객들은 그들 주변에서 볼 수 있는 도상에서 삼위일체와 그리스도에 관한 어떤 교리 표현을 읽어낼 수 있었을 것이다. 그러나 진위에 상관없이 사학자의 흥미를 끌 수 있는 당대의 한 텍스트가 우리에게 정통한 해석을 드러내지 않는 한, 우리의 길잡이 역할을 해야 하는 기념물 자체가 증거로 주어진다. 우리의 모든 연구가 그 증거에 대한 해독에 근거하기 때문에 그 증거물이 멈추는 곳에서 우리도 멈춰야 한다. 그러므로 초기 기독교 시대의 도상들은 삼위일체나 두 번째 인격 같은 중요한 신학적 개념들을 시각화하는 데 아직 충분치 못하다는 것을 발견할 수 있을 것이다.

여기서 우리가 '직접적'이라고 부르는, 인물이나 생물, 장신구에 나타나는 독특한 특징으로 어떤 사상을 표현하는 도상학 유형에 대해 알아보자. 이러한 재현 체계의 언어 대응은 우리가 새로운 생각을 표현하기 위해 수식어와 억양을 덧붙이면서 유행어를 사용하는 것에서 나타난다. 다음 장에서는 도상 제작자들이 마치 글로 씌어 있거나 말로 된 언어가 구문론을 따라 단어를 늘어놓아 생각을 표현하게 하는 것처럼 이러한 소박한 도상들을 개선하기 위해 사용한 상이한 방법들을 보여줄 것이다. 그러나 이러한 다른 방법들로 넘어가기 전에 직접적 방법으로 창조된 몇몇 독립적 도상들의 예를 더 검토해보자.

삼위일체의 세 번째 인격의 경우는 아주 흥미롭다. 우리의 연구와 관련된 시대에 나타난 성령의 유일한 상징은 비둘기였다. 그것은 우리가 이미 살펴보았듯이 적어도 5세기 그리스도 세례 장면(라벤나에 있는 동방 정교의 세례당 모자이크)에 나타나고 있으며, 5세기 초부터 하느님의 옥좌에도 나타나고 있다(카푸아베테레에 있는 산타 프리스카의 모자이크). 삼위일체와 관련된 몇몇 작품을 제외하면 고대 말기의 도상 제작자들은 신학자들의 의견에 따라 성령의 본질을 규정하는 모든 것에 대해, 특히 그것과 성부와 성자와의 관계를 고려하는 성령의 모습에 대해 어떤 문제도 제기하지 않은 것처럼 보인다. 특히 첫 번째 주교공의회에서 사도신경의 이 부분은 동시대 미술의 영향을 끼치지 못했으며, 이러한 공백이 당대의 중요한 신학과 도상학 사이의 간극을 의미하기 때문에 이 사실은 강조되어야만 한다. 그러나 유일한 도상학적 도식인 비둘기 또한 우리의 호기심을 자극한다. 이 알레고리는 물론 그리스도의 세례 장면을 묘사하고 있는 복음서에서 유래한 것이지만, 그것을 따른 신학적 형상들과 비교해보면 이 알레고리 역시 매우 오래되었고 닻이나 어린 양 모티프처럼 초기 기독교의 상징에 더 가깝다는 점을 인정해야 한다. 오래된 이 알레고리들은 대부분 4세기부터 인간의 모습으로 대체되었으나 성령의 비둘기는 오늘날까지 남아 여전히 삼위일체의 세 번째 위격을 가리키는 데 사용되고 있다. 어쩌면 도상 제작자들이 암암리에 이 주제가 그들이 이용하던 수단을 뛰어넘는 것이라는 사실을 인식했음이 틀림없다.

그러나 도상 제작자들은 사도신경을 시각화하기 위해 상징적 비둘기를 보존하면서도 성령의 출현을 보여줄 수 있었고, 이것은 중세에 수없이 나타났다. 성령이 하느님 아버지의 손에서부터 날아 내려오거나 '성자와 함께[filioque]', 즉 성령이 성부와 성자로부터 동시에 비롯된다는 것을 표현하기 위해 그려진 비둘기가 얼마나 많던가! 고대에도 이 주제는 결코 경시되지 않았다.

이제부터 말씀의 육화와 예수 부활이라는, 성자에 관한 이야기 중 교리적 차원에서 가장 중요한 두 순간에 대해 고찰해보자. 우리는 우선 여기에서 예수의 지상에서의 생애를 표현하는 도상들이 압도적으로 많다는 사실에 주목하게 된다. 인간의 구원을 위해 육화된 말씀이란 점에서 볼 때, 이러한 선호를 굳이 설명할 필요는 없을 것 같다. 사도신경에서 성부와 성신에 할당된 짧은 구절이 성자에게 할당된 것에 비해 얼마나 짧은지 비교해볼 수 있다. 이것은 사실 4세기에서 5세기, 그리고 6세기에 걸쳐 열린 공의회에서 신학자들이 가장 관심을 가졌던 신학 문제였다. 그러므로 당시 기독교 도상학은 주요 신학적 주제를 한층 더 강화해 이를 반영하고 있는 것이다.

이에 관한 주제들은 두 종류로 분류되는데, 4장에서 다룬 첫 번째 주제는 교리와 별로 관계없는 복음서 장면들을 상기시키는 것이고, 두 번째는 여러 다른 방법으로 그리스도의 육화와 부활에 관한 중요한 교리를 표현한 것이다. 다양한 방식으로 나타나고 있는 이 모든 도상을 다 연구할 수는 없으므로 그중 시사적인 몇 가지 예만을 선택해 살펴볼 것이다.

표면상 이해하기 쉬울 것 같다는 이유로 그리스도의 육화와 부활은 도상학에서 똑같이 취급되지는 않았다. 즉 그리스도의 육화가 여러 이미지를 나열하는 방식으로 해석된 반면(바로 이 점 때문에 이것을 다음 장에서 취급하고자 한다), 예수의 부활에 대해서는 직접적이고 완전하며 동시에 독립적 이미지로 된 다양한 작품이 창조되었다. 예수의 부활을 보여주는 이미지를 표현한 오래된(그러나 최초는 아닌) 작품은 우리가 알고 있듯이 부활한 예수가 석관 뚜껑을 깨뜨리고 무덤에서 나온 사건을 묘사하지 않는 복음서와 일치하고 있다. 부활한 예수가 취한 최초의 제스처를 회화적으로 과감하게 상상해 표현한 것은 십중팔구 독일의 오토 왕조 시대에서이다. 복음서 저자들의 이야기를 넘어서지 않도록 주의하던 고대 후기에는 부활하는 예수의 모습을 표현하지는 않았지만, 복음서에 언급된 것처럼 무덤으로 가서 그 무덤이 비어 있음을 보는 두세 명의 마리아(유대법으로 인정된 증인의 숫자)는 표현되었다. 마리아들은 사라진 예수의 시신 대신에 예수의 부활을 알리는 한 천사를 보았고 또한 그 목소리를 들었다. 대략 200-230년 사이에, 즉 기독교 도상이 제작되던 초창기에 팔레스타인이나 시리아에서 이와 같은 도상이 제작되었음에 틀림없다. 북부 메소포타미아
도 13 에 있는 두라 세례당 벽화에 그 영향이 엿보인다. 거기에 있는 몇몇 도상학적 세부 묘사(석관은 닫혀 있고 천사는 없다)는 매우 독특하다. 아마 화가는 묘소를 방문하는 가족 도상paternalia에서 영감을 받아 예수의 부활보다 앞선 순간을 재현하고, 램프를 든 마리아들과 세례반을 향해 가는 새 신자들을 비교하기를 원했던 것 같다.

400년경 제작된 이 주제를 다룬 두 번째 작품은 그리스도의 부활에 관한 마리아와 천사의 대화를 강조하고 있다. 가장 유명한 예로는 라벤나의 산타폴리나레 누오보 성당 모자이크를 들 수 있는데, 여기에서 예수의 무덤은 완전히 고전적인 원형으로 표현되어 있다. 이것의 이형은 한 세기 후
도 63 피렌체의 라불라 복음서 시리아본 세밀화와 6세기 말에 예루살렘에서 제작된 성유 보관용 은병을 장식하고 있는 소규모 부조에 나타난다.

복음서처럼 초기 기독교 도상학은 세 마리아가 증언하는 것에 만족하지 않았고, 사도들과 함께 목격한 다른 증인들의 이야기를 따르도록 했다. 그들 중 몇몇은 부활한 예수를 여러 차례 보았고 그를 만질 기회도 있었다. 도상들은 그리스도가 나타나는 이 모든 장면들을 시각화하고 있는데, 그중 특히 예수의 부활을 믿지 못하는 토마스가 나오는 장면에서 그리스도의 출현 그 자체의 목적은 가장 의심이 많은 사람들을 설득하는 것이었다. 관청의 구두 소송과 비교할 만한 이 도상들은 사실 예수 부활을 표현한 것들이다. 몬차와 보비오Bobbio에 보존되어 있는 성지의 작은 성유병에서 이에 대한 가장 좋은 예를 찾아볼 수 있다. 이와 같은 관점에서 볼 때 예수의 상처를 어루만지는 성 토마스를 표현한 도상이 가장 흥미로운데, 왜냐하면 거기에는 마침내 확신을 갖게 된 그 사도가 말한 "저의 주님, 저의 하느님!"

을 상기시키는 명문이 동반되어 있기 때문이다.

(예수 부활에 대한 시각적 증언 이야기로 교리를 환기시키기 때문에) 법률적이거나 복음적이라고 할 수 있는 예수 부활 도상의 최초의 유형은 도상 제작자들이 고안한 유일한 것은 아니다. 그래도 이 유형은 서구에서는 5세기부터 11세기까지, 그리고 비잔틴 세계에서는 오늘날까지도 다른 유형들보다 우세하다. 그러나 4세기 로마에서 창조되었음이 분명한 또 다른 상징적 도상은 커다란 성공을 거두었음에도 불구하고 한 세기나 한 세기 반 후에 버려졌는데, 그 이유는 아마도 그 의미가 모호해졌기 때문일 것이다. 로마 제국의 전통적 무훈 미술에서 영감을 얻은 이 도상은 이교도 시대에서 멀어져가면 갈수록 덜 명확하게 나타났을 것이다. 이와 같은 예들을 우리는 대부분의 4세기 석관에서 발견하게 되는데, 부활의 상징인 불사조와 함께 앉아 있거나 서 있는 사람들로 둘러싸인 로마 군대의 트로피를 볼 수 있다. 따라서 우리는 이와 같은 도상의 기원이 로마인들에게 패한 야만인들 위에 재현된 전리품spolia으로 장식된 관례적인 군대 트로피를 표현한 이교도의 석관 부조에서 유래하고 있음을 알 수 있다.

기독교 도식에서 로마 군대의 트로피는 위에 승리의 왕관이 달려 있는
십자가로, 야만인 포로는 그리스도의 무덤을 지키는 잠들어 있는 병사들로 도 79
대체된다. 무덤을 지키는 병사들이 갖고 있던 무기는 로마 제국의 군대 앞
에서 야만인들의 것처럼 예수의 부활을 저지하는 데 무력하다.

이러한 독특한 도상학은 확실히 콘스탄티누스 황제의 공헌으로 돌려
야 할 것으로, 그리스도의 모노그램이 있는 라바룸 십자가에 표현된 군대 도 36
성격을 띤 기독교의 다른 상징과 유사하다. 콘스탄티누스 황제의 상징과
마찬가지로 그리스도 부활을 다룬 문제의 도상은 두 명의 테오도시우스 황
제의 통치(테오도시우스 2세는 450년에 죽었다)하에, 그리고 그들이 장려
했던 짧지만 인상적인 무훈 도상으로의 복귀보다 더 오래 지속되지 못했음
에 틀림없다. 우리는 아르카디우스 황제의 원주 아래 웅크리고 있는 야만 도 37

인들과 로마의 승리 트로피와 십자가 양옆에 있는 두 병사들을 볼 수 있는데, 예수 부활에 관한 도상의 도상학적 동음이의어에서 병사들은 승리의 십자가에 패한 이교도의 파수병이 아니라 콘스탄티누스 황제 시대처럼 기독교 트로피의 의장병 역할을 수행하는 병사들이다. 사실 도상 주제는 동일하지 않다. 다시 말해서, 이 구성은 그리스도의 부활이라는 기독교 교리를 재현하는 대신 그리스도 부활의 결과를 보여준다. 사실상 아르카디우스 황제의 원주 기단 부분에 있는 부조가 상기시키고 있는 것은 정치적 차원의 것으로, 그리스도 부활의 결과는 예수 승리의 도구인 십자가가 기독교도인 황제의 군대에게 제공한 승리라는 것이다.

예수 부활에 대한 또 다른 도상학적 해석 역시 로마 제국의 무훈 도상에서 영감을 받은 것이다. 이 새로운 도상은 아마 고대 말기의 콘스탄티누스 대제에 관한 도상보다는 늦게 나타났을지는 몰라도 황제의 승리를 나타내는 알레고리적 도상이 여전히 사용되던 시대에 창조되었던 것 같다. 그 주제는 예수 부활의 직접적 결과나, 더 특별하게는 그리스도가 아담과 이브를 지옥에서 구해내는 장면이다. 이 사건은 죽은 자들을 영원히 지하 세계에 머물도록 강요하는 저승의 왕 하데스에 대한 그리스도의 승리처럼 해석되며, 예수가 지옥으로 내려간다는 개념은 중세 비잔틴에서 특히 대중적 인기를 끄는 주제로 발전되었다. 아나스타시스Anastasis라는 명칭이 붙은 이 장면은 종종 그리스도 부활의 장면을 대신하기도 했다.

도 133 도상학적으로 고대 말기에 창조된 지옥으로의 하강은 승리한 로마 황제가 정복한 도시나 지방에서 끌려온 사람들의 무릎을 꿇려 쭈그리고 앉아 있게 하거나 이들의 대표자들을 모으는 알레고리적 도상을 모방한 것이다. 로마 제국의 공식 언어는 이것을 지도자들의 폭정으로부터 로마 황제에 의해 구출된 패배자들이 맞이한 해방을 상징하는 도상처럼 묘사했다. 이러한 해석은 기독교인들이 지옥으로 내려가는 그리스도에 똑같은 도식을 사용하게 했다. 즉 포악한 죽음의 왕, 하데스에게 승리를 거둔 예수가 아담과 이브를 구원한 후, 본의 아니게 지옥으로 간 영혼들을 구제하여 그에게로 끌어들인다는 것이다. 가장 오래된 이와 같은 도상의 예로는 7세기 또는 8세기에 제작된 로마 포럼의 산타 마리아 안티쿠아 벽화를 들 수 있다.

존엄자 예수, 승리자 예수, 그리고 율법의 증여자이며 교회의 창시자로 표현된 예수는 때로 우리가 방금 살펴본 예수 부활 도상과 연결되기도 한다. 그러나 미래의 종말을 상기시키거나 천상의 환영들과 대면하게 만드는 이 도상들이 결과적으로 인간의 궁극적 구원과 하느님의 영원한 통치, 그리고 그리스도에 의한 교회의 건립 같은 예수 부활의 교리를 재현하지는 않는다. 그러나 그것은 분명히 예수 부활 자체와 혼동해서는 안 되는 주제들을 다룬 작품과 관계된 것이므로 그리스도 육화에 대한 도상을 언급하게 될 때 그중 몇몇 경우를 다시 거론하겠다.

우리는 보통 초기 기독교 미술에서 예수 부활이 본질적 테마 중 하나로 다루어지지 않았다는 사실을 알고 있지만, 기독교 미술은 그 테마를 여러 가지 방식으로 표현해냈다. 이에 대하여 언어학자들은 여기에 중심 주제가 예수 부활인 도상학의 영역이 있고, 그 영역 안에서 동의어를 선택하기 위해 참고하고 있다고 말할 것이다. 기독교 도상학은 한동안 비유적 상징에 만족했는데, 그중 가장 오래된 상징들은 주기적으로 부활하는 불사조처럼 가장 널리 사용되고 있는 상징 레퍼토리에서 빌려온 것이었다. 콘스탄티누스 황제 시대 혹은 더 이후, 이 상징들은 로마 황제들이 기독교로 개종한 다음 기독교 도상에 남긴 군사적 무훈의 상징으로 대체되었다. 그리고 이러한 도식들과는 독립적으로, 역시 암시적이었던 예수 부활에 관한 세 번째 도상은 복음서와 유대인들의 법률적 관습에서 영감을 얻었다.

예수 부활의 가장 오래된 도상들에 대한 이러한 마지막 고찰은 삼위일체와 우리가 앞에서 연구한 하느님의 각기 다른 위격에 대한 도상학적 표현에 대한 결론에 덧붙여져야 한다. 이따금 그러한 표현들에 대한 시도가 있었기는 해도 교리와 일치하는 주제들은 초기 기독교 시대에 그다지 선호되지는 못했던 것 같다. 우리는 또한 어떤 것이 이 영역에서 그 이전의 비기독교인들의 것에 의존하고 있는지도 관찰할 수 있었다.

초기 기독교 도상 제작자들은 주위에서 찾을 수 있었던 도상학적 도식을 사용하거나 유사한 것을 모아 새로운 도식을 만들고, 혹은 작은 변화를 이용하여 후계자들에게 그들 종교의 근본 개념과 일치하는 한정된 도상들을 남겨주었다. 그러나 이와 같은 도상학 창조 체계는 이 모든 개념들을 표현해내는 데는 불충분했기 때문에 다른 방법에 의해 완성되어야만 했다.

제6장 | 다중 이미지로 시각화된 교리

이제 우리는 교리를 시각화하는 데 있어 그 자체로 충분한 의미를 지닐 수 있는 독립적 도상을 떠나, 교리를 시각화하는 데 여러 이미지나 장면의 나열을 필요로 하는 주제로 방향을 돌려 신학적 주제에 대한 해석을 시도한 초기 기독교 도상에 관한 연구를 계속하고자 한다.

그리스도의 육화를 다룬 도상부터 살펴보자. 우리가 연구할 첫 번째 그룹은 지배적인 공통 테마로 수태를 다루고 있다. 그것은 예수 그리스도라는 인격을 통한 말씀의 육화라는 실재를 보여주기 위해, 탄생 이전 마리아의 모태에서의 순간을 재현하고자 한 도상이다. 복음서에 그 원천을 두고 있는 이 장면은 대천사의 말을 통해 성령에 의한 수태가 임박했음을 보여주고 있다. 이와 같은 개념을 해석한 수태고지에 관한 도상들은 적어도 6세기부터는 빛이 동정녀 마리아 위로 내려오고 있거나, 성령의 비둘기가 그녀의 머리 위를 떠돌고 있거나, 아니면 신의 미래의 어머니인 마리아의 귀를 향해 내려오는 모습으로 표현되고 있다. 이러한 관습적인 수태고지 도상에서 출발하여 9세기경 비잔틴 제국에서는 또 다른 도상이 발전했는데, 여기서 아기 예수는 양팔을 들고 있는 동정녀 마리아의 가슴 한복판 타

도 101 원형 속에 표현되어 있다. 이 놀라운 모티프는 일종의 투과를 통해 장차 태어날 아기 예수를 보여주는 관습의 일례였다. 이러한 도상과 수태고지의 관계는 12세기 말 혹은 13세기 초에 제작된 두 이콘(하나는 시나이 산에, 다른 하나는 모스크바의 트레티야코프 미술관에 있다)에 잘 드러나 있다. 수태고지를 다룬 이 뛰어난 작품에서 아기 예수는 이미 동정녀 마리아의 품에 나타나 있는데, 이것의 목적은 대천사가 전하듯 성령의 개입을 통한 어머니 역할을 동정녀 마리아가 승낙하는 순간에 그리스도의 육화가 시작되었음을 확실하게 보여주기 위한 것이다.

이러한 수태고지의 또 다른 관례적 유형은 기독교 도상학이 어떻게 창조되었는지를 살펴보고 있는 우리에게 특별히 흥미로운 예를 제공해주고 있다. 현재 남아 있는 예들은 대부분 후기에 제작된 것이지만 표현의 의미를 이해하는 데 도움이 되기 때문에 이 작품들에 대해 언급할 수밖에 없다. 몇 안 되는 이와 같은 유형의 작품에서 두 젊은 여인이 양옆에서 팔을 잡아 은총을 받는 성모 마리아를 부축하고 있다. 이에 대한 가장 좋은 예로 1300년경 제작된 유고슬라비아 오흐리드 벽화를 들 수 있다. 보조 역할을 하는 두 여자는 대천사에 의해 예고된 하느님의 은총이 동정녀 마리아에게 임하는 순간 마리아는 기절을 하게 되고 그래서 도움이 필요하다는 것을 의미한다.

이와 같은 해석은 신이 개입된 수태를 표현하는 도상 중 종교적 전통에 더 충실한 도상에 의해 확인되는데, 그것은 성모의 어머니인 성 안나에
도 80 대한 것이다. 이 도상은 사부생 근방, 키질수쿠르의 작은 골짜기인 카파도키아 암굴 예배당 벽에 그려져 있다. 이 벽화에 대해 최초로 글을 남긴 사람은 그 연대를 9세기로 추정하고 있지만 우리가 보기에는 좀더 후인 10세기나 11세기의 것으로 추정된다. 연대에 상관없이 이 도상은 이와 같은 유형의 발전 단계에서 두 번째 단계에 해당된다(동정녀 마리아가 두 젊은 여자의 부축을 받고 있는 오흐리드의 벽화는 보다 사실주의적인 첫 번째 단

계이다).

이와 같은 도상을 어떻게 적용시켜나가는지에 대한 문제를 다루는 한 우리는 이것을 '첫 번째 단계'라고 하는 것이 옳을 것이다. 왜냐하면 기독교 도상학은 분명 그 전형을 고대 미술이 디오니소스 같은 신이나 알렉산드로스 같은 영웅의 전기 앞부분이나 보통 사람들의 장례 기념물에 재현되던 사실적으로 표현된 출생 도상에서 빌려왔을 것이기 때문이다.

예를 들어 카롤링거 왕조 이전의 필사본인 파리 국립도서관의 애슈버넘 모세5경 필사본 세밀화나 바티칸에 소장된 희랍어로 쓰인 12세기의 열왕기 필사본에서 도상 제작자들은 출생에 관한 모습을 두 여자의 부축을 받으며 앉아 있는 어머니의 모습으로 생생하게 묘사하고 있는데, 이것은 동정녀 마리아 혹은 성 안나의 수태에 관한 일반적 도상과 같다. 로마 국립박물관에 소장된 2세기 혹은 3세기 로마 석관의 부조는 이와 같은 장면의 훨씬 더 오래된 예를 제공하고 있는데, 우리는 역시 1세기 초 인도 미술에서도 이와 똑같은 예가 나타나고 있음을 발견하게 된다. (붓다의 전설적인 일생에 의거한) 인도의 작품에서는 아기가 다른 여인의 어깨에 기대어 서 있는 붓다 어머니의 둔부에서 기적적으로 탄생하고 있다. 매우 오래된 전형으로 거슬러 올라가는 라틴어로 쓰인 알렉산드로스 대왕의 생애에 대한 필사본에 삽화를 그린 한 화가는 무염시태에서처럼 세 여인으로 된 그룹을 표현하고 있다. 이것은 첫 번째 출산에서 알렉산드로스 대왕의 어머니 올림피아가 겪는 고통을 재현하고 있는데, 이 사건의 기적적 기원은 마술사 넥타네보^Nectanebo^의 이야기를 통해 부각되고 있다. 이러한 종류의 모든 작품에서 나타나고 있듯이, 출산의 순간이 다가오면서 올림피아는 서서 두 여인의 부축을 받고 있다.

이와 같은 연구를 위한 오래된 예들이 부족하므로, 기적적 수태에 관한 도상적 모티프의 발전 단계 혹은 역사를 보여주기 위해 우리는 여러 다른 시대의 회화와 조각을 참조해야만 했다. 초기 단계에서는 출산 직전 혹은 출산의 순간에 두 여자가 세 번째 여자를 부축하는 사실적 장면을 볼 수 있었으며, 이 도상은 후에 기독교 교리를 재현하기 위하여 도식화되고 세련되어갔다.

그리스도의 육화에 대한 교리에 나타난 특징으로 풍속화에서 파생된
도 81 다른 모티프가 만들어지기도 했다. 중세 비잔틴의 그리스도 탄생을 표현하고 있는 도상에는 요셉이 어느 경우에는 마리아와 아기 예수를 향하고 있고, 어느 경우에는 노골적으로 등을 돌리고 있다. 첫 번째 유형은 마리아의 남편이며 아기 예수의 보호자인 요셉이 그들을 향해 보고 있는 것은 지극히 당연한 일이므로 특별한 설명이 필요하지 않다. 하지만 그가 그 반대의 자세를 취하고 있는 장면에서는, 기독교 도상학이 방금 태어난 아기의 아버지가 요셉이 아니라는 사실을 보여주기 위한 표현 방법을 찾아내지 못했던 점을 고려해볼 때, 우리는 요셉의 자세가 어떤 상징을 담고 있는 것은 아닌지 자연스럽게 생각해볼 수 있을 것이다.

최근 레바논에서 발견된 신의 개입에 의한 알렉산드로스 대왕의 탄생
도 82 이 표현된 바닥 장식용 모자이크는 이러한 가정을 매우 그럴듯하게 만들어준다. 이 모자이크에서 아이(알렉산드로스)의 수태와 관계가 없는 올림피아의 남편 필립은 그리스도 탄생 때의 요셉처럼 올림피아와 갓 태어난 아기에게 등을 돌리고 앉아 있는 모습으로 배경 왼쪽에 나타나 있다. 그리스도 탄생 도상에서는 아기 예수 위로 빛이 비치고 있는 반면, 여기에는 알렉산드로스의 진짜 아버지인 제우스를 상징하는 (도판에서는 거의 보이지 않는) 뱀 한 마리가 올림피아의 몸을 따라 기어가고 있다.

요컨대 출생 장면에서 몸을 돌리고 있는 요셉의 자세는 예수의 무염시태에 의한 탄생을 재현하고 간접적으로는 성령이 아버지임을 표현하기 위해 초기 기독교 도상 제작자들이 도입한 신중하면서도 분명한 모티프일 것이다.

이제 우리는 그리스도의 육화와 그것을 시각화하는 데 도움을 주는 역

사적 유형의 도상들에 대해 (보충 정보가 필요한) 하나의 가정을 제안하고 싶다.

우리는 열왕기 삽화에서 한 왕자의 생애를 도식적으로 요약하고 있는 도상을 볼 수 있다. 첫 번째 도상은 그의 아버지와 어머니가 서로 가까이 다가가서 선 채로 포옹하고 있는 모습을, 두 번째 도상은 왕자의 탄생 장면을 표현하고 있다. 동정녀 마리아의 유년기를 다룬 도상도 이와 같은 순서로 표현되고 있는데, 그녀의 탄생은 파도바의 조토[Giotto]가 그린 벽화에서처럼 예루살렘의 황금의 문 앞에서 만난 요아킴과 안나가 서로 껴안고 있는 유명한 만남의 장면 바로 뒤에 이어 나온다. 이 두 도상에 나타나고 있는 이런 장면은 그것이 이교도의 도상이든 마리아에 관한 것이든 포옹이라고 불린다. 동정녀 마리아의 부모에 대한 이야기에서 이와 같은 에피소드는 동정녀 마리아의 무염시태로 간주된다. 이로써 유대 왕들의 삽화가 그려진 전기에서도 포옹이 수태를 상징한다는 결론을 자연스럽게 내릴 수 있을 것이다. 도상 제작자들에게는 왕과 관련된 삽화를 그릴 때 출생뿐만 아니라 수태에 대한 것을 상기시키는 것도 중요한 일이었을 것이다.

탄생 이전 포옹이 갖는 의미가 이처럼 중요했다면 동정녀 마리아의 수태에 관한 상징적 도상들 속에 희랍어로 '포옹[ἀσπασμός]'이라고 불리는 가장 오래된 복음서 장면인 탄생 이전에 재현된 포옹 장면도 포함시켜야 하지 도 67
않을까? 팔레스타인의 성유병에는 이와 같은 특징을 나타난 예가 나타나 있다. 프랑스어와 영어로 이와 같은 장면은 '방문'이라고 불리며, 그것은 마리아와 엘리자베스의 만남으로 해석되고 있다. 두 여인은 임신을 했고, 엘리자베스는 경배를 표하며 지상에서 처음으로 동정녀 마리아 뱃속에 있는 아이의 신성함에 대해 언급하고 있다. 이에 대한 뛰어나고 오래된 예로 이스트라[Istrie]의 파렌초[Parenzo](지금은 유고슬라비아의 포렉[Porec])에 있는 6세기 모자이크를 들 수 있는데, 여기서는 동정녀 마리아의 임신을 분명하게 나타내려고 애쓰고 있다. 이와 같은 방문과 관련된 축일이 없는 것으로 보아 이 복음서의 에피소드는 특별한 예배의식의 대상은 아니었던 것 같다. 그러나 매우 적은 수의 장면으로 제한된 작품에서조차도 이 방문 에피소드는 모든 옛 복음서의 도상에 나타나 있다. 예를 들면, 파렌초 앱스에는 오직 수태고지와 방문의 두 도상만 있다.

초기 기독교인들이 방문 장면에 그만큼 큰 중요성을 부여한 것에는 마땅한 이유가 있었을 것이다. 우리는 이에 대하여 다음과 같은 가정을 해볼 수 있을 것이다. 고대 후기의 기독교 도상 제작자들은 탄생 장면 이전에 수태에 관한 상징적 참조로서 부모의 포옹을 형상화한 전기적 작품에 익숙해 있었을 것이다. 그리고 이런 도상에 도상 제작자들이 가졌던 친밀함이 그들에게 그리스도 탄생 이전 장면으로 포옹 장면을 표현하려는 경향을 갖게 했던 것 같다. 동정녀 마리아와 엘리자베스의 만남 장면에서 아직 태어나지 않은 아이에 대한 엘리자베스의 언급을 통해 그들은 그 에피소드를 마리아의 무염시태의 증거로 간주하게 된 것 같다. 그러나 복음서에 따르면 수태고지가 수태의 실제 순간이므로 도상 제작자들은 수태고지와 방문을 동일한 주제를 다룬 두 이미지처럼 나란히 표현했다. 이것은 당시 유행하던 도상학 전통에 따라 (예수 그리스도 수태의 첫 번째 증인을 보여주기 위해) 두 번째 증인이 덧붙여진 것으로 해석해야 할 것이다. 두 장면의 유사성에 대한 이러한 해석이 받아들여진다면 우리는 여기서 어떻게 기독교가 오래된 모티프를 차용하여 각색했는지에 대한 흥미로운 예를 얻게 될 것이다. 도상 제작자들의 손안에서 그 모티프는 어떤 교리를 직접 상기시키는 가치까지 획득하게 되었다.

지금까지 우리가 살펴본 그리스도의 육화를 다룬 도상들은 지상에서의 그리스도 생애의 시작에 해당되는 수태와 탄생을 상기시키거나 암시하는 역사적 사건들을 통해 교리를 해석하고 있다. 지상에서의 그리스도의 생애를 재현하고 있는 도상이 모두 그리스도의 육화와 관련되어 있는 것은 자명한 일이다. 특히 죽음이 완전한 육화를 증거하는 십자가 처형에 관한 도상인 경우에는 더욱 그러하다. 그러나 화가들이 예수의 죽음을 표현하기 위해 십자가 처형 주제를 사용하기 시작한 것은 중세 초기 이후이다. 고대 말기에, 때때로 세부 묘사에 나타난 골고다의 사실적 장면은 이러한 사실주의를 십자가 처형 도상에까지 확대시키지는 못했으며, 사망 후의 예수의 모습을 한 번도 재현하지 않았다. 여기서도 다른 곳에서처럼 복음서의 장면은 사실상 어떤 진리를 공포하는 데 사용되었으나 흔히 화가들이 그리스도의 십자가 처형에 대한 주제를 다루지는 못했다고 전해진다. 그러나 이것은 동시대 신학자들이 이 주제를 끊임없이 다루었다는 것만큼이나 근거 없는 이야기로, 여기서 우리는 일반적 관점을 계속 고수하여 이 시기에 십자가 처형에 대한 도상이 그리스도가 죽었다는 사실이 아니라, 그의 영광, 즉 죽음에 대한 그의 승리—그리스도 부활의 상징으로서—와 십자가에 의한 구원의 보편성 등을 상기시키는 데 사용되었다는 것을 밝히는 것이 더 현명한 일이라고 생각한다.

이제 그리스도 육화를 표현하는 두 번째 방법에 대하여 살펴보자. 여기서 교리는 이제 더 이상 역사적 장면들로 표현되지 않는 대신, 그들의 관계를 이해하도록 해주는 더욱 추상적인 여러 이미지를 나열하거나 집결하는 방법으로 대치되고 있다. 이러한 도상학 방식의 원칙을 더 자세히 검토하기 전에 우선 몇몇 예를 살펴보자.

예루살렘에서 제작된 한 성유병의 부조는 그 크기는 작지만 훌륭한 예가 된다. 오란테 자세의 동정녀 마리아가 빛나는 별 위에 있다. 그 주위에는 의인화된 해와 달이 횃불을 들고 있는데, 이들은 눈이 부신 듯 손으로 눈을 가리고 돌아서 있다. 하늘에서는 별이 마리아를 향해 내려오고 있는데, 네 명의 천사들이 들어올리고 있는 그 별에는 별 모양으로 빛나는 후광에 둘러싸인 예수 그리스도가 있다.

전체적 구성은 더욱 추상적이면서도 명확한 언어로 우리가 이전 도상들에서 보았던 개념들을 바꾸어놓고 있다. 즉 오란테 자세로 표현된 동정녀 마리아는 수태고지에서 유래하는 것이고, 빛줄기나 높은 곳에서 축복을 내리는 하느님의 손, 빛줄기 속으로 내려오는 비둘기 같은 모티프는 (프리실라 카타콤이나 다른 곳에서처럼) 예언자에 의해 예언된 장차 도래할 예수의 육화, 아니면 카타콤의 벽화와 팔레스타인의 성유병에서처럼 동방박사들과 목자들에 의해 인정되는 예수의 육화를 표현할 때 대개 예수가 탄생한 마구간 위 혹은 마리아와 함께 있는 아기 예수 위에 있는 커다란 별로 대체된다. 이교도나 로마 제국의 도상에서 디오스쿠로이[24] 같은 영웅이나 황제 같은 인물들 위에 있는 별이 그들을 보호하고 있는 별자리를 상징하는 것처럼, 이 별은 동정녀 마리아에게 내려오는 하느님의 은총을 상징하고 있다. 기독교 도상 제작자들은 물론 이 별을 베들레헴의 별에 대해 언급하고 있는 복음서에서 유래하는 것으로 만들었다. 그렇지만 예수의 탄생이나 동방박사의 경배 이외의 장면에서 마리아의 머리 위에 있는 별은 신의 현존을 상징하는 이교도의 도상학에 의해 암시되었다. 성유병에 표현된 커다란 별은 분명 그 위에 재현되어 있고, 그 별을 둘러싸고 있는 빛이 그의 발등으로부터 발하는 하느님이 비록 보이지는 않아도 동정녀 마리아 안에 동시에 현존하고 있음을 나타낸다.

그러나 도상 제작자는 이러한 구성에서 중심 부분이 충분히 명확하지 않다고 생각했던 것 같고, 그래서 그는 하느님의 어머니 동정녀 마리아를 경배하고 있는 두 천사 양옆에 세례 요한과 선지자 즈가리야를 덧붙여 모든 애매모호함을 제거하고 있다. 요한은 장차 태어날 아기 예수에게 그가 전하는 말 "세상의 죄를 없애시는 하느님의 어린 양이시다(요한 복음서 1장 29절)"가 씌어 있는 작은 두루마리를 들고 있다. 한편 세례 요한의 아버지이자 예루살렘 사원의 성직자인 예언자 즈가리야는 향로를 좌우로 흔들

24 로마 신화에서 로마를 구한 쌍둥이 기사. 디오스쿠로이는 레다와 제우스의 아들 카스토르와 폴리데우케스를 가리킨다. 이들은 여행자의 수호자로 그리스 전역, 특히 스파르타에서 숭배된 영웅이다. 보통 말과 함께 있는 모습으로 나타나고, 뾰족한 모자[piloi]를 쓴 그들의 위로 별이 있다-옮긴이.

고 있는데, 그가 여기에 나타나고 있는 이유는 "우리 하느님의 크신 자비로 높은 곳에서 별이 우리를 찾아오시어 어둠과 죽음의 그늘에 앉아 있는 이들을 비추시고 우리 발을 평화의 길로 이끌어주실 것이다(루가 복음서 1장 78-79절)"라는 그의 예언에서 찾아보아야 할 것이다.

이와 같은 두 선지자의 출현과 두루마리 위에 쓰인 세례 요한의 말은 기독교 도상 제작자들의 의도를 분명하게 드러내주고 있다. 이것은 우리에게 한 번 더 추상적 문제를 접한 기독교 도상 제작자가 선택한 해결책을 볼 수 있는 기회를 제공해주는 것으로, 그리스도의 육화와 구원을 고도로 세련되게 표현한 것이다. 이 모든 요소들은 복음서에서 빌려왔지만, 그것들의 배치는 선지자들에 의한 하느님의 비전에서 그 영감을 얻었다. 도상 제작자는 선지자들에 의해 예언되었지만 다른 시간과 장소에서 일어난 사건을 선지자들과는 상관없는 도상들을 나란히 표현하여 예언과 역사적 사건의 심오한 의미를 동시에 상기시켜주고 있는 것이다. 요한이 한 말과 즈가리야의 향로를 통해서 성유병 조각가는 육화와 구원, 매 미사마다 어린 양의 희생을 되풀이하는 성찬식의 성사의 관계를 강조하고 있는 것이다.

그것들의 의미에 비추어볼 때 이러한 종류의 도상들은 보통 교회 제단 쪽에 위치하는데, 애초에는 분명 앱스에 있던 도상들일 것이다. 산 조반니 라테라노 세례당에 붙어 있는 산 베난치오 예배당의 7세기 모자이크는 성유병에서처럼 하늘에 있는 그리스도와 지상에서 기도자상 자세로 성인들에 둘러싸여 서 있는 성모 마리아를 표현하고 있다. 성유병의 가장 전형적 도상과 이 모자이크의 도상에 나타나는 유사성은 이 두 도상이 갖는 의미가 동일하다는 것을 분명하게 해준다. 즉 이것은 우리가 우주의 구조와 일치하는 상태에서 (위에서) 육화되지 않은 하느님과 (아래에서) 암시를 통해 인간의 보편적 구원을 위해 인간이 되신 하느님을 동시에 응시하도록 하는 하느님의 사업에 관한 대담한 도식 표현인 것이다.

바우이트의 여러 앱스에 있는 그림도 이와 같은 보편적 테마를 다루고 있다. 그것은 이 테마가 원천이 서로 다름에도 불구하고 같은 사실을 표현 도 84 하기 위해 사용되었던, 비슷하지만 같지는 않은 모티프들의 도움으로 해석될 수 있다는 것을 보여주고 있다. 그 모티프들이 바우이트의 것과 같은 복잡한 구성에 속할 때 그것들은 등가의 가치를 지닌 기호로 간주되었다.

바우이트의 여러 벽화는 후광 속에 있는 예수와 그 아래 표현된 사도들을 보여주고 있다. 이와 같은 구성의 두 요소는 예수 승천 도상에서 빌려온 것이지만, 같은 그림 속에 있는 다른 모티프들은 이 장면과 관계가 없다. 바우이트의 화가들도 기이한 장면을 첨가하는 데 주저하지 않았는데, 예를 들어 한 예배당에는 마치 환영을 보듯 예수 승천을 바라보는 사도들 가운데 나타난 에제키엘은 주의 현현을 선지자가 보았다는 것을 의미한다. 그러나 사도들 또한 그 자리에 있는데, 왜냐하면 하늘에 있는 하느님의 모습이 육화되지 않은 하느님이라면, 그 장면의 아랫부분은 반드시 그리스도의 육화를 상기시켜야만 하기 때문이다. 이것은 비록 부분적일지라도 예수 승천 도상의 면에서 서로 연관되어 있지만, 하느님의 은총이 있기 전 세상에 속한 선지자의 도상에서는 그렇지 못하다.

아마도 공간이 부족해서 그런 듯한 45번 예배당의 경우를 제외하면 바우이트의 앱스 축에는 항상 하느님의 형상 아래 단독상으로 혹은 아기 예수와 함께 나타나는 성모 마리아가 그리스도 육화의 도상학적 상징 역할을 하고 있다. 영원히 존재하는 하느님 아래 위치한 마리아는 육화된 말씀의 신비를 구현하는 소명을 맡고 있다. 기독교 도상 제작자가 육화에 대한 교리를 표현하는 것은 이 교리를 성모 마리아의 모성으로 시각화하면서, 바로 이렇게 반대되는 것(영속하는 하느님, 육화된 하느님)을 함께 배치하는 작업을 통해 이루어진다. 이는 성모 마리아가 아기 예수를 안거나 젖을 먹이는 앱스의 도상에 더욱 명백하게 나타나고 있는데, 그녀가 혼자 팔을 하늘로 향해 들고 있을 때도 그녀는 하느님의 어머니로 표현된다. 왜냐하면 이 제스처는—우리가 보비오의 성유병과 산 베난치오의 모자이크에서 이미 보았듯이—그녀에게 내려지는 은총, 다시 말해서 수태와 그리스도 육화의 시작에 대한 개념과 일치하기 때문이다. 마리아가 오란테, 즉 기도자상으로 표현되고 있는 예수 승천 도상이 바우이트에서 큰 성공을 거두었던 것은, 추측컨대 바로 위와 같은 성모 마리아 도상이 지니고 있는 의미 때문에 도상 제작자들의 눈에는 교회 앱스에 그려진 것이 예수 승천이 아니라 천상에서의 주의 현현 아래 있는 하느님의 어머니로 보였기 때문인 것 같다. 이 그림에서 성모 마리아의 도상학적 다양성은 명확하게 두드러진 반면 사도들은 구분되지 않는다.

우리는 또한 이러한 유형의 도상이 왜 일반적으로 앱스에 나타나고 있는지 그 이유를 이해할 수 있다. 그리스도의 육화 개념은 앱스 앞에서 행해지는 영성체 성사 개념과 밀접하게 연결되어 있었고, 영성체는 사실 그리스도의 육화를 미리 가정하고 있었기 때문에 앱스에 성모 마리아의 모습이 자주 나타나게 되는 것이다. 바우이트에서는 특별히 영성체 개념을 강조하고 있는데, 예를 들면 51번 예배당에서는 성찬의 잔과 빵을 들고 있는 사도들의 우두머리들이 다른 사람들보다 위쪽에 자리 잡고 있다. 여기서 영성체에 대한 암시는 직접적이며 분명하다. 영성체는 그리스도의 육화에 종속되어 있으므로 사실상 아기 예수와 함께 있는(혹은 기도자상으로 된) 성모 마리아의 존재는 같은 의미를 지니고 있다.

바우이트의 벽화들은 지상에 로고스가 오심을 보여주는 장면들과는 달리 그리스도의 육화 교리를 표현하고 있다. 이러한 표현 체계는 그 이전 것들보다 더 추상적인 도식을 사용하고 있고, 도상학자들이 반드시 주목해야만 할 독특한 두 가지 특징을 가지고 있다. 우선 그것은 특수한 주제나 예배 장소와 연결된 행위 때문에 예배의식을 고려해야만 했던 것으로, 비록 더 복잡하기는 하지만 이와 같은 종류의 작품을 더 찾아낼 수 있다. 두 번째 것은 다양한 모티프와 장면을 한 화면에 모아 새로운 도상을 만들어 내는 것으로, 위에서 언급했던 것처럼 교리에 관한 도상학 분야에서 가장 흥미롭고도 분명한 몇몇 작품이 이와 같은 방법으로 표현되었다.

앱스에 그려진 그리스도의 육화와 성유병에 대하여 관찰하기 전에 우리가 검토했던 첫 번째 체계는 각 표현이 신학적 개념을 정의하고 있는 직접적 도상학적 모티프를 사용하고 있지만(하나의 단어나 짧고 단순한 문장으로 된 언어처럼), 성유병과 바우이트, 그리고 다른 예에서 보이는 도상들은 두 개 혹은 여러 개의 도상학적 모티프를 나열시켜 표현하고 있다. 여기서 각 모티프는 정확한 결합으로 표현된 다른 모티프들과의 관계 속에서만 그 가치를 지니게 되는데, 이것은 언어에서 여러 단어나 문장이 한데 어우러져야 하는 진술과 같은 것으로, 여기서 문맥은 거기에 사용된 각 용어가 갖는 의미를 부여하는 것과 마찬가지인 것이다.

도상학 방식의 두 번째 유형은 우리가 연구하고 있는 시기에 많은 결실을 가져다주었다. 우리는 다행히 종교 사상을 작품화한 것들 중 가장 의미 있는 예들을 많이 알고 있다. 이제 그중 가장 단순한 것들이 4세기 이탈리아 석관에서처럼 두 개의 패널로 나뉘어 부조로 장식된 초기 기독교 시대 작품들이다. 예를 들어 밀라노의 산탐브로조 석관에는 그리스도의 사도들과 모임이 중요한 부분에 재현되어 있고, 하단의 덜 중요한 좁은 부분에는 한 어린 양이 한 줄로 늘어선 다른 양들과 함께 서 있다. 물론 여기서 어린 양은 그리스도이고 늘어선 다른 양들은 사도들이다. 이러한 상징의 선택은 복음서에서 유래한 것으로 여기에는 어린 양과 다른 양들이 특별히 명명되어 있다. 하지만 왜 비록 형태는 다르더라도 동일한 주제를 가진 두 형상이—말하자면 동의어가—한 석관의 표면에 모여 나타나야만 하는가? 이것은 초기 기독교 도상 제작자들이 선호하던 방식으로, 그리스도와 사도들을 상징하는 어린 양과 다른 여러 양들에 대한 이미지는 초기 기독교의 바실리카 앱스 모자이크에서 처음 나타난 이후 한동안 계속 나타났다(로마에 있는 12세기 작품들이 그 예이다). 폴라^Pola^의 상자처럼 작은 물건을 장식할 때에도 이 방식이 사용되었는데, 이 경우에도 우리는 같은 질문을 할 수밖에 없다. 왜 기독교 도상 제작자들은 같은 생각을 용어만 바꾸어서 반복하고 있는 것일까? 이것은 마치 같은 문장을 두 번 말하는 것과 같은 것으로, 한 번은 명확하게, 또 한 번은 약호로, 아니면 첫 번째는 직접적 용어로, 두 번째는 메타포로 말하는 것과 같은 것이다.

우리가 알기로는 그동안 이 사소해 보이는 문제에 대해 아무도 관심을 두지 않았다. 그러나 이 작은 문제가 우리에게 초기 기독교 시대의 심리에 대해 많은 것을 이야기해줄 수 있을 것이다. 방금 언급했듯이 복음서는 양들과 어린 양, 성령의 비둘기와 다른 알레고리적 동물들에 대해서 이야기한다. 다른 한편, 이런 종류의 이미지를 선호하던 당시 로마 제국의 미술도 그들의 도상학에 신이나 로마 제국과 제국의 군단을 상징하는 새나 동물을 중요하게 여기고 있었다. 그 예로 주피터와 로마 제국의 독수리, 헤라의 공작, 사자, 황소와 매, 그리고 로마 군대의 독특한 결속을 표현하는 다른 동물들을 들 수 있다. 이교도의 기념물에는 보통 신의 초상이나 상징적 동물이 나타나는데, 만약 예외적으로 주피터가 자기 옆에 독수리를 두고 있거나 헤라가 공작을 두고 있거나, 한 지방의 의인화가 로마 제국 군단의 토템과 함께 있다면, 그 경우는 동물들이 단지 신과 여신의 장식품으로 기능하는 경우이다. 특히 지방의 의인화와 함께 나타나는 로마 군단의 토템 동물은 그들을 보완할 뿐이지 그들을 대신한 것은 아니다.

결론적으로 사실주의와 알레고리라는 방법을 이용하여 이중 도상을 만드는 방식은 전적으로 기독교적이며 그 기원은 복음서적 언어와 로마 제국의 도상학에서 찾을 수 있다. 이러한 중복은 단지 부분적일 뿐으로, 그리스도와 함께 표현된 어린 양은 정확히 그리스도와 동일한 의미를 지니는 것이 아니라 인류의 구원을 위해 희생된 산 제물로서의 그리스도에 대한 상징일 뿐이고, 다른 양들은 사도를 상징하기도 하지만 또한 순교자와 기독교 신자들을 표현한 것이기도 하다. 그러나 그러한 신자들이란 아무나가 아니라 예수에게 복종하며 그에게서 보답을 받을 자들로서 그리스도의 제자들과 선한 목자의 양떼이다. 이처럼 외형이 서로 다른 두 표현과, 그래서 설명할 수 없는 두 방식을 나열하는 것은 사실상 기본적 이미지에서는 나타나지 않는 특별한 뉘앙스를 표현하기 위한 방법이었다.

위에서 언급한 매우 아름다운 모습으로 표현된 밀라노 석관의 중심 도상에서 우리는 쉽게 그리스도를 알아볼 수 있다. 이야기에 더 분명한 의미를 부여하기 위해 사용되는 메타포처럼, 어린 양은 마치 신전 제단에서 어린 양을 희생시키듯 희생 제물로 바쳐진 구세주 그리스도를 상기시킨다. 이러한 병렬에 의한 도상학의 첫 번째 창조 유형은 독창적이기는 하지만 별로 유연하지 못해서, 더욱 복잡하고 미묘한 종교적 개념들을 표현할 수는 없었다. 그래서 이것은 6세기 이후에는 비잔틴과 이탈리아, 그리고 갈리아 지역에서 그 흔적이 거의 남아 있지 않을 정도로 아주 빨리 잊혀졌다.

이와 반대로 기독교 도상학이 지혜롭게 구약과 신약의 테마를 결합시키면서 적절하게 신학자들과 예배의식에 대한 주해자들의 의견을 잘 표현해낼 수 있다는 사실을 깨달았을 때 기독교 도상 제작자들에게는 새로운 영역이 폭넓게 열렸다. 그것은 카타콤 벽화와 석관 부조에 나타나고 있는 것처럼 단순한 물질적 유사성을 부각시키는 것이 아니라 심사숙고해서 도상을 나열하는 방식이었다. 다양한 방식으로 도상들을 나열함으로써 새로운 의미가 덧붙여지기도 하고, 의미가 아예 변하기도 했다.

어떤 때는 표현된 인물이나 사건 사이에 직접적인 일치점 없이 신약과 구약에서 발췌한 주제들이 함께 표현되는 경우도 있다. 그것은 구약의 시대에서 시작된 역사는 새로운 언약 아래 계속되며 따라서 도상은 연속된 단계로 된 두 시대의 사건의 전개를 반영하고 있다는 의미이다. 이러한 것은 아마 나열 방식으로 된 형태 중 가장 오래된 것으로 그 최초의 예를 로마의 산타 코스탄차에서 발견할 수 있다. (오래된 데생만 보존되어 있는) 궁륭 모자이크들은 두 칸에 나뉜 소규모 장면으로 표현되어 있다. 즉 한 칸에는 구약이, 그 위에 있는 다른 한 칸에는 복음서가 표현되어 있다. 우리가 현재 알고 있는 한 이것은 복원될 수는 없고, 거기서 유일하게 알아볼 수 있는 장면은 신약에서 백부장의 하인이 치유되는 장면이다. 어찌되었든 간에 각 장면들에는 서로 일치하는 점이 없다. 두 칸에 나뉘어 표현된 장면들을 보여주고 있는 16세기 데생을 보면, 한 면은 백부장의 하인이 치유되는 장면이 엘리야의 희생 장면 위에 배치되고 있는 반면, 다른 곳에서는 수산나와 관련된 장면 위에 위치하고 있다. 게다가 구약성서의 장면(낙원에 있는 아담과 이브, 카인과 아벨의 제물, 바위에서 물을 솟아오르게 하는 모세, 수산나와 원로들, 토비아와 생선, 엘리야의 제물)들은 모두 그들의 기도의 결과로, 성서 인물들에게 허락된 구원의 '계열체paradigme'[25]라는 거대한 카테고리에 속한다. 부연하자면 이것은 장례 미술이나 제의 소품에서 빈번하게 사용되던, 초기 기독교 시대에 나타난 구원이나 신자의 해방에 대한 가장 오래된 다른 표현이다.

신약과 구약의 장면들이 병렬되어 있지만 각각의 장면들이 서로 일치하지 않는 또 다른 예로 370년경에 만들어진 브레시아Brescia의 성골 상자를 들 수 있다. 여기서는 구약의 주제가 더 많지만 패널의 가장 넓고 중심적인 곳은 복음서에 할당되어 도덕적으로 우월한 위치를 차지하고 있다. 상자의 네 면은 세 칸으로 나뉘어져 있는데(게다가 그 위에는 원형clipei 속에 두상들이 일렬로 늘어서 있다), 그중 폭이 넓은 중앙 칸에는 신약의 장면들이 재현되어 있다. 반면 구약성서를 암시하는 수많은 장면들은 그 상자를 둘러싸고 있는 상하의 좁은 띠 안에 빽빽하게 채워져 있다. 따라서 두 가장자리 장면들과 같은 측면 장면들 사이에서 나타나는 서로 비슷하거나 반대되는 이미지들을 비교해보면서 이들 사이에 어떤 유대관계도 없음을 증명하기란 그리 어렵지 않을 것이다. 상자 중앙에 표현된 도상들만을 보면 가장자리에는 요나, 수산나, 그리고 다니엘의 이야기가 표현되어 있는

25 언어학의 개념으로 발화연쇄의 같은 지점에서 상호 대체가 가능한 사항들의 집합을 의미한다 – 옮긴이.

반면, 중앙에 있는 패널에는 놀리 메 탄게레Noli me tangere, 가르치는 예수와 양 우리 앞에 있는 예수가 있다. 상자의 측면과 뚜껑에는 복음서 장면들만 표현되어 있어 우리를 동일한 결론으로 이끌고 있다. 적절한 비교 용어가 없기 때문에 브레시아 상자에 표현된 구약과 신약의 장면 전체를 비교할 수는 없다.

산타 코스탄차 모자이크에 다시 나타난 구원 장면은 지하 공동묘지의 벽화나 석관 부조에서 선호되었지만, 장례 미술에서는 거의 사용되지 않았던 에피소드로 풍부하다. 바로 이렇게 360년경 구원에 관한 성서 시리즈 계열체는 발전되고 꽃피게 된 것이다.

이러한 발전은 4세기 말로 추정되는 로마의 비아 라티나에서 최근에 발굴된 카타콤에서 특별히 두드러진다. 거기에는 성서의 테마들, 특히 구약에서 빌려온 장면이 다른 곳에서보다 훨씬 더 많이 나타나고 있으며, 이전 로마 제국 장례 미술에서는 전혀 찾아볼 수 없었던 여러 주제가 나타난다. 이러한 발견은 고대 후기를 연구하는 도상학자에게는 매우 흥미로운 것이겠지만, 우리는 이를 그리 오래 다루지는 않을 것이다. 왜냐하면 많은 카타콤 묘실cubicula에 흩어져 있는 성서에 관한 도상들은 신학적 개념을 표현하기 위해 의도적으로 선택되어 집결된 테마와 도상의 총체를 제시하고 있지 못하기 때문이다. 이 그림들은 원칙적으로 각각의 주제가 독립되어 있던 초기 기독교의 관례적 장례에 관한 도상들의 단순한 확대일 뿐이다. 최초의 이미지-기호를 서술적 이미지로 변형하려는 화가의 경향에도 불구하고, 그리고 '구원'의 카테고리에 포함되지 않는 단순히 성스러운 이야기(이삭과 야곱의 이야기 등)를 참조하는 여러 장면에도 불구하고, 이 그림들이 바로 그와 같은 경우이다. 카타콤 벽화는 십중팔구 이것과 동시대의 몇몇 교회의 거대한 벽화를 반영한 것일 것이다.

반대로 5세기와 6세기의 몇몇 기념물들은 신약과 구약에 기초한 체계적인 장면을 제공하고 있지만 그 방식은 여전히 이전과 같다. 그렇게 집결된 구약과 신약의 테마들은 각 시리즈 전체로서나 각 주제로서나 직접적인 대응물을 형성하고 있지는 못하다. 구약과 신약의 에피소드들은 그 위치로 세밀하게 계획된 전체를 형성하지만, 각 장면은 성서의 서술적 텍스트에 따르기 때문에 이웃하고 있는 장면 속에서 반향을 일으키지 못하여 이러한 이원적 구성은 더 이상 성공적일 수 없었다.

예를 들어 로마에 있는 산타 마리아 마조레 성당의 모자이크나 라벤나에 있는 막시미아누스 주교좌의 상아 조각은 구약과 신약 시리즈를 전부 포함하고 있다. 산타 마리아 마조레에서는 두 시리즈가 서로 다른 위치에 분리되어 표현되고 있는데, 복음서 장면들은 제단의 개선 아치에, 구약의 도 38, 41
장면들은 네이브 벽면에 그려져 있다. 이와 유사한 위치에 의한 분리가 막시미아누스 주교좌에도 각 시리즈에 해당하는 의자의 서로 다른 부분에 나타난다. 즉 의자 등받이 양면에는 복음서의 장면이, 그리고 팔걸이에는 구약성서의 장면들이 새겨져 있다. 이처럼 유사한 방식들이 서로 다른 작품들을 제작해낸 도상 제작자들에 의해 사용된 것은 단순히 우연에 불과한 도 40, 42
것일까? 이와 같은 유사함은 더 멀리 나아간다. 이 두 경우 구약 장면 가까이에 있는 복음서 장면들은 그리스도의 육화와 하느님의 은총의 시대가 시작됨을 상기시키는 것으로, 각각의 시리즈는 서로 유사한 방법으로 처리되어 있다. 예수 그리스도의 유년기와 청년기에 관한 에피소드들은 어떤 논증의 요소처럼 더욱 엄숙하고 심사숙고된 방식으로 제시되어 있는 반면, 구약의 에피소드들은 이야기의 연속적 단계들을 상기시키는 일종의 묘사적 장면처럼 표현되어 있다. 산타 마리아 마조레의 개선 아치에 있는 예수의 유년기에 관한 장면들은 로마 제국의 도상학적 도식이 적용되었다는 사실로 인해 장중해진다. 막시미아누스의 주교좌에서 (때때로 인위적으로 한 장면을 두 부분으로 나누는) 각각의 에피소드는 틀을 갖추고 있는 독립적인 그림이 되고, 각각의 주제는 가장 내밀한 부분조차 장대한 사건으로 변모했다.

이 두 기념물은 우리의 관심을 끄는 가장 좋은 예로, 그 의미는 복음서에서 발췌한 도상들 시리즈를 지원하기 위해 구약의 테마를 사용했다는 점에 있다. 복음서의 더 큰 중요성은 명확히 지시되어 있으며, 그것의 존재를 확인시킬 수 있는 여러 방법이 있다. 가장 의외의 방법은 4장에서 이미 언급했던 내용으로, 신약의 도상들은 (증거의 역할을 하기 위해) 다소 의도적으로 해석되는 반면 구약의 도상들은 대부분 단순히 서술적으로 남아 있다는 것이다. 이와 같은 사실에서 우리는 구약성서가 신약과 구약을 한데 집결시키는 도상학 전체에서는 묘사적 형태로 나타난다는 사실을 발견하게 된다. 본래 기념물을 위해 구성되었던 구약의 도상들은 그 기념물로부터 떨어져나가도 그 자체대로 되살릴 수 있는 한편, 그 곁에 있는 복음서의 도상들은 길잡이 구실을 하고 있는 듯하다. 가장 설득력 있어 보이는 가정은 복잡한 도상학의 이러한 전체를 위해 선택된 구약의 장면들이 빈의 창세기 필사본이나 애슈버넘의 모세5경 유형의 필사본 삽화에서 유래한다는 것이다. 바로 이 필사본들이 필요할 때 도움을 구하던 구약성서의 도상 저장소 역할을 했던 것이다. 여하간 (3세기와 4세기의 장례 시리즈의 경우를 제외하면) 신약에 근거한 도상보다 구약의 도상을 사용할 기회가 훨씬 적었던 것은 사실이다.

산타 마리아 마조레 성당의 모자이크 장식과 막시미아누스 주교좌의 상아 조각은 또 다른 도상학적 문제를 제기한다. 만약 신약성서를 옆에 두고 구약성서 시리즈를 이용할 것을 예측한다면 왜 기본적인 복음서 시리즈와 일치되지 않는 하나의 이야기(막시미아누스 주교좌에서처럼)나, 상이한 여러 이야기들(산타 마리아 마조레에서처럼)을 구약성서에서 끌어내야 하는가? 이제 이러한 사실에 대해 고찰해보자.

산타 마리아 마조레 성당에 줄지어 있는 장면들은 아브라함과 모세, 그리고 여호수아의 위대한 행적들을 보여주고 있다. 그것은 의심의 여지없이 율법 양도 이전과 이후 하느님에 의해 선택된 민족의 역사에서 나타나는 중요한 장면들에 관한 것이다. 그 시리즈는 기독교 신학자들이 복음서의 다양한 사건이나 기독교 신앙의 어떤 개념과 비교했던 의미심장하고 유명한 에피소드들을 풍성하게 담고 있다. 그러나 거기에서 같은 성당의 개선 아치에 표현되어 있는 예수의 유년기에 관한 주제를 다룬 복음서의 대응물을 발견할 수는 없으므로 이 문제를 다음과 같이 설명하는 것도 틀리지는 않을 것이다. 즉 산타 마리아 마조레의 구약성서 테마는 구원의 역사에 관한 최초의 장면 중 몇 가지 경우를 재현하고 있는 것이다. 여기에는 우선 이스라엘의 위대한 지도자들로 거슬러 올라가는 몇몇 구절들이 상기되어 있고, 같은 이야기가 하느님의 은혜가 시작되는 시대를 넘어 예수의 유년기를 다룬 장면에서도 계속된다. 따라서 여기서 네이브의 모자이크와 앱스의 개선 아치 모자이크 사이의 다른 관계를 찾는 것은 부질없는 일인 것이다.

막시미아누스 주교좌의 경우가 이와 비슷한데 이는 요셉의 이야기와 예수의 유년기와 기적들에 대한 이야기가 대등하지 않다고 볼 때 그렇다. 물론 요셉은 항상 그리스도의 선[先] 유형으로 간주되기 때문에 어떤 평행관계를 구축할 수도 있겠지만, 도상 제작자는 이러한 유사함을 기대하지 않았다. 그리고 두 시리즈에서 볼 수 있는 유일한 비교 대상들은 만찬 테마에 관한—즉 성찬식에 대한 것일 수도 있는—암시뿐이다. 복음서 장면에 그리스도의 수난과 부활이 나타나지 않는 것은 그것을 도상학적으로 배치한 사람이 요셉과 그리스도 생애 사이에 유사점을 확립하는 데 흥미가 없었다는 사실을 말해준다. 따라서 가장 설득력이 있는 설명은 위에서 기술한 바와 같이 구약과 신약 사이에 확립된 비교의 기능이 아니라 천지창조에서 시작하여 그리스도의 육화로 이어지는 한 종교 역사의 중요한 두 장면을 상기시키는 기능인 것이다.

우리가 방금 예로 들은 두 작품에 도입된 구약성서 테마와 관련해서 우리는 두 가지 사실을 강조해야 한다. 이것이 태초부터 시작된 성스러운 역사의 단일성을 증명하려는 시도라는 점과, 이와 같은 역사를 구약과 신약이라는 계속되는 두 시기로 나누어 제시한다는 점이 그것이다.

하지만 구약의 테마에는 이 성스러운 역사의 지속적인 전개 속에 위치하고 있는 인물과 사건에 대한 단순한 참조사항 대신 구약과 신약의 사건 사이의 신의 섭리에 의한 극히 중요하고 신비로운 유대관계를 참조하고 있는 초기 기독교 시대 기념물들도 몇 개 존재하고 있다. 우리가 앞에서 언급한 이 유대관계는 초기 기독교의 몇몇 미술 작품에 나타나는 정확한 형태로 표현된 복음서와 바울로의 사도행전에 의해 확증되고 있다. 우리는 특히 구약 시대에 이루어진 예언이 복음서 시대에 현실화되었다는 테마를 생각해볼 수 있다. 도상학적 용어로 이 테마는 그것을 예언한 율법 시대sub lege
도 5 선지자의 모습이 동반된, 하느님의 은총 시대의 한 사건의 형상이 된다. 프리실라 카타콤 벽화에는 성모 마리아와 아기 예수 옆에 한 사람이 있는데, 이는 예언자 이사야로, 바로 그에 의해 신성한 아이의 탄생이 예언되었다는 것을 암시하고 있는 것이다. 파리에 있는 시노프 복음서와 로사노 복음서의 단편에는 최대한 동일한 방법이 사용되고 있는데, 거기에 재현되어 있는 복음서의 사건은 그 장면을 지시하고 있거나 거대한 두루마리를 펼쳐 들고 있는 두세 명의 선지자를 동반하고 있다. 그 두루마리에는 재현되어 있는 사건을 예고하는 선지자들의 예언이, 로사노 복음서에서는 선지자들 위에, 시노프 복음서에서는 그들 사이에 씌어 있다. 라불라 복음서에는 이와 같은 도식을 단순화시킨 이형이 나타나고 있는데, 선지자들은 복음서 내용과 일치하는 경전 목차 위에 늘어서 있다. 여기에는 개별적 예언의 내용이나 그 내용과 관계된 하느님의 은총 시대의 정확한 사건에 대한 것은
도 23 표현되고 있지 않다. 산타폴리나레 누오보 성당 양측 벽에 있는 무명의 선지자들은 복음서 장면 아래 칸에 위치하고 있는데, 위와 같은 의도로 배치되었는지도 모른다. 선지자들은 다른 한 칸에서 그들이 예고한 사건들의 그룹과 대면하고 있다.

비록 이 도상 제작자들이 가졌던 도상학적 수단은 극히 제한되어 있었지만 그것은 우리 연구에 상당한 흥미로움을 자아낸다. 왜냐하면 우리는 실제로 거기서 단순히 구약이 신약을 시간적으로 앞서 있을 뿐만 아니라 신약을 예고했거나 미리 나타내보였다는 생각을 도상학 언어로 표현하는 가장 단순한 방법을 발견할 수 있기 때문이다. 바로 이 점이 이 도상들이 우리에게 말하고자 하는 것이다.

어떤 인물의 행적이나 특수한 사건이 연루된, 신약과 구약 사이에 존재하는 다른 종류의 관계를 도상학적으로 표현하는 것은 더욱 어렵다. 만약 예수 자신이 그의 운명을 요나의 경험과 비교하고 그의 십자가를 청동으로 된 뱀과 비교했다면 그의 후계자들은 훨씬 더 멀리 나아갔을 것이다. 그들은 구약과 신약에 나타난 사건과 인물들 사이에 존재하는 수많은 유사점을 찾아내었고, 그것을 당시 매우 유행하던 방식으로 기독교 사상에 적용시켰다. 그것은 스토아 철학에서 유래한 오래된 방식으로 시간상으로나 공간상으로 크게 벌어진 사건들 사이에 신비스러운 일치점들을 확립하고, 그러한 일치점들을 쉽게 만들기 위해 신화나 역사적 이야기들에서 도움을 구하는 방식이었다. 필론^Philon^은 이러한 방식을 최초로 성서에 적용하여, 모자이크와 코덱스에 언급되어 있는 사건과 대상의 상징적 해석들을 제안했다. 그는 이렇게 해서 신약과의 비교를 통한 구약의 유형학적 해석의 길을 열었다.

5세기 바실리카 네이브 벽에 구약과 신약에서 발췌된 장면들이 동시에 표현된 것에 대하여 언급하고 있는 옛날 텍스트(성 닐루스^Saint Nilus^, 프루덴스^Prudence^ 등)들이 유형적 장면을 참조했는지는 알 수 없다. 성 닐루스는 어떤 이상적 교회(『서한 61: 올림피도로 에파르코에게^*Ad Olympidoro Eparcho*^』, Migne, PG, 89장, 577행 이하)에 대해, 다른 텍스트는 서구의 거대한 바실리카에 대한 것이지만 우리는 이 텍스트에 언급된 그 기념물들을 알지 못한다. 또한 재현된 주제들의 리스트에 대해서도 모르기 때문에 그 도상들이 중세에서처럼 두 성서에서 각각 끌어낸 대응물이었는지 아니면 산타 마리아 마조레에서처럼 그것들의 유일한 목적이 두 개의 성서를 통한 유일한 도상학적 역사의 연속성을 증명하려는 것인지를 알 수가 없다.

로마에 있는 산타 사비나^Santa Sabina^의 유명한 나무로 된 문짝 부조에서 새로운 점이 나타난다. 이 바실리카와 문 자체의 연대는 교황 셀레스티누스 1세(422-432년)와 식스투스 3세(432-440년) 재위 기간으로 거슬러 올라간다. 즉 이 작품은 우리가 이미 검토했던 산타 마리아 마조레의 모자이크와 동시대 것이다. 그러나 여기서 조각된 문짝의 패널들 중 몇 개가 사라져 새것으로 대치된 점에 대한 의문에도 불구하고, 구약성서는 더 풍부한 다른 방식으로 사용되고 있음을 확인할 수 있다.

본래 조각된 문짝의 패널 수나 배치 방식에 상관없이 그것들은 형식과 내용 면에서 딥티크의 두 패널과 비슷하여, 처음부터 현재처럼 나란히 한 짝이었음을 쉽게 상상할 수가 있다. 이 대칭적 패널 중 한 짝은 구약성서에, 다른 한 짝은 복음서 테마에 바쳐졌다. 예를 들어 첫 번째 패널에는 사막에서의 모세의 기적, 마라의 쓴 물이 단 물이 된 것, (두 장면으로 된) 이스라엘 민족의 메추라기 떼와 만나의 보관, 사막의 바위에서 솟아나오는 물이 표현되어 있다. 인접한 패널에는(오늘날에는 그 왼쪽에) 그리스도가 행한 몇몇 기적들이 재현되어 있다. 즉 장님의 치유, 오병이어의 기적, 가나의 혼인 잔치에서 있었던 포도주의 기적이 그것이다.

그러니까 도상 제작자는 모세의 기적들과 예수의 기적들을 직접 비교하고 있는 것이다. 그는 땅을 의미하는 수평선으로 각 장면을 분리하고, 위에서 아래로 소규모 장면으로 된 각 시리즈의 기적들을 제시하면서 비교할 두 장면을 나란히 놓아 중요성을 똑같이 부여함으로써 도상학적으로 비교에 다다르고 있는 것이다. 여기서는 비록 모세의 기적이 네 개, 예수의 기적이 세 개밖에 없기 때문에 절대적으로 대칭은 아니지만 평행성은 의도적이다.

서로 아무런 관계도 없는 사건을 두 개의 시리즈로 나열하는 것은 오직 동시대 주석 작업에 비추어볼 때에만 정당화되고 의미 있는 일일 것이다. 작가들은 끊임없이 구약성서에서 끌어낸 이야기들을 참조하여 숨겨진 유형학적 의미를 드러내려고 애쓴다. 쓴 물을 단 물로 만드는 나무는 그리스도 자신이거나 골고다 위의 십자가이다. 마라의 물을 마실 수 있게 만드는 나무는 십자가 나무에 대한 첫 번째 표현이고 샘물 자체도 예수가 그의 신자들에게 먹이는 샘을 예고한다. 마찬가지로 사막의 바위는 옆구리에서 피와 물이 솟아나는 십자가에 못 박힌 예수에 대한 전형이며, 메추라기 떼와 만나는 최후의 만찬과 가나에서 제공된 음식물의 전형이다. 오병이어의 기적에 의해 상징화된 최후의 만찬과 가나의 혼인 잔치는 두 번째 패널에 표현되어 있으며, 십자가 처형 장면은 우리가 방금 묘사한 패널 바로 위에 있다.

오리게네스[Oregenes], 테르툴리아누스[Tertullianus], 니사의 그레고리우스[Gregorius di Nyssa], 암브로시우스와 아우구스티누스는 모두 이러한 종류의 비교를 했고 결과적으로 도상 제작자들도 같은 작업을 하도록 이끌었다. 그리고 초대 교부들 역시 또 다른 종류의 병렬 방식을 제공했는데, 이러한 방식은 이들의 저서에서 자주 쓰였으며, 구약성서의 사건에서 교회 성사에 대한 암시를 발견해내도록 하는 근거가 되었다. 이렇게 해서 물에 대해 언급하고 있는 모든 사건, 특히 물이 나타나는 모세의 기적은 세례식의 전형들로 분류되었다. 더구나 사막에서 이스라엘 민족이 겪은 기적적 사건을 포함하는 식사에 관한 모든 참조사항은 말할 것도 없이 영성체 성사에 대한 암시로 받아들여졌다. 이것은 그중에서도 사막 한복판에서 만나와 메추라기를 먹는 엄숙한 종교 전통에 따르는 민족의 모습을 밝혀줄 수 있는 것인데, 놀랄 만한 시대착오를 통해 그들은 이미 성체배령자가 되어버렸다.

산타 사비나 교회의 문짝 부조들은 구약과 신약을 다룬 테마의 일치에 대한 예를 제공하고 있지만 언제나 성공적이지는 못했다. 구약과 신약 사이에 나타나는 몇몇 일치점과 장면은 애매하기까지 하지만, 우리는 왜 이 방법이 똑같이 사용되었는지를 이미 살펴보았다. 여기서 간략하게 그 이유를 요약해보면 기독교 도상학은 성스러운 역사 속에서 구약에 기술되어 있는 어떤 사건들의 신비롭고 본질적인 의미를 드러내면서 그 사건들이 신약성서 사건들의 직접적이면서 개별적인 전형이라는 것을 보여주어야 했다. 그러면서 이 대칭적 사실들 사이에 있는 일치점들이 교회 역사로까지 확대되었고, 그중 성사가 구약성서에 예시되었다는 것을 증명하고자 했다.

여기서 기독교 도상학은 신학적 주석의 수준에까지 이른다. 끈질긴 지적 노력을 요구하는 이러한 작업을 위해 새로운 물질적 수단이 치밀하게 구상되었다. 비교해야 할 장면들의 감각적인 나열, 즉 병렬된 장면들을 위한 동일한 규모, 비율, 구성의 반복, 마지막으로 유사성을 증대시키기 위한 의미 있는 세부 묘사의 사용이 그것이다. 만약 사람들이 마라의 쓴 물에 관한 장면에서 나무 한 그루를 본다면 그것은 모세의 기적에 대한 것이 아니다. 왜냐하면 그것은 나무의 상징, 십자가를 만든 재료라는 것이 그 나무가 존재하는 본질적 이유가 되기 때문이었다. 모세가 후려쳐서 물이 솟아오른 바위는 인위적으로 확대되었는데, 이는 바로 그 바위가 그리스도를 표상하기 때문이다. 가나의 기적 장면에서는 단지 그리스도와 항아리만이 모세의 기적에 대응물을 제공하는 방식으로 우리의 관심을 끈다. 여기서 스콜라 학파 시대의 도상 제작자들이 그들의 기원을 발견하고자 한 것은 분명하다.

기독교 도상 제작자들은 하느님 은총 시대의 사건과 관계된 성서 속 약속이나 구약성서에 나타난 행적들의 단순한 전시를 넘어서고 있다. 구약에서 그 전형들을 상기시킬 수 있는 가능성을 발견한 해석자들—작가와 도상 제작자—은 그때부터 복음서 사건에 대한 주석을 새롭고 암시적인 디테일로 풍성하게 만들 수 있었다. 각각의 앞선 유형은 사건을 확대하거나 새롭게 조명했고, 상대적으로 앞선 유형들을 복음서의 대응물을 참조하여 인용하는 습관은 동시에 구약성서 이야기를 풍부하게 만들어주었다. 우리는 방금 도상을 통해 그 실례를 보았다. 사막에서 (만나를) 먹고 있는 이스라엘 민족을 표현한 장면은 새로운 장식으로 재현되었는데, 왜냐하면 도85 식사 장면이 미래의 성사로 인정되었기 때문이다.

구약성서 테마를 이용한 이러한 방법들 중 가장 뛰어난 예로는 라벤나의 산 비탈레 성당 제단 모자이크를 들 수 있다. 비록 요소들은 방금 우리 도86 가 본 것들과 유사하지만 그 효과는 전혀 다르다. 여기서 모자이크화 전체는 보편적 테마를 설명하기 위해 아주 조화롭게 사용되었지만 구약성서는 산타 사비나 성당의 문짝에서처럼 두 짝으로 된 시리즈가 아니라 하나의 구성으로 통합된 전체처럼 나타나고 있다. 표현 방식이 어떠하든지 간에 도상적 주제는 율법이 건네진 모세 시대부터 선지자들을 거쳐 그리스도에 대한 인류의 구속의 결정적 순간까지 하느님에 의해 추구되어온 구원 사업이다(어린 양과 복음서의 저자들은 궁륭 정상에 있다). 이는 구약(아벨, 멜기세덱, 아브라함)과 신약(동방박사와 비잔틴 제국의 황제와 황후)에서 하느님께 봉헌물을 바친 인간의 신앙심의 응답으로서, 마지막으로 앱스에는 종말 때에 예수가 천국에서 엄숙하게 옥좌에 앉아 있다.

구약은 시나이 산에 있는 모세와 예언자들, 그리고 아벨, 멜기세덱, 아브라함이 봉헌물을 바치는 장면으로 표현되어 있는데, 신약의 어떤 장면도 구약에 대한 대응물로 나타나고 있지 않다(테오도라의 치마에 수놓인 동방박사의 경배는 제외). 실로 구약의 테마들이 전체 프로그램의 중심을 차지하고 있는 것이다. 그 테마들 역시 그것이 상기시키는 사건들이 신의 구원 사업을 위해 없어서는 안 되듯이, 의미 있는 주제들이 조화를 이루는 도상학에 필수불가결한 것이다. 구약성서를 이용하는 이러한 방식은 산타 사비나 문짝 부조에서처럼 중세에 유행하게 될 체계의 첫 출발점이 된다. 그러나 산 비탈레 성당의 모자이크화에 나타나는 도상적 프로그램은 무엇보다도 궁륭형 교회의 장식을 위해 중세 비잔틴에서 사용되는 유사한 방법들의 선구적 모습을 보인다. 거기서 우리는 표현의 엄격한 체계 속에 조심스럽게 통합되어 있는 제한된 수의 구약성서 테마들을 취했는데, 여기서 모든 테마들은 (어떠한 원죄에 대한 암시도 없이) 다 함께 최초의 하느님과의 약속 이후의 성스러운 역사를 상기시킨다.

산 비탈레 성당과 그 예를 따르는 비잔틴 양식의 교회에 나타나고 있는 하느님의 은총 시대와 관련된 사건에 대한 표현은 구약성서의 전형을 참고함으로써 풍부해지고 확대되었다. (도상학적 장식이 제단에 국한되어 있는) 산 비탈레 성당에서 하느님 은총 시대에 관한 도상적 주제는 가장 눈에 띄는 곳에 나타나며, 그 배경은 황금색으로 되어 있다. 또한 벽의 가장 넓은 부분은 구약성서 테마에 할당되어 있는데 이것은 명시의 목적이었던 것 같다. 구약의 드라마틱하고 회화적인 테마는 형상으로 옮기기가 쉬웠는데, 구약성서의 장면들 중 특히 산 비탈레와 산타 사비나에 나타난 봉헌 장면은 예배의식의 영향을 받은 것이다. 그 장면은 사실 성서 주석자의 생각을 해석한 것으로, 이들은 이 봉헌 장면을 상기시킬 때 그것을 성찬을 의미하는 봉헌의 전형으로 만들었다.

기독교 도상학 언어의 관점에서 볼 때 구약성서 테마의 사용은 매우 중요하다. 비록 우리가 잡문집[雜文集]들과 시편, 예언서를 포함한 성서만을 다룬다 하더라도 제공된 주제의 양은 엄청나다. 거기에는 사람이나 상황, 그리고 사건 같은 가장 단순한 것에서부터 주의 현현에 대한 환영까지도 포함된다. 그 외에 특징 없고, 더 단조로우며, 덜 드라마틱하고, 도상학적 해석에 자주 적용되지 못한 테마도 많다.

고대 말기의 도상 제작자와 중세 후계자들에게 구약성서 테마의 사용은 도상학 어휘를 놀랄 만큼 풍요롭게 만들었다. 그것은 기독교 신앙을 도상학 언어로 보여줄 수 있는 새로운 기회를 제공했고, 어떤 형상의 의미를 선택된 방향으로 돌리는 동시에 다른 혁신도 가능케 했다. 도상 제작자들은 모든 표현 수단이 준비되어 있고 용어와 그것을 이용할 방법이 갑자기 늘어난 유사한 상황에 놓인 문학가가 끌어낼 만한 모든 이점들을 시각적 영역에서 끌어냈다. 그래서 그는 더욱 정확하거나 더욱 상상이 풍부한, 혹은 두 가지 경우가 동시에 가능한 작품을 만들었다.

신학처럼 기독교 도상학은 구약성서 테마를 많이 이용했는데, 이것은 단지 그 테마들이 도상 제작자들이 활용할 수 있는 형상의 수를 늘렸기 때문만은 아니다. 이는 더욱 다양하고 완전한 도상학 어휘를 제공하면서 그 표현 가능성과 표현을 기독교에 의해 예견된 과업을 성취하는 데 더욱 적합하게 만들어주었기 때문이다.

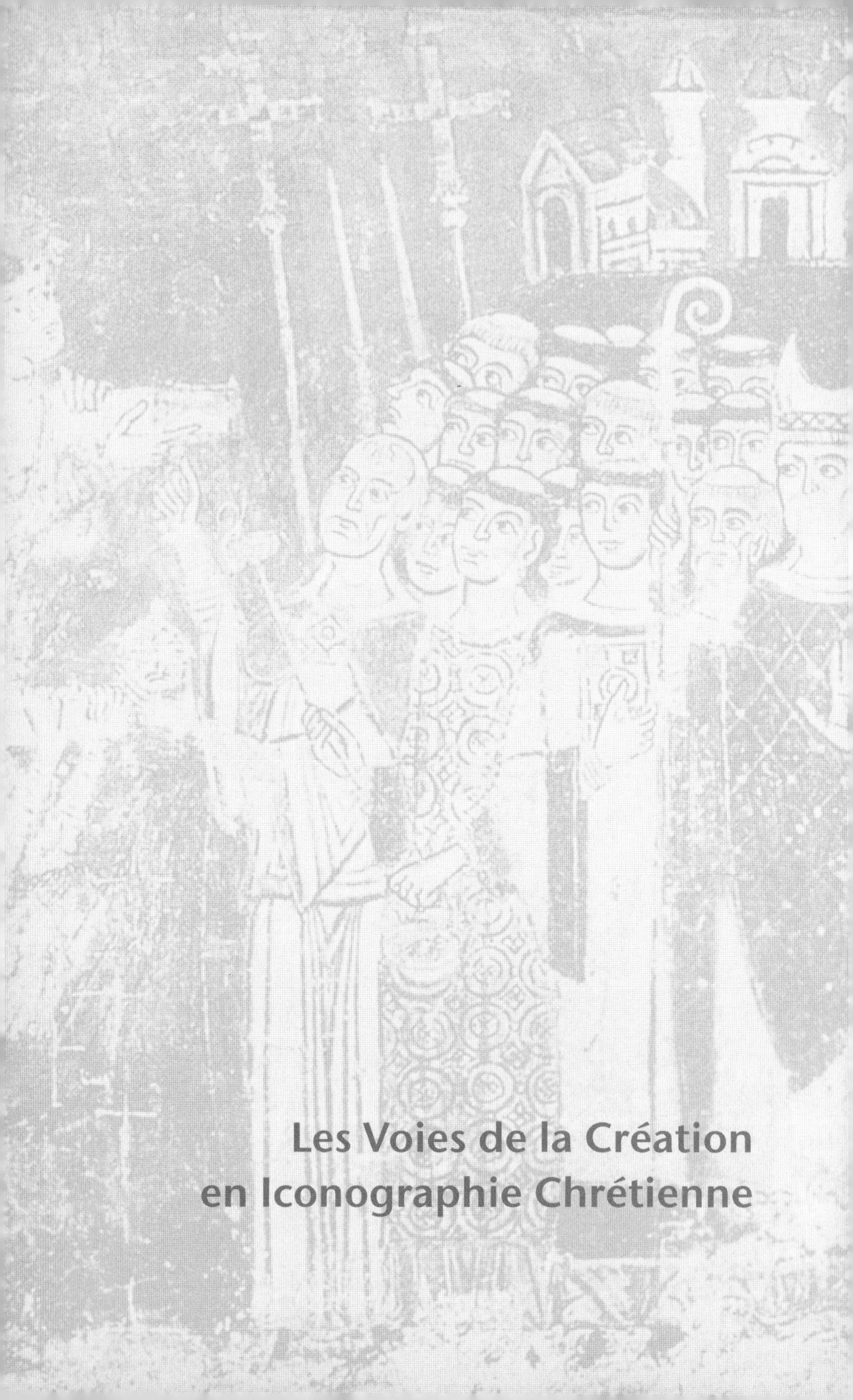

Les Voies de la Création en Iconographie Chrétienne

중세

기독교 도상학의 기원은 초기 기독교 시대로 거슬러 올라간다. 그러나 사람들이 그것을 알게 된 것은 중세 미술품을 통해서였고, 모든 기독교 지역에서 기독교 도상학이 가장 크게 융성한 시기도 중세였다.

우리는 기독교 도상학에 관해 고대 말에 제작된 작품들을 연구하면서 그것이 지니고 있는 중요성을 상기해보았다. 따라서 기독교 도상의 기원을 중세라고 생각할 수는 결코 없을 것이다. 그러나 중세에 도처에서 도상들의 레퍼토리들뿐만 아니라 그 표현 수단도 풍성해지고, 이미 확고하게 정립되어 있던 전통에 충실한 도상학이 꽃을 피울 수 있게 된 것은 부인할 수 없는 사실이다. 중세는 기독교 도상학이 가장 견고하게 체계화된 시대로 우리는 이 시기의 도상학에 대하여 잘 관찰할 수 있다. 그러나 유형에 일치하는 중세 도상의 예는 아주 많은 반면, 초기 기독교의 것들은 매우 적어 이와 같은 불균형이 우리 연구에 어려움으로 작용하기도 한다. 이렇게 초기 기독교 시대의 도상보다 중세의 도상을 훨씬 더 많이 이용할 수 있다는 사실은 시대 변천에 따라 도상의 사용이 발전하여 많아졌기 때문인지, 아니면 시대적으로 앞 시대(즉 초기 기독교 시대)의 기념물들이 더 많이 파괴되었기 때문인지는 의문이다.

그러나 어쨌든 현재 우리 연구에서는 초기 기독교 시대 도상과 중세 도상을 차례대로 비교 · 고찰해보는 것이 더 유익할 것이다. 왜냐하면 이를 통해 오랜 기간 발전해온 도상학이 지닌 전통의 연속성을 발견해낼 수 있는 동시에, 각기 다른 시기에 나타난 기독교 도상의 내용과 형식상의 차이점을 잘 관찰할 수 있기 때문이다.

우선 초기 기독교 도상에서 중세의 도상으로 넘어가다보면 분명하게 나타나는 연속성을 발견하게 된다. 기독교 지역 전체에서 중세와 초기 기독교의 도상 간에 많은 공통점이 나타나는데, 이는 물론 두 시대에 모두 기독교라는 종교가 반영되어 있기 때문에 그리 놀라운 일은 아니다. 그러나 6세기에서 11세기에 걸친 '암흑기Dark Age'에 있었던 기독교 미술의 쇠퇴를 상기한다면 위와 같은 연속성은 강조되어야 함이 마땅하다. 비잔틴 제국에서는 성상파괴주의자들이 종교적 형상의 표현을 공식적으로 금지했고, 서방 세계의 거의 모든 곳에서 당시의 조형 예술은 아주 낮은 수준에 머무르고 있었다. 이러한 기나긴 단절 이후의 재개는 완전히 새로운 기독교 도상을 탄생시킬 수 있었을 것이다. 그러나 사실은 전혀 그렇지 못했으며 단지 도처에서 비록 그 방법은 다를지라도 초기 기독교 시대의 도상적 유산을 되살려내려는 노력이 보일 뿐이었다. 중세 초기에 기독교 도상 제작자들이 이렇게 노력한 덕분에 가장 오래된 도상들의 중요한 특성이 영원히 정착될 수 있었기 때문에 이러한 사실에 대한 지적은 매우 중요하다. 우리는 그리스도의 모습과 주요 사도들의 모습, 성모 마리아의 모습과 천사에게 부여된 외관, 그리고 가장 중요한 복음서 사건들의 도상학적 본질과 그리스도의 모노그램, 유월절 어린 양에 대한 알레고리 등을 생각해볼 수 있다. 이 모든 도상 언어가 중세 암흑기를 통과하여 재생될 수 있었던 사실은 중세 기독교 도상학이 무엇보다도 초기 기독교 시대 도상의 상속자로서 발전을 거듭해왔다는 사실을 분명하게 보여주고 있는 것이다.

그럼에도 불구하고 중세 기독교 도상학과 초기 기독교 도상학은 항상 구별되어왔는데, 우리는 새로운 것이라고 추측되는 것을 총괄적으로 평가하고 그 의미와 구조를 밝혀보고자 한다. 그러나 우리는 이러한 분석을 시도하기 전에 우선 다음과 같은 질문을 던져보지 않을 수 없다. 왜 이러한 변화와 개혁이 일어났는가?

아마도 이런 변화와 개혁은 초기 기독교 시대와는 더 이상 같을 수 없는 당시의 기술적, 사회적, 그리고 경제적 요인 때문인 것으로 볼 수 있을 것이다. 특히 종교적 관점에서는 초대 기독교 시기 이후 끊임없이 변화해온 신앙의 내용과 도상의 기능과 성격을 바라보는 시각에 대해 생각해볼 수 있을 것이다. 이는 사람들이 당대에 통용되는 도상학에 부여하는 궁극적 목적처럼 한 시대에서 다른 시대로, 한 사회에서 또 다른 사회로 넘어가면서, 신앙의 내용도 변천하기 때문이다.

그러나 우리는 법률과 정치적 개념들의 시각화를 통한 표현 가능성에 대해 당시 사람들이 가질 법한 생각에 대하여 거의 모르고 있기 때문에, 중세 기독교 도상학이 창조되던 당시의 기술과 정치, 사회 분야가 이에 끼친 영향 관계에 대하여 좀처럼 확신할 수 없다. 반면에, 신앙의 표현으로서의 도상학의 역할은 전통적 관습들에 의거하고 있었다. 도상이 제작되던 시대의 상황 속에 간직된다는 조건하에 결과적으로 중세 도상에는 이와 같은 면에 더 잘 어울릴 가능성들이 많았다. 도상은 그것이 생겨난 종교적 상황에서 쉽게 나타난다는 사실과 또한 이러한 종교적 영역에서조차도 비교 연구는 조심스럽게 행해져야 한다는 점을 잊어선 안 될 것이다. 정통 교리이든 이론의 여지가 있는 교리이든, 더 나아가 이교의 교리이든 간에 교리를 시각화한 도상 해석의 가장 일반적 주제에 대해 생각해보자. 어떤 도상이 교리를 드러내는 가치를 가지고 있는 것일까? 이에 대한 대답은 언제나 쉽지만은 않다. 그리고 고고학자들은 초기 기독교 시대 도상 제작자들의 의도를 과대평가하는 경향을 보이는데, 그것이 초기 기독교 시대에 어느 정도 사실이기는 했지만 일반적으로 교리를 표현하기 위하여 도상에 호소했다는 것은 전적으로 불확실하다.

그러나 중세 시대에는 초기 기독교 시대보다 도상에 더 의존했다. 어쩌면 바로 이 사실이 두 시기의 도상학 사이에 존재하는 커다란 차이점을 더 잘 볼 수 있게 하는 기반이 될지도 모른다. 바로 이와 같은 상황에서 중세 도상 제작자들은 새로운 도상을 창조하게 되었는데, 이러한 혁신을 상기하면서 당시 사상의 흐름과 신앙심의 변화를 연관지어 살펴보자.

특히 도상학적 관점에서 볼 때 밀접하게 연결된 이 시대 교회와 국가의 권력은 당시 미술 작품에 자주 영향을 끼쳤다. 신정군주제였던 비잔틴 제국에서 그 영향력은 성상파괴 논쟁 시기와 그 이후에 결정적이었다. 카롤링거 왕조가 지배하던 서방 세계에서도 이는 마찬가지였는데, 기본적 차이가 있었다면 여기서는 미술에 대한 도약이 제국 안에 있는 주요 수도원에서 이루어졌다는 점이다. 수도원은 제국의 광대한 영토 안에서 미술 사업을 일으키는 데 크게 기여했고, 중세 후기에 나타나는 서구 미술의 지방분권주의의 길을 마련했다.

카롤링거 왕조의 종교 미술은 부분적으로는 서구 유럽의 이전 미술처럼 정치적, 대중적 세력의 적극적인 후원을 받았고, 도상을 학술적이고 추상적으로까지 만든 지식층 엘리트가 양성되었다. 신학자들을 위한 이러한 도상은 대부분 라틴 지역에서 지속적으로 성공을 거두었는데, 이에 대해서는 다시 상세하게 언급할 것이다. 그리고 사실상 이것은 서방 중세 도상학의 주된 흐름이 될 것이다. 그렇지만 이것과 병행하여 또 다른 종류의 기독교 미술이 있었는데, 그것은 비록 지적 관점에서는 덜 야심적이었지만 활기차고 대담했으며 사회적으로 더 폭넓은 계층에서 반향을 일으켰다. 이는 당시 사람들이 경배하던 성모 마리아와 성인 조각상, 교회를 장식하는 많은 저부조, 다소 투박한 솜씨로 만들어진 필사본 삽화 등을 만드는 데 기여했다. 이와 같은 범주의 새로운 도상들이 나타난 상황에 대해 자생적으로 탄생했다고 믿기는 어렵다.

반대로 이 새로운 작품을 숙련되도록 이끌어주고 영감을 준 사람들의 이름이 때때로 눈에 띈다. 이들은 도상학 연구에 관심을 갖고 있던 샤를마뉴 대제, 알퀸Alquin, 테오둘프Theodulf, 아인하르트Eginhard 등의 동시대인과 이들과 가까웠던 사람들이다. 마찬가지로 한 세기 후 스페인의 요한계시록 주석자인 수도사 베아투스Beatus는 사도 요한이 본 신비한 환영을 시각화한 모자라브스mozarabes라는 유명한 수사본 삽화 시리즈를 제작했다. 도상 창조에 영감을 준 인물은 로마네스크와 고딕 시대에 훨씬 더 많으나 이들 중 가장 유명한 12세기의 두 사람을 그 예로 들어보는 것으로 충분할 것이다. 1140년경 파리 근교에 있는 생-드니Saint-Denis의 유명한 수도원장이었던 쉬제Suger와 1180년경 스트라스부르크 근처에 있는 생트-오딜Sainte-Odile의 수녀원장 헤라드 드 란스베르크Herrade de Landsberg가 그들로, 이들은 모두 탁월한 작품을 창시했다. 쉬제는 자신이 수도원장으로 있던 생-드니 수도원 교회의 창과 정문을 장식하는 스테인드글라스와 모자이크, 조각을 위한 일련의 도상 프로그램을 만들었고, 헤라드 드 란스베르크도 교훈서 삽화를 많이 구상해냈다. 그들은 각자 직접 구상하고 실제 제작도 지휘 감독했을 작품에 결정적 역할을 했음에 틀림없다. 그러나 생-드니와 환희의 정원Hortus Deliciarum에 나타나는 도상학 창조에 있어서 그들의 몫은 명확하게 규정될 수 없다. 쉬제에 업적에 대한 프랑스 도상학자 에밀 말의 연구와는 달리 이 두 사람이 모든 도상적 모티프를 만들어냈다고는 생각되지 않는다. 즉 이 작품들은 가장 다양한 도상학의 원천인 옛 라틴과 희랍 도상의 형식을 수용하면서 새로운 도상들을 창조, 첨가한 것으로 새 것과 옛 도상이 혼합된 양식이었다. 이와 같이 중세 도상학이 보여주는 복잡성은 매우 오래전에 생겨나 긴 시간 동안 진행된 기독교 미술의 특징에 기인하는 것으로 도상학은 어디에 사용돼야 할지를 아는 일종의 집단적 지식 같은 것이다. 그렇다면 중세 기독교 도상학에서 이와 같은 과거에 대한 지식-당시 화첩에 남겨진 크로키 같은 예에 의존하는-은 중세 도상 제작자들의 창조적인 노력에 어떤 걸림돌이 되었는가? 그리고 중세 전성기에 모든 종교적 요구에 대답할 수 있을 만큼 풍부하고 발전된 도상적 '언어'가 갖추어졌는가? 이에 대하여 엄밀히 말하자면 모든 필요를 만족시키기 위해서 몇 가지 수정을 가하는 것으로도 충분했다는 것은 사실이다. 관습적 도상학의 한계와 주변 상황에서 벗어나기 전, 혁신적이라고 여겨진 로마네스크와 고딕 시대 도상들의 대부분은 바로 이렇게 수정된 것이다.

그러나 서방 세계에서 흔히 행해진 도상 창조는 각기 분리되었을 때는 도상적 의미를 지닐 수 없는 도상들을 한데 모으는 것이었다. 바로 이것이 중세 라틴 신학자들이 선호하던 '유형학typologie'이라는 방법이다. 이와 같은 방법과 다른 방식들이 적용된 것은 서방의 도상학이 언제나 교훈적이고 학술적 관점들을 강조했기 때문이다. 반면 중세의 비잔틴 도상학은 여전히 성자들의 모습과 성서의 사건으로 신적 형상들을 상기시키기 위해 모든 주석을 피하면서 신자들의 묵상에 전념했다.

제7장 | 비잔틴의 기독교 도상

비잔틴 제국의 역사와 비잔틴 종교의 역사는 밀접하게 연결되어 있어 희랍 중세 도상학의 형성과정 연구자의 작업을 수월하게 해준다. 8세기와 9세기 전반에 이 거대한 제국을 지배하던 황제들은 성상파괴주의자들이었고, 종교적 도상을 사용하는 모든 행위가 금지되었다. 그 후로 한 세기 이상이 흐른 843년에 성상파괴주의자들이 패하고 그리스 정교가 승리하여 비잔틴 사람들은 기독교 도상을 다시 사용할 수 있게 되었다. 이것이 중세 비잔틴 도상학의 진정한 시작이었고, 제국이 주도한 갑작스러운 구상 미술로의 회귀 덕분에 오늘날의 도상학자들은 이러한 도상학의 예외적 작품들을 관찰할 수 있는 매우 드문 특권을 누리게 되었다.

이러한 사실은 성상파괴주의자들과 성상숭배주의자들 사이의 기나긴 논쟁의 대상이 종교적 주제를 다룬 구상적 도상이었다는 사실만큼이나 정확하다. 이것은 물론 기독교 도상들이 그리스 정교의 승리 이후 다시 허용되었을 때 그것을 지지한 성상숭배주의자들에게 매우 특별한 배려의 대상이 되었다는 사실을 내포한다. 성상이 복원되어 콘스탄티노플 교회에 의해 비준된 교리에 따라 비잔틴인의 숭배의 대상이 되었다. 이전 어느 때 어느 곳에서도 볼 수 없던 이러한 종교적 도상의 막대한 교리적 중요성은 작품의 양식과 도상학에 잘 시각화되었다. 843년 이후에 시작된 비잔틴 도상학을 특징짓는 것은 다음과 같다.

우선 중세 비잔틴 도상학에 대하여 고찰할 때 이 연대는 받아들일 만한 것인가? 9세기 말까지 비잔틴 교회가 성상, 즉 이콘에 대한 애착을 갖고 있었음을 재확인해야 했고, 비잔틴인들 가운데 그것에 계속 반대한 사람들을 경계해야 했다는 사실은 잘 알려져 있지 않다. 그러나 이 시기 콘스탄티노플에서 어떤 황제나 총대주교도 843년 이후에는 성상파괴에 공감하지 않았으며, 성상숭배적이라고 할 수 있는 어떤 종교적 구상 미술 작품도 나타나지 않았다. 비잔틴 지역에서 성상의 재사용은 궁정의 명령에 따라 결정되고 실행되었으며 바로 이 때문에 우리가 그 연대를 알 수 있는 것이다. 물론 이에 반대했던 성상파괴주의자들이 이런 공식적 결정을 따르지 않았을 수도 있겠지만—부정적 입장에 관한 것이므로—그 흔적은
도 87 거의 찾아볼 수 없다. 비잔틴의 지방 도시인 카파도키아와 에게 해 섬에서 단지 십자가만 벽에 그려져 있는 작은 성소들이 복원되었다. 우리는 이 벽화의 일부분이 공식적 그리스 정교의 승리(843년) 이전에 성상파괴주의자들에 의해 주문 제작된 장식임을 알아볼 수 있다. 그러나 이 소박한 그림들이 보여주는 증거는 그다지 설득력이 없다. 왜냐하면 벽화가 성상파괴 시대의 모델을 반복한 것일 수도 있고, 도상적 형상들이 결코 강제적이지 않았기 때문에 도상적 모티프를 포함하여 표현하지 않았을 수도 있기 때문이다.

때로 이런 민속적 미술의 가치가 어떠하든 간에 원칙적으로 성상, 즉 이콘에 반대하는 사람들의 작품이 843년 이후에도 제작되었을 수 있다는 사실을 인정해야 할 것이다. 그러나 반대로 성상숭배자들의 작업은 비잔틴 궁정에 의해 결정되었고, 그 공식적 주문 덕택으로 미술 분야에 즉시 적용될 수 있었기 때문에 완전히 갑작스럽게 시작되었을 수도 있다. 이렇게

비잔틴 궁정이 기독교 도상학을 주도해나간 덕분에 우리는 그리스 정교 승리 이후 이 분야에 나타난 최초의 작품을 모두 기록할 수 있게 되었다. 우선 종교적 도상이 지니는 본질에 대해 비잔틴인이 갖고 있던 교리의 중요성을 상기시킨 다음 이를 살펴보게 될 것이다. 물론 여기서 우리가 하고자 하는 것은 다마스쿠스의 성 요한네스 시대인 8세기 초부터 니케포루스 Nicephorus 대주교와 성 테오도루스 수투디테스 Theodorus Studites 시대인 9세기 전반 사이에 교리가 겪은 변화들을 참조하여 그 복잡성 속에서 이를 밝혀내려고 하는 것은 아니다.

우리 연구에서 중요한 것은 9세기 중반에 성상과 종교의식을 복원시킨 당사자가 참조했던 기독교의 교리이다. 이 시대 성상옹호자들은 더 이상 이전처럼 성상숭배라는 비난에 신경 쓰지 않아도 되었다. (분명히 정치적 이유로) 이에 계속해서 신경을 쓴 사람들은 샤를마뉴 대제와 솔직한 성직자들뿐이었다. 그러나 비잔틴 교회와 사회 내부가 이를 받아들이도록 했던—그리고 비잔틴 교회가 843년과 870년에 성공했던—것은 바로 그리스도와 성모 마리아, 그리고 성인들에 대한 도상의 정당성이었다. 왜냐하 도 104, 105
면 이들 모두가 실존했던 사람들이었고, 존재한 모든 것은 재현될 수 있기 때문이다. 따라서 마찬가지로 하느님도 재현될 수 있다는 결론에 이르게 되는데, 이는 성서와 복음서에도 기록되어 있듯이 선지자들이 본 순간적 환영과 주의 현현에 대한 환영을 참조할 수 있기 때문이다. 또한 천상의 하느님을 끊임없이 바라보는 천사들의 예는 특히 중요한데, 그 이유는 그리스도에 의한 인류의 구원이 인간의 원죄 이후 잃어버린 하느님을 바라볼 수 있는 능력을 천사들과 함께 나누어 갖도록 허락했기 때문이다. 천사들을 본받아 그리스도의 육화 이후 우리는 다시 하느님을 바라볼 수 있는 능력을 갖게 되었고, 결과적으로 마리아나 다른 성인들의 성스러움과 마찬가지로 예수 그리스도의 신성도 응시할 수 있게 되었다.

이 마지막 관점은 비잔틴 성상 규약에 있어서 가장 기본적인 관점이다. 그리스도에 관한 도상이 그의 인간적 본질의 단순한 재현이 아니듯, 성모 마리아와 다른 성인들에 관한 도상도 단지 그들의 육체적 외관을 재현한 것은 아니다. 이 도상에는 예수의 신성의 본질과 성스러움의 흔적이 담겨 있다. 테오도루스 스투디테스가 말했듯, 금속으로 된 도장을 밀랍에 찍어 그 자국을 얻어내듯이 그리스도와 테오토코스Theotokos[26], 성인이나 성녀의 모든 성상에는 표현하는 인물 특유의 에너지와 매력의 일부분이 담겨 있다. 성상에 경배하는 것은 그 성상에 신성과 성스러움의 일부분이 현존한다는 사실에 의해 정당화된다. 이 사실은 동시에 이러한 경배가 성상이라는 물질적 오브제에 대해 행해지는 것이 아니고, 성상을 통해 이해하기 쉬워진 신성하거나 성스러운 존재에 대해 행해지는 것이라는 것을 일깨워준다.

이러한 교리에서는, 종교적 이미지의 근본적 정당화 외에, 그 이콘에 이미지가 형상화하고 있는 인물과 공통된 비이성적 요소가 들어 있다는 개념이 중요하다. 이러한 기본 개념은 도상학자로 하여금 그 작품이 부분적으로 비이성적 세계에 속하며 평범한 이미지의 세계와 분리되어 있다는 것을 느끼게 한다. 뿐만 아니라 어떤 인물이나 오브제를 재현하는 회화나 조각이 상기시키는 원본과 근본적으로 다른 경우처럼 각 도상을 '원본'의 재현으로 간주하지는 않는다. 이콘은 표현된 인물과 초현실적 본질의 한 부분을 공유해 그의 비현실적 현존을 확실하게 해준다. 이콘에 대한 이와 같은 시각은 로마 제국 시대 황제의 초상화가 그의 이름으로 재판관의 판결이 선고될 때 황제의 물리적 현존을 대체하던 로마 법정의 전통을 환기시킨다. 그리스도나 성모 마리아의 이콘은 그것이 위치하고 있는 곳에 그들이 현존함을 의미하며, 결과적으로 이와 같은 개념이 비잔틴인들의 종교적이고 세속적인, 공적이고 사적인 생활에 끼칠 수 있었던 모든 결과들을 상

26 그리스어로 '하느님을 잉태한 자'라는 뜻으로 신의 어머니를 일컫는 말이다–옮긴이.

상할 수 있게 된다. 그러나 무엇보다도 먼저 기독교 미술(주로 회화)의 내용과 형태에 끼친 영향을 상상해볼 수 있다.

위에서 이미 언급했듯이 각 도상에 내재한 성스러움의 현존은 인체와 사물의 표현에서뿐만 아니라 공간과 움직임에 대한 표현에서도 조형성을 거부하고 태도와 제스처에 있어서도 엄숙함을 유지하는 근엄하고 장중한 양식을 선택하게 했다. 이와 같은 모든 선택사항은 성스러운 것을 다루는, 다시 말해서 종교적 주제를 다루는 모든 도상에 적용된다.

이러한 주제의 선택은 매우 제한적이다. 그것은 하느님과 그의 이상적 왕국, 위대한 봉사자들과 그의 역사, 즉 비잔틴 제국의 모든 기독교도들에게 기본적으로 변치 않는 현실들을 상기시키고 있다. 반면, 대개의 경우 도상학자가 주석을 달거나 성경에서 배운 이상적 현실을 이미지를 통해 설명하려는 시도는 전부 금지되었다. 이후에 우리는 이러한 도상학이 위의 규칙을 거부하고 신학자들의 가르침이나 학자들의 주석을 따르게 되는 것을 보게 될 것이다. 그러나 이것은 신중하게 사용되었던 방법으로 매우 예외적인 경우이다.

중세 비잔틴 도상학의 가장 독특한 특징들 중 하나는 훌륭하지만 제한적인 프로그램에 전적으로 만족하고자 하는 것이다. 이 프로그램은 계속해서 그리스도와 성인들의 영속적 현존과 그리스도의 구원 사역에서 일어난 사건들을 재확인한다. 여기에서는 시적이거나 교리적인 작품을 도상으로 변화시키는 것은 가능한 한 제외된다. 바로 이것이 개화기 비잔틴 도상학이 언제나 도상-주석의 입장에서 교육의 수단으로서의 이미지에 개방적이었던 서구의 도상학과 근본적으로 구별되는 점이다. 무엇보다도 지성에 호소하는 이와 같은 서구의 도상학 분야가 비잔틴에서 시도된 것은 중세 말이나 되어서였는데, 그렇다고 해서 그들이 공식적으로 성상파괴 직후 비잔틴의 번영기에 창조된 관조적 성상을 포기한 것은 아니었다. 당시 창조되었던 종교적 도상들의 위대성은 결코 부인되지 않았으며, 더구나 그것의 안정성은 놀랄 만한 것이었으므로 이것을 비잔틴 문화의 침체가 반영된 것으로 보는 것은 잘못된 일일 것이다. 이 비잔틴의 이콘에 드러나 있는 표현력이 풍부하고 분명한 형식은 종교의 핵심적인 개념을 아주 잘 표현해주고 있다. 이 도상학 형성과정에 대해 가능한 한 정확한 아이디어를 제공하기 위해, 이 도상 작품이 출현했던 맥락 속에서—시간상으로나 기능상으로—작품을 파악하는 데 필요한 중요한 도상들을 선택하여 제시하고자 한다. 아마도 이것이 그들이 실현하고자 했던 도상학을 탄생시키기 위해 무엇을 시도했었는지에 대해 알 수 있는 가장 좋은 방법일 것이다.

이제 성상숭배 금지가 철회된 직후의 몇 년간을 검토해보자. 과연 당시 제작된 최초의 도상들은 어떠했을까? 다행히 우리는 이 최초의 도상에 관한 여러 예를 갖고 있다. 이중에는 특히 당시 성상파괴에 공식적으로 종지부를 찍은 장본인인 황제가 취한 종교 미술의 방향을 입증할 수 있는 작품이 있다. 우선 미카엘 3세와 그의 어머니 테오도라가 표현된 주화의 뒷
도 88 면에는 그리스도의 초상화가 있는데, 이 주화 중 최초의 것은 그리스 정교의 승리와 동시대 것임이 분명하기 때문에 843년 직후에 제작된 최초의 예수 초상의 하나로 여겨진다.

그런데 무엇보다도 이 주화에 표현된 그리스도 도상에서 눈에 띄는 것은 그것들이 분명 한 세기 이전, 다시 말해서 그리스 정교의 황제인 유스티니아누스 2세(711년 사망)부터 시작된 비잔틴 황제들의 성상파괴가 시작되기 30년 전에 제조된 주화의 초상에서 영향을 받고 있다는 사실이다. 여기에서 주목해야 할 사실은 독창적인 도상학을 창조할 수 있었던 843년의 승리자들이 성상파괴 위기 이전의 양식, 즉 한 세기는 더 오래된 형식으로 되돌아가고자 했다는 것이다. 군림하는 황제로 표현된 주화들에서 그리스도-판토크라토르Pantocrator[27] 도상은 물론 천상의 군주가 지상의 그의 대리인에게 약속한 보호를 보장하고 있다는 의미이다. 즉 그것은 그들의 통치를

상징함에 있어 그리스 정교 황제들이 이콘에 부여했던 역할을 보증하고 있는 것이다. 그들은 최고 통치자인 그리스도에 대한 도상, 다시 말해서 비잔틴 제국을 보호하는 그리스도의 초상화를 선택했다. 이러한 사실은 성 소피아 성당 네이브 중앙문 아래 있는 팀파눔 모자이크에서 확증되는데, 여기서 예수는 황제의 옥좌에 위엄있게 앉아 있고 그 앞에 통치자로 레오 6세가 무릎을 꿇고 있다. 이와 아주 비슷한 예로 레오 6세의 아버지인 바실 도 89
레우스 1세를 위해 필사한 나지안주스의 그레고리우스의 설교집 첫 장이 옥좌에 앉아 있는 그리스도로 장식된 것을 들 수 있다. 다시 말해서 성상복귀 이후 최초의 세 황제의 명령에 따라 만들어진 모든 도상은 거기서 채택된 그리스도의 도상이 단지 성상파괴운동 이전의 양식을 되풀이한 것이고, 제국의 상징이라는 테두리 안에서 이루어졌다는 사실을 확실하게 보여준다.

공식적 성상파괴 시대에 제작된 수많은 텍스트에서 이교도 황제들은 그리스도의 적으로 간주되었다. 성상비난자들[iconomaques]은 곧 그리스도비난자들[christomaques]이었던 것이다. 성상숭배로 되돌아온 비잔틴 제국 황제들처럼 주화에 그리스도의 초상을 새긴 것은 물론 천상의 군주에 대한 충성심을 선언하는 것이었다. 이와 같은 아이디어는 843년 직후 미카엘 3세 통치 시대에 제작된 궁전의 한 회의장 모자이크에 명백하게 표현되어 있다. 여기서 옥좌에 앉은 그리스도는 통치하는 왕의 권좌 위에 나타난다. 성상파괴주의자에 대항해 투쟁한 영웅인 성인과 성녀들이 초상화로 기념되었는데, 이 초상화에서 인물들은 그들이 그 이름을 걸고 투쟁하고 승리했던 그리스도의 형상을 손에 쥐고 있는 모습으로 표현되어 있다. 종교화에서 승리를 나타내는 도상을 적용한 예가 또 있다. 그것은 정면을 향해 나란히

27 만물의 창시자라는 의미로 우주의 지배자인 그리스도를 상징하는 이 성상은 주로 비잔틴의 중앙 집중식 교회에서 하늘을 상징하는 돔 천정 중앙 원형의 틀 안에 흉상으로 표현되며 왼손에는 성서를 들고 오른손을 들어 축복의 자세를 취한다 – 옮긴이.

늘어선 시낙시스Synaxis[28]라고 불리는 구성으로, 그들은 성상옹호자들인 성인들과 같은 도상-메달, 다시 말해 그리스도의 흉상이 표현된 메달을 들고 있다. 영원히 그리스도를 찬미하는 대천사들을 형상화한 이러한 구성은 9세기 말 바실레우스 1세가 대천사 미카엘과 가브리엘에게 헌정한 교회를 위한 것이었다. 성상파괴운동 직후 비잔틴인들이 가장 독창적이고 의미 있는 도상 작품들을 제작했던 것은 예수의 왕국을 상기시키면서 황제들의 통치자인 예수 그리스도가 전지전능하심을 선포하기 위해서였다. 이에 대해 궁륭형으로 된 교회 천장과 벽에 나타난, 그리스도 왕국을 상징하기 위해 선택된 주제들과 표현된 위치를 통해서 구성 면에서 견고한 모습을 보이는 종교화를 생각해볼 수 있다.

이 놀라운 작품들은 우리가 방금 묘사한 도상들이 제작되었던 때와 같은 시기인 성상파괴운동 직후 수십 년간에 걸쳐 제작되었다. 우리는 그것에 대해 900년경 포티우스Photius 대주교가 쓴 설교집과 레오 6세가 쓴 설교집 덕분에 알 수 있다. 이 두 텍스트는 모두 중앙집중식 교회에 대한 것으로 그 원형 천장 꼭대기에는 그리스도의 모습, 앱스에는 신의 어머니의 형상이 있음을 알려준다. 포티우스는 원형 천장의 그리스도가 천상에서 우주를 통치하는 듯하고, 오란테 자세의 성모 마리아는 세상을 위해 기도하는 듯이 보인다고 덧붙이고 있다.

이 벽화 전체에 나타난 상징적 의미는 명백하다. 즉 교회의 원형 천장
도 138 은 하나의 소우주이고, 거기에 표현된 형상들은 이 우주의 구성원들을 가리키며, 그들의 위치는 그들이 살고 있는 우주의 다른 부분들과 대략 일치한다. 그리스도와 천사들은 하늘에 있고, 예언자와 성인들은 성모 마리아를 둘러싼 채 땅에 해당되는 벽을 차지하고 있으며, 마지막으로 성가대석 벽에 나타난 사도들의 성체배령을 포함하는 같은 높이의 다른 벽면은 구원

28 대천사들의 성스러운 모임-옮긴이.

의 역사에 관한 중요한 사건을 상기하는 장면들로 채워져 있다. 방금 인용한 두 설교집에 따르면 당시 비잔틴 교회에는 이런 도상학적이며 상징적인 체계가 적용된 건축 양식이 없었다고 한다. 따라서 이 방대한 도상학적 건축이 9세기로 거슬러 올라가며 그 전에 있었던 것은 아니라는 사실을 증명해준다. 그러나 파괴되었거나 다행히 보존된 중세 초기 교회에서 11세기와 12세기의 전형적, 장식적 예를 찾아볼 수 있다. 즉 포키스Phokis에 있는 성 루가 교회와 그리스의 키오스와 다프나이, 유고슬라비아의 네레지Nérezi, 불가리아의 보이아나Boïana, 그리고 러시아의 스파스-네레디치Spas-Neredicy의 프레스코화와 모자이크화가 그것이다.

복음서 사건들과 관련된 도상은 대개 교회에서 예배의식과 관련된 한 해의 중요 축일과 일치한다. 제단 뒤 앱스에 있는 사도들의 성체배령 장면은 하느님의 왕국 안에서의 천상의 진리와 대응하는 것으로, 지상에서의 교회의식을 상기시킨다. 반면 나머지 벽화들은 영원히 하느님 나라에 머무는 여러 등급의 믿음의 영웅들의 초상화들로 채워져 있다. 모든 시대에 걸쳐 어느 곳에서나 기독교인들은 어떤 자격으로든지 하느님의 영광을 받은 옛 조상들의 초상화를 주변에 두고 싶어했다. 그렇지만 그것을 가장 폭넓게 행한 사람들은 비잔틴인들이었다. 성 루가의 모자이크화에는 열두 명 정도의 인물이 엄숙하게 나타나 있다. 그러나 이 '선택된 하느님의 민족'이 제작한 후기 장식에는 궁극적으로 달력에 기록된 모든 성인들을 매일 보여주려는 대중화된 모습이 엿보인다.

중세 초기 비잔틴 시기의 가장 중요한 도상학적 창조는 교회 내부 벽과 둥근 천장 전체에 나타나는 장식의 거대한 구성에 있다. 우리는 비잔틴 교회 밖에서 제작된 이와 같은 구성의 복제품으로 그것이 거둔 성공을 가늠해볼 수 있다. 그러나 이 시대 비잔틴인들도 마찬가지로 중요하고 성공한 몇몇 개별 도상을 정의하는 데 적극적이었다. 그리스 정교의 승리 이후 수십 년 동안 제작된 이러한 종류의 개별적 도상들은 비잔틴 제국에서 일반적으로 중세 말기 또는 더 이후까지도 존속했다. 이 도상들은 때때로 수정과정을 거치면서 몇 세기에 걸쳐 사용되었다. 이와 같은 수정작업은 때로 아주 오래된, 즉 초기 기독교 시대의 형식들을 취하거나 '중세적' 방식을 추가하면서 옛것을 계승하는 것으로, 성상파괴운동 이후의 그리스 도상학 발전에서 볼 수 있는 전형적인 작업이다. 우리가 앞에서 이미 언급했듯이 6세기 메달에 자주 나타나는 그리스도를 받들고 있는 천사 모티프의 도
도 103 상학적 원천은 바로 '시낙시스'라고 하는 대천사들의 성스러운 모임을 표현하고 있는 도상이다. 중세 비잔틴인들은 승리자의 초상화를 하늘로 들어올리며 공중을 날고 있는 천사들을 표현하는 대신, 지상에서 끊임없이 그들이 섬기는 신성한 군주의 초상을 옆에 두고 응시하는 천사들의 모습을 상상해냈다.

의미작용과 도상학이 동시에 은밀하게 스며드는 또 다른 예가 성모 마리아와 그리스도에 관한 도상에서 관찰된다. 이것은 성상파괴 논쟁 이후 2-3세기 동안 유행한 가장 중요한 비잔틴 도상학 레퍼토리이다. 움직임이 없는 엄격한 모습과 독립된 형상을 선호하던 이 시대 종교 미술의 가장 전형적인 예가 바로 이 이콘이다.

반세기 전 성모 마리아 도상학에 관한 기초적 연구 작업에서 콘다코프 N. P. Kondakov는 중세에 가장 흔했던 신의 어머니 도상의 기원에 대한 가정을 제시했다. 고대 말까지 거슬러 올라갈 수 있는 기원이 신의 어머니의 생애에서 발췌한 여러 다른 장면들에 속했던 것에서 시작했을 것이라는 게 그의 가정이다. 그는 성모 마리아에 관한 중세 도상의 최초의 기원 모두를 찾아내려는 것이 아니라, 정면을 향했거나 관객에게 아기 예수를 보여주려는 듯이 아기 예수 쪽으로 몸을 약간 돌린 자세의 성모 마리아 모습에 나타난 사실주의적인 표현의 기원을 밝혀보고자 했던 것이다. 콘다코프는 키예프 박물관에 소장되어 있는 6세기에 제작된 아름다운 밀랍화에 나타나는 두 형상의 자세가 동방박사의 경배에 가장 잘 들어맞는다는 것을 인정

하게 되었다. 우리도 이 종류의 신의 어머니 도상이 위의 도상에서 그 모델을 빌려왔고, 이후 가장 흔한 도상들 중 하나가 되었다는 가정을 믿는다.

위의 가정을 마찬가지로 널리 퍼져 있던 다른 비잔틴 양식의 성모 마리아 도상에도 확대시켜볼 수 있을 것인데, 특히 마리아가 아기를 쓰다듬고 있는 모습이나 혹은 아기가 마리아를 쓰다듬는 모습, 그리고 아기 예수에게 젖을 먹이고 있는 성모 마리아의 모습을 보여주는 도상들이 그것이다. 왜냐하면 이 모든 도상들은 고대 말기에 표현되었던 것처럼 여러 다양한 인물들의 전기의 삽화의 연장선상에 위치하고 있으며, 모두 위경에 나타난 성모 마리아에 대한 이야기 삽화에 적용될 수 있었기 때문이다.

하지만 우리는 이 책의 첫 부분에서, 고대의 도상 제작자들에게 특히 옥좌에 앉은 황후의 초상화가 테오토코스(신의 어머니)에 대한 영감의 원천이 될 수 있었다는 점을 지적했다. 천사들의 경배를 받으며 사도들에 둘러싸인 채 옥좌에 앉은 천상의 여왕 성모 마리아 도상의 기원은 로마 황후들의 초상화에서 찾을 수 있다. 다시 말하면 로마 제국의 공식적 도상학이 동방박사의 경배 도상(옥좌에 아기 예수와 함께 앉아 있는 성모 마리아)과 오란테 자세의 성모 마리아, 그리고 아기를 팔에 안고 있는 성모 마리아(선행을 베푸는 주화에 표현된 황후의 초상화)의 도상으로 옮겨갔을 수 있다는 것이다. 1부에서 이 문제에 대해 이미 언급했음에도 불구하고 여기서 다시 이를 상기시키는 것은 동일한 도상적 모티프가 중세에 발전하면서 어떻게 이전 시대에 빚지고 있는가를 더욱 잘 알아보기 위해서이다. 아기와 함께 있는, 아니면 홀로 있는 성모 마리아의 도상이 서술적 혹은 로마 제국에 근거한 원천과 결별한 결정적인 최초의 예는 6-7세기 고대 말경에 나타난다(반면 일반적으로 로마 제국과 성모 마리아에 관한 서술적 시리즈는 옛 도상들을 모방하고 있으며, 신의 어머니와 그녀의 신성한 아기의 이상적 '초상화'로 개별적으로 나타난다). 중세에는 이러한 경향이 체계적으로 추구되어갔다. 중세에 이 도상들은 개별화되고 체계화되어 점차

도 97-103 정착되면서 이콘의 관례적 '유형'으로 변모해갔다. 이러한 유형의 이콘들은 개별적 행로를 밟아나갔고 여러 다른 명칭으로 불렸다(호데게트리아 성모상, 엘레우사 성모상,[29] 블라케르니오티사 성모상 등). 이와 같은 과정은 성상파괴 논쟁에 대한 승리 이후에 더욱 강화되었는데, 그 이유는 지속적, 아니 보다 더 빈번해진 신의 어머니 도상에 대한 개인적, 집단적 숭배뿐만이 아니라 도상의 산업화 때문이었다. 그러나 그것은 또한 미술이 보다 추상적인 도상이 더 잘 어울리는 집단적 신앙의 필요성을 강조하던 시대였기 때문—이것은 지적되지 않았던 사항이다—이기도 했다. 신의 어머니가 갖는 초월적 평온함은 아기와 같이 있는 어머니라는 우리에게 친숙한 그룹을 상기시키는 것보다 그녀의 본질에 더 적합한 것으로 평가받았다. 포키스에 있는 성 루가와 시칠리아에 있는 성모 마리아를 표현하고 있는 모자이크화와 모든 호데게트리아 이콘은 신의 어머니를 표현한 비잔틴 도상학의 가장 훌륭한 예이다. 여기서 성모 마리아는 아주 소박한 규모의 상아와 동으로 된 부조들에서조차 웅장한 양식으로 표현되어 위엄 있는 모습을 보이고 있다.

그렇지만 아기 예수와 함께 있는 성모 마리아 주제는 다양하게 해석될 수 있었기 때문에, 곧 '유형'화된 도상들을 포기하지 않으면서도 더욱 친숙한 모습을 지닌 성모 마리아의 형식들로 되돌아왔다. 베네치아의 산 마르코 대성당 내·외벽 부조에서 볼 수 있듯이 신의 어머니가 다시 '인간
도 102 미'를 띠기 시작한 것은 9세기 후반경부터였다. 그때부터 그들은 뺨을 대고 아기 예수를 어루만지는 성모 마리아를 표현하기에 이른다. 그러나 이러한 제스처를 성모 마리아의 모정의 징후로 해석하게 된 것은 중세 말기의 일이었다. 그전까지 신의 어머니가 상기시키는 모든 것은 인류를 위해 아기 예수 옆에서 중재하는 성모로서, 그녀의 애정어린 몸짓은 단지 아기

29 엘레우사는 애무라는 의미로, 아기 예수가 어머니 마리아의 얼굴에 머리를 기대거나 손으로 마리아의 턱을 만지는 인간적 친근함을 느끼게 하는 유형의 성모상이다—옮긴이.

예수를 감동시키기 위한 것이었다.

기독교가 숭배한 테마로 가장 중요한 이 주제 외에도 아기 예수에게 젖을 먹이는 성모 마리아에 대한 도상을 통해 표현된 또 다른 테마가 있다. 이러한 형상들은 그리스도 육화를 시각화하는 데 사용되었다. 이 도상은 매우 오래된 것으로 이미 6세기 이집트의 바우이트와 사카라[Saqqara]에서 나타났다. 책의 첫 부분에서 이것이 문제가 됐던 것은 사람들이 그것이 아들 예수 그리스도에 대한 성모 마리아의 애정을 표현한 도상이라고 생각했기 때문이다. 그러나 미이에[G. Millet]는 단호하게 이러한 잘못된 해석을 거부했다.

중세 비잔틴 제국에서 이런 도상은 흔하지 않았지만, 인간들을 위해 중재하는 모습으로 나타나는 성모 마리아 도상은 수없이 많았다. 한편으로는 아기 예수와 함께, 혹은 아기 예수를 동반하지 않은 기도자상의 성모 도 96,
마리아에 대한 도상들이 있고(비잔틴에는 서너 개의 이형이 있다), 다른 한 102
편으로는 한 팔로 아기 예수를 안고 다른 팔로 아기 예수를 가리키는 자세를 취하고 있는 성모 마리아 도상들이 있다. 이러한 마리아 도상은 관례적으로 신의 어머니에게 바쳐진 비잔틴식 기도에 아주 잘 어울린다. "성모여 우리를 불쌍히 여기소서" 같은 기도문은 물론 그녀의 아들 곁에서 인류를 위해 중재하는 성모 마리아를 전제로 하고 있다.

그리고 다른 한편으로 비잔틴 도상 제작자들은 일상생활에서 참조한 이와 같은 도상들을 도식화하고 그 핵심적 특징을 견고하게 하여 마침내 도 89-95
엄숙한 성상으로 바꾸어놓았다. 그리고 바로 이러한 이콘들 중에서 오늘날 우리가 비잔틴 회화에서 가장 훌륭한 예들로 꼽고 있는 작품들이 나타났다.

이와 같은 신의 어머니로서 성모상과 짝을 이루는 단독상으로 된 그리스도 성상은 다소 경직되어 보이기는 해도 강력하고 때로는 우아하고 고상한 모습으로 표현되었다. 이 성상들 역시 성상파괴운동 이전의 도상적 표현에서 출발한 것이지만 고대 풍속화와의 공통점이 덜 나타나고 있다. 왜냐하면 그때까지도 그리스도는 서 있든 앉아 있든 간에 여전히 정면을 향해 부동의 자세로 있는, 전지전능한 존재로 다소 의도적으로 표현되어왔기 때문이다. 이렇게 로마의 황제처럼 통치자의 권좌에 앉아 있는 그리스도 도상은 이미 4세기 석관 부조에 나타나기 시작했다. 당시에는 이런 도상을 '코스모크라토르(우주의 창조자)' 라고 불렀지만, 그의 위엄 있는 모습이나 긴 머리칼과 엄숙한 아름다움은 중세 비잔틴의 '판토크라토르'[30]와 거의 구별되지 않는다. 판토크라토르의 이러한 도상은 확실히 로마 제국 말기의 코스모크라토르 도상에 의존하고 있지만, 중세 초기(8-9세기)의 도상 제작자들은 그 도상에 비잔틴식 판토크라토르를 상기시키는 그 무언가를 덧붙였다. 그들은 외형적 특징과 얼굴의 표정을 강조한 동시에 성부와 성자를 상기시킬 수 있는 형식으로 긴 머리칼과 수염이 많이 난 둥근 얼굴을 고안해내었다. 그들은 이를 통해 "나를 보는 사람은 나를 보내신 분을 보는 것이다" 같은 예수의 비유를 상기시키는 요한 복음서(12장 45절)의 유명한 구절을 따르고 있다고 생각했다.

도 90, 91, 92, 93 여기서 비잔틴 화가들은 인체와 얼굴의 육중함을 강조하고 있는데 이것은 특히 천상의 하느님 왕국에 대한 권능을 표현하는 교회의 원형 천장과 문의 반원형 상단 부분인 팀파눔에 있는 판토크라토르 개념에 적합한 것이었다. 판토크라토르 도상의 창조는 중세 비잔틴 도상학에서 가장 중요한 동시에 성공적인 것의 하나로, 오늘날까지도 그리스 정교 교회의 어느 곳에도 원형 천장에 이러한 도상을 표현하고 있지 않은 곳은 한 곳도 없다. 그리고 이탈리아와 서구의 수많은 성소에서도 그것이 앱스든 교회의 서측(서쪽) 정면 현관의 팀파눔이든 위엄 있는 그리스도 도상이 표현된 곳이면 어느 곳에서나 이것이 모방되었다. 비잔틴인들은 또한 흰 수염이 난

30 p. 235의 각주 27번 참조-옮긴이.

성부의 무릎 위에 앉아 있는 성자와 그들 사이에 혹은 성자 위에 성령의 비둘기가 함께 있는 모습을 표현하는 유명한 삼위일체 도상을 창조할 때 그 핵심적 요소로 이와 같은 특징들을 사용했다.

성상파괴 논쟁 이후 이콘이 복귀된 시대에 명확하게 규정된 그리스도 도 94, 95
의 다른 모습이 나타났다. 그리스도는 (서술적 장면 속의) '역사적' 그리스도, 청년 모습의 임마누엘-그리스도, 다니엘서에서 영감을 받은 태초부터 계신 이, (모든 직접적 재현에서 벗어나 있는) 성부의 대리자로 나타난다. 성모 마리아에서와 마찬가지로 엄격할 정도로 위엄 있는 모습과 장엄한 모습을 한 그리스도 도상은 12세기 말경 팔레올로그 왕조의 치세 하에서 모두 사라졌다. 이후 '인간화' 된 다양한 유형의 그리스도 성상은 인물의 내면 세계의 순간적 혹은 지속적 반영을 표현해낼 줄 아는 화가가 관찰하고 표현한 듯한 초상화를 연상시키게 되었다.

비잔틴의 교리가 성모 마리아와 그리스도의 비이성적 현존을 인정했던 것은 특히 성상과 그것에 대한 경배로의 복귀 이후 방금 그 특징을 열거
한 도상에서였다. 10-11세기에 증가하기 시작한 이콘과 대천사, 다른 성인 도 106-
들의 초상화도 여기에 첨가되어야 할 것이다. 필사본(시편, 삽화가 들어 있 109
는 예배의식에 관한 달력)에서든지 아니면 교회의 벽에서든지 간에 비잔틴인들은 기독교 신앙을 수호한 영웅들의 초상화 수를 늘려나갔다. 사도들, 순교자들, 증거자들, 주교들, 그리고 수도사들이 성서 사건을 상기시키는 것보다 우위를 차지했다. 비잔틴의 기독교 미술이 가장 훌륭했던 성자들에게 바친 초상화의 예를 보면, 다른 어떤 종교도 그것과 견줄 수는 없을 것이다. 이콘으로 표현된 성인들 초상화에 보이는 이와 같은 대중성은 분명 이 성인들에게 중재의 기도를 청원하는 관습과 연관이 있다. 이러한 관점에서 성인들을 표현한 이콘은 성모 마리아 이콘과 유사점이 많다. 성인들로 장식된 비잔틴 부적은 중재 기도에 관련된 이와 같은 이콘의 연장선상에 위치하는 것으로, 이에 대해서는 후에 다시 언급하게 될 것이다.

서술적으로 표현된 도상 분야는 그림으로 시각화된 재현물의 종교적 가치에 관한 비잔틴 이론의 영향을 거의 받지 않았다. 서문에서 이미 언급 했듯이 이 서술적 도상은 특히 복음서와 구약, 정경과 위경 혹은 성인 연구
도 111, 의 이야기를 따르려 애썼다. 고대 말기에 처음으로 시도된 이 묘사적 도상
112, 들을 구성하는 방식은 비잔틴 제국과 서로마 지역 등지에서 매우 유사한
113 형태로 나타났다. 물론 한 지역에서 다른 지역을 거치면서, 때로는 한 시대 에서 또 다른 시대로 넘어가면서 성서의 동일한 텍스트 삽화들을 조금씩은 다르게 해석했으므로 지역적 혹은 그 지방 특유의 도상은 이렇게 정착될 수 있었다.

가브리엘 미이에는 복음서에서 발췌된 대부분의 주제들과 관련된 중
도 114, 세 비잔틴 지역에 간직되어 있는 작품들을 묘사하고 분류하는 방대한 연구
115, 를 했다. 이 유명한 개인 연구 작업은 그 자료의 규모로 볼 때 놀랄 만한 것
116, 으로 박학의 모범적 예이다. 그러나 한편 이 존경할 만한 책을 참조할 때
132 우리는 복음서에서 발췌한 동일한 주제를 다르게 그린 삽화에서 거의 느낄 수 없거나 미미한 차이를 발견하게 된다. 그러므로 우리는 거기서 비잔틴적인 특이한 신학에 대한 확실한 반영이나 비잔틴 교회와 비잔틴 사회에서 있던 그 어떤 갈등의 반향도 찾아볼 수 없다. 그러나 분명 성지에서 고대 말기에 제작된 핵심적 내용과 비잔틴의 수많은 서술적인 도상학 형식들은 그 단순하고 균형 잡힌 도식의 놀랄 만한 견고성 덕분에 범세계적이고 지속적인 성공을 거두게 되었다.

오늘날 수태고지, 세례, 최후의 만찬, 십자가 처형, 무덤가에 있는 성녀들 같은 도상들에 비잔틴인이 부여한 특징을 누가 떠올리지 못하겠는가? 이러한 기독교의 역사적 도상에 대한 비잔틴 모델이 라틴 계통의 도상 제작자와 콘스탄티노플 천도 이후 기독교로 개종한 동유럽 국가에 수용되고 모방된 것은 중세였다.

모든 시대에 걸쳐 보편화된 이러한 명성은 교회의 의식, 특별하게는

한 해의 중요한 축제일 예배의식에 관계된 성서의 인물과 사건을 그림과 조각으로 표현하는 관습에 의해 크게 알려지게 되었다는 사실을 덧붙여야 할 것이다. 비잔틴 제국과 복음이 전해진 지역에서는 열두 개의 중요 축제일을 나란히 표현하는 특수한 형식이 나타났는데, 그것은 벽화뿐만 아니라 소규모 청동 이콘에서도 표현되고 있다. 이것은 고대에 처음 시작된 것이지만, 오늘날까지도 그 효력을 발생하고 있는 것은 중세의 구성이다. 도 114

성서에 관한 비잔틴 삽화들은 위에서 이미 언급한 원칙에 거의 충실한 상태로 남아 있다. 즉 비잔틴 삽화는 문제가 되는 사건의 도상학적 해석을 제기하고 신학자나 설교 저술가, 그리고 전례학자와 시인들이 제시한 모든 주석을 배제하고 있다. 그렇다고 비잔틴의 서술적 도상학에서 각기 다른 외형적 특징을 갖고 있는 이 도상들의 범주를 구별하지 않은 채 이처럼 일반적 고찰에 국한시키는 것은 잘못된 일일 것이다.

우선 가장 널리 퍼져 있는 삽화가 그려져 있는 복음서들을 살펴보자 (비잔틴에는 4대 복음서와 복음서 초록 혹은 독송집 같은 두 개의 다른 복음서가 있다. 첫 번째 복음서는 관례적 순서에 따라 그 내용이 마태오 복음서로 시작되며, 두 번째 복음서 초록에는 부활절에 읽혀지는, 요한의 가르침으로 시작하는 교회의식의 순서에 따라 내용이 적혀 있다). 도상학 형성의 관점에서 볼 때 삽화가 그려진 두 복음서 필사본 시리즈는 쉽게 정의할 수 있다. 먼저 정성들여 제작된 삽화가 있는데, 여기에는 소위 사건이라고 불리는 것 외에 주인공들을 둘러싸고 있는 가구, 건축물, 풍경 같은 모든 것을 보여주고 있다. 그리고 양피지 바탕에 직접 드러나는 소규모 만화 같은 장르가 있는데, 여기서 장면들은 최소한의 장식과 함께 연속적으로 표현되어 있다. 이 두 번째 장르는 11-12세기 비잔틴 제국에 이미 있던 전형적인 것으로 성서를 도상학적으로 완벽하게 창조해내려는 의지에 의한 것이다. 이와 같은 목적은 일견 달성된 것처럼 보인다. 그러나 자세히 보면 화가들이 도상학적 전통을 따라 완전하거나 명확하게 구술적 묘사를 하려고 노력하지 않았다는 사실을 확인할 수가 있다. 여기에 그 한 예가 있다. 삽화가 그려진 복음서 사본 중 가장 완전한 라우렌티아의 4대 복음서 6장 23절에는 예수 세례가 세 번 나타나고 있다. 물론 이것은 마태오 복음서(3장 16절-17절)와 마르코 복음서(1장 9절-15절), 루가 복음서(3장 15절-21절)에 언급된 만큼 세 번 형상화된 것이다. 그러나 서로 비슷한 이 세 도상은 분명히 당시 유행하던 도상학 전통에서 영향 받은 것으로, 언제나 삽화와 일치하는 성서 내용에서 영감을 받은 것은 아니다. 실제로 첫 번째 도상에는 마태오 복음서의 내용처럼 그리스도의 머리 위로 하늘과 비둘기가 나타난다. 그러나 마르코와 루가도 하늘과 비둘기에 대해 언급하고 있지만 (이 두 모티프의 중요성에도 불구하고) 화가는 그것을 표현하고 있지 않다. 그리고 세 복음서 저자들은 예수가 세례를 받은 다음 순간 하늘이 열리면서 나타난 비둘기와 하느님의 음성에 대해 언급하고 있는 반면, 관례적이고 오래된 도상학 전통에 충실한 세 도상은 세례를 받는 동안 요단 강 속에 서 있는 그리스도를 표현하고 있다. 물론 이것은 세부적인 것이지만 삼차원 공간뿐 아니라 시간도 무시하는 비잔틴 도상학의 전형적 모습인 것이다.

이와 같은 예를 찾는 것은 그리 어렵지 않다. 앞의 것만큼이나 유명한 다른 4대 복음서 필사본에서는 선한 사마리아인을 언급한 루가 복음서(10장 31절-32절) 구절 해석을 연속된 여러 도상에서 시도하고 있다. 그러나 같은 장면을 두 개로 나누고 있는 것으로 보아 이 필사본 도상 제작자는 해당 복음서 내용을 이해하지 않은 상태에서 이를 그리려 한 것 같다. 이 점을 지적했던 미이에는 거기에서 도상학 전통 계승에 대한 흥미로운 증거를 보았다. 반면 우리는 여기에서 도상학적 내용을 희생시키면서까지도 미적
도 115, 효과를 우선시한 것에 대한 설득력 있는 예를 발견하게 된다. 파리 4대 복
127, 음서 희랍어판(이하 파리 희랍어판) 74의 필사본 삽화들은 단조롭고 거의
129 표현적이지 않지만, 각 그림들은 그것이 위치한 페이지에 맞춰 적용되었기 때문에 미적 효과에 이바지하고 있다.

그러나 코덱스로 된 이 복음서에서 문제가 되는 것은 이야기 순서에 따라 단순하게 텍스트를 반영시키고 있는 삽화이다(사람들은 우리가 방금 상기시켰던 두 4대 복음서의 세밀화로 성서 내용을 등한시한 것을 설명할 수 있다고 생각했다. 때로 그 작은 크기에 대한 문제를 제기할 경우도 있었을 것이다). 그러나 복음서 텍스트들의 편차와 오역은 매우 아름다운 호화판 필사본의 몇몇 그림에서도 발견된다. 아주 정성스럽게 그려진 그 그림들은 필사본의 한 페이지 전체를 차지하기도 했다. 10세기의 유명한 시편인 파리 희랍어판 139에 있는 두 세밀화를 상기해보는 것으로도 충분할 텐데, 여기서 우리는 다른 그림에 할당되었거나 단순히 잊혀진 동일한 장면의 여러 요소들을 지적할 수 있다. 여러 세대에 걸친 고고학자들의 연구 작업을 통해 그와 같이(아마도 우리가 생각하는 것보다는 더 자주, 최초의 삽화가 심사숙고를 거쳐 더 완전하게 제작되었으며, 단지 그것으로부터 단편만을 취한 경우들에서) 서투른 솜씨를 야기했던 방식들이 밝혀졌지만 사람들은 중세 화가들의 지적 수준을 문제 삼기도 했다. 도상 제작자가 도상을 통해 독자를 지적으로 도와야 할 의무는 없었다는 것을 비잔틴의 과학 서적에 있는 데생으로 확인할 수 있다. 이 데생들은 그것들이 밝혀내려고 하는 문제의 기하학적 요인들을 무시하고 있다. 하지만 사람들이 더 이상 그 기능을 이해하지 못하는 이런 데생에 대한 참조는 분명 고대 과학 서적을 제작한 도상 제작자의 관례에서 유래한다. 사람들은 고대 도상 제작자들이 사용했던 방법을 찾아내려고 하지는 않았다. 그 제작자들이 처리하던 공간에 관한 고찰 외에 이들이 시도했던 것은 미학적 차원의 탐구였다. 도상 제작자들과 고객들에게 우선되었던 것은 도상적 내용인 의미상의 가치가 아니라 예술적 가치였던 것이다. 물론 이것은 '예술을 위한 예술' 같은 유미주의가 아니라 본질적인 것이라고 평가된 요인에 대한 것이다. 그리고 이것은 비이성적 종교에 대한 상기와 도상에 내용을 덧입힘으로써 그것을 이해하기 쉬운 것으로까지 끌어올리려는 탐미주의인 것이다.

복음서 삽화에 관해 방금 고찰한 내용은 여러 다른 호화로운, 훨씬 드물기는 하지만 상세하게 표현된 구약성서 도상 시리즈에도 적용된다. 이 필사본 중 몇 개는 구약성서 첫 부분의 여덟 권을 한데 엮어놓고 있고, 또 다른 것은 바티칸에 있는 유명한 여호수아의 작은 두루마리처럼 단 한 권을 제시하고 있는 것도 있다. 시편처럼 열왕기와 욥기에도 삽화가 있다. 물론 그중 몇몇 선지자들에 관한 것도 있지만 그것에 대해 단지 개별적 장면(신의 현현)이나 소규모 시리즈(삼손 이야기 등)같이 단편적 형태로만 남아 있다. 이 모든 것은 선지자들의 신의 현현에 대한 환영을 제외하고 전부 복음서 필사본 삽화와 유사한 제작 방식에 지배되는 서술적 도상들의 연속이다.

도 138- 성모 마리아 전기로 시작하는 성인들의 전기와 관련된 이야기일 때도
142 그 방법은 마찬가지이다. 성모 마리아와 예수 그리스도에 대해 그만큼의 애정을 가지고 표현한 위경이 얼마나 많았으며 허구적인 것에 대한 취향은 얼마나 대단했는지 모른다. 성모 마리아 이야기로 이루어진 위경의 몇 개의 장은 정경, 위경 구분 없이 더욱 대중적인 마리아 그림과 그 에피소드를 상기시키는 이콘으로 정경인 복음서를 보충하고 있다.

도상학에 대한 구조적 관점에서 볼 때, 우리는 거기서 자연스럽게 복
도 143- 음서에 관한 도상과 똑같은 방식과 기독교보다 앞선 고대의 '전기적인' 이
149 미지와 관련된 기억을 끄집어낼 수 있다. 니콜라스 디미트리오스나 게오르기우스 같은 가장 인기 있는 성인들의 삶에서 영감을 얻은 시리즈는 같은 도상 계보에 속한다. 순교 성자력과 다른 예배의식에 관한 달력에 표현된 그림들은 각 성인의 자연적 혹은 격렬한 죽음을 형상화하는 것으로 만족하고 있는데, 여기서도 역시 비슷한 주제를 다룬 로마의 도상 구조가 사용되었다.

하지만 반드시 이들의 생애에 상응되는 텍스트를 동반하지 않는 성도전 도상학과 관련된 도상의 카테고리는 특별히 언급되어야 한다. 우리는

이 그림들이 중요한 책의 삽화로 들어 있기 때문에 관련된 유명한 두 예를 인용하고자 한다. 그것은 여백에 삽화가 그려져 있는 시편으로, 성상파괴주의자의 악행과 성상숭배의 용감한 옹호자를 동시에 보여주는 몇몇 장면들이 되풀이되어 나타나고 있다. 반면 나지안주스의 그레고리우스가 쓴
아름다운 설교집은 다른 소규모 역사적 장면들로 장식되어 있다. 이 성인 도 159
의 이야기는 테오도시우스 1세[31]의 종교 정치와 밀접하게 연결되어 있으
며, 이 설교 저술가는 배교자 율리아누스[32] 시대의 활동과 사건을 상기시킨 도 142
다. 따라서 이 구절에 대한 삽화는 4세기 말 위대한 역사의 중요한 실제적 사건들을 상기시킨다.

이는 위에서 잠깐 언급된 이 시리즈를 축약한 작품이나 복음서에서 발췌한 것이다. 그러나 이것은 한 해의 예배의식과 관련된 축제를 상기시키기 위해 선택되고 집결된 것으로, 수많은 복제품이 생겨난 역사적 장면을 다룬 작품이며, 복음서 삽화로 숫자상 모든 다른 비잔틴의 서술적 작품을 능가했다. 이와 같은 축제 시리즈는 모방하거나 알아보기 쉽고 제작하기도 용이한 도상으로 발전하면서 전 기독교 국가로 확산되어 정착되었다. 가장 '비잔틴적'인 방법으로 제작된 작품을 거론하는 것은, 다시 말해 미
술의 가장 전형적 방식들 중 몇 가지를 참조해 착상된 것은 그리 분명치 않 도 114
다. 오히려 개별적으로 사용된 장면이 비잔틴 양식의 도상 중 각 기독교도 도 116
에게 가장 친밀한 도상들이었다. 여기서 우리는 예수 탄생에 관한 도상을 떠올리게 되는데, 이 도상에는 언제나 다소 좌우대칭으로 보이는 낮은 언덕이 있는 풍경을 보여준다. 그 산허리 안쪽 전면의 동굴에는 누워 있는 성모 마리아와 구유 속의 아기 예수, 당나귀와 소가 있다. 언덕 아래쪽에 대

31 395년 세상을 떠나면서 그의 맏아들 아르카디우스에게 로마 제국의 동반부를, 그리고 둘째 아들 오노리우스에게는 서반부를 나누어 주어 이후 로마 제국의 양분을 초래했다-옮긴이.

32 로마 제국 시대 골[Gaule] 지역, 즉 현재 프랑스의 총독이었는데 360년 그의 군사들이 그를 황제로 추대했다. 로마 제국의 이교적인 황제 숭배의식을 다시 부활시키고자 한 황제이므로 배교자라는 별칭을 갖게 되었다-옮긴이.

칭을 이루고 있는 두 장소 중 한쪽에는 요셉이 앉아 있고, 다른 쪽에서는 아기 예수의 목욕이 진행되고 있다. 때때로 돌투성이인 언덕 가장자리에 목동들과 양떼가 나타나고, 이들의 맞은편에는 동방박사들이 아기 예수를 향해 나아가고 있는 한편 별의 인도를 받으며 하늘에서 날고 있는 천사들은 새로 태어난 아기에게 경배하고 있다. 모든 그림들이 반드시 이러한 내용을 형상화하고 있는 것은 아니지만 우리는 언제나 한 그림에 집결되어 있는 예수 탄생 이야기에 대한 여러 에피소드를 보게 된다. 4대 복음서의 서술적 삽화에는 그 에피소드들이 순서대로 재현되어 있는 반면, 여기서는 단 하나의 구성 속에 집결되어 있다. 우리는 보다 명백하게 실제적 시간과 공간에 개의치 않고 그것들을 과감하게 삭제하면서 이야기가 개별적으로나 연속적으로 묘사해야 하는 인물과 행동을 유일하고 영속적인 사건처럼 제시하는 중세 비잔틴 도상 제작자들의 경향에 대해 알게 된다. 그리고 이러한 비이성적 단일성은 결국 이런 도상의 궁극적 목적인 성스러운 사건들의 현존성을 영원히 확보하게 해준다.

이러한 서술적 텍스트의 비잔틴 삽화는 단지 줄거리만을 따를 뿐, 도상을 통한 이 텍스트의 주석이나 해석을 반영하고 있지 않다. 그들은 문제가 되는 사건에 대한 구술적 주석을 직접 표현하는 도상들을 창조해야 한다고 생각하지 않았고, 때로 그러한 주석에 대한 암시를 발견할 수 있는 방법을 관객에게 넌지시 일러주면서 오직 그 사건만을 형상화시키고 있다. 그러나 이와 같은 미묘한 방식은 관객의 관심에서 벗어나버릴 위험이 있기 때문에 거의 사용되지 않았는데, 다음의 9세기와 12세기에 제작된 두 작품이 이에 대한 좋은 예일 것이다. 구약과 신약의 사건들을 시각화한 파리 희랍어판 필사본 510에 있는 나지안주스의 그레고리우스 설교집 삽화는 관례적인 서술적 시리즈에서 끌어온 도상을 모방해 성서의 본문만을 따르고 있다. 그러나 이 세밀화의 주제는 설교 저술가가 표현한 생각과 관련해서 선택된 것이어서 조예 깊은 관객에게는 설교 내용을 회화적으로 표현한 주석의 가치를 지니게 된다. 코키노바포스의 야코부스Jacobus de Kokkinobaphos(바 도 137,
티칸 희랍어판 1162 ; 파리 희랍어판 1208) 설교집의 두 필사본 도상 제작 149
자에게서도 유사한 방식을 목격할 수 있는데, 그들 역시 성모 마리아의 이야기에서 끌어온 사건과 설교 저술가가 인용한 묘사적 사건을 상기하는 것에 만족하고 있다. 그러나 여기서도 마찬가지로 통찰력 있는 관객은 이 서술적 삽화들이 실제로 신학자들의 신학적 발전과 함께 이미지로 표현된 설교로서 주석을 구성하고 있기 때문에 그 설교집에 포함되었다는 것을 알아차린다.

코키노바포스의 야코부스 수도사의 설교에 대한 이 삽화들은 설교 내용과 긴밀히 관련된 일련의 장면을 제공하고 있다. 그러나 때로 화가는 성모 마리아의 생애에 관한 에피소드 위나 옆에, 구원 사업이 시작됨을 알고 기뻐하는 천사들, 수태고지 후 하늘로 돌아온 가브리엘 천사, 삼위일체의 세 인격을 위한 천상의 옥좌 같은 천상의 장면들을 제시하기도 한다. 천상에서 진행되는 이야기를 담은 이 그림들은 성모 마리아의 일생을 통해 독자들에게 그녀가 주인공으로 등장하는 사건들의 심오한 의미, 다시 말해 성모 마리아의 행위에 감추어진 신비스러운 사실을 이해시키려는 의도를 갖고 있다. 이 유명한 세밀화에서 우리가 지적하고자 하는 것은 무엇보다도 (설교 저술가가 아니라) 도상 제작자의 의도에 따라 채택된 것으로 보이는 상호 보완적 도상으로 이루어진 두 시리즈 방식을 사용하고 있는 점이다. 비록 어떤 장면들은 보이지 않고 비이성적인 천상의 세계에서 진행되고, 다른 장면들은 지상의 물질적 세계에서 진행되기는 해도 같은 페이지에 같은 방식으로 구성되고, 같은 서술적 스타일로 취급된 도상들의 두 시리즈라는 것을 지적하려는 것이다. 다시 말해 이 도상들을 그려낸 도상 제작자들은 감지되거나 인지될 수 있는 주제들에 관한 묘사적인 비잔틴 도상학 원칙에 충실하다는 것이다. 이야기의 주석을 삽화로 다는 일은 없으며, 만약 서술적 외관을 지닌 도상이 어떤 신학적 사변을 암시하고 있다고 해도 이 사변들은 단지 이야기의 정상적인 도상학적 형식들에 대한 가벼운 수정을 가하기 위해서만 표명되는 것으로, 오직 그 내용을 알고 있는 사람들에게만 나타날 수 있다. 이것이 바로 전형적인 비잔틴의 신학적, 교훈적 고찰 기술에 의한 해석 방법이다(이름가르트 후터Irmgard Hutter).

설교 저술가의 생각을 도상에 반영하고자 하는 도상 제작자의 독특한 태도는 설교집 외에 시집에도 나타난다. 우리는 특히 정경에 포함되어 있
도 112, 을 뿐 아니라 교회의식과 대중의 개인적 신앙생활에서 복음서만큼이나 중
113 요한 자리를 차지하는 시편에 대해 생각해보려고 한다. 시편에는 흔히 삽
도 111, 화가 풍부하게 들어 있으며, 현재 알려진 다른 판본의 시편은 교회의식에
156, 서 이 시편이 갖는 중요성을 확증해준다. 다윗 왕의 기도로 여겨지는 시편
161 은 151개의 시로 이루어진, 말 그대로 시집이다. 따라서 비잔틴인들이 흔
히 텍스트 삽화에 적용했던 묘사적 도상이 이와 같은 조건 속에서는 가능하지 않았다는 사실은 명백하다. 이러한 어려움을 의식한 어떤 호화판 시편의 편집자는 저자인 다윗 왕의 삶만을 삽화로 그려내는 것에 만족했다(예를 들어 베네치아의 바실레우스 2세의 시편과 소위 귀족적이라고 불리는 모든 시편들).

시편 자체를 삽화로 그리는 데 있어서 텍스트가 성서의 사건을 공개적으로 드러내느냐 혹은 암시적으로 드러내느냐에 따라 서술적 도상을 사용하는 방식을 각각 달리해야 했다. 그러나 이 방식은 거의 적용되지 못했다. 그래서 그들은 이 서술적 도상과 작가의 초상화를 작품 서두에 놓는 옛 관습을 따라 다윗 왕의 수많은 초상화를 결합시켰다. 그러나 그들은 비잔틴의 관례를 과감히 포기하면서 오직 기독교의 주석학자들만이 예견할 수 있었던 각 시 구절에 해당하는 주제—십자가 처형, 수태고지, 예수 승천 등—만을 보여주었다. 이는 일반적으로 비잔틴 사람들이 체계적으로 회피하던 주석적 도상이었다. 이러한 주석적 도상 또한 성서와 무관한 주제를 상기시킬 수 있었고, 성도전의 이야기와 비잔틴 교회의 최근 역사에서도 주제

를 빌려올 수 있었다는 사실을 명시해두자.

설교에서 빌려온 예시에 상응하는 이러한 종류의 몇 가지 분명한 예들은 언제나 신학자들의 독창적인 논거에 의거하지 않고 교회의 통상적 예식을 위해 끌어왔기 때문에 모든 사람이 알고 있는 인용문에 의존하는 주석적 도상의 실제적 참조 방식을 짐작하게 해준다. 9세기의 가장 오래된 시편 이래 여백에 삽화가 그려져 있는 모든 비잔틴 시편은 이 주석적 도상의 예를 보여준다. 그중 특히 콘스탄티노플의 스투디오스[Stoudios] 수도원에서 1066년에 필사된 시편을 대표적인 예로 들 수 있다(대영박물관, add. 19.352).

시편 21편 17절에서 19절까지의 구절은 십자가 처형을 포함한 그리스도 수난에 관한 세 에피소드를, 시편 28편 3절은 그리스도의 세례를 다루고 있다. 그리고 시편 25편 4절과 5절의 삽화는 성상파괴주의자들, 다시 말해서 거의 동시대의 이교도들의 악행을 상기시키고 있다. 마지막으로 다른 곳(시편 24편 10절과 13절, 26편 12절 등)에서는 시편 저자의 생각과 부합하는 듯한 성인들과 그들의 생애와 관련된 사건들이 상기되어 있다. 라틴의 것과 유사한 비잔틴의 주석적 도상은 단지 여백에 삽화가 그려 있는 시편에서만 행해졌고 비잔틴 도상학의 근본적 원칙을 변형시키지는 않았다. 주석에 대한 삽화를 받아들인 그리스적 태도 간의 차이를 더 명확하게 하기 위해서는 방금 인용한 시편 1066과 파리 희랍어판 74 같이 서로 거리를 보여주는 작품들을 거론해야 한다. 그리고 이것들은 동시대의 작품이며 십중팔구 당시 비잔틴 제국의 수도에서 가장 중요한 수도원이었던 스투디오스 수도원 작업실에서 제작되었다는 사실을 덧붙여야만 할 것이다. 그곳에서는 모두 황제의 훌륭한 정치에 대해서 매우 잘 알고 있었고, 적극적으로 후원했다. 두 필사본의 몇몇 그림에는 이와 같은 상황이 잘 반영되어 있다. 이 그림들은 나름대로 성 소피아 성당과 함께 콘스탄티노플이라는 도시가 새로운 예루살렘임을 선포한다. 그리고 비잔틴 인근 지역을 선교하는 것이 사도들의 사역을 연장하는 것이라는 생각을 받아들인다. 동시에 주석적 도상은 최고 통치자인 동시에 성직자인 비잔틴 황제가 갖는 이중적 신분을 규정하는 데 설득력 있는 출발점으로 사용된 시편이나 혹은 복음서에서 의도적으로 벗어나고자 한다.

그 점에 있어서 라우렌티아 복음서 6장 23절과 파리 희랍어판 74와 거의 동시대 것인 4대 복음서 속에서 찾을 수 있는 루가 복음서 3장 23절부터
도 115 38절에 의거한 그리스도의 조상들에 관한 도상은 매우 교훈적이다. 첫 번째 복음서는 텍스트를 따르고 있으며 이 이야기처럼 예수의 사십 명의 조상을 세 그룹으로 나누어 보여준다. 반면 우리가 방금 '황실'의 개입을 지적한 두 번째 복음서는 두 줄로 겹쳐진 인물들을 상상하게 한다. 첫째 줄은 '이에레이스[iéreis]' 혹은 성직자라는 단어로 지시되는 전설의 천국과 그 주민들이 있고, 아랫줄에는 다윗 왕 주위에 '바실레우스' 혹은 왕이라고 지칭되는 인물들이 모여 있다. 이것이 바로 비잔틴의 최고 통치자가 지닌 권력의 두 양상이다.

이렇게 도상을 통한 주석 장르는 황제나 왕의 공식 초상화를 제외하곤 거의 나타나지 않는데 이것은 중세 비잔틴 기독교 도상학의 가장 특징적인 경향 중 하나이다. 중세 비잔틴 양식을 정의하는 데 매우 중요한 이러한 궁정과의 접촉은 기독교 도상학의 일반적 진행 방향에도 영향을 끼쳤다.

전체적으로 서술적 텍스트에 대한 비잔틴 삽화는 텍스트 내용을 따르는 데 만족하며, 초대 교부들에 의한 주석과 설명을 직접적으로 반영하는 것은 거부했다.

중세 말기를 제외하면 완전히 새롭게 창조된 도상은 매우 드문데, 이런 도상학적 혁신의 예는 이후에 소개하게 될 것이다. 그때까지 도상 제작자들은 보통 이사야, 에제키엘, 다니엘, 엘리야 등의 신의 현현을 본 선지자들의 환영에 대한 도상 같은, 성상파괴운동 이전에 창조된 도상적 모델을 유지하는 데 만족했다. 그들은 이 도상들을 다시 취해 그 디테일을 단순

화시키고 환영을 보는 사람의 모습을 삭제했다. 위에서 언급했듯이 성모 마리아에 관한 도상이나 복음서의 몇몇 장면에서처럼 중세는 고대에서 물려받은 도상학적 자료를 도식화하고 단순화시켰다. 이러한 수정 작업은 도상의 진짜 주제를 즉시 알아볼 수 있게 하는 동시에 더욱 추상적 외양을 부여하는 데 기여했다.

비록 성상파괴운동 이전에 이미 초보적 형태가 존재하긴 했지만 비잔틴 도상 제작자들의 실제적인 창조적 노력의 대가로 돌려야 하는 두 가지 유형의 도상이 있다. 그것은 데이시스Déisis와 최후의 심판으로, 이는 비잔틴 미술에서 전형적 결합인 황제의 궁정 미술에 의거하고 있음에 틀림없다. 데이시스(혹은 '기도')는 일반적으로 옥좌에 앉아 있는 그리스도의 좌우에 앉아 기도하고 있는 성모 마리아와 세례 요한으로 되어 있다. 예수 그리스도, 세례 요한, 성모 마리아 등으로 구성된(때로 같은 기도 자세를 취하고 있는 대천사들과 성인들이 보충되는) 이 도상은 중세 비잔틴 도상학에서 중심적 위치를 차지했다. 위에서도 그랬듯이 이 도상에서도 고관들이 옥좌에 앉은 군주에게 탄원하고 환호하기 위해 주위에 몰려드는 궁정의식의 영향을 볼 수 있지 않을까? 어쨌든 데이시스의 그리스도는 군주로서 옥좌에 앉아 성모 마리아와 세례 요한의 탄원을 받고 있다. 그렇다면 그것은 성모 마리아와, 세례 요한을 그 대열의 우두머리로 하는 성인들의 중재를 요구하는 비잔틴인들의 항구적인 신앙심에 대한 테마와 관계 있다(미사 때마다 드리는 봉헌미사 기도의 예). 우리는 위에서 성모 마리아에 대한 비잔틴 도상학은 예수 곁에서 중재하는 신의 어머니라는 테마에 우선권을 둔다는 사실을 보았다. 데이시스도 같은 테마를 확대한 것이며, 바로 이것이 데이시스 예배의식에 관한 것이나 신앙심에 대한 비잔틴의 다양한 방식과 결합되어 나타나는 이유이다. 사람들은 지상에서의 행복을 위한 기도를 상기시키는 데이시스를 집과 교회 출입문과 필사본 첫머리, 그리고 반지에 복제했다. 그러나 내세와 영혼의 구원을 위한 기도도 문제가 될 수 있었으므로 데이시스는 장례식이 거행되는 교회의 장식에 속하게 되었고, 최후의 심판에 대한 더욱 발전된 도상들을 대신하게 되었다. 중세 비잔틴의 모든 최후의 심판도에는 데이시스의 세 인물, 즉 성모 마리아와 세례 요한, 그들이 호소하고 있는 대상인 심판자 예수 그리스도가 포함된다.

최후의 심판에 대한 중세 비잔틴 도상은 매우 복잡한데, 그것이 확립된 것은 테살로니키에 있는 칼키스인[tôn chalkeôn] 성모 교회의 벽화, 시나이산에 있는 두 이콘, 그리고 파리 희랍어판 74의 두 세밀화와 같은 11세기 회화를 통해서였다. 최후의 심판에 대한 도상이 결정적으로 확립된 시기를 이 시대 혹은 조금 앞선 시기로 보는데, 왜냐하면 11세기 이후 이 웅장한 도상이 더욱 풍부해지고 완성되어 11세기에 최후의 심판을 상기시키기 위해 집결된 모든 요소와 일반적 구조를 보존하게 되었기 때문이다. 그러나 11세기 당시에 완성된 것은 단지 오래된 도상학적 요소들을 한자리에 모아 정리한 것에 불과했다. 그중 어떤 것들은 9세기 이전의 기독교 회화와 조각을 통해 알려져 있는 반면, 최후의 심판의 구조 자체는 오래된 이 도상의 흔적을 그대로 간직하고 있다. 우리는 이와 같은 예로서 중세 비잔틴 작품에 나타나는 기발하고 예외적으로 중첩된 도상을 떠올려볼 수 있다. 중세에 고대 말 서구 로마 제국이나 비잔틴 제국에서 승리를 표현하는 미술에 사용했던 방식을 사용한 것은 오직 최후의 심판 도상뿐이다. 콘스탄티노플에서조차 아르카디우스 황제의 원주 하단 부조는 이런 종류의 구
도 37, 성의 좋은 예가 된다. 이 구성은 6세기 최후의 심판 때 죽은 자의 부활을 상
37 bis 기시키는 '기독교 지형도'의 한 구절을 삽화로 제작한 코스마스 인디코플레우스테스[Cosmas Indicopleustes]가 사용하였다. 이 화가는 우주를 단면으로 상상하고, 그 안에 천상의 하느님과 천사들, 살아 있는 사람들과 부활하는 죽은 자들을 겹쳐진 모습으로 표현했다. 이것은 우주에 관한 도상학에서 빌려온 도상학적 도식이며, 똑같은 보편성을 열망하는 최후의 심판도에서 정확하게 제 위치를 차지하고 있다. 중세 비잔틴 도상학은 최후의 심판을 위해

중앙의 수직축을 중심으로 모여 겹쳐져 있는 도상 그룹을 제시하면서 예외적으로 오래된 구조를 사용했다. 그것은 아르카디우스 황제의 원주 하단 부조와 코스마스 인디코플레우스테스의 그림에서도 마찬가지였으나, 중세 비잔틴에서 최후의 심판을 그린 도상 제작자들이 결합시킨 도상은 이와 같은 구조를 따르면서도 독특하고 새로운 구성을 지녔다. 이와 같은 최후의 심판도 화면 상단에는 12사도에게 둘러싸인 그리스도가 주재하는 재판의 재판관들이 있는데, 이들은 모두 나란히 놓여 있는 옥좌에 앉아 천사의 호위를 받고 있다. 그리스도의 발아래에는 골고다의 십자가가 있고, 그 십자가 앞에는 아담과 이브가 무릎을 꿇고 앉아 있다. 이것은 그리스도의 사역에 의한 구원의 완성, 즉 그리스도의 십자가에서의 죽음이 최초의 인류가 지은 원죄를 씻어냈다는 의미이다. 한편 개개의 인간이 각자 심판을 받는 최후의 심판 날에는 영원히 죄에서 면죄되거나 혹은 유죄 선고를 받기 전에 모두 심판관들 앞에 출두해야 한다. 여기서 비잔틴 양식의 최후의 심판도는 그리스도와 사도들 앞에 출두하는 사람들을 보여주고 있는데, 한결같이 판결이 내려지기 전의 장면, 즉 선택될 자들과 저주받을 자들이 함께 있어야 하는 순간의 장면을 무시하고 있다. 도상학자들은 심판을 상징하는 장면으로 천사가 영혼의 무게를 저울에 다는 장면과 저울 테스트를 통과한 후 그리스도에 의해 받아들여지거나 거부당하는 사람들을 나란히 표현하고 있다. 선택된 첫 번째 사람들의 승리를 도상학적으로 기념하는 두 가지 방법이 있다. 우선 그들은 비잔틴의 성자전 작가들이 선별해놓은 성인들과 동일시되어 기도하는 자세로 그리스도를 향해 팔을 든 채 열을 지어 나아가는 모습으로 나타나거나 영혼이 아이들의 모습으로 대체되기도 한다. 그들은 아브라함과 이삭, 그리고 야곱의 품 안에 안기며, 천국의 정원 속을 노닌다. 천국에서 옷을 입고 있는 것은 족장들과 성모 마리아뿐이다. 이곳에는 또한 그리스도와 함께 십자가에 못 박힌 회개한 도둑도 있고, 천국의 문 밖에는 성 베드로가 서서 모여드는 성인들을 받아들이고 있다.

의인들과 관련된 모든 것들은 그림의 왼쪽(그리스도의 오른쪽) 부분에 나타난다.

반대로 그 웅장한 구성의 오른쪽(그리스도의 왼쪽) 부분 전체는 버림받은 자들에게 할당되어 있다. 선택받은 사람들과는 반대로 그들은 바울로 사도에 의해 인도되어 심판관을 향해 걸어간 다음, 창을 가진 작은 악마들에 의해 밀려 그리스도의 옥좌 아래에서 솟아오르는 불길로 떨어진다. 그들은 의복을 포함해 지상에서 가졌던 신분을 그대로 간직하고 있다(그들은 때로 자신의 이름을 불길 밑바닥에 써넣으려고 애쓴다). 저승의 왕 하데스가 한가운데 군림하며, 죽은 자들의 부활도 이 부분에서 나타나고 있다. 거기에는 특히 죽은 자들이 부활할 때 다시 복원되어야 하기 때문에 삼켜버린 인간들의 사지를 토해내고 있는 짐승과 괴물의 끔찍한 광경이 표현되어 있다. 마지막으로 선택받은 사람들의 영혼이 있는 천국의 정원과 대응하는 지옥이 기이한 형태로 나타난다. 이 지옥은 검은색과 붉은색의 일렬로 구획된 직사각형이나 영원한 형벌에 처해진 사람들의 해골과 뼈가 보이는 독방으로 되어 있다. 천국의 선택된 영혼들처럼 이 형벌에 처해진 사람들도 똑같이 익명인데, 지상에서의 신분은 더 이상 존재하지 않는다.

요컨대 중세 비잔틴 제국에서 제작된 웅장한 최후의 심판 도상은 단지 성서의 묘사적 텍스트를 반영한 도상학에 머물렀을 뿐, 신학자들의 주석을 참조하지는 않았다. 이러한 주석에 대한 참조는 비잔틴 제국이 몰락하고 근대가 시작된 이후에야 나타나게 된다. 그러나 중세 서구의 최후의 심판 도상 내용을 중세 비잔틴 도상의 다른 양식들과 구별해주는 점은 성서의 다른 텍스트에 대한 삽화를 하나의 이미지 속에 결합해놓은 데 있다. 바로 이 점이 우리가 신학자들의 주도를 인정하게 하는 요소이다. 그들은 분명히 중세 초기보다는 고대 말기에 활약했던 신학자들이었을 것이며, 그들의 공헌은 도상학적으로 해석되어야 할 주석을 제공하는 것이 아니라 비교를 통해 최후의 심판을 예감하게 해줄 다양한 텍스트를 선택한 것에 있다. 그들 중 4세기 말의 저자인 시리아인 에프라임Saint Ephraem을 예로 들어볼 수 있다. 최후의 심판에 대한 11세기의 한 그림에 대한 묘사를 생각나게 하는 텍스트 중 하나가 그의 것이라고 알려져 있다. 시간적으로 먼 시대에 이러한 종류의 작품이 존재했다는 것은 확실하지 않다. 그러나 하나의 도상에 최후의 심판에 대한 여러 다른 요소가 결합되어 있는 에프라임의 텍스트는 비잔틴 양식의 최후의 심판도의 여러 다른 요소가 도상보다 몇 세기 전에 살았던 시인과 신학자의 시각에 근거하고 있음을 가정하고 있다.

비잔틴 양식의 최후의 심판 도상도 예외는 아니었고, 그것 또한 쓰인 텍스트의 반영일 수 있다. 그러나 이 도상은 그것이 신의 섭리에 대한 역사의 한 에피소드를 상기하고자 하는 것이 아니라, 최후의 심판 주제를 해석할 수 있도록 한데 모아놓은 특별한 장면들을 상기하는 데에 따라 개별적으로 떨어져 있다. 이것은 우리가 비잔틴 도상 제작자들의 습관적 표현 방법을 더 잘 이해하게 해준다. 여기서 우리는 한 번 더 비잔틴 양식의 도상이 시간과 공간 개념에 대해 무관심하다는 것을 느끼게 된다. 사실 나열된 장면들은 시간상 차례대로 연결되지 않는다. 재판소와 그 앞에 끌려온 죄인들, 그리고 천국과 지옥 장면은 동시에 나란히 표현되어 있는 데 반해, 심판과 심판의 결과 같은 장면들은 바로 앞뒤로 이어져 표현되고 있으며, 재판관 앞에서 의인을 대신하는 성인들이나 불구덩이 속에 있는 악인들, 그리고 지옥에서 형벌을 받는 자들은 도상으로 암시되고 있지 않다. 마지막으로 독립적인 모티프로 구성된 웅장한 십자가 앞의 아담과 이브, 천국의 문 앞에 있는 선택된 사람들과 같은 에피소드에서는 시간 개념뿐만 아니라 공간감도 나타나지 않는다. 도처에서 볼 수 있던 것과는 반대로 고대나 비잔틴 도상에서 상하좌우와 같은 장면의 위치와 각 장면들 간의 통로는 아무런 의미도 없다. 이러한 위치들은 단지 비이성적 공간과 일치하는데, 이 공간은 가치들이 지니는 등급에 따라 규정된 도덕적 관계에 종속된다. 즉 심판관은 장면 상단에만 재현되며 구성상 곁에 놓인 오른쪽과 왼쪽은 자신들도 모른 채 서로 닿아 있다.

최후의 심판 도상의 역사적 발전 단계는 명확하게 드러나 있지는 않지만 이 도상은 그 중세적 형태로, 한편으로는 묘사적이고 다른 한편으로는 추상적이고 비이성적인 비잔틴 종교 도상의 특성에 대한 특별한 예를 제공한다. 이와 같은 내용의 첫 번째 것은 명백하게 제시되어 있지만 두 번째 것은 이 분야에 대해 어느 정도의 상식을 가진 사람들만이 알아볼 수 있다.

비잔틴 도상학의 영역은 중세 말경에 이르러서야 확장되었다. 이때부터 비잔틴 도상 제작자들은 비잔틴 전통의 기본적 원칙, 즉 모든 주석을 제외하고 성서에 의해 제공된 테마만을 다룬다는 규칙에서 멀어지기 시작한다. 그 징후들은 예를 들어 키예프의 성 소피아 성당 모자이크화와 오흐리드의 성 소피아 성당 벽화와 (예루살렘의 그리스 정교 총대주교의) 예배의식에 관한 두루마리 삽화 같은 11세기 중반의 작품에서 나타난다. 이 모든 도상에는 예수 그리스도가 사도들에게 행하는 성체배령 혹은 비잔틴 미사에서 '대입당' 장면에 나타나는 사제 의상을 입은 천사들의 모습이 자유롭게 도입되는 등 교회의 미사를 상기시킨다. 그때까지 도상에는 예수와 사도들만이 나타났다. 교회의 사제들을 천사들로 대체한 이러한 장면은 어떻게 보면 그 장면에 주석을 단 신학자들이 오래전부터 상상했던 것으로 (모프수에스티아의 테오도루스Theodorus de Mopsuestia, 5세기), 사제에 의해 지상에서 거행되는 예배의식은 천사들이 하늘에서 거행하는 예배의식의 반향 또는 모방이라는 사실을 의미한다. 그런 식으로 서술적이기만 했던 기독교 도상은 점차 신학자들의 교리상의 사변의 영향을 받아 도상이 곧 주석이라는 등식으로 옮겨가게 된다.

그러나 그것은 단지 시작이었을 뿐 성서적 사건에 대한 묘사를 넘어서는 도상학의 첫 시도들은 그리 흔하지 않았으며, 게다가 13세기 이전에 나타난 예들은 아주 예외적인 것이었다. 이런 시도가 늘어나 비잔틴 도상학의 레퍼토리를 풍성하게 만드는 데 이바지하게 된 것은 13세기와 14세기의 팔레올로그 황제들 시대부터였다. 중세 말기에 있었던 기독교 도상학 분야의 이와 같은 확장은 이 시대 비잔틴 작품이 지니는 독창성의 가장 명백한 특징들 중 하나로 간주된다. 그러나 그 확장은 두 가지 다른 방식으로 나타났다. 도상들은 더욱 탁월한 감수성을 보이는 한편 감수성이 도상에 반영된 것을 보려는 욕구에서 배양된 상세한 이야기 취향 덕분에 새로워졌다. 이러한 취향은 성모 마리아와 예수 그리스도의 유년기에 대한 작품이나 성인들의 생애나 순교를 묘사하는 작품 가운데 공공연하게 표명되었다. 그 당시 사람들은 서술적 영역을 버리지 않으면서 극적이고 감동적이며 생생한 주제들을 매우 높이 평가했다. 그렇게 때문에 이러한 취향은 곧 기독교 도상학에 반영되었다.

그러나 그들은 신의 섭리에 의한 역사적 사건 묘사를 뛰어넘는 도상을 창조하고, 시인들의 비전을 통해 신학자의 주석을 상기시키는 다른 도상을 창조해 기독교 도상학을 더욱 풍성하게 했다. 상징적으로 신적 지혜를 보여준다거나 혹은 아카티스토스 찬미가Akathistos Hymn[33]나 성탄 트로파리온Troparion[34] 같은 성모 마리아에 대한 찬송을 상기시키는 유명한 작품이 바로 그 예다. 그들은 고대 말기 도상 제작자들(어쩌면 알렉산드리아의 도상 제작자들)이 한 몇몇 시도 외에 전통적으로 서구의 도상 제작자들이 선택했던 길로 들어서면서 관례적인 비잔틴 도상학의 영역에서 확실하게 벗어났다.

고대 말기에 이와 같은 이미지-표명은 역사적 인물이나 사건을 보여 도 153

33 아카티스토스는 희랍어로 서 있다는 의미로, 사순절 예배 때 서서 부르는 24절로 된 자비와 보호의 마리아에게 바쳐진 송가이다. 전반부 12절은 그리스도의 강생과 유년기를 다루고, 후반부 12절은 하느님과 마리아를 찬미하는 것인데, 이중 마지막 부분은 성모님께 대한 찬미로 되어 있다. 이 아카티스토스 찬미가는 동서방 교회 어디에서나 널리 애용되었다. 그 유래는 626년경 콘스탄티노플이 포위되었을 때 총대주교가 이 도시를 마리아께 봉헌하고 기도했는데, 마침내 승리를 거두게 되자 이 찬미가를 지어 승리를 노래하며 감사드렸다는 데서 찾을 수 있다-옮긴이.

34 트로파리온이란 짧은 시가로 된 비잔틴 성가를 말한다. 축일마다 각각의 아폴리티키온Apolytikion이라 불리는 트로파리온이 있다-옮긴이.

주는 중요한 도상을 따르고 있었다. 거기에서는 더 이상 세속적 테마에 국한되지 않고(복음서 목록의 장식), 성모 마리아의 덕행(바우이트 벽화들)이나 수도사의 덕행(장 클리막스Jean Klimax의 〈천상의 사닥다리〉라 불리는 개론서의 세밀화)을 시각화하거나, 혹은 사건을 예언하는 선지자를 상기시키는 의인화가 나타난다. 중세 말의 기독교 도상 제작자들은 이러한 나
도 148 열 방식의 경우를 늘려나갔다. 선지자들에게 둘러싸여 있는 성모 마리아 도상은 점점 흔하게 되었다. 그러나 중세 말에는 특히 이러한 접근을 도상학적으로 발전시키고 선지자 개인을 인용하는 대신, 예언과 일치하는 장면 전체를 성모 마리아 주변에 재현했다. 예를 들면 콘스탄티노플에 있는 카리예자미Kahrié Djami 남쪽에 위치한 예배당에서 신의 어머니에 관한 각각의 예언은 성서의 역사적 시리즈에서 빌려온 장면 전체의 근거가 된다(1340년경). 아니면 그들은 선지자들에 국한시키지 않고 12사도에게까지 평행 구조를 확대하고 있는데, 오흐리드의 성 클레멘트 교회 제단에서처럼(1300년경) 이스라엘 열두 지파의 창시자인 야곱의 열두 아들들을 보여준다. 그 다음에 그들은 더욱 복잡한 방식으로 도상을 창조했는데, 교회의 예배의식으로 유명해진 성가에서 영감을 받은 작품이 그것이다. 이 시의 저자는 더 이전 시대의 인물일 수 있는데, 예를 들어 성모 마리아를 찬양하는 아카티스토스 찬미가와 성탄 트로파리온의 저자로 추정되는 로맹 르 멜로드Romain le Melode 같은 시인일 수 있다. 만약 로맹이 유스티니아누스 황제 시대에 살았다면 그의 시에 대한 도상학적 해석을 제의하는 도상들은 13세기 이전에는 조성되지 않은 듯이 보인다. 그러나 팔레올로그 황제 시대에 도상 제작자들이 직접적으로 인용했던 것은 6세기 시의 저자가 아니라 이 찬미가를 계속 낭송하던 중세 말기의 종교의식이었다.

팔레올로그 황제 시대의 도상 제작자들은 주로 옛날 즉 고대 로마 시대의 형식에 새로운 주제들을 적용시켰다. 이런 식으로 성탄 트로파리온은 황제에게 선물을 바치거나 갈채로 경의를 표하는 대응되는 형태로 표현

되는데, 이것은 신하들과 패배한 적들의 경의를 받는 로마 제국의 황제 도상을 모델로 한 구성이다. 실제로 트로파리온 도상은 구유 안의 아기 예수에게 봉헌물을 바치는 동방박사들과 사람들, 그리고 사막과 땅의 모습을 보여주고 있으며(인류의 봉헌물은 성모 마리아이고, 사막의 봉헌물은 예수가 탄생한 동굴이다), 천사들과 목동들도 새로 태어난 아기에게 기도를 드리고 있다. 이 새로 창조된 트로파리온 도상에 나타난 전형적 세부는 땅과 사막을 상기시키는 여성의 의인화이다.

아카티스토스 찬미가는 24절로 된 시로, 이 찬송가의 삽화로 두 시리즈의 도상들이 창조되었다. 이중 열두 개만 이 삽화를 목적으로 창조되었고, 다른 열두 개는 단지 복음서 장면을 복제한 것일 뿐이다. 창의성을 제한하는 이러한 방식은 과연 도상학의 무력함을 증명하는 것일까? 우리는 그렇게 생각하지 않는다. 왜냐하면 찬송가의 첫 부분이 성모 마리아의 삶과 관련된 복음서 사건들만을 상기시키기 때문이다. 그러나 중세 말기 비잔틴 도상 제작자들의 창조적 영감도 제한적이었던 것으로 보인다. 왜냐하면 아카티스토스를 위해 구성된 이 작품의 두 번째 절반 부분의 장면들은 단조롭고 거의 표현적이지 못하기 때문이다. 그 장면들은 트로파리온에서처럼 로마 제국에서 유래된 동일한 도상 형식을 채택하고 있다. 서 있건 옥좌에 앉아 있건 간에 성모 마리아는 제스처로 그녀에게 갈채를 보내거나 숭배하는 인물들로 된 두 대칭되는 그룹으로 둘러싸여 중앙을 차지하고 있다(그리스도는 더 드물게). 도상 제작자들은 이 도상들을 아카티스토스의 내용에 대응하는 것으로 만들기 위해 가벼운 수정을 가하는 것에 만족했다. 이와 같은 수정 작업은 성모 마리아나 그리스도와는 별개인 독특한 디테일로 구분되는 인물들의 선택과 관련이 있다. 이 시리즈의 마지막 두 장면에 나타나는 가장 탁월한 새로운 점은 성모 마리아의 이콘이 때때로 그녀 자신을 대신해 청중의 기도를 받고 있다는 것이다. 역설적이기는 하지만 거기에서는 이와 같은 대담한 도상학적 개혁에 대응되는 찬송가의 마지막 절들의 내용을 찾아볼 수 없다. 이것은 도상을 창조할 때, 비록 텍스트와의 관계를 매우 중시할지라도 경우에 따라 (중세 말기의 이콘 숭배 같은) 더욱 적극적 요인이 우세한 경우에는 텍스트에서 벗어날 수도 있다는 것을 의미한다.

(서방에서처럼 신학자들의 고도의 사변보다 훨씬 더) 예배의식과 관련된 시에서 영감을 받은 다른 후기 도상-주석에 드물게 나타나는 그리스도와 관련된 도상 작품들을 인용해보자. 이와 관련된 도상 작품으로 날개를 단 그리스도의 모습과 잠든 아기 예수, 그리고 사자 한 마리와 함께 나타나는 천사와 마리아가 있는데, 이 설화는 잠을 자면서 밤을 새우는 사자에 대한 야곱의 유명한 예언의 한 부분을 재현한 것이다(창세기 49장 9절). 거의 감상적이라고 할 수 있는 이 도상은 죽음에서 승리한 그리스도처럼 부활 전에 일어난 사건으로 미사 때마다 기념되는 그리스도의 희생을 상기시킨다. 당시 교회들은 제단(성체배령이 거행되는 곳)과 가까운 벽에 잠든 아기 예수를 재현했다.

도 151 신적 지혜에 관한 도상 역시 교회에 그려졌다. 그것은 그리스도와 성체배령을 상징적으로 표현한 것으로, 도상학적 관점에서는 지혜가 연회를 위해 식탁을 마련하고 초대받은 사람들을 모았다는 잠언의 한 구절(9장 1절 이하)에 의거하고 있다. 지혜는 천사의 모습이나 연회 테이블 앞에 앉은
도 152 천사 모습을 한 그리스도로 표현되고 있는데, 여기서도 이 상징적 도상을 해독하기 위해서는 설화가 필수불가결하다. 도상 제작자는 이 두 경우 모두에서 주제를 간략하게 해석하면서 같은 방식으로 처리하고 있는데, 잠든 아이의 도상과 그리스도의 도상, 그리고 테이블 앞에 앉은 천사상은 정확하지 않다. 서술적 도상에 익숙해 있던 도상 제작자는 이와 같은 추상적 주제를 다루는 방법을 몰랐거나, 아니면 역사적 사건을 상기시키는 데 국한하지 않고 이러한 사건들을 통해 추상적 테마를 상징적으로 다루고 싶어했을 것이다.

기독교 도상 제작자들이 부분적으로 서구 미술에서 영감을 얻는 한편, 이미지-주석에 더 적합한 표현 수단을 이용하면서 이와 같은 종류의 도상학적 경험들을 연장해 살려나간 것은 비잔틴 제국 몰락 이후 러시아에서였다. 그러나 이것도 그 도상들이 모호하고 마치 수수께끼처럼 알 수 없는 것이 되는 것을 막지는 못했다. 그것은 분명히 7세기 말부터 트룰로[Trullo] 공의회(692년)에서 제정된 교회 법규가 사람들이 어떤 현존(그리스도, 육화된 신) 앞에 있는 순간에는 그의 그림자(그리스도의 알레고리적 도상, 어린 양)에 의존해서는 안 된다고 표명하고 있는 것처럼, 본질적으로 중세 비잔틴 도상 제작자들의 정신과는 관계없는 도상학의 경험 영역에 관한 것이었다. 즉 기독교 도상의 영역은 무엇보다도 신의 섭리에 의해 실현된 역사적 사건과 그것의 주인공이다. 역사적 사실 이상으로 그것을 설명해야 되고 설명할 수 있다고 믿었던 사람들의 생각은 기독교 도상의 영역이 아닌 것이다.

오늘날 매우 높이 평가되고 있는 연구 방향에 주목하는 많은 석학들은 지역적인 특성을 지닌 기독교 도상을 인정하고 강조하려고 노력하고 있다(특히 고찰 대상의 지역이 특정 인종에 의해 점령된 상태일 때). 그러나 이러한 시도의 대부분은 비잔틴 도상학에 있어서는 '지역'이라고 하는 개념과 그러한 지역적 도상들의 내용조차도 정의되지 못한 단계에 머물러 있다. 이것은 한편으로는 비잔틴 주변 지역에 나타나는 도상적 특징들을 거부해 비잔틴 작품에 대한 우리의 지식이 너무나 단편적이기 때문이거나, 또는 같은 지역에 있는 자료가 거의 없기 때문에 이를 한두 개의 예가 있는 지역과 연결시켜볼 수가 없기 때문일 것이다. 다른 한편으로는 솔직히 이 분야에서 모방된 것과 진짜 독창적 창작품을 구별해줄 수 있는 상대적으로 중요한 어떠한 등급도 없기 때문이다. 그러나 같은 도식으로 된 창작품들은 흔히 개인들의 작품으로 지역적 작품들과는 전혀 관계가 없다. 반면에 더 중요한 독창적 작품은, 특히 그것이 반복적으로 모방될 경우 특정 지방이나 지역적 작품의 특성을 더 잘 나타낼 수 있다.

우리는 전통적 중세 비잔틴 도상과 관계된 두 사실로 이러한 어려움의 이유를 쉽게 납득하게 된다. 첫째, 이와 같은 종교적 도상들은 우리가 위에서 강조했듯이 원칙적으로 텍스트에서 문제가 되는 사건과 인물에 대한 해석에 만족한다. 도상을 신학자들의 주석으로 확대시키지 못한 것은 비잔틴 도상의 기본적 특징이었다. 이는 성상숭배자들의 교리에 부합할 수 있었고, 이 도상이 숭배의 대상이 되게 했다. 이것은 콘스탄티노플과 비잔틴 제국의 그리스 정교회 세계 어느 곳에서나 똑같이 유효했던 것으로, 필연적으로 독창적 도상 제작자들의 돌발적 충동을 억제했다. 이 측면에 대해 서구와 비교해보아야 하는데, 왜냐하면 서구의 도상들은 종교적 텍스트의 해석과 주석이며, 단지 성서에 대한 직접적 삽화만은 아니기 때문이다. 그 비교는 매우 일찍부터 기독교 도상학 분야에서 지역적이거나 국가적인 도상의 특성들을 나타나게 했다(여기서 그리 흔치 않은 독창성은 일반적으로 주위 삶에 대한 관찰에서 드러난다. 전 시대를 통해 비잔틴 도상 제작자들은 신중하게 그것을 실행했다). 둘째, 중세 비잔틴 제국의 정치적, 종교적, 행정적, 그리고 사회적 전체 구조와 성직자는 서구에서보다 미술 분야에서, 특히 도상 분야에서 지방주의를 표명할 수 없게 만들었다. 콘스탄티노플 이후 군주가 통치해온 이 국가에서 미술을 주도한 것은 수도뿐만 아니라 자주 지방이나 이웃 나라에 보내진 도상 제작자들이었다. 서구와의 유사점에서 추론된 결과와는 반대로 비잔틴의 '식민지 미술'은 결코 존재하지 않았다. 콘스탄티노플이나 제국의 국경 내 · 외부 어느 곳에서나 걸작과 졸작이 함께 존재했다. 그리고 수도 콘스탄티노플에서 멀리 떨어져 작업을 하던 도상 제작자들은 기법 면에서 걸작을 올바르게 모방하려고 노력했다. 우리가 위에서 언급했듯이 종교 미술의 이와 같은 양상은 기독교 신앙과 가장 밀접하게 연결되어 있기 때문에, 도상 분야에서 가장 민감하다. 콘스탄티노플식 그리스 정교회 신자들은 의식적이건 아니건 간에 같은 교회에 대한 애착을 그렇게 표현했다. 건축에서는 비잔틴 제국이 지배하기 이전, 특히 아르메니아와 그루지야, 세르비아 같은 지방의 전통이 계속 나타났다. 마지막으로 도상 형식은 예술가의 무의식의 반영을 포함하는 것과 고유한 특정 지역과 민족의 독창적 특징들을 살피는 데 특히 선호되는 분야였다. 이는 우리가 지역적 또는 국가적 취향을 살피면서 어떤 연속성을 제시할 수 있는 영역이었다. 지리적 여건으로 중세 비잔틴 제국의 지방 도시인 카파도키아에는 수많은 작은 수도원들이 건립되었고, 암반에 세워진 수많은 교회들은 벽화를 보존하기에 알맞은 지역이었다(그러나 교회가 암반 속이 아니라 위에 있는 경우, 기독교 성소들은 파괴되었고 교회들의 폐허가 아직 보존되어 있는 경우에도 벽화는 사라졌다). 현대의 수많은 고고학자들의 끈기 있는 작업 덕분에 우리는 카파도키아의 벽화와 도상적 측면에 대한 개괄적 이해를 얻을 수 있으며, 미적 관점에서 (중세의 수십 개의 작은 건축물을 포함하고 있는) 이 회화가 전체적으로 그것에 적합한 외관을 갖고 있다고 말할 수 있게 되었다. 그중 몇몇 작품에는 연대가 분명히 기록되어 있지만 오백 년에 걸쳐(성상파괴 논쟁 시대부터 13세기까지) 나타나고 있기 때문에 같은 양식으로 표현될 수는 없다. 따라서 카파도키아의 벽화에는 지방 특유의 성격이 보인다. 이 지방주의는 그 지방 미술 전체의 전개과정에 나타나는 시대에 따른 양식의 차이에 의해 강조될 수 있을 것이다. 카파도키아 지역 사람들은 정치적이고 종교적인 다양한 이유 때문에 다른 곳보다 더 오랫동안 그러한 장르에 만족했거나 아니면 제국의 수도나 다른 지방 도시에서와는 다르게 발전시킬 수 있었을 것이다. 그러나 도상학적으로 카파도키아의 지역적 특징에 대해 논하기에는 우리가 갖고 있는 정보의 원천들이 너무나 단편적이므로 아주 신중하게 진척되어야 할 것이다. 게다가 어느 누구도 이 지방 벽화의 중요한 카테고리(엘말레 킬리세Elmalé Kilisé 유형)가 11세기 이후 비잔틴의 수도와 주변 지역에서 흔히 사용되던 모델들을 모방했다는 것에 대해 의심하고 있지 않다. 그러나 최근 매우 독특한 외관을 갖고 있는 아이발리 킬리세[Ayvali Kilisé]의 벽화가 비잔틴 양식이지만 더욱 오래된 (테살로니키에 있는 성 소피아 성당 원형 천장의 모자이크화 같은) 모델들에서 영감을 얻었다는 것을 증명할 수 있게 되었다. 이것은 무엇보다도 이러한 유사함 속에 감추어져 있는 양식상의 차이에 대한 것이다. 게다가 이 경우에는 아주 오래된 벽화들의 모델을 따르는 카파도키아 벽화들이 그 도상만큼이나 오래된 것인지에 대해 생각해보아야만 한다. 여기서 그 양식은 사실을 가정하게 만들 수 있다. 우리는 이와 같은 사실을 꽤 오래 망설인 후에야 인정하게 되었고, 이 작품들 중 어떤 것은 성상파괴 논쟁 시대로 거슬러 올라간다고 생각하는 학자들의 의견에도 동의하게 되었다. 그러나 동시에 제국 동쪽 국경에 세워진 수도원 교회의 미술 활동이 반드시 제국의 중심 지역과 같은 취미와 신앙의 변화를 동시에 따르지 않을 수도 있었다고 생각한다. 우리는 소아시아의 비잔틴과 다른 지방들의 중세 벽화들과 마찬가지로 8세기 이 지역에서 표현된 기념비 벽화에 대해 아는 것이 아무것도 없다. 그러나 적어도 제국의 중심인 트라키아[Thracia] 지방에 있는 페루스티카[Peruştica]의 6-7세기 대규모 벽화들에 대해서는 정리를 해야 한다. 이 교회의 벽화들은 아무리 폐허가 되었다 하더라도 유스티니아누스 시대 콘스탄티노플 사람들이 카타콤의 메달에 표현된 구원 시리즈와 서술적으로 표현된 위경의 에피소드에 나타난 예수의 어린 시절과 순교 장면에 대한 작은 그림들을 알고 있었다는 것을 증명해줄 수 있을 것이다. 확실한 증거가 없기 때문에 학자들은 카파도키아(카파도키아는 실제로 매우 오래되고 드문 초기 기독교 시대의 예들과 시대에 뒤떨어진 성모 마리아와 아기 예수의 유년기에 관한 예들을 제공한다)나 아나톨리아에서 멀리 떨어진 다른 지역에서 사용된 이러한 종류의 도상들을 쉽게 그 지역의 특징으로 간주했을 것이다. 우리가 위에서 언급했듯이 이 지역에서 성모 마리아의 생애를 표현한 가장 오래된 벽화와, 구상적 표현을 거부하며 성상파괴주의자들이 널리 보급한 십자가를 포함해, 초기 기독교 시대의 주제를 다시 표현해낸 이 지역 기독교 미술의 독창성은 우리에게 지방적 창작품이 어떤 것인가를 보게 해준다. 유감스럽게도 암반 위에 세워진 교회들의 파괴는 이와 같은 사실을 결정적으로 단정할 수 없게 한다. 그리고 이러한 종류의 불명확함은 다음과 같은 질문에 과학적이고 정확하게 대답하고자 하는 시도를 매번 좌절시킨다. "아랍권의 정복과 성상파괴주의 시대 이후 중세 비잔틴 회화에 있던 지방주의에 대해 우리는 무엇을 알고 있는가?"

第8장 서구 유럽의 기독교 도상

1. 개관

기독교 도상학을 이해하는 서구적 방법에 대한 기원은 고대의 마지막 세기로 거슬러 올라간다. 그레고리우스 대교황이 중세 내내 라틴어를 사용하는 모든 지역에서 결정적 방법으로 통하는 기독교 도상의 기능을 규정한 때는 6세기 말이었지만 여기에서는 5세기부터 살펴보자.

"도상은 문맹자들의 문자이다" 라고 한 그레고리우스 대교황에게 있어 도상은 지식, 특히 신앙 내용에 대한 지식의 수단이며, 결과적으로 종교와 그것이 내포하고 있는 신비에 대해 가르치는 수단이다. 서구 유럽의 기독교는 이와 같은 생각에 충실했고, 이 기본 정신은 이후 여러 번 중세 신학자들에 의해 상기되면서 기독교 도상의 교육적 역할이라는 자리를 확고히 유지하게 되었다.

이것은 특히 샤를마뉴 대제 시대의 알퀸, 테오둘프, 아인하르트같이, 황제의 정치적이고 문화적인 작품에 가장 적극적으로 기여한 학자들의 모임에서 발생했다. 거기서 사람들은 종교 미술의 기본적인 교육적 기능을 재확인했고, 다른 많은 분야에서처럼 카롤링거 왕조 시대에 규정된 입장은 서방 세계에서 중세 전반에 걸쳐 견고하게 남아 있게 되었다.

또한 중세 전반에 걸쳐 서구 기독교 사회에 유지되어온 종교 도상에 관한 근본적인 두 번째 생각이 형성된 것도 샤를마뉴 대제 측근들에 의해서였다. 모든 도상은 인물이나 사건의 외형적 특징을 상기시킬 수 있지만, 도상은 물질로 된 작품이기 때문에 그 자체로는 숭배의 대상이 될 수 없다는 것이다. 이와 같은 관점은 물론 독창적인 것은 아니며, 고대부터 여러 번에 걸쳐 여러 나라에서 이미 표명되어왔던 생각이다. 그러나 샤를마뉴 대제 측근인 신학자들과 군주 자신이 고집스럽게 성상숭배를 거부했으며, 그것은 어쩌면 비잔틴 교리를 반대하는 그들의 입장을 강조하려는 의지와 관련된 것일 수도 있다. 이것은 787년 세계주교공의회에서 교황과 라틴 계통의 고위 성직자들의 동의로 기독교국 전체에 받아들여졌다. 그러나 샤를마뉴에게는 기독교국 전체의 단일성보다는 비잔틴과 라틴이라는 두 제국 사이의 경쟁이 우선이었다. 그리고 황제는 개인적으로도 어떠한 형태로든 종교적 도상 숭배를 거부한다는 카롤링거 교회 선언문을 쓴 저자들을 격려했다(『샤를마뉴 대제기Libri Carolini』의 책 가장자리에는 용기를 북돋는 황제의 모습을 짐작하게 하는 흔적이 남아 있다).

앞에서 언급했듯이 『샤를마뉴 대제기』의 저자들은 소신을 관철시키기 위해 격렬한 논쟁을 통해 성상을 숭배하는 비잔틴인들을 공격했다. 그러나 그들의 논거—그들의 시대보다 뒤떨어졌던—는 신학적 의지보다는 정치적 의지를 표명하고 있다. 도상, 즉 구상적 미술을 둘러싼 이러한 논쟁은 라틴과 비잔틴 교회 사이의 첫 결별보다 반세기 앞선다(사도신경의 '성자와 함께'라는 단어에 대한 불일치와 포티우스의 예). 종교 미술에서의 이러한 이른 결별에 대해 그동안 역사가들은 크게 강조하지 않았다. 그러나 예술이란 그것이 예술적 창조 자체이건, 아니면 종교적 신앙심 속에서의 예술 작품의 역할에 관해서건 간에, 여러 다른 인종적, 정치적, 그리고 사회적 의식에 존재하는 믿음의 실질적 내용을 강력하게 드러내주는 것이기 때문에 그것은 잘못된 것이다. 물론 『샤를마뉴 대제기』가 종교적 도상에 대한 모든 서구 기독교도들의 입장을 반영하고 있지는 않지만, 카롤링거 제국에서 가장 영향력 있고 계몽된 인물들의 확고한 생각을 반영하고 있으며, 카롤링거 제국의 영광을 위해 당시 형성된 원칙들을 라틴 교회가 이후 다시 사용하게 되기 때문에 이 점은 더욱 중요하다.

카롤링거 왕조가 끝났을 때 서방의 기독교는 성상파괴주의자들처럼 모든 종교적 도상들을 거부하는 대신, 그것을 단지 종교 교육적 활동의 차원에서 사용되는 도구와 신의 섭리에 의한 역사적 인물들과 사건들을 상기시키는 수단으로 사용했다. 이 도상들은 분명히 그 자체로 유용성을 지니고 있었지만 인간이 물질로 만들어낸 성상을 숭배 대상으로 삼을 필요는 없었던 것이다.

일반화시킬 수는 없지만 서구 기독교 도상학의 많은 기본적 특징은 우리가 방금 요약한 원칙들에 비추어 설명할 수 있다. 무엇보다도 우선 모든 시대에 걸쳐 개론이나 과학적인 성격의 책에 그려진 삽화에서 차용한 주제와 구조, 장식 같은 수많은 요소들을 서구 유럽의 도상 제작자들이 어떻게 기독교 주제를 다룬 작품에 도입했는지에 대해 언급해볼 수 있을 것이다. 고대 말 이교도와 기독교도의 책은 자주 삽화와 채색화로 장식되었는데, 기독교 도상을 교육적 기능으로만 인정했던 도상 제작자들이 그것을 모델로 사용하는 일은 당연하다. 즉 이와 같은 기독교 도상의 교육적 기능은 기독교 이전에 있었던 과학서들의 연장선상에 위치하는 것이었기 때문에, 이미 폐지된 성상을 숭배하는 종교를 인정하지 않는 한 도상 제작자들이 과학서의 특징을 취하는 것을 교회는 금하지 않았다.

반대로 신학자들의 생각을 삽화로 표현하고 상징화시키는 데 과학서의 방식이 적용되었다. 이것은 비잔틴인들이 그랬던 것처럼 서구 기독교의 도상 제작자도 도상을 성서 내용에만 국한하지 않고 기독교적 과학에 사용하게 하고, 신학자와 예전 학자, 그리고 설교 저술가들이 쓴 성서에 대한 해석을 반영하게 했다. 이를 통해 성스러운 것과 물질적인 것, 성서 구절과 그에 대한 주석자들의 생각을 표현한 도상 사이가 애매모호하게 된 것은 사실이다. 그리고 도상으로 신앙을 설명할 수 있게 되어 시간과 공간상 서로 분리되어 있던 인물들과 사건을 한자리에 나란히 표현할 수 있게 되었다. 이와 같은 도상적 표현에서 문제가 되는 것은 형상에 나타나는 확실하고 실제적인 사실이 아니라 그것의 깊은 의미와 관념적 가치인 것이다. 그래서 기독교 도상 제작자들은 예를 들어 성서의 선지자들과 그들이 예고한 사건들처럼 서로 한 번도 만난 적이 없는 인물들을 나란히 표현하면서 이를 비사실적으로 느끼지 않았다. 또는 그 의미를 설명하기 위해서나 인물들이 했던 말이 마치 입에서 나오는 듯이 보이게 하기 위해 '만화' 형식의 명문이 쓰인 두루마리를 사용하는 것도 어색하게 생각지 않았던 것이다. '만화' 형식은 오늘날 다시 나타나기 전에 중세에서 이미 입지를 굳힌 방식이다.

같은 이유로, 즉 도상은 지식을 다루는 수단이지 비잔틴에서처럼 비이성적 '현존'을 나타내는 것이 아니기 때문에, 서구 도상 제작자들은 장식적 문양 속에 신체의 일부인 머리나 팔, 다리 하나를 해체해 표현하는 것을 피하지 않았다. 인체의 각 부분들을 포함해 사용된 모든 주제는 과학서의 도상이 단지 도상적 주석이거나 단순한 장식에 지나지 않는 것처럼, 단순한 장식에 사용되거나 인물의 유형을 상기시키는 데 사용될 뿐 성스러움을 표현한다고 할 수는 없다. 서방 세계의 예를 들면 일찍이 아일랜드에서 발견되는 장식적 작품(예를 들면 수사본)에서 장식과 단편적 종교 도상은 분해할 수 없게 하나로 엉켜 있다. 또한 천사와 악마들이 종교화에 도입된 것도 이 도상들이 성인 연구나 설교처럼 가르치고 인도하는 작품에 대응되는 것이므로 어떤 면에서 정상적이라고 볼 수 있다.

말할 것도 없이, 이것은 카롤링거 왕조 시대와 그 이후 서방 세계에서 중단된 종교적 도상을 다루는 방식의 가장 중요한 결과이다. 즉 기독교의 진리를 상기시키고 설명하면서 가르치는 데 사용되는 도상은 항상 수정되고 변형될 수 있다. 이론적으로 도상학은 모든 새로움에 개방된 언어이므로 서구에서는 누구나 도상을 수정하고 변형해 사용할 수 있었다. 바로 이 사실이 로마네스크와 고딕 시대에 나타나는 민속적 특색을 지닌 기독교 도상학의 발전을 밝혀주는 요인이다. 그러나 기독교 도상 창조 문제에서 이러한 이론적 자유는 종교의 실체에 대해 사람들이 갖고 있던 고려, 특히 두 가지 본질적 요소에 의해 제한되었다. 즉 미술 작품 주문자의 의지와 거의 피할 수 없는 모델, 다시 말해 전통적 작품들에 관한 참조가 그것이다. 마치 언어에서 그 의미를 수정할 때마저도 사용하는 용어와 표현을 계속 존속시켜나가듯이, 사람들은 전통적 도상을 해석하고 그것을 부분적으로 수정해나가면서 그 전통적 도상의 중요한 부분을 계속 사용했다. 다시 말해 서방 세계에서 도상 제작자들이 도상학적 언어를 사용할 때 누렸던 상대적 자유로 인해 도상의 세부는 다양해졌지만 그렇다고 해서 교회가 기독교의 교리와 도덕적 관습에 대한 해석에 명백한 오류를 범한 작품을 허용한 것은 아니다. 기독교 도상 작품에 적극적으로 참여했던 수도사들의 활동은 도상학 언어에서 약정된 용어들을 존속시키는 데 크게 기여했다. 이 어휘는 카롤링거 왕조 시대에 제작된 호화로운 필사본 삽화처럼 지식층을 위한 작품일 때 더욱 정성들여 연구되었다.

중세 서구 사회 기독교 도상 작품의 특징들이 대략 그려진 지금, 이제부터 우리가 생각하고 있는 여러 다른 범주에 속하는 전형적 작품의 예를 들어보자. 우선 과학(준 과학) 개론서로 제작되었고, 중세 기독교 작품에 통합되는 도상들을 살펴보자. 중세 비잔틴인들 또한 고대 말에 제작되어 6세기에서 10세기와 11세기까지 존속한 몇몇 과학 서적의 삽화를 중세의 호화로운 필사본에 모사했다. 디오스코리데스의 약초에 대한 개론과, 뱀에게 물렸을 때에 관한 니칸드로스[Nikandros]의 소책자, 그리고 좀더 중요한 것으로 사냥에 대해 쓴 오피아누스Oppianus의 책을 생각해보자. 그러나 우리는 여기서 이 과학서 삽화 중 어떤 것도 비잔틴 도상에 도입되어 표현되지 않았음을 알 수 있다. 매우 엄격한 프로그램을 따르던 중세 비잔틴 교회의 장식은 서구 교회가 통상 그랬던 것과는 반대로 과학서 도상에 의지하려 하지 않았다.

354년 로마 제국의 기독교 공동체의 일원을 위해 제작된 삽화가 그려진 달력에는 로마 제국 도시의 의인화와 점성술에 대한 일련의 도상들이 나타나고 있다. 그리고 위의 것보다는 덜 유명하지만 유사한 것으로 옛날
도 156- 달력들을 본뜬 또 다른 필사본도 있다. 이 필사본들은 사계절과 열두 달,
160 한 해를 의인화로 표현하고, 각 달에 해당하는 전형적 '노동'을 상기시키고 있는 반면, 고대에 그려진 삽화를 중세에 다시 모방한 또 다른 필사본에는 천공과 황도대, 별과 동물의 모습이 나타나고 있다. 이와 같은 모든 도상들은 중세 시대 회화와 조각 작품에 반복적으로 나타난다.

로마 제국의 행정 조직에 대한 실용적 정보를 알려주는 중세 작품으로
도 163 는 〈로마 제국의 고위 공직자에 대한 공시Notitiae Dignitatum imperii romani(파리 국립도서관, 라틴 9661)〉를 들 수 있다. 이것은 로마 제국 도시를 상징하는 수많은 도상과 고위 관리와 행정 관리의 문장을 한곳에 모아 그것들을 지리적 개념이나 덕을 의인화한 장식의 테두리로 둘러싸고 있다. 이 테두리의 모든 모티프는 중세 초기 화가들에 의해 기독교적 내용의 작품으로 다시 변형되었다.

도 162, 5세기 스페인의 기독교도 작가인 프루덴스는 『프쉬코마키Psychomachie』[35]
164 라는 책에서 인간의 행동양식에 나타나는 선과 악 사이의 투쟁을 묘사했다. 삽화가 곁들여진 이 책의 출판은 중세 절정기까지 지속되었고 여기에서 장면을 재현한 그림과 부조는 서구 전 지역에서 진행된 로마네스크와

35 영혼, 즉 선과 악의 싸움 – 옮긴이.

고딕 양식에 영향을 끼쳤다. 지혜와 자유 7학문에 대한 보이티우스^Boethius^의 삽화가 곁들여진 개론서가 씌어진 것은 프루덴스가 살던 시대였다. 모사된 작품을 통해 도상의 교육적 기능에 대해 알고 있던 중세 도상 제작자들은 이 삽화들을 모방했다. 특히 그들은 이 삽화들을 모방할 때 아케이드 모티프를 사용해, 그 아래에 자유 7학문과 이를 인도하는 성스러운 지혜에 대한 의인화를 위치시키고 있다. 도 165

그래서 우리는 이러한 고대 후기 과학서들의 예를 통해서 중세 도서관들이 삽화가 그려진 견본들을 보관하고 있었으며, 사람들이 그곳에서 그 견본들을 모사했다는 것을 알게 되었다. 동시에 이렇게 선택된 '과학적' 도상들이 기독교 작품으로 옮겨져 기독교 미술 전체에 통합되었다는 사실도 알게 되었다.

2. 과학과 스콜라학파 서적 삽화에 근거한 도상학: 고대 말과 중세

중세 서방 세계 전역으로 퍼져나간 고대 과학서의 삽화가 기독교 도상 제작자들에게 불어넣은 영감은 로마 제국 시대 말기에 시작되어 당시 라틴 국가들에서뿐만 아니라 알렉산드리아에서도 그 영향력을 발휘했다. 중세 비잔틴인들에게는 이러한 방식이 거의 나타나고 있지 않기 때문에 여기에서는 코스마스 인디코플레우스테스에 대해 다시 생각해보고자 한다. 코스마스 인디코플레우스테스 또는 '인도의 여행자'는 6세기 알렉산드리아 사람으로, 그는 자신이 한 여행을 묘사하고 '기독교의 지형학'이라고 제목을 붙인 이야기에 직접 삽화를 그려넣었다. 거기서 그는 그리스도에 의한 인류의 속죄에 대해 길게 이야기하고, 구원 이야기에 등장하는 수많은 인물들을 그려냈다. 물론 여기서 코스마스가 이러한 이야기에 대한 주석적 가치를 지니는 도상을 창조했다고 단언할 수는 없지만, 기독교에 관한 종교적 주제를 다룬 그의 여러 도상들은 오직 과학서에서 영감을 받은 도식에서 출발해야만 해독될 수 있다. 다윗 왕과 그의 아들 솔로몬 주위에 있는 이스라엘 열두 지파에 대한 '기독교의 지형학'의 기묘한 재현은 바로 이러한 장르의 도식에서 유래한다. 사실상 다윗과 솔로몬은 평범하게 표현된 반면 각 지파의 일원들은 열두 개 원 속에 부채꼴로 앉아 있는 모습으로 나타나, 마치 관객이 그들 위에 있는 것처럼 보인다. 이러한 모습은 전적으로 추상적인 것이며 분명히 기하학적 도식에서부터 유래한 것이다.

또 다른 페이지에서 코스마스는 예수의 재림을 표현하고 있는데, 그는 당대의 몇몇 우주형상지[宇宙形狀誌, cosmographie] 학자들이 생각한 것처럼 수직으로 갈라진 우주의 모습을 상상했다. 그것은 구세주 재림에 관한 도상이지만 일반적 구조는 당시 알렉산드리아의 우주형상지 학자들에 따른 우주의
도 168 횡단 단면도이다. 그러니까 코스마스는 원형으로 앉아 있는 인물 그룹을 표현하기 위해, 그가 살던 6세기 과학이 제시하는 우주형상지의 그림을 사용했던 것이다. 이것은 아주 오랜 옛날에 존재했던 예외적인 것으로, 과학서에서 빌려온 도식을 체계적으로 사용해 기독교 주제를 다루는 중세 도상에 비추어볼 때 가장 흥미로운 경우에 해당된다.

그러나 고대 과학서의 삽화를 적극적으로 수용해 체계적으로 기독교 미술에 적용한 것은 오직 서구 유럽뿐이었다. 서구 기독교 세계에서 이에 대한 성공은 엄청난 것이었는데, 이는 아마도 성서 이야기가 신비적, 유형학적, 신학적 해석 같은 추상적 주제를 시각화할 때 얻게 되는 이점 때문이었을 것이다. 이처럼 고대 말기 과학 서적에서 차용한 도식적 삽화를 서구의 도상 제작자들이 수용하게 된 것은 대략 중세 초였다. 그들이 거기서 빌려온 도식의 예는 엄청 많았던 반면, 비잔틴 미술에서는 중세 후기를 제외하고는 그러한 예를 거의 찾아볼 수 없다. 라틴 지역, 즉 서구에서 가장 빈번하게 되풀이되었던 과학서의 모티프는 우주, 하늘, 혹은 한 해에 대한 도

식적 데생들로, 중세 초 도상 제작자들은 여기서 원형이나 반원형, 그리고 방사형 윤곽을 그리는 것을 모방했다. 그리고 그들은 이 기하학적 형상들을 우주 한복판에 위치한 소우주로서의 인간과 천사들의 위계, 나침반과 복음서 저자들의 상징 같은 다른 주제에 적용시켜나갔다. 그들은 기하학 도 169
적 원의 테마에서 서로 다른 크기의 원들을 가까이 놓고 각각 다르게 배치시켜 수많은 독창적 방식들을 끌어내었다. 즉 그들은 인물이나 좁은 두루마리에 씌어 있는 수많은 명문으로 된 테두리로 둘러싸인 원들을 서로 연결했다. 이들은 때로 화학 공식에 비교되는 이 방식으로 구약과 신약의 사건들을 이어주는 중세 유형학에 대한 교리 같은 가장 추상적 개념을 해석하고자 했다. 그리고 이를 통해 심오한 구원의 의미를 이해하게 해주는 복잡하지만 균형 잡힌 작품을 제작했다.

3. 로마네스크 이전의 도상 창조

중세 기독교 도상학의 가장 오래된 예와 기독교 도상에 고대 과학 관련 도상이 수용된 예를 동시에 찾아볼 수 있는 것은 스페인에서이다. 모자라브mozarabe[36]라고 불리는 이 작품들은 대부분 요한계시록과, 785년 이전 아스투리아스Asturias에서 리에바네의 베아투스가 집필한 요한계시록에 대한 주석의 삽화들로 이루어져 있다. 미술사가들이 중세 초기의 가장 훌륭한 창작품으로 평가한 스무 개 정도의 베아투스 삽화는 10세기와 11세기에 도 168
제작되었다. 이 필사본 끝부분에는 거의 언제나 필사본의 제작 연대와 장 도 169
소가 명기되어 있는데, 때로는 필경을 한 사람과 도상 제작자의 이름도 찾아볼 수 있다.

36 회교도의 지배하에 있던 스페인의 기독교도 – 옮긴이.

그러나 이와 같은 정보가 아무리 유용하다고 할지라도 이 그림에 대한 설명을 하는, 즉 베아투스 시대인 8세기 말경에 그 기본적 의미가 확립되었음에 틀림없는 놀라운 이 그림들이 내포하고 있는 도상적 의미를 정의하는 작업은 미술사가의 몫이다. 달리 말해서 이것은 중세 초 기독교 도상 탄생에 관한 가장 오래된 예일 것이다. 그러므로 몇몇 예들을 제외하면 서술적 이야기의 삽화를 제작하는 관습에 따라 재현되기 쉬운 '역사적' 사건과 일치하지 않는 그림들에 관한 것이다. 또한 이것은 도상 제작자가 단지 그의 상상력이나 다른 사건에 대한 참조, 혹은 요한계시록의 주해자인 베아투스에 의해 인용된 개별 인물을 따라 상기시킬 수밖에 없는 종말론적 사건에 관한 것이다. 다시 말해서 베아투스의 삽화는 기본 텍스트(요한계시록)에 대한 그림으로 그려진 주석이며 결과적으로 단지 확인할 뿐 설명하지는 않는(843년 이후의 거의 모든 비잔틴 도상처럼) 사실만을 기록하는 도상과는 무관한 것이다.

이 그림으로 그려진 주석은 아주 다른 형태를 취할 수 있는데, 가령 어떤 경우 도상-주석이 복음서나 구약 장면에서 반복되는 것처럼 단지 서술적 도상을 상기시킬 뿐이라면, 다른 경우 그것은 과학서의 삽화 같은 장르의 도식적 형상이기 때문에 그 기능을 해석하게 된다. 인물과 장면이 있는 지도 형태로 된 그림들, 즉 계보를 나타내는 나무처럼 구상된 형상이나 그림 윗부분 가장자리를 따라 인물들과 이 인물들을 둘러싸고 있는 것들이 함께 있는 광경이 그 예이다. 중세 초 라틴 세계의 기독교 도상 제작자들이 사용한 방법을 증명해주는 가장 오래되고 명백한 이 모자라브 그림은 처음부터 요한계시록 같은 성서의 몇몇 삽화에 사용되었다. 이와 같은 의미에서 그것은 고대 말 과학서의 도상학에서 계승된 도상-주석의 형식을 이용했다.

요한계시록을 그린 모자라브 화가들의 방식은 매우 대담한 것이었다. 이후 서구 세계의 많은 도상 제작자들은 차례로 이 방법을 이용했고, 이는 로마네스크와 고딕 양식 작품에 매우 잘 나타난다. 우리는 이에 대해 특히 필사본으로 된 기독교 서적과 모자이크로 장식된 건물 바닥, 그리고 교회 파사드façade [37]를 장식하고 있는 달력, 우주형상지, 그리고 점성술의 영향을 받은 작품을 떠올려볼 수 있다. 각 달에 해당되는 의인화와 노동, 황도대, 행성, 사계절, 덕행과 악행, 인생의 네 단계, 자유 학문, 그리고 고대의 현인과 그의 행적이 성서나 복음서, 성도전의 인물들과 함께 성서 사건 옆에 다시 나타나고 있다. 이러한 도상적 풍부함에 매료된 에밀 말은 교회 정면 입구에 재현되어 있는 이 도상 전체를 그들 시대의 모든 지식을 망라한 '백과전서'라고 했다. 엄청난 수의 성서적 테마와 도상으로 표현된 다양성은 매우 광범위한 지식의 원천을 반영하고 체계화하려는 의도에 대해 생각하게 만든다.

그러나 이 형상들을 더 주의 깊게 관찰해보면 그것은 그렇지가 않다. 무엇보다도 개별적으로 볼 때 로마네스크 양식과 고딕 양식으로 된 어떠한 건축물도 관객에게 체계적인 백과전서의 모습을 제시하고 있지 못하다. 어떤 것은 황도대를, 다른 것은 각 달에 해당되는 노동을 표현하듯, 어떠한 것도 시리즈를 구성하는 주제와 과학적인 표현의 순서가 요구되는 주제를 모두 재현하지 않았다. 여기서 모든 것은 유행을 따르고 있을 뿐이다. 생통주Saintonge에 있는 로마네스크 양식의 파사드에서는 덕행과 악행 사이의 투쟁에 대한 모티프가 반복해서 취급된 반면, 파리와 부르고뉴 지방에서는 프루덴스의 삽화를 연상시키는 일 년 열두 달에 대한 모티프가 더 선호되었다. 그러나 만일 교회 파사드에 표현된 이와 같은 형상들이 백과전서와 같이 체계적이지 못한 것이 사실이라면, 여기서 명백한 것은 바로 성서나 다른 기독교서에서 영감을 받은 도상들을 위해 고대 말기 과학서의 삽화로 제작된 도상들로 보충하고자 하는 의지를 발견할 수 있다는 것이다. 우리

37 일반적으로 건물의 정문을 의미하지만, 특히 교회 건축에서 서쪽 정문 또는 남북 트랜셉트에 딸린 문으로도 사용된다-옮긴이.

가 고대 말부터 추적할 수 있었던 유사한 방식들의 역사를 보면 과학적 주제와 일치하는 형상은 단지 고대 후기의 모델만을 되풀이하고 있다. 반면 중세 전체를 통해 서구 기독교 세계에서 도상 프로그램은 흔히 고대 말 과학서 삽화와 그것에서 파생된 삽화에서 유래한 것임을 주목해야 한다. 이 '과학적' 인 부분은 실제로 기독교 도상과 같은 방식, 위치, 기법, 양식으로 취급되었다.

우리가 위에서 언급했듯이 중세 라틴 기독교 도상학은 과학적 원천을 갖는 도상을 이용해 기독교 신앙을 가르치는 것을 그 사명으로 삼았다. 즉 서구 기독교 사회에서 도상학의 임무는 궁극적으로 신자들에 대한 교육에 있었으며, 이와 같은 기독교 도상학의 시도는 5세기 혹은 더 이후로 거슬러 올라간다. 당시 사람들은 때때로 교회 벽에 운문 형식의 긴 명문을 기입해 복음서 사건을 상기시켰다. 산문이나 운문 형식의 이 '표제들[tituli]' 은 화려하거나 매우 단순하게 표현되었다. 이것은 재현된 장면을 설명하거나 다른 텍스트의 문제가 되는 장면의 주제에 접근하기도 한다. 현존하는 가장 오래된 예인 라벤나에 있는 그리스 정교 세례당은 이러한 방식을 대표하고 있는데, 여기서 '표제들' 은 십중팔구 전혀 형상화되지 않았을 장면들도 대신하고 있다. 로마와 밀라노 그리고 다른 곳(놀라, 푼디)에 있는 거대한 바실리카 내부에는 그 그림들 앞에 있는 신자를 인도하는 데 사용되는 설명적 텍스트가 동반된 도상들이 나타난다. 이러한 방식은 서구 여러 다른 나라에서도 큰 성공을 거두어 수세기 동안 응용되었는데, 반대로 비잔틴 지역에서는 라벤나에서조차 철저하게 사용되지 않았다. 도상에 주석을 달지 않는 이와 같은 방식은 일관된 것이었고, 이 점은 비잔틴인들이 중세 기독교 도상에 부여하려 했던 의미와 부합한다.

카롤링거 왕조 이전에 제작된 다소 소박하면서도 독립적이고 교훈적인 기독교 도상은 중세 서구 도상 작품으로서는 예외적이고 결정적인 성공을 거두었다. 사람들은 카롤링거 제국 도처에 설명적인 긴 명문이 곁들여진 벽화로 장식된 거대한 바실리카를 세웠다. 이때 샤를마뉴 대제 측근 학자들과 그의 후계자들은 화려한 '표제들'을 포함한 고대 로마의 초기 기독교 명문을 재생시켰다. 아직도 손상되지 않은 그대로의 모습을 보여주고 있는 제르미니-데-프레Germigny-des-Prés 성당의 모자이크화는 때로 모호하지 도 171
만 기교적인 모습으로 표현되어 있다. 물론 이 '표제들'의 기능은 기독교 신자인 관객에게 도상들이 지닌 깊은 의미를 드러내어 기독교의 진리를 상기시키는 것이었다. 그러나 사실 카롤링거 왕조 미술은 기념비적 도상일 경우조차도 '표제들'의 구절을 즐겨 낭송하던 석학들로 구성된 성직자 집단을 대상으로 했다.

그림의 구성에 있어서도 이와 같은 박식한 기교가 가미되었는데, 로마의 산 파올로 푸오리 레 무라에 있는 대머리왕 샤를Charles le Chauve의 성경에 있는 아름다운 삽화들을 예로 들 수 있다. 여기서 화가는 도상학적 관점에서 성서 사건들을 상기시키기 위해 구약의 각 권들을 집결시켜, 극히 전통적 방식으로 해석된 장면들을 한데 모아 전체적 인상을 주도록 같은 테두리 안에 모았다. 그리고 특히 성서 본문이 포함하고 있는 사실들 가운데 가장 중요하다고 판단되는 몇 가지 사실들을 다시 보여주고자 했다. 화가는 모세이건 여호수아이건 혹은 솔로몬이건 간에 삽화가 있는 각 페이지에 주요 인물을 배치해 각각의 구성을 위해 선택한 일반적 주제와 관련시켜 명백하게 드러내려 했다.

이 성서의 삽화의 미묘한 방식을 묘사하기는 매우 어렵다. 그것은 독 도 170
창적이면서도 알기 쉬웠기 때문에 카롤링거 왕조와 오토 제국, 그리고 로마네스크 도상 제작자들이 구상적인 그림으로 책의 속표지나 필사본의 장식 페이지를 연결시킬 때보다 더 큰 성공을 거두었다. 이번에는 그 역할이 바뀌어 화면 중심에 위치하는 것이 아니라 페이지 가장자리나 여백으로 밀려난 표제를 동반하기 위한 것이었다. 즉 추상적 장식이 지배하며 종교적 주제를 다루는 그림은 단지 그것을 받아들이는 장식적 구성에 끼어 있

을 뿐이다. 그러나 비록 덜 분명하지만 때때로 수직으로 기입된 '표제들'
이 나타나기도 하고, 그 말을 명기하는 것을 빼먹기도 하며, 도상을 설명하
기 위해 말들을 문제의 필사본의 기본 텍스트로 대체하기도 한다. 이후 이
도 172, 러한 체계는 널리 확산되어 오늘날 우리가 수많은 필사본에서 하나의 단
173, 단한 틀 안에 여러 다양한 장식적 모티프와 커다란 머리글자, 인물이나 장
176, 면의 형상을 집결시킨 다소 복잡한 책의 속표지들을 보면서도 놀라지 않
200 게 하는 데 기여를 했다. 당시 벽화는 장식적 부분과 장식으로 취급되는
구상적 형상을 그릴 때 이러한 방식을 절제해 사용했다. 도상학 연구에서
우리가 잠시 이에 대해 언급하는 것은 종교에 관한 구상적 도상이 반드시
내재적인 가치를 지니는 것은 아니지만, 무엇보다 신자를 가르치고 기분
도 174 을 전환시켜주는 표현 수단의 범주에 포함된다는 원칙을 강조하고 싶기
때문이다.

바로 이 점이 카롤링거 왕조와 오토 왕조가 아일랜드와 앵글로색슨의
도 175 예를 따라 호화스런 필사본을 더욱 많이 제작한 비결이었다. 그래서 권력
층의 미술 애호가들을 위한 필사본에서 도상학적 형상은 본래의 과학적 가
치를 고려하지 않고 장식적 구성의 필요에 따라 해체하고 재구성할 수 있
도 176 는 장식적 모티프들처럼 사용되었다. 도상학 요소를 장식적 모티프에 도
입해 유행시키고, 중세 동안 서방 세계에서 지속적 성공을 거두었던 도상
학 요소를 사용하는 방식이 최후의 결과에 도달한 것은 9세기였다. 우리는
대문자 주변에 기하학적이거나 식물적인 장식과 동물과 인간의 형태를 띤
모티프가 상당한 위치를 차지하고 있는 장식적인 구성을 떠올리게 된다.
젤론[Gellone]의 성사전과 아미앵 시편 18편은 기독교 도상학 분야와 매력적
장식 분야가 혼합될 수 있다는 사실을 확인하게 해주는 동시에, 기독교 주
제를 다루는 도상 해석에 위의 두 분야가 개입될 수 있다는 가능성을 말해
주기도 한다. 즉 그것은 전통적으로 내려오는 도상의 종교적 기능을 잃는
위험을 무릅쓰고 성서 내용의 대응물로서의 가능성을 만들어내었다. 또한

이것은 성서의 직접적 반영의 목적이 아니라 종교적 표현 예술을 창조해내는 자유이기도 하다. 주로 사용된 전자의 것보다 후자의 것이 더욱 소중하고 우리의 흥미를 끈다. 모델들의 역할이 어떠하던 간에 산 파올로 푸오리 레 무라의 카롤링거 시대 성서는 채워진 공간과 빈 공간을 사용해 동적 효과를 추구하면서, 한 페이지에 장면들을 한데 모아 처리하는 방식을 벌써 사용하는 도상학적 독창성을 보여주고 있다. 이러한 카롤링거 왕조의 그림에 나타나는 도상학은 확실히 그것을 제작한 도상 제작자들의 창조 정신에 기인한다. 그렇다고 물론 이러한 창조 정신이 카롤링거 왕조의 모든 그림에 적용되었다는 것을 의미하는 것은 아니다. 유명한 위트레흐트 시편 도 177 삽화는 뛰어난 작품이기는 하지만 5세기 모델을 따르고 있는 것으로, 창조적 효과는 제한되어 있다.

이와 같은 도상학 분야에서의 독창성은 영국의 중세 초기 작품에서 두드러지게 나타난다. 8세기에서 9세기에 걸쳐 제작된 아일랜드의 거대한 십자가상에는 독창적인 최후의 심판도가 어느 정도 발전된 부조 형태로 표 도 178 현되었다. 이것은 메소포타미아부터 프랑스나 스페인까지 대륙에서, 대략 고대 말 지중해 지역 어디에선가 창조된 최후의 심판도 도식을 따른 것으 도 179 로, 이러한 도식의 간략한 소묘나 고립된 예가 11세기 비잔틴에서 완전한 형태를 지닌 예들이 나타나기 이전인 6세기와 9세기에(코스마스, 파리 희랍어판 923, 무스테르) 관찰된다는 사실에 비추어볼 때 더욱 놀랍다.

영국의 10-11세기 도상 제작자들도 독창적이면서도 뛰어난 도상들을 도 180 창조해내었다. 그것은 필사본 데생에 관한 것으로, 유명한 작품들을 몇 개 상기해보는 것으로 충분할 것이다. 삼위일체, 그리고 아리우스와 유다를 동반하고 패배한 사탄 위의 무지개에 앉아 있는 성모 마리아를 보여주는 작품(대영박물관, Cotton Ms. Titus D, fol. 75)과, 물 위를 떠도는 성령, 즉 하느님(옥스퍼드, Bodl. Ms. Janius, p. 6)을 보여주고 있는 작품이 그것이 도 185 다. 이처럼 독창성을 지닌 잉글랜드의 필사본 도상 제작자들은 모든 면에서 새로운 도상을 창조하고자 했으며, 아무것도 그들의 의지를 꺾을 수 없었다.

사실 영국에서 창조된 많은 도상 중에는 교회 당국에 의해 금지될 수 있는 종류의 것들도 있었으나, 아일랜드의 재능 있는 도상 제작자가 필사
도 183 본에 성서의 인물을 머리글자의 장식적 구성과 결합해 새로운 도상을 창조해 내는 것을 아무도 막지 못했다. 필사본의 경우 바로 이와 같은 형식을 통해 화가들의 창조성이 발휘되어 단편적 인물이나 장면을 표현해내는 독창적이며 새로운 도상들이 풍성하게 나타났다. 괄목할 만한 이러한 창조적 비약은 오직 서방 세계의 도상에 대한 의식 덕분에 발전될 수 있었다.
도 184 머리글자와 연결된 종류의 형상에는 항상 그런 것은 아니지만 분명 교훈적 의도가 있었을 것이다. 왜냐하면 그것은 도상의 특성과 기능을 정의하는 서구 기독교의 방법은 한 주제의 단편만으로도 그 도상의 테마를 상기시킬 수 있었기 때문이다. 예를 들어 한 목자의 모습은 예수 탄생을, 그리고 한 팔로 십자가를 잡고 있는 모습은 순교자를 상기시킬 수 있다. 비잔틴 화가가 한 성인을 표현할 때 성인의 몸 전체를 표현하거나, 또는 예수 탄생 장
도 185 면을 표현할 때 모든 주요 부분을 그리지 않을 수 없다는 것을 생각해볼 때, 이와 같은 서구 기독교의 방식이 얼마나 독창적인 것인지를 이해하게 될 것이다. 말하자면 비잔틴 화가에게 있어 도상이란 그 도상이 상기시키는 인물을 반영하는 것으로, 그 인물의 일부를 삭제하는 것은 문제가 되지 않았다.

물론 도상 제작자들은 그 기원을 교리에 두고 있는 모든 도상학적 관습처럼 종교 도상을 오로지 이론에만 맞추지는 않는다. 우리는 비잔틴 도상학의 기본 특징인 어떤 장면이나 인체의 움직임을 주의 깊게 표현하고 있는 라틴 도상을 많이 볼 수가 있다. 그리고 반대로 보통 여러 개로 된 어떤 장면에서 빌려온 단독 형상으로 장식된 비잔틴의 머리글자도 찾아볼 수 있다. 그러나 이런 예외적인 경우에서조차 어렵지 않게 인간의 모습을 처

리하는 두 가지 방법을 확인할 수 있다. 즉 라틴 양식의 머리글자가 흔히 데생과 크기를 변형한 삽화가 들어 있는 머리글자의 일반적 선에 적용된 것인 데 비해, 비잔틴 양식의 머리글자는 비록 그것이 매우 도식적이고 간결할지라도 인체와 그 움직임을 왜곡시키지 않는다. 우리는 8세기(서방 세계)와 10세기(비잔틴) 사이, 그리고 중세 말기에 머리글자를 다루는 이와 같은 두 가지 방법을 만날 수 있다.

중세 도상학을 지배하는 일반적 원칙의 적용 범위가 아무리 광범위하다고 해도, 종교적 관심 밖에 머물고 있던 도상적 주제를 상기시키는 회화와 조각의 위치가 우선시되는 것은 아니다. 그러나 서구 전 시대에 걸쳐 도상 제작자들이 바로 여기서 이미지가 지니는 교훈적 가치를 강조하고 있기 때문에 중시된다. 뮌헨 도서관에 소장된 오토 3세의 복음서(바이에 도 186
른 시립도서관, Clm. 4453)에 있는 복음서 저자들의 유명한 도상은 바로 이러한 종류의 창작품 중 가장 훌륭한 예이다. 화가는 각 복음서 앞에 저자의 초상화를 그리는 오랜 전통을 충실히 따르고 있다. 각 복음서 저자들은 장식적 아치 아래에서 정면을 향해 앉아 있다. 그러나 그들은 집필하는 대신 한데 묶여 있는 4개의 복음서를 무릎 위에 놓고, 두 팔로는 머리 위에서 빛을 발하는 후광을 받치고 있으며, 그 빛 위에서 날고 있는 천사들이 복음서 저자의 상징과 여러 선지자들의 흉상을 이름과 함께 드러내보이고 있다.

복음서 저자들을 표현하고 있는 이러한 도상의 의미는 분명하다. 즉 복음서 저자가 당당하게 보여주는 초상화에 나타나는 선지자들은 이 복음서 저자에 의해 묘사된 사건을 예고한 사람들이다. 복음서 저자가 무릎 위에 놓고 있는 책들은 이 선지자들의 작품이며, 그들의 존재는 복음서가 신의 섭리에 의한 계획을 드러내는, 이해하기 어려운 영감에서 나온 작품이라는 것을 상기시키고 있다. 천사들은 승리를 축하하기 위해 나팔을 분다. 다시 말해 단순하고 전통적인 복음서 저자들의 초상화는 그들에 대한 칭송

이 되었고, 복음서의 특징을 규정하는 그림이 되었다.

성서의 주석을 이미지로 나타낸 또 다른 예가 있는데, 그것은 밤베르
도 187 크에 소장된 10세기 필사본 아가의 첫머리에 있는 세밀화(시립도서관, 소문자본 성서, 22면, 4-5행)이다. 이 세밀화는 시편 84편 11절 "자애와 진실이 서로 만나고 정의와 평화가 입맞추리라"에 대한 동일한 주석을 제시하는 구절보다 앞선 것으로 보이며, 예수의 십자가 처형 앞에서 화해한 '하느님의 네 딸들'의 의인화와 그 네 딸들 쪽으로 긴 행렬을 이루고 있는 신자들을 보여준다.

매우 장식적인 10세기 라틴 필사본의 많은 부분과 13세기 대성당의 스테인드글라스에는 또 다른 기발한 도상들이 나타난다. 우리는 이 기발한 도상들을 좀더 쉽게 해독해낼 수가 있는데, 그것은 도상을 구성하고 있는
도 190 요소들이 나란히 있고, 이 형식을 제작해낸 사람들의 주석이 명문으로 덮인 띠와 그림 가장자리에 씌어 있기 때문이다. 이것은 물론 지적인 구조이고 도상으로 표현된 교리의 가르침이다. 관객은 그것을 감상하기보다는 해독하도록 권고받는다. 그러나 이것이 세밀화가와 금은 세공사, 유리 공예가 같은 도상 제작자들의 감수성과 재능이 이 도상적 이야기들을 시적으로 표현해내는 데 장애가 되는 것은 아니다. 과학적이거나 교훈적인 텍스트에 그려진 이와 같은 기본적 도상 분야에서 파생된 것도 바로 이 필사본에서 가장 잘 나타난다. 여기에 제시된 도상의 범위는 매우 다양하다. 그리고 어떤 양식들은 더 자주 나타나고 있는데, 이러한 양식들을 더 가까이에서 관찰해볼 때 우리는 도상들을 창조하기 위해 도상 제작자들이 사용했던 방식을 성공적으로 재구성해 가장 잘 이해할 수 있다.

오늘날 바이에른 시립도서관에 소장되어 있는 우타 수녀원장(1002-
도 189 1025)이 주문한 복음서 삽화는 11세기 초 라티스본Ratisbonne에서 제작되었다. 필사본의 전면을 차지하고 있는 이 거대한 그림의 중심 주제는 예수의 십자가 처형이지만, 차라리 그것에 대한 신학자들의 사변이라고 하는 것

이 더 정확할 것이다. 우리는 화면 중심부에서 그 가장자리가 명문으로 장식되어 있고, 두 개의 타원 위에 측면으로 표현된 십자가를 만나게 된다. 이 두 개의 겹쳐진 타원은 예수 십자가 처형의 서술적 도상과는 관계가 없는 것으로 고대 과학 서적의 도식에서 영감을 받은 것이다. 우선 상단에 있는 타원형 십자가에서는 십자가에 못 박힌 사람을, 하단의 타원에서는 승리를 구가하는 생명의 의인화와 패배한 죽음의 의인화를 발견할 수 있다. 여기서 중심 도상을 둘러싸고 있는 호화롭게 장식된 테두리는 고대 후기의 모델에서 유래하는 틀에 속하는 것이다(〈로마 제국의 고위 공직자에 도 163
대한 공시〉라는 파리 필사본에서 전술한 바와 같이). 그리고 그 내부에는 태양, 달, 교회, 유대회당의 의인화가 나타나며, 그리스도에 의한 인류 구속의 네 단계와 기하학(점, 선, 면, 부피)과 음악(소리와 음정) 개념의 일치를 시각화하는 작은 장면들이 표현되어 있다. 이러한 종류의 암호로 적혀진 언어는 그림의 내용에 또 다른 많은 뉘앙스를 부여하게 된다(예를 들면 십자가에 못 박힌 사람을 성직자로 만드는 의복). 카롤링거 왕조의 상아로 된 작품들은 예수 십자가 처형에 대한 다른 복잡한 유형을 제공해준다.

화가가 도상을 제작할 때 영감을 받았을 예수 십자가 처형에 대한 주 도 188
석자의 텍스트를 밝혀내야 할 필요는 없다. 왜냐하면 여기서 우리에게 중요한 것은 도상 제작자가 텍스트와 함께 사용한 구상적 요소와 화려한 틀의 형태이다. 화가들은 도상을 위해 구상적 모티프들을 선택하고, 그 테두리를 위해 또 다른 모티프를 취했으며, 이 모든 요소들을 일정한 기하학적 설계로 된 윤곽과 무늬의 구조—구상적 장면, 기하학적 모티프, 그리고 명문들이 씌어 있는 두루마리들을 배치하고 전체 뼈대를 형성하는 선들로 이루어진 망—에 배치시켰다. 이러한 경우 언제나 다양하게 씌어진 이야기들은 도상의 명확성뿐만 아니라 기하학적 형상의 구조를 위해서도 필수불가결한 것이었다.

수도원의 사상가들의 연구를 통해 확인된 이 지적인 도상학은 12세기도 190 와 13세기에 서구 도처에 알려졌다. 그들은 과거와 현대의 신학 작가들의 신학적, 도덕적 연구를 인용해 전달하는 것에서 대단한 만족을 얻었다. 그것은 기독교 미술 분야에 과학적 연구 작업을 적용시키는 작업이었다. 그리고 시간(달력)과 공간(우주형상지)에 대한 학설을 요약하거나 추상적 개념들을(자유주의적 예술과 지혜) 상징으로 나타내기 위해 유사한 선으로 표시한 도식들을 사용하는 우주형상지 학자와 천문학자들의 도식적인 그림을 이용하는 것은 지극히 자연스러운 일이었다.

1180년경 제작된 알자스에 있는 생트-오딜 수녀원 원장 헤라드 드 란스베르크의 독본의 삽화를 가장 좋은 예로 들 수 있다. 이 커다란 선집의 삽화는 세심하게 구성되었고, 교리와 교화를 목적으로 하고 있다. 신의 지혜와 자유 7학문을 상기시키는 놀랄 만한 데생이 그 좋은 예로, 이 도상적 테마는 위에서 이미 말했듯이 고대 후기, 그리고 뒤이어 카롤링거 왕조 시대부터 취급되었음에 틀림없다.

도 192 이러한 전통을 계승한 헤라드 드 란스베르크의 환희의 정원Hortus Deliciarum은 가장 조화로운 동시에 가장 '과학적인' 작품이 되었다. 거기에는 방위 표시나 일 년 열두 달 같은 전통적 도식이 도입되었다. 즉 중앙의 원 안에는 지혜가 앉아 있고, 그 옆으로 일곱 개 생명수의 원류가 뿜어져 나오며, 발아래에는 소크라테스와 플라톤이 철학서를 집필하고 있다. 첫 번째 원을 둘러싸고 있는 좀더 커다란 원에는 일곱 개의 아치로 된 문이, 부챗살 모양으로 퍼진 이 아치 밑에는 지혜의 딸들인 자유 7학문의 의인화가 있다. 마지막으로 자유 학문이 있는 커다란 원 밖에 있는 도상 하단에는 네 명의 저자들이 책상 앞에 앉아 있는데, 이들은 (귀에 앉아 있는 검은 새로 상징되는) 악에서 영감을 받은 '시인과 마술가들'이다. 그들은 지혜의 왕국에 속하지 않는다. 늘 그렇듯 여기에서도 가장자리에 있는 많은 명문이 그것이 없으면 수수께끼로 남을 수밖에 없는 도식적 도상의 의미를 보충해 주고 있다.

환희의 정원의 또 다른 복잡한 도상은 우리에게 알자스 도상 제작자의 다른 방식을 관찰할 수 있게 해준다. 이와 같은 예로 선지자 즈가리야의 환시를 살펴보자(fol. 64-65행). 여기서 도상 제작자는 서술적 텍스트를 요약하고 있는데, 같은 주제를 다룬 로다[Roda]의 카탈루냐 성서 세밀화 덕분에 우 도 193
리는 환희의 정원의 웅장한 구성이 로다의 것과 같은 종류에 속하는 연속적 도상들로 된 이야기에서 유래하고 있음을 알 수 있다. 그러나 여기서 도상은 그것이 속해 있던 도상학적 프리즈를 벗어나 조화롭게 확립된 유일한 전체를 형성하도록 재구성되어 같은 이야기의 에피소드를 연속으로 '읽는 것'과 무관하게 취급됨을 확인할 수 있다. 이 작품은 여러 다양한 부분들 사이에 어떠한 공간적 관계도 고려되어 있지 않은 채 페이지 전면에 이상 도 194
적으로 그려져 있다.

반대로 도상 제작자는 작품의 축과 대칭 구조를 확고하게 하고 그 전체를 견고하게 만들려고 한다. 또한 서술적 작품에서 유래한 모티프에 주석자들의 텍스트에서 영감을 받은 다른 모티프를 보충하여 인물과 장면의 상징적 가치를 더 많이 드러내려 한다. 그가 부가한 요소 중 가장 눈에 띄는 것은 작품의 중앙을 차지하는 일곱 개의 눈이 달린 돌과 거기에서 나오 도 193
는 일곱 마리 성령의 비둘기이다. 또 불의와(항아리 속의 아이) 천사들이 그 아이를 바빌로니아의 탑으로 데려가는 것을 보여주고 있다. 이것도 마찬가지로 즈가리야에 대한 주석자들에게서 영감을 받은 모티프로, 일곱 개의 눈이 달린 돌 주위에 있는 원 속의 일곱 마리 비둘기와 예수 그리스도를 포함하는 중앙의 장면은 '과학적' 도식을 사용한 예이다. 로다 성서의 세밀화에서 이 구성으로 넘어가는 것은 만화 형태의 서술적 표현이 도식적인 도 194
형상으로 대치되는 것을 의미한다.

우주형상지 학자와 기하학자에게 친숙한 원형은 책 속에 그려진 그림이나 다른 미술 작품에 맞추거나 다른 주제에 적용하기 용이했다. 그들이 사용하는 선들의 단순한 완전미는 특히 이 계통 도상 제작자들의 마음을 더욱 사로잡았음에 틀림없다. 환희의 정원의 형태는 연달아 〈율법 시대 속죄의 제물〉과 〈은총의 시대 속죄의 제물〉 같은 테마에 적용되었다. 그것을 상기시키는 도상도 같은 방식으로 제작되었는데, 예를 들어 앉아 있거나 서 있는 인물(모세, 아론, 혹은 그리스도)이 열 개의 아치로 둘러싸여 있고, 그 아래에는 다른 인물들의 흉상이 나타나며, 명문이 씌어진 두루마리들이 중앙의 형상과 연결되어 있다.

첫 번째 경우 사람들이 희생 제물로 쓰이는 동물을 모세와 아론에게 내밀고 있고, 두 번째 경우는 예수의 모습과 결합되는 것으로 예수 그리스
도 197 도의 희생과 관련된 말들이다. 일곱 가지가 있는 촛대와 십자가가 중앙에 있는 형상들의 발아래에서 발견되는데, 이것의 실제 주제는 옛날에 사람들이 성전에 봉헌했고 현재도 교회에 봉헌하고 있는 것과 같은 것이다. 이것은 하느님에게 바쳐지는 희생 제물에의 접근을 의미한다. 알자스의 도상 제작자는 성서적 사실과 주석을 놀랄 만큼 기하학적으로 정렬된 도상으로 환원시키는 것을 즐겼다. 스트라스부르 대성당 트랜셉트에 있는 두 원형 스테인드글라스는 위의 성공 사례를 증명해주는 것으로 여기서도 다시 한 번 같은 주제가 대응되어 있고, 유사한 도식을 통해 해석되었다(중앙의 메달과 그 주위의 메달들로 된 두 개의 줄).

중세 라틴 지역의 도상 제작자들이 취했던 가장 전형적인 방식 중의 하나는 구약과 신약의 도상들을 접근시키는 것이다. 이 방식의 출발점은 복음서이며, 특히 오리게네스와 성 아우구스티누스 같은 초기 교부들이 쓴 개론으로 거슬러 올라가는 교리를 반영한다. 도처에서 지속적인 성공을 거두었던 이 교리는 구약과 신약 사건 사이에는 신비한 유대관계가 존재하며, 성 아우구스티누스가 말했듯이 "구약은 베일에 덮인 신약이며, 신약은 베일이 벗겨진 구약이다(『신국』 16권 26절, P.L. 41장 505절)" 라고 주장한다.

그들은 구약과 신약에 묘사되어 있는 사건들 사이에 나타나는 몇 안

되는 일치점을 끄집어내는 것으로 시작했다. 그 다음 점점 더 대담한 접근을 거쳐 그 예들을 늘려가면서 마침내 예수 그리스도에 의한 구속 사업 전체에까지 이러한 병렬 체계를 확대해나갔다. 기독교 도상 제작자들은 이러한 신학적 논증 방식을 취해 구약이 신약 사건들에게 '표상이나 예시', 혹은 이 사건들의 '앞선 유형이나 유형'을 제공한다고 하는, 두 성서 사이에 존재하는 평행성을 확고하게 만드는 데 사용된 형상으로 이루어진 완전한 시리즈를 제시했다. 그리고 바로 여기서부터 이러한 종류의 도상 접근 방식에 적용된 '유형학' 개념이 생겼다. 그것은 모든 지역에서, 특히 필사본과 전례에 사용되는 그릇과 가구, 성경의 이야기가 그려진 휘장과 조각, 스테인드글라스와 벽화 같은 12-14세기 미술의 테크닉에서 두드러진다. 때로 뫼즈 강 유역 출신의 금은 세공사 작품인 생-베르탱Saint-Bertin의 유명한 촛대에서처럼 대칭적인 작품에 만족했다. 다른 경우 클로슈터노이부르크에 있는 니콜라 드 베르덩Nicolas de Verdun이 제작한 유명한 제단 전면에서처럼 이 도상은 평행적인 장면들로 된 긴 시리즈로 이루어졌다. 도처에서 명문과 인물이 함께 나타나는데, 이것은 그들이 평행하는 신의 섭리가 지닌 가치를 더 잘 부각시키려는 의도 때문이다.

이 모든 작품에서 문제가 되는 것은 도상학을 교육적 활동에 적용시키고자 하는 명백한 의도이다. 또한 유형학적 도상학은 일반적으로 독창적 도상의 창조와 관계없다. 그 내용과 구조는 우리가 성서에서 직접 영감을 받은 묘사적인 작품에서 찾을 수 있다. 창조적인 면은 근접한 서술적 주제를 선택하는 것과, 구약과 신약 장면에 대한 시각적 접근 방침에 있기 때문이다. 유형학을 근본으로 한 이러한 병렬 방식은 자주 되풀이되었지만, 특히 니콜라 드 베르덩이 제작한 제단 전면에서처럼 시리즈가 더 발전된 곳에서는 아주 드물게 나타난다. 거기에는 에나멜로 칠해지고 세 개의 칸으로 나누어진 51개의 도상이 있는데, 맨 위의 도상들은 율법 이전ante legem의 사건들, 다시 말해 모세의 십계명 이전의 사건들을 상기시킨다. 중간의 도상들은 모세에서 그리스도의 육화까지, 즉 율법 시대[sub lege]의 사건들을 한데 모아놓고 있으며, 마지막으로 아랫부분의 도상들은 은총의 시대[sub gratia], 즉 복음서 속에 묘사된 사건들과 관련이 있다. 이 세 가지 역사적 단면의 도상 수는 동일하고, 삽화가 그려지고 겹쳐 있는 이 도상들의 단편들은 비교될 수 있는 사건들을 상기시키고 있다. 수직 단면으로 된 첫 세 장면은 이삭과 삼손의 어머니와 마리아에게 한 수태고지를 보여주고 있는 반면, 뒤의 세 장면은 하느님과 천상의 예루살렘의 선택된 자들, 최후의 심판의 심판자와 지옥을 보여주고 있다. 그리고 귀퉁이 장면들 사이에는 천사, 선지자, 그리고 의인화가 나타나고, 운문으로 씌어진 명문들은 각각의 장면과 신의 계시에 의한 인류 역사 속에서의 그것의 위치를 설명하고 있다.

클로슈터노이부르크의 제단이 언제나 걸작으로 간주된다면–예술적 가치는 별도로 하고–, 그것은 도상 제작자가 이 시리즈의 도상학적 내용을 거의 벗어나지 않고, 유행하던 형태를 조금 반영했기 때문이다. 이것은 그리스도에 의한 구원의 역사의 장대한 파노라마로서, 그것으로부터 도상 제작자는 그가 이해한 대로의, 그리고 이 구원의 역사에 중요한 각 단계와 비교되는 사건들의 회귀를 낳게 하는 운율이 있는 매우 견고한 구조를 효과적으로 이용할 줄 알았다. 도상학적 관점에서 니콜라 드 베르덩의 제단 같은 작품의 창조성은 무엇보다도 신의 섭리에 의한 작품과 피할 수 없는 질서로서의 결정론을 해석하려는 노력을 통해 드러나고 있다. 이것은 우리가 성서에 의해 전달된 비밀스러운 메시지를 해독할 수 있을 때에만 찬탄할 수 있게 되는 것이다.

몇몇 예들을 제외하면 전통적 도상들 이외에 도상학적 관점에서 새로운 점을 가장 자연스럽게 관찰할 수 있게 해주는 것은 필사본 삽화이다. 라틴 교회의 시각에서 볼 때 종교적 형상, 즉 도상의 기본 목적은 교육이었고, 이 도상들이 교육에 이바지할 수 있는 가장 많은 기회를 가질 수 있었던 것은 책이었다. 우리는 교육적 가치를 지닌 기독교 도상들이 9세기부터 새롭게 창조되어 그 계보가 고딕 시대까지 연장됨을 보았다. 그러므로 이 점에 관해서 사람들은 도상들의 내용에 관한 창조자의 노력이 서구 유럽의 미술 기법이 비약적으로 발전한 시기인 1100년경 이전에 시작되었다는 사실에 주목하게 될 것이다. 다시 말해 도상학 분야에서의 창조는 미술 기법과 미술 자체의 창조보다 앞섰고, 그래서 그것이 후자의 결과일 수는 없다는 것이다. 이것은 특히 이러한 비약적 발전의 시대에 제작된 프랑스 북부의 생-드니, 샤르트르, 아미앵, 파리, 랭스에 있는 성당 스테인드글라스와 조각, 그리고 거대한 회화 같은 가장 괄목할 만한 미술 작품을 고찰할 때 명백하게 드러난다. 거기서 우리는 셀 수 없이 많은 기독교 역사의 인물과 사건을 상기시키는 형상인 조각상과 부조, 그리고 그림으로 그려진 장면이 모여 있음을 볼 수 있다. 더구나 이와 같은 도상들이 전례에 사용되는 이동 가능한 오브제에서 증가되었기에 더욱 흥미롭다. 종교적인 재현에 있어 이전의 어떤 미술도 서구 유럽의 이러한 규모의 작품과 견줄 수 없을 것이다. 도 198-201

사람들은 도상 제작자들에게서 도상학에 대한 창조적 탐구의 반영을 찾아내기를 기대한다. 도상학은 기념비적 조각의 새로운 개화를 마치 '기적'을 눈앞에서 목격하는 것처럼 만드는 것을 증명하는 예술적 노력과 일치한다. 그러나 도상학적 대응은 우리가 보았듯이 교훈적 내용을 삽화로 그리기 위해 새로운 도상이 끊임없이 창조되었던 필사본 그림들 이외에는 거의 나타나지 않는다. 전체적으로 성서에서 발췌된 주제들은 계속해서 전통적 모델을 따랐다.

이 시대 미술에서 가장 창조적 분야였던 기념비적 조각도 예외는 아니었지만, 수사본 삽화의 새로운 도상학으로부터는 거의 영향을 받지 않았다. 그것은 전적으로 장식적이고 더 오래된 조각으로 장식된 파사드의 역할을 이어받아 서서히 도상학적 형상을 사용하게 되었고, 언제나 예술적 가치를 우선시했다. 그리고 이와 같은 예술적 가치에 대한 우선권은 진보적 고딕 양식의 교회 건축에서만 경감되어 나타난다. 교회 정문 파사드를 장식한 조각가들에게서 나타나는 이러한 한결같은 태도는 언제나 건축물과 밀접하게 연결되어 창조되어야 하는 이러한 조각에서 왜 새로운 도상 형태가 적게 나타났는가를 쉽게 이해하게 해준다. 혹은 건축과 관련된 예술적이고 기술적인 문제 때문에 도상 제작자들과 유리 공예가들조차 몰랐던 도상학적 표현 방식이 조각에서 생겨난 것일 수도 있다.

도상 제작자들과 유리 공예가들이 도상을 제작할 때 충분한 평면을 이용했던 반면, 파사드를 조각하는 조각가는 그렇지 못했다. 그러나 그들은 제작한 부조와 조각상을 파사드 여러 부분에 배치했는데, 여기에서는 전체적인 구도가 중요했다. 이러한 작업은 전체 구조를 따라야 하는 것으로, 각각의 형상은 새로운 의미를 부여받는다. 예를 들어 파사드 주위에 유기적으로 모여 있는 팀파눔, 문설주, 그리고 아키볼트[38]는 신학적인 생각을 불러일으킨다. 우리는 이러한 식의 도상학적 표현 방식을 그룹, 혹은 집합체적 도상학이라고 부를 수 있을 것이며, 이것은 실제로 새로운 조각 분야에서 자주 실행되었던 것이다. 요컨대 인습적 분야, 다시 말해서 따로 떨어져 있는 도상의 경우 새로운 도상 창조가 드물었지만 집결된 도상은 전적으로 새로운 의미를 부여받게 된다. 몇 가지 예들을 통해 우리는 이 집합체적 도상학이 마침내 도달한 결과를 보게 될 것이다.

우리는 오늘날의 저자들이 간과하는 부분인 본래의 의도와 그 실제 작업을 구별하는 데 유의해야 한다. 우리의 고찰은 특히 그리스도와 성모 마리아에 관한 기독교 도상들의 주요 계보와 관계된 것이다. 파사드 조각의 대상이었던 대중은 신학적 또는 전례에 관한 이야기에 관해 그다지 잘 알지 못했음에 틀림없다. 대신 그들은 교회 안에 아름답게 장식되어 보관된 성유골의 주인공인 성모 마리아, 성인, 사도, 증거자, 그리고 순교자에 대

38 팀파눔의 윗부분인 아치형 부분-옮긴이.

한 예배와 관계되는 것에 더 마음이 끌렸다. 교회 파사드를 장식한 조각가들은 분명 그 사실을 알고 있었으며 부조와 조각상들이 그들의 '생애'에 대해 길게 이야기하고 그것으로부터 영감을 받은 장면들을 제시하는 것은 바로 그러한 이유 때문일 것이다. 다시 말해 조각으로 장식된 파사드에 난이도 높은 교육적인 장면이 거의 나타나지 않는 반면, 가장 흔한 전례나 가장 널리 퍼져 있는 설화를 반영한 주제는 늘어났다. 이러한 주제에 적용되었던, 쉽게 읽혀지고 그럭저럭 성자전 이야기로 사용된 다소 관습적인 도상학적 형식에서 이와 같은 분위기가 나타난다.

그렇다고 기념비 조각의 비약적 발전이 같은 수준으로 도상학의 창조를 장려한 것은 아니었다. 본질적으로 이 분야에서의 창조는 이러한 조각에서의 비약보다 앞선 것이고 그다지 놀라운 일도 아니다. 즉 진보적 미술작품은 분명 개인의 새로운 창작을 도모한다. 그러나 그는―세속인뿐 아니라 수도사도―이제 도상학의 영역이 아니라 구술적 창조를 통해 자신을 표현한다. 아름다운 고딕 양식 조각의 종교적 가치는 관객에게 전하고자 하는 도상학적 내용이 아니라 예술가, 시인, 그리고 환시를 보는 자의 천재성과 작품의 형태를 통해 말할 줄 아는 것에 있다. 작품은 완전히 물질적 영역에 속하지만 생-드니 수도원장 쉬제가 교회 문 위에 새겨넣은 명문을 빌리자면 "미혹한 정신은 물질을 통해 (비물질적인) 진리로 승화된다Mens hebes ad verum per materialia surgit" (이것은 또한 미술 작품이 완전히 물질적 세계에 속한다는 확신을 환기시킨다).

미술 작품 속에 내재한 시적인 흔적은 과학적 논증을 대신한다. 14세기의 페트라르카는 "신학은 단지 하느님을 그 대상으로 갖는 시이다parum abest quin dicam theologiam poeticam esse de Deo(페트라르카, 『익숙한 일들Rerum familiarium』 10장 4절)"라고 표현했다. 반면 보카치오는 "시 또한 지식이며 인지이고 진리이다(『이교의 계보에 대해De genealogiis gentilium』, 14권)"라고 한다. 다시 말해서 기독교 미술은 12-13세기 교회 파사드 조각처럼 도상학보다는 작품들의 예술적 효과를 더 고려하면서 교육적 취지를 드러낸다.

우리의 목적이 도상학의 탄생과정에 대해 더 잘 이해하는 것인 만큼 중세 도상의 카테고리에서 12-14세기의 파사드 장식 조각에 대한 연구에 있어 이전의 파사드 장식이 어떤 것이었는지를 살펴보는 작업이 선행되어야 할 것이다.

앞으로 보게 되겠지만 교회 파사드의 장식적 조각이 도상학적 언어를 이용하게 된 것은 필사본과 금속으로 된 이동 가능한 성구에 비해 훨씬 늦게 시작되었다. 우선 6세기 이후 지속적으로 주로 이탈리아(로마의 산 파올로, 파렌초Parenzo, 그리고 밀라노 근처의 치바테Civate)에서 그 예를 볼 수 있는 회화로 장식된 파사드를 인용하는 것이 당연할 것이다. 그러나 여기에서 회화로 장식된 파사드의 전형적인 특징을 끌어내기에는 그 수가 너무 적다.

그러나 도상학적 형상을 바실리카의 파사드에 표현한 모자이크 제작자들과 화가들은 습관적으로 앱스나 제단 쪽 개선 아치에 그려놓았던 이전의 도상들을 그대로 되풀이했던 것 같다. 이것은 특히 요한계시록에 나오는 24명의 장로들의 환호를 받는 위엄에 찬 하느님의 모습들을 보여주고 있는 웅대한 구성의 산 파올로 성당 파사드와, 그리스도의 변용과 요한계시록을 상기시키는 파렌초의 모자이크에 있어서 그렇다. 12세기에 제작된 앙굴렘Angoulême과 푸아티에Poitiers에 있는 노트르담-라-그랑드Notre-Dame-la-Grande 성당 파사드 전면에 걸쳐 있는 예수 변용에 대한 웅대한 구성은 예전 파사드의 그림이 조각으로 대체되었고 유일한 중심 주제가 파사드 전체를 차지한다는 점에서 독창적이다. 그러나 12세기의 이 두 교회 파사드는 이미 주요한 복음서의 도상(예수 승천)을 또 다른 텍스트들에 의거한 보충적 형상과 결합시키고, 그런 식으로 관객에게 일종의 성서에 대한 조형적 주석을 제시하려고 노력하고 있다.

도 211 이런 시도는 단지 그 지역에서 행해진 소수의 예로, 로마네스크 전 기

간에 걸쳐 실질적이며 논리적인 도상의 발전은 답보 상태였다. 이 점은 생
통주에서는 눈에 띄게 명백한데, 왜냐하면 그곳의 파사드 조각 장식은 매
우 풍부하고 다양하기 때문이다. 그러나 이러한 조형 예술은 구상적 조각
에 대해서는 무지했지만 적어도 악행과 덕행 간의 투쟁, 달력, 그리고 천사
들에 관한 테마들을 포함해서 동물 형태와 고전적 모티프 등을 연구하고
있다. 여기서 천사들의 수는 아주 많은 반면에 슬기로운 처녀들 혹은 미련
한 처녀들은 8명 혹은 10명이며(샤드낙Chadenac, 페니우Fenioux), 24명의 장로 도 211
들은 요한계시록에서 제시한 수를 넘어 32명 혹은 54명으로 늘어났다. (덕 도 212
행과 악행에 대한 유명한 책의 저자인) 프루덴스의 텍스트와 성서 내용에
대해 이 조각가들이 취했던 자유로운 입장은 그들이 도상의 실제 내용에
집착하지 않았다는 것을 증명한다. 그들은 교회 파사드의 아키볼트를 장
식하는 데 힘을 기울였지, 관객을 가르치기를 원한 것은 아니었다. 누아이
예-쉬르-부톤느Nuaillé-sur-Boutonne에서 그들은 예수 탄생 도상을 27개 요소로 도 210
나누고 순서에 상관없이 아키볼트 영역 전체에 분배해놓았다. 다른 기독
교 장면은 주두 위 같은 곳에 평범하게 배치되었다. 그러나 여기서 도상학
을 통한 논증은 몇 안 되는 조각으로 장식된 장면과 도상들의 불연속성을
고려해보면 거의 생각할 수 없다. 아베이오담Abbaye-aux-Dames 수도원의 아키
볼트에는 최후의 만찬이 누드의 남성 주두와 마귀들 옆에 있다. 이 모든 경
우 생통주 파사드의 조각가들 대부분은 거기에 종교교육적인 도상들을 집
결시키려는 의도는 갖고 있지 않았던 것 같다. 이러한 종류의 파사드 장식
은 아름다운 구성을 위해 부조의 내용이 아니라 단지 미적인 면만을 추구
했다.

이러한 태도가 12세기에만 나타나는 것은 아니다. 무아사크Moissac, 오튕Autun, 베즐레Vezelay, 샤를리외Charlieu, 그리고 옛날 클뤼니Cluny의 조각으로 장식된 웅장한 팀파눔을 보면 엄청난 규모의 부조에 나타나는 순전히 미적인 특성들과 고도의 신학적 사상이 공존한다. 그것의 도상학적 테마는 고

대 말기 작품들에서 유래하지만 중세 조각가들은 그들의 생각을 명확하게 밝히면서 그 테마들을 더욱 풍부하고 새롭게 만들 줄 알았다. 그리고 사람들은 (생-드니에 대한) 쉬제의 텍스트에서처럼 이 엄청난 조각 작품에서 당대의 학자와 성직자에게 전파된 신플라톤주의의 영향을 발견하고자 했다. 이는 테오도루스 수투디테스 같은 성상파괴에 반대한 비잔틴의 성상숭배 신학자, 위-디오니시우스 아레오파기타^Pseudo-Dionysius Areopagita^, 증거자 막시무스^Maxime le Confesseur^ 등의 번역물을 통해 전파된 것이다. 요한네스 스코투스 에리게나^Johannes Scotus Erigena^ 등의 번역 덕분에 사람들은 미술 작품의 미적 가치와 하느님의 신비를 결합시키는 끈을 발견하게 되고, 신적인 것과 합일되기 위해 그것을 관조하게 되었다. 이러한 저서의 영향과 마찬가지로 종교에서 구상 미술은 11세기부터 발전해 12세기에 꽃을 피웠다. 내용과 미적 가치 사이의 접근이 이루어졌을 때가 되어서야 교회의 파사드 조각 전체는 증가했고, 또한 도처에서 다양한 요소로 이루어진 이 거대한 구성은 전체 미적 특성과 그것이 의존하고 있는 건축과의 조화로운 관계에 정성을 쏟았다. 다시 말해 12세기 이후 서방 세계에서 도상학적 형상이 인정되고 중요한 위치를 차지할 수 있었던 것은 (『샤를마뉴 대제기』에도 불구하고) 동시대 신플라톤주의와 비잔틴의 교훈을 이용한 이후였다. 이러한 상황은 당대 비잔틴 모델들이 서방 세계로 유입되는 것을 훨씬 수월하게 했다. 그러나 사상 면에서 이러한 접근은 당연히 요한네스 스코투스 에리게나와 11세기 후계자들의 시대에 시작되었다.

교회 파사드의 팀파눔이나 상인방에만 도상학적 조각이 세워졌던 시대에 조각된 도상은 부르고뉴 지방뿐 아니라 프랑스 중부 지방, 이탈리아, 스페인, 그리고 곧 서구 유럽의 모든 지역에 있는 대성당 내부를 점령하기 시작했다. 고대의 관습을 되살리고 로마 제국의 모델을 뛰어넘어 그들은 기독교의 인물과 장면을 주두에 조각했다. 그러나 주두의 형태도 문제였지만 지나치게 높은 곳에 위치하고 있었고, 광선도 불충분해서 신자들이 이를 연구하고 이해하는 것은 어려운 일이었다. 그래서 로마네스크 양식의 조각 도상이 정상적으로 신학 교육을 담당한 경우는 거의 없었다.

특별히 여러 개 인접한 주두를 위해 더 일반적인 도상학적 테마를 전개시켜야 할 때도 그들은 그 도상을 거의 사용하지 않았다. 그렇게 오베르뉴Auvergne 지방, 클레르몽-페랑Clermont-Ferrand의 노트르담-뒤-포르Notre-Dame-du-Port, 이수아르Issoire, 그리고 다른 곳에서도 도상학적 주제들(복음서의 장면, 악행과 덕행)은 몇몇 주두만을 장식하고 있다. 그리고 우리가 네이브에 있는 주두에 조각된 긴밀하게 연결된 복음서와 성도전에 관한 진짜 시리즈를
보게 되는 것은 부르고뉴의 가장 유명한 대성당인 오툉 성당이나 베즐레의 도 213,
마들렌느 성당뿐이다. 네이브를 받치고 있는 기둥의 주두에서 이 조각을 214,
검토할 수 있는데, 거기에는 우리가 보게 되는 것은 교회 파사드의 웅장한 215
팀파눔에 비견될 만한 신학적 가르침을 담고 있는 서술적 장면들이다. 종교 음악에 대한 이론과 같은 이러한 가르침은 클뤼니의 트랜셉트가 교차하
는 지점에 있는 유명한 네 주두에 아주 명백하게 제시되어 있다. 주두에 표 도 216
현된 것은 물론 교훈적 장면이다. 그러나 그 장면들은 지면으로부터 너무 높은 곳에 있기 때문에 그 주두들을 검토하는 것은 거의 불가능하다.

마지막으로 이러한 주석-도상에 대한 참조가 진정으로 합당하게 나타난 것은 사람들이 그것을 수도원 주두에 적용했을 때였다. 거기서 우리는
빛이 잘 들어오고 알맞은 주두 높이에 연속적으로 표현된 장면들을 볼 수 도 217
있다. 수도사들은 도상이 유익할 경우, 교회 내부에서 보다 더 잘 그것을 검토할 수 있었다. 성 베르나르두스St. Bernardus가 완강하게 회랑 주두에 동물과 괴물의 형상이 증가하는 것에 반대했던 것도 바로 이 때문이다. 신자들에게 교회에 관한 지식을 최대한 전달하기 위해 조각된 도상 중 가장 긴밀하게 연결되었고, 가장 깊고, 가장 잘 밝혀진 장면들을 제시하고 있는 것은 무아사크와 시칠리아의 몬레알레Monreale의 아름다운 주두들이다. 수도원에 고정되어 있는 조각을 통한 이러한 가르침은 분명 세속인들에게까지 도달

할 수 없었다. 그리고 이러한 사람들에게까지 그것을 확장하기 위해서는 조각으로 장식된 문의 도상학적 프로그램의 폭을 넓히고 구성을 풍부하게 만들었어야 했을 것이다. 이것은 특히 1140년경 이후 수십 년에 걸쳐 프랑스 북부, 파리 근교의 생-드니와 상리스Senlis, 샤르트르와 파리 노트르담, 그리고 랭스와 아미앵의 파사드에서 실현되었다.

이제부터 가장 유명한 종교 조각의 총체의 몇몇 예를 검토하는 동시에 예술적인 제작과 도상학적 프로그램을 관찰해보자. 우선 생-드니의 예를 들 수 있다. 도상학을 포함해서 미술사 속에서 생-드니가 차지하고 있는 위치는 매우 독특하다. 생-드니는 프랑스에서 가장 중요한 성소 중 하나로 이 교회의 재건축과 장식에 관련된 텍스트가 유일하게 보존되어 있다. 이 텍스트에서 작업의 창시자이자 실행자인 수도원장 쉬제는 그의 작품을 묘사하고 있다. 그런데 역대 프랑스 왕들의 무덤이 안치되어 있는 생-드니 성당에는 프랑스 대혁명 동안(그 이전부터) 심하게 훼손되어 도상학 연구와 관련된 것으로는 얼마 되지 않는 문의 잔재와 제단석의 스테인드글라스 같은 빈약한 예밖에 남아 있지 않다. 이렇게 중세 시대에 기록된 묘사가 보존된 작품보다 많은 경우는 드물다(일반적으로는 반대의 경우가 대부분이다). 그러나 아무리 귀중한 자료라고 하더라도 쉬제의 텍스트는—비잔틴 미술 작품의 예처럼—놀랄 만큼 부정확하다. 특히 이는 도상학적 프로그램의 일반적 테마와 일대기의 정확한 내용에 있어서 그러하다.

쉬제는 저서에 나타나듯 공들여 개축한 바실리카에 최고의 기술자들
도 218- 을 동원해 세심하게 구조를 이루고 장식된 조화로운 작품을 창조하려는 의
222 지로 유명하다. 우리는 또한 이 텍스트와 그가 실행했던 것들 중 남아 있는 것을 통해 그가 전례에 의해 제기되는 실제적 문제와 미적인 부분에 전념하고 있었으며, 그가 현실에서 끌어온 미술이 어떤 면으로는 관례적이었고 다른 한편으로는 혁신적이었다는 것을 알게 된다.

이처럼 옛것과 새로운 것이 공존하고 있기 때문에 미술사가들은 생-

드니 교회 미술의 가장 괄목할 만한 부분들을 정확히 '위치시키지' 못하고 있다. 그러나 매우 다행스럽게도 여기서 우리의 관심 대상은 이러한 종류의 문제, 특히 생-드니 성당 조각과 샤르트르 성당 서쪽 파사드 사이의 관계에 대한 까다로운 문제가 아니고 단지 샤르트르 성당의 조각들이 1175년 도 224-
경에 시작되어 생-드니 파사드의 부조(1135-1140년)보다 아주 조금 후에 226
제작된 것이라는 사실을 상기하는 것으로 충분하다. 그리고 물론 샤르트르에서 사람들은 더 아름다운 조각들을 제작했고, 눈에 띄게 수도원 교회의 도상학적 프로그램을 확대하고 풍부하게 만들었다. 기념물 전체를 연구하는 도상학자에게 중요한 것은 조각상으로 장식된 문을 둘러싸고 있는 벽의 조명 장식에 나타나는 새롭고 웅장한 양식이 생-드니에서 먼저 제작되었다는 사실이다. 우리는 에밀 말처럼 그것이 쉬제가 발명한 것이라고는 더 이상 말할 수 없다. 그리고 팀파눔의 아키볼트에 위치한 시리즈도 마찬가지이다.

하지만 새롭고 유명한 도상학적 총체가 최초로 시도된 곳은 생-드니의 파사드에서부터였다. 우리는 단지 쉬제의 저서나 현장의 조각에 보존된 단편이 세 팀파눔에서 생-드니의 아키볼트와 문설주의 주제가 어떤 생 도 218
각에 대한 강력한 논증을 제시하는 방식으로 선택, 집결되었는지를 결정할 수 없는 사실을 유감스럽게 생각할 뿐이다. 우리는 쉬제에 의해 영감을 받은 작품에서 체계적인 도상학적 제시를 기대할 수 있었다. 그러나 만약 우리가 그 사실을 지지할 수 있다면 그것은 팀파눔과 몇몇 아키볼트에 있는 웅장한 최후의 심판과 다른 아키볼트에 있는 24명의 장로들, 문설주 위에 있는 슬기로운 처녀들과 미련한 처녀들이 재현되어 있는 중앙문의 경우에 있어서다(18세기에 없어진 중앙 기둥의 그리스도는 이 모든 총체의 중심에 있었다). 양 측면 문의 최초의 도상학적 프로그램은 문설주에 있는 황도대와 각 달에 해당하는 노동을 제외하고는 불명확한 상태로 남아 있다. 우리는 쉬제가 정면에 있는 모든 부조를 선택해 모을 때 어떤 주도적인 생각을 갖고 있었는지에 대해 의문을 가질 수 있다. 그가 이를 중앙문에 국한시켰다는 사실은 놀랄 만하다. 그리고 이 점과 관련해 중요해 보이는 것은 그가 바실리카의 세 개의 문 앞에 각각 구약의 인물들을 형상화하는 기둥 조각상을 세웠다는 것이다. (십계명이 적혀 있는 판 때문에) 알아볼 수 있는 모세와 또 다른 왕들로 구성된 이 인물들은 의심할 나위 없이 그리스도의 지상에서의 20명의 '조상들'을 연상케 한다. 물론 여기에서 이 놀라운 시리즈 구성을 상세히 설명하려는 것은 아니다.

그러나 우리는 희랍어로 씌어진 4대 복음서 삽화(파리 희랍어판 74)에서 분명히 한 세기 전에 제작된 한 예를 들지 않을 수가 없다. 여기서 우리는 예수의 계보가 나오는 마태오 복음서 1장을 보게 되는데, 다른 곳에서처럼 익명의 인물들로 된 시리즈 대신 구약의 인물들인 아담, 이브, 모세, 그리고 아론과 선지자들은 물론 사무엘, 다윗, 솔로몬으로 시작되는 유대의 왕들이 나타난다. 쉬제가 바실리카 입구에 재현했던 것은 바로 이러한 종류의 계보, 다시 말해 예수에 의한 구원의 역사의 시작이었다. 그래서 그는 (18세기에 파손된) 문 가운데 기둥에는 그의 '조상들' 가운데 그리스도를, 정면 현관 꼭대기에는 세상의 종말, 즉 최후의 심판을 배치한 것이다.

쉬제의 같은 저서의 다른 구절은 그가 생-드니 성당에서 실행하고자 했던 긴밀하게 결합된 도상학적 프로그램이 스테인드글라스에까지 확대
도 221, 되어 있다는 사실을 증명해준다. 이 스테인드글라스들은 제단 뒤편 창문
222 에 끼워져 있는 것으로, 그 수는 14개이고 서쪽 파사드의 거대한 장미창으로 보충되어 있다. 스테인드글라스들은 문 조각보다 더 훼손되었으나 남아 있는 몇몇 예들은 특출한 예술적 특질을 보여주고 있다. 쉬제는 스테인드글라스 회랑을 제작하기 위해서 여러 전문가들을 투입했다고 실토해, 그가 매우 재주 있는 기술자들에게 의뢰했다는 것을 확인할 수 있다. 그러나 여기서 우리의 관심 부분, 즉 쉬제가 원했던 이 총체가 지니는 교육적 가치의 관점에서 볼 때 그의 저서는 (원본의 집단적 파손 때문에) 우리로 하여

금 어쩔 수 없이 문 조각의 예로 되돌아가, 다시 한 번 샤르트르의 예를 따르는 결론에 도달하게 된다. 생-드니 성당 스테인드글라스에 재현된 주제는 엄밀한 프로그램을 따르지 않았고, 쉬제가 이 도상을 다룬 방식은 이 관점에서 의미 있다.

제단 중심축에 위치한, 성모 마리아를 위한 소예배당에 있는 두 창문 중 하나에는 이새의 나무가, 또 다른 창문에는 예수의 유년기 시리즈가 나타난다. 이 주제들은 마리아 성소의 중심축에 정확하게 자리 잡고 있다. 그 구조적 차이에도 불구하고—이새의 나무는 창문 꼭대기에서 긴 양말의 형태로 솟아 있는 반면, 유년기 연작은 개별적으로 테두리가 둘러져 있는 여러 도상들을 한데 집결시키고 있다—이 두 주제는 묘사적 성격을 띤다. 또 다른 스테인드글라스는 유사한 서술적 주제들을 펼쳐 보이고 있는데, 성인들 중 특히 성 브누아[saint Benoît]에 대한 내용을 다루고 있다. 샤르트르 성당과 또 다른 많은 고딕 양식의 성소들은 유사한 성자전에 관한 시리즈들을 강조하고 있는데, 이것은 여러 성인들에게 바쳐진, 특히 이들의 성유골을 보호하는 소예배당과 일치한다.

그러나 생-드니 제단에 있는 스테인드글라스는 도상학적으로는 물론 역사적으로도 가장 흥미로운 것으로 12세기와 13세기, 그리고 14세기 서구 도상에서 유형학적으로 가장 새롭고 독창적인 카테고리에 속한다. 에밀 말은 쉬제가 기독교 도상학에서 유형학의 창시자라고 생각했다. 그러나 이러한 가정을 더 이상 받아들일 수는 없다 하더라도—쉬제가 기둥 조각 테마의 창시자라는 사실이 거의 받아들여지지 않는 것만큼이나—그가 생-드니 성당 창문을 장식하는 도상 시리즈를 통해 유형학적 도상을 최초로 기념비 미술에 도입한 장본인일 수 있다. 이 스테인드글라스는 거의 완전히 파손되어 우리는 전체 도상학적 내용과 도상들의 유형학적 시리즈 내용을 정확하게 알 수 없다(왜냐하면 이러한 선택의 새로움에도 불구하고 쉬제가 이 창문 중 단 한 경우에 대해서만 명시하고 있기 때문에). 그 시리즈

중 하나는 모세의 생애에 관한 것인데, 서술적 도상과 알레고리적 도상(바
울로 사도의 방아moulin de saint Paul)[39]을 포함하고 있다. 알려지지 않은 도상학
적 문맥을 다루고 있는 다른 스테인드글라스에는 유형학적 사변에서 생겨
난 두 도상이 있고 이것은 아직도 보존되어 있다. 그중 하나는 그리스도에
도 222 의한 구원의 상징인 언약의 궤 위에 있는 십자가에 못 박힌 예수 그리스도
를 가리키는 아가의 암미나답Aminadab 왕의 사두마차를 재현한다. 그리고 다
도 221 른 도상에서는 교회와 유대회당을 나타내는 일곱 마리 비둘기가 예수의 가
슴을 향해 모여든다. 이러한 추상적 장면을 형상화하는 도식적 방식은 유형학적 도상의 창조자들이 취했던 관습적 방식과 일치한다. 만약 생-드니의 쉬제가 최초로 기독교 도상학에서 유형학을 스테인드글라스로 확대시켰다면, 그 이후 샬롱-쉬르-마른Châlons-sur-Marne과 부르주Bourges 대성당을 매우 뛰어난 예로 들 수 있다.

쉬제가 이런 종류의 도상에 대한 명확한 참조 자료가 없었음에도 이를 생-드니의 도상학적 프로그램에 최초로 통합시키려 했다는 점은 놀랄 만하다. 그렇기는 해도 우리는 북유럽에서 그보다 조금 앞서 제작된 지적인 도상에 대해 그가 갖고 있던 취향을 분명히 확인할 수 있다. 왜냐하면 생-드니 성당에는 행렬에 쓰이는 거대한 십자가가 도입되어 주 제단 뒤에 세워졌고 그 위에 유형학적 시리즈의 여러 장면이 재현되었기 때문이다. 프랑스 대혁명 때까지 존속되었던 이 십자가는 유명했으며 생-베르탱Saint-Bertin의 십자가와 오늘날 생-토메르Saint-Omer 박물관에서 볼 수 있듯이, 그 당시 사람들은 그 십자가와 그의 기본적 유형학적 도상을 모방했다.

39 쉬제에 의해 생겨난 방아의 알레고리는 모세로 대표되는 구약과 바울로 사도로 대표되는 신약이 방아로 표현된 예수를 통해 연결된다는 것이다. 생-드니 스테인드글라스와 베즐레에 있는 생트 마들렌느 성당의 주두 조각(도 216)에는 이것이 잘 표현되어 있다. 여기에서 왼쪽에 곡식을 붓고 있는 인물은 모세로서 구약을 상징하고, 오른쪽에 정미된 곡식을 담고 있는 인물은 바울로 사도로 신약을 상징한다. 여기서 이 둘의 행위를 이어주는 방아는 그리스도를 상징하는데, 그는 구약의 율법을 새롭게 하여 복음서로 이를 전달하는 역할을 한다는 것이다 - 옮긴이.

생-드니 이후 샤르트르 대성당뿐만 아니라 상리스와 라옹Laon 성당, 그리고 그보다 조금 이전의 다른 성당들도 생-드니의 영향을 많이 받았다. 그러나 이 성당들은 많은 도상적 주제와 대부분 훌륭한 조각 장식을 파사드 전체로 확대해 생-드니 성당을 능가하고 있다. 도 225와 그 이하

샤르트르는 성당이 건축되던 당시 프랑스에서 가장 유명한 고등교육 기관의 중심지였다. 그러므로 거기에 집결되어 있는 조각과 스테인드글라스 도상의 배치가 12세기와 13세기에 제작된 기념비적 종교 미술의 교육적이고 지적인 기능을 증거하기 위해 다른 곳보다 더 잘 배치되어 있다는 사실을 우선 인정할 수 있을 것이다. 샤르트르 대성당에는 조각들이 9개 파사드를 둘러싸고 있고 주위에 거대한 조형적 구성이 형성되어 있다. 반면 200여 개의 창문은 일반적으로 구상적 도상을 다루고 있는 스테인드글라스로 장식되어 있다. 이 모든 장식, 특히 파사드 조각은 완벽한 취향을 보여주며 도상 제작자들의 놀라운 기술적 지식과 위대한 재능을 증명해준다. 그 전체와 세부 모두 건축과 완벽한 일치를 이루고 있는데, 이것은 전체가 우선 설계되었고, 이 설계를 실현하는 데 많은 방법이 동원되었음을 시사한다. 이는 무엇보다도 서쪽 파사드의 대칭적인 세 개의 문, 팀파눔, 아키볼트, 문 양쪽에 있는 기둥 조각에 집결되어 있다. 미적 관점에서 볼 때 우리는 이 이상 더 잘 상상해낼 수는 없을 것이다. 그리고 눈에 띄게 풍성한 조형적 장식과 광범위한 내용을 다양하게 다루고 있는 풍부한 형상의 조각에는 똑같은 균형미가 나타난다.

선험적으로 우리는 이 대성당 문 주위에 펼쳐져 있는 조형적 총체의 도상학적 내용에서 동일한 수준 체계와 단일성을 기대할 수 있을 것이다. 그러나 사실은 그렇지 않다. 물론 거기서 취급된 주제들은 모두 기독교 미술에 빈번하게 등장하는 것이다. 그래서 오늘날에도 선택된 주제나 장식에서의 위치에 상관없이 이를 관찰할 수 있는 것이다. 그런 식으로 서쪽 파사드 세 개의 팀파눔 중앙에 요한계시록에서 영감을 받은 주의 현현이

나타나는 것은 흔한 것이었고, 바실리카의 중심축은 이에 매우 적절해 보인다.

그런데 예수 유년기에 관한 소규모 시리즈가 양 측면 팀파눔에서 단 하나의 장면(예수 승천)에서 짝을 이루고 있는 이유는 무엇일까? 최후의 심판에서 과연 앉아 있는 사도들을 보여주는 것만으로 충분한 것일까? 문설주 원주의 주두 높이 소벽에 있는 소규모 서술적 부조에는 왜 예수 유년기 시리즈 중 몇몇 장면이 반복적으로 나타나고 있는 것일까? 거대한 규모의 기둥 조각으로 표현된 초상 조각으로 강조된 몇몇 중요한 주제가 부조에서는 왜 아주 작게 표현되었을까? 도상학적으로 잘못 규정된 이 초상 조각들은 그리스도의 조상들이나 프랑스의 왕들 같이 다양한 방식으로 확인되었다. 그것을 확인하기 위해서는 그리스도의 '조상들'과 율법 시대의 족장들과 선지자들이 있는 생-드니와 샤르트르의 서쪽 파사드 초상 조각들을 살펴보는 것이 옳을 것이다. 그러나 만약 사실이라면 그것은 주두의 작은 부조들에 의해 상기된 사건보다 덜 중요한 인물들일 것이다. 12세기부터 이것은 명백한 사실이 되는데, 왜냐하면 샤르트르의 측면 파사드와 12세기 다른 성당의 파사드에서 문 양옆에 세워져 있는 거대한 조각상이 바로 사도와 신약성서의 인물들이기 때문이다. 서쪽 파사드 부조에 수태고지와 방문을 두 번 반복해서 재현하는 대신, 꼭 필요한 도상이 빠져 있어 불완전한 시리즈(자리가 모자라서일까?)가 된 덕행과 악행, 그리고 자유학문에 대한 의인화가 표현되어 있다. 반면 구약성서의 잘못 확인된 인물들은 거대하게 표현하면서 예수의 십자가 처형에는 어떠한 자리도 할당하지 않은 것은 어떻게 된 일일까? 또한 실제로 남쪽 팀파눔에서 성찬 상징을 강조하는 듯한 연속 장면을 세 칸에 집결시켜 단지 예수 승천의 한 장면만을 그것들과 대응시킨—이는 주어진 위치에 적용된 도상학적 프로그램과 계획이 과연 있었는지조차 의심하게 하는 부조화이다—이유는 무엇일까?

결론적으로 12세기 미술의 위대한 걸작품인 서쪽 파사드 조각들은 도상학적 관점에서 볼 때 전혀 완벽하지 않다. 만일 이 조각이 건축적 기능을 갖고 있고, 도상학적 내용이 작품의 기능이 된다면, 이 총체의 각 부분을 위해 채택된 기법과 위치, 그리고 규모는 도상에 결부된 건축 배경에 의해 결정된 것이다. 조각가는 건축 요건을 자기의 것으로 만들려고 애썼고, 도상을 창조하기보다는 건축물 속에 도상학적 주제들을 배치하고자 노력했다.

이것은 서쪽 파사드보다 한 세대 이후의 것이 샤르트르 대성당 북쪽 파사드 조각에 적용된 것보다 훨씬 발전된 미술이다. 이 파사드 장식을 지휘한 사람은 북쪽 파사드 중앙 팀파눔에 마리아에 관한 주제를 배치했다. 그는 거기에 그리스도에 의해 거행되는 성모 마리아의 대관식이라는 새로 도 227
운 모티프를 도입하고 있으며, 성모 마리아에게 바쳐진 교회 입구 중 한 곳에 위치한 이 도상은 분명 거기서 당시 행해지던 마리아 숭배를 나타낸다. 라옹, 상리스, 파리에 있는 대성당도 파사드의 팀파눔 한 곳을 이와 같은 주제의 부조로 장식하고 있다. (이새의 나무 외에) 이 시대에 새롭게 창조된 보기 드문 주제의 도상학 유형인 성모 대관은 도처에 나타났다. 일반적으로 이 시기 샤르트르나 다른 여러 곳에서 사람들은 이미 익숙한 도상들을 한 곳에 집결해 새로운 방법으로 기독교 도상학을 풍부하게 하는 것을 더 선호했기 때문이다.

그러나 북쪽 벽 측면 두 팀파눔에 있는 부조들과 그것을 둘러싸고 있는 아키볼트 부조들은 우리를 조금 전의 문제로 되돌아가게 한다. 왜 팀파눔 중 하나에는 욥의 불행에 대한 장면을, 그리고 이것과 짝을 이루는 다른 도 228
곳에는 최후의 심판을 선택했는가? 물론 이 경우와 또 다른 많은 경우 고대와 중세의 성서 주석에 익숙한 학자들은 욥의 이야기에서 최후의 심판에 대한 상징이 암시된 텍스트를 찾아낼 수 있었고, 샤르트르 대성당의 조각가도 분명 그것에 대해 알고 있었을 것이다. 그러나 이와 같은 학식과 신비론적 접근으로도 왜 (서쪽 파사드에 처음으로 표현된 시리즈인) 예수의 유년기 장면 주위에 덕행과 악행의 투쟁, 슬기로운 처녀와 미련한 처녀를 보여주려 했는지를 설명할 수 없다. 이것은 성모 마리아의 상징이고, 만약 이것이 예수의 유년기 주위에 나타난다면 그것은 물론 성모 마리아가 거기서 수행하는 역할 때문일 것이다. 그러나 이러한 배치에 대해서 우리는 차라리 그리스도 관련 도상을 기대할 수 있을 것이다. 마찬가지로, 욥의 거대한 장면 주위에 왜 기드온, 유딧, 에스델과 삼손, 그리고 토비트와 토비아 같은, 구약성서의 장면들이 존재하는지 설명되지 않는다. 여기서도 이 문의 조각 프로그램을 맡았던 사람은 양 측면 아키볼트에 있는 모든 부조들을 서쪽 중앙문을 차지하고 있는 성모 마리아의 대관식 테마에 귀속시키려 했음에 틀림없다. 그러나 그것은 분명히 엄격한 도상학적 논거를 거스르며 그것을 불분명하게까지 만드는 일종의 파격이었다. 실제로 베일에 싸여 있는 성서의 상당한 규모의 소규모 장면들을 해독해내는 데 애를 먹는 것이 사실이다.

연대상 가장 나중에 제작된 남쪽 파사드 조각 장식은 우리가 방금 본 반대쪽 북쪽 파사드 장식의 일반적 구조와 같은 구조를 취하고 있다. 주제들의 집결이라는 도상학적 원칙이 여기에도 적용되고 있는 것이다. 그러나 여기에 있는 부조들 전체는 더 많은 단일성과 긴밀성을 나타난다. 세 개의 팀파눔에는 최후의 심판, 성 에티엔느와 성 니콜라우스, 그리고 성 마르티누스의 생애를 강조하고 있다. 그리고 나머지 모든 부분, 말하자면 수많은 아키볼트와 현관 문설주에는 천사와 천국의 주민들, 성인들이 표현되어 있다. 여기서 일반적 테마들—최후의 심판과 하느님의 신자들—은 그 이전 것들보다 이 세 번째 문의 조각 장식을 지휘한 사람의 작업을 더 쉽게 만들어주었다. 그는 조각 장식 전체와 건축적 구조에 전혀 방해받지 않고 그 주제가 요구하는 대로 조각들을 접근시킬 줄 알았다. 이것은 조각 그룹에 결정적 의미를 지닌 도상들을 한데 모아 표현하는 방식이 발전했음을 보여주는 것이다.

12세기와 13세기의 기념비 조각들에 대한 이와 같은 예는 더 많이 있는데 이것은 단지 중세 시대에 집합체를 통한 도상학적 표현 방식이 흔했다는 사실을 강조하기 위한 것이다. 한 신학자가 쓴 개론서의 내용처럼 종교에 관한 논증은 이런저런 문제가 되는 사실들을 상기시키는 것이다. 그러나 책에는 그 내용이 순서대로 씌어 있지만 파사드에는 (책처럼 순서대로 읽듯) 좌우로 늘어서 펼쳐져 있다. 이러한 라틴 도상 제작자들의 방식은 그들이 도상의 교육적 기능에 대해 얼마나 큰 집념을 갖고 있었는가를 잘 보여주고 있다. 왜냐하면 신학자가 말하는 것과 조각이 재현하는 것은 성스러운 텍스트의 주석이기 때문이다. 우리는 주석을 통해 인물과 역사적 에피소드에 접근한다.

사상의 관점에서도 우리가 파사드에서 보는 것처럼 도상들의 집합체가 지니는 중요성은 명백하다. 이러한 방법과 다양한 적용은 깊이 있는 연구의 대상이 되지 못했지만 언젠가 우리가 그 작업을 다루게 되기를 바란다. 현재로서는 파사드에 표현된 도상 전체가 건축적인 구조를 따를 수밖에 없었다는 사실을 상기시키는 것으로 만족하자. 일반적인 주제들은 종류가 다른 부조(저부조, 중부조, 고부조)로 표현되어야 했고, 또한 팀파눔, 상인방, 아키볼트, 문설주와 함께 문의 받침돌 사이에 나뉘어 배치되어야 했다.

전체 속에서 부분들 간의 관계는 일반적으로 동일했기 때문에 주제의 중요성은 보통 위치의 선택에서 나타났다. 관객과 조각 사이의 거리, 광선의 차이, 부조의 다양한 크기 등의 많은 요인들이 이러한 조각을 다른 것보다, 그리고 다른 시리즈보다 더 중요한 것으로 강조할 수 있게 만드는 요인이 되었다. 미술가의 선택은 또한 인접한 부조들에 관한 배려를 포함하고 있었다. 12세기부터 기독교 도상학에서 이 모든 것은 창조적 작업에 속하는 것이었고, 특히 같은 문 주위에 모인 조각들처럼 복합적인 작품일 때 그러했다. 왜냐하면 이 형상들의 거대한 총체가 지니는 도상학적 단일성은 (파사드가 아니라) 사실상 문 전체에 있는 것이기 때문이다.

우리는 샤르트르 대성당이 보여주는 엄청난 도상학적 레퍼토리와 함께 고딕 양식의 모든 웅장한 대성당들이 보여주고 있는 레퍼토리도 검토해야 할 것이다. 특히 파리, 랭스, 아미앵, 부르주의 파사드 조각과 스트라스부르, 샬롱-쉬르-마른을 포함한 동시대의 웅장한 성당들 중 몇 곳의 스테인드글라스를 검토해야 할 것이다. 이 성당들에 대한 연구는 샤르트르에 대한 우리의 연구 결과를 확인해주고, 그 나름대로 도상의 지적이고 교육적인 기능의 문제에 대한 해답을 주게 될 것이다. 그 반향의 효과가 별로 체계적이지는 않지만 도처에서 우리는 이러한 문제에 대한 반향을 확인하게 된다. 그리고 엄밀하게 말해서 지적 단일성을 제시하는 것은 건축물 전체나 파사드 전체가 아니라, 스테인드글라스에 있어서 의미의 단일성으로 간주되는 것이 하나의 창문이듯이(창문들의 시리즈들이 아니고) 바로 문 하나인 것이다. 이것은 많은 사람들이 기술자들에게 의뢰한 많은 조각과 작업의 불가피한 느린 속도, 그리고 파사드의 문이나 거대한 창의 스테인드글라스를 제작하는 데 드는 막대한 비용에 기인한다. 그러므로 대부분의 조각이나 스테인드글라스 작품의 제작 연대와 세대가 다르다는 점에 그리 놀랄 이유는 없다.

파리와 랭스 대성당이 바로 이 경우에 속하는 것으로, 문 위의 조각은 동시대의 것이 아니다. 그러므로 파사드에 있는 부조 전체에서 생각의 단일성을 찾는 것은 부질없는 일이며, 스테인드글라스에 있어서도 마찬가지이다. 같은 주제에 대한 도상학적 해석은 같은 창문의 표면을 벗어나지 않고 있는데, 그것은 예외적인 경우에만 포기되던 규칙이었다.

실제로 파리 노트르담 대성당 서쪽 파사드 세 개의 문에 나타나는 테마들은 동시대 것도 아니며 전체 프로그램을 따르고 있지도 않다. 게다가 거기서 우리는 이전에 제작된 문에서 유래하는 부조도 있을 수 있었다는 추측을 해볼 수 있기에 각 문을 따로따로 생각해야 한다. 중앙문이 최후의 심판에 대한 다양한 요소들에 할당되어 있는 반면, 측면의 두 문은 성모 마리아에게 바쳐져 있다. 그것은 두 팀파눔 부조에서 드러나는데 그중 하나는 예수를 동반한 성모 마리아와 동방박사, 그리고 성모 마리아의 유년기 장면을 보여준다. 다른 하나는 예수에 의한 성모 마리아의 대관식에 이어 성모 마리아의 매장과 부활을 표현하고 있다. 이 두 팀파눔은 성모 마리아에 관한 유사한 주제를 다루고 있으며 비록 그것이 두 시기에 걸쳐 제작되었다고 해도 하나의 프로그램으로 일치할 수 있을 것이다. 그러나 두 문에 도 227
있는 수많은 아키볼트의 부조들은 분명히 같은 생각을 따르고 있지 않다. 남문 아키볼트에는 천사들과 구약성서의 왕들과 선지자들과 동시에 요한 계시록의 노인들을 결합시키고 있는데, 이 마지막 주제는 최후의 심판이 있는 중앙문에 더 잘 어울린다. 그래서 우리는 그것이 이전에 있던 문에서 유래한 것이 아닌가 하는 의문을 갖게 된다. 북문의 아키볼트에는 구약성서의 왕들이, 남문의 아키볼트에는 선지자들이 다시 나타나는데, 샤르트르 도 230-
대성당의 풍부한 레퍼토리를 생각해볼 때 이러한 반복(?)은 놀라울 지경이 232
다. 파리 대성당 서쪽 파사드의 측면 문들은 각기 나름대로 성모 마리아에 대한 테마를 다루는 것 같다. '과학적' 모티프도 파리에서는 훨씬 덜 발달된 것으로 보이는데, 그럼에도 불구하고 우리는 북문의 문설주에서 황도대의 상징과 한 해의 달들을 다시 만나게 된다.

어떻게 보면 자동적이라고 볼 수 있는 세 개의 문이 달린 파사드 구조는 완벽하게 균형 잡혀 있다. 문들의 위치와 비례, 실루엣은 아주 조화롭고 숙련되어 보인다. 파리 노트르담 대성당에는 강력한 미적 단일성을 표현하는 '왕들의 회랑'이 수평으로 길게 덧붙여져서 샤르트르 대성당처럼 미적 관심이 도상학적 논증들보다 우세했다. 여기에서 좀더 후에 제작된 트랜셉트 문까지 취급하지는 않겠다. 이 경우는 샤르트르에 비교될 수 있는 것으로, 주제 면으로는 마리아 연구에 관한 테마에 복음서에서 끌어온 몇몇 장면이 덧붙여져 파사드 측면 문의 주제와 결합하고 있다. 우리가 이미 살펴보았듯이 샤르트르 대성당 측면 벽의 문에도 서쪽 파사드의 것과 유사하지만 더욱 분명하며 발전된 형태를 보이는 도상학적 프로그램이 나타난다.

도 233 샤르트르 대성당에는 186개 스테인드글라스로 된 창문이 있는데 이것은 분명하게 구분되는 두 시기에 제작된 것이다. 이렇게 제작 시기가 구분되는 것은 매우 드문 일이다. 서쪽 벽 스테인드글라스 중 세 개는 1150-1155년경에, 다른 것들은 1200년과 1235년 사이에 제작되었다. 대부분의 경우 제작 연대를 분명하게 밝혀낼 수 있지만, 이 연대를 자세히 들추어내는 것이 우리의 관심사는 아니다. 우리에게 중요한 것은 파사드 조각에서와는 달리 창문 아래 나타난 스테인드글라스를 주문한 사람의 이름과 때로는 초상화를 통해 그들이 누구였는지를 알아낼 수 있다는 것을 상기시키는 데 있다. 우리는 이들이 한 개 이상의 창문을 주문하지 않았고, 40여 개(보존되어 있는 스테인드글라스의 반 이상) 정도는 특히 도상 제작자나 상인 조합원들, 그리고 성직자나 전통적으로 영향을 미치는 귀족들과 같은 단체의 이름으로 주문되었다는 사실을 알게 된다. 다시 말해서 스테인드글라스는 일종의 봉헌물이었다. 이와 같은 행동 방식은 또한 고대 말기 두라에우로포스 유대회당의 벽화(3세기)와 초기 기독교 시대 바닥 장식용 모자이크(아퀼레이아와 시리아) 같은 대규모 미술 작품에 이미 나타났다. 이것은 당시 더 폭넓은 사회 계층으로 미술 작품 의뢰가 확대되고 있음을 증명한다. 그러나 이런 경우 주문된 작품에 어떤 의미나 형태가 반영되는 것은 아닐까? 도상학 양식 면에서 어떤 경우에는 그렇지 않지만, 다른 경우에는 미술 분야나 다양한 주문자에 따른 도상에서도 이런 구분이 나타나기 때문이다.

각각의 스테인드글라스는 해당 창문의 개구부로 엄격하게 제한되어 있으므로 두 번째 경우가 교회의 스테인드글라스에 더 잘 나타난다. 샤르트르의 스테인드글라스를 더 주의 깊게 관찰해보면 이것이 확인되는데, 이

스테인드글라스의 개별적 특성은 그것들이 매우 근접한 시기에 제작되었다는 것만큼이나 인상적이다.

거기서는 일반적인 도상학적 프로그램이나 스테인드글라스의 주제와 교회에서의 위치 사이의 관계가 나타나지 않는다. 그것을 이해하기 위해서는 몇 가지 탐색과 연속적으로 창문에 나타나는 스테인드글라스의 주제들을 들추어보는 것으로도 충분하다. 예컨대 앱스 창문에 표현된 테마들을 보자. 첫 번째 줄에는 세례 요한에 관한 시리즈, 두 선지자와 케루빔들, 불타는 떨기 앞에 있는 모세, 수태고지, 방문, 옥좌에 앉은 성모 마리아, 아론과 천사, 에제키엘, 다윗 왕과 케루빔들, 베드로에게 열쇠를 건네주는 예수 그리스도가 있다. 이 첫 번째 줄에서 두 번째 줄의 위치를 고려하고 있는 것은 앱스 중앙에 위치한 옥좌에 앉은 성모 마리아 스테인드글라스뿐이다. 중앙창이 사도들 이야기에 바쳐졌으므로 두 번째 줄에 있는 20개 스테인드글라스는 성인들을 형상화하거나 그들의 생애에 대해 이야기하고 있다. 우리는 앱스에서 창문을 통해 교회 중심에 있는 창문의 주제가 분명히 이러한 위치에 따라 선택되었다는 것을 볼 수 있다. 즉 아기 예수와 함께 있는 성모 마리아와 12사도의 이야기가 그것이다. 그러나 또 다른 테마들은 주 제단에 있는 성인들에게 할당된 작은 제단과 인접한 성인들과 그들의 생애를 표현하는 스테인드글라스를 제외하고는 어떤 체계와도 일치하지 않는다.

서쪽 출입문－제단 반대쪽－벽에 나 있는 세 창문의 주제 선택은 제단에서 드러나는 의도와 비교될 수 있는 어떤 의도를 가정하고 있다. 옥좌에 위엄 있게 앉아 있는 성모 마리아의 창문으로 둘러싸인 예수의 유년기 장면들을 제시하고 있는 중심축 창문에는 제단과 그 축을 같이하고 있는 스테인드글라스의 주제가 반복된다. 측면의 두 스테인드글라스들 중 하나는 이새의 나무를, 말하자면 중심 창문 도상의 서문을 보여주고, 다른 하나는 예수 그리스도의 수난 시리즈를 보여준다. 주 제단에서처럼 측면의 도상들이 중심축에 있는 도상들에 응답하고 있지 않다는 것은 명백하다. 즉 여기서 보는 시리즈들은 독립적이며 대칭적이지 않다.

이 마지막 관찰은 측면의 벽, 제단, 트랜셉트, 네이브에 있는 모든 스테인드글라스로 확대될 수 있다. 이 창문의 수는 엄청나기 때문에 거기서 창문들 전체에 공통되는 긴밀하게 연결된 시리즈를 찾아낼 수는 없다. 다른 어떤 곳보다 스테인드글라스를 하나하나 주문하는 관행이 작용했었음에 틀림없는 부분이 바로 여기다. 우리는 때때로 거기서 이어지는 두 개 혹은 여러 개의 주제들을 볼 수 있다. 즉 베드로와 바울로에 관한 두 개의 스테인드글라스와 각자 어깨에 복음서 저자를 짊어지고 있는 선지자를 보여주는 (트랜셉트의 남쪽의) 네 개의 스테인드글라스가 바로 그것이다. 그러나 대개의 경우 인접하고 있는 스테인드글라스는 완전히 서로 다른 주제들을 제시하고 있다.

요컨대 샤르트르의 스테인드글라스에 관해서 이야기할 때 그것의 도상학은 신자들에게 복음서와 성인 연구에 관한 서술적 시리즈들의 간결한 예와 수많은 성인들의 초상화를 제공한다. 반면에 교훈적 주석들은 예외로 되어 있다(선지자들과 복음서 저자들이 교차하는 것처럼). 성당 양끝에는 수호성녀의 도상이 자리 잡고 있고 각 성인들에게 바쳐진 작은 예배당 옆에 있는 성인들의 생애는 스테인드글라스 도상이 갖는 종교적 기능, 즉 교회와 그 안의 작은 예배당에서 거행되는 예배의식을 상기시키는 기능을 강조하는 것으로, 파사드 조각에서는 그 대응물을 찾아볼 수 없다.

마지막으로 조각된 도상과 스테인드글라스를 분석하고 카롤링거 왕조 시대 이후, 특히 로마네스크와 고딕 시대 서방 전 지역의 교회 벽화와
도 234-239 필사본 삽화에 부여된 역할을 상기하는 것으로 충분할 것이다. 회화는 조각과 스테인드글라스에서 관찰되는 모든 주제를 다루는 데 사용되었다. 그러나 회화가 스테인드글라스보다 풍부하며 귀중한 증거를 가져다주는 것은 성인들의 생애를 표현한 도상에서이다. 그러나 이 연구에서 이러한

도상은 흔히 중요한 기독교 주제보다 주변적이고 부차적인 것으로 보였다. 묘사적 도상으로서 그것은 오직 점차 주변의 현실과 가까워지려고 할 때만 도상학적으로 창조적이 된다. 이러한 경향은 이 연구 작업의 출발부터 우리의 관찰 영역 밖에 놓아두었던 부분이다. 왜냐하면 우리의 작업은 종교적 가치를 갖는 도상학적 표현의 쇠퇴와 끝을 알려주는 발전 단계와 관계된 것이기 때문이다. 그렇다고는 해도 우리는 독자들에게 성인들의 생애에서 끌어낸 서구 회화 중 몇 개를 제시할 수 있을 것이다.

OMPHALE HERCVLES

제9장 | 중세 민중 도상의 문제

우리는 앞에서 그것이 비잔틴에 관한 것이든 혹은 서방 세계에 관한 것이든 간에 주로 가장 잘 알려진—종종 걸작에 해당하는—작품이거나 그보다는 수수하지만 그래도 뛰어난 미술 작품들을 다루었다. 이들은 어느 한 사회의 전형적 도상학을 판단하는 데 있어 가장 믿을 만한 증인이 될 수 있으며, 이 점을 모든 중세 도상학자들도 암암리에 인정하고 있다. 당대 최고 예술가들이 지식인과 세도가들을 위해 제작한 엘리트 미술에 나타나는 도상학적 특성들을 추적하면 이와 같은 생각에 동의하게 된다. 동시에 우리는 대중을 위한 미술 작품의 범주가 존재했다는 것을 상기시키고자 한다. 이것은 성상숭배와 관계될 수 있고, 혹은 저널리즘에 가까울 수 있었다. 이 두 관심 분야는 엘리트적인 미술에는 없던 것이었다. 이것을 문학의 고도로 세련된 언어와 토속적 언어에 대한 도상학 분야의 대응으로 생각할 수도 있을 것이다.

여기서 우리는 민중적이라고 부를 수 있는 도상학을 떠올려볼 수 있다. 이는 사람들이 여러 가지 다른 사물들을 지칭할 때 사용하는 이 용어에 부여된 의미를 볼 때 그러하다. 중세 도상학에서 '민중적'이라는 개념은 투박하다는 개념과 비교될 수 있으며, 또한 서툰 도상에 적용되기도 하는데, 바로 이 때문에 숙련된 기술자들이 제작한 도상에 반대된다. 왜냐하면 언제 어디에서나 교육받고 재능 있는 예술가는 다른 사람들보다 제작비를 더 많이 받을 수 있기 때문에 그들은 사회의 최고 계층에 속하는 예술 후원자들을 고객으로 삼는다. 이러한 작품 범주와 분리될 수 없는 것은 원작 모델의 미적이고 지적인 특성을 취하지 못하는 모방작이다. 모방을 거치면서 원작의 특성은 변질되고 도상들은 희미한 기억만을 간직하게 된다. 이러한 장르의 작품들이 민중 도상의 첫 번째 카테고리를 이룬다. 이런 작품들은 교양이 없거나 약간밖에 없는 도상 제작자들이 지적이고 예술적인 엘리트 집단의 작품을 제것으로 만들기 위해 취했던 방식으로, 가장 흔히 볼 수 있었다. 그러나 모델이 된 엘리트 미술 작품이 지닌 가치들을 잃어버리면서 다른 사회 계층의 작품들을 반영한 이 민중 미술은 그 대신 미적인 것 뿐 아니라 지적인 내용과도 관련이 있는 다른 가치를 창조해냈다(예를 들어 이미지의 단순화는 상징적 의미를 용이하게 한다). 그러나 민중 미술을 정의하는 이런 방식의 기본적 결점은 엘리트적 작품과의 경계선 설정을 어렵게 한다. 작품의 변질은 단계적으로, 그리고 불균등하게 이루어지므로 민중적 작품이 어디서 시작되는지를 정확하게 말하기 어렵다. 어떤 필사본 채색 삽화가 이 어려움의 예를 제공해준다. 왜냐하면 몇몇 삽화들은 매우 투박한데, 문제의 필사본의 독자들, 즉 책을 읽을 줄 알고 이러한 종류의 책을 사용할 줄 아는 사람들만이 그 도상들을 사용하게 된다는 것은 말할 것도 없다. 이것은 특히 중세 시대에는 '민중적' 방식이 아니다. 하지만 이 시대 민중적 작품의 경계를 정하는 것이 어렵다 하더라도 필사본 삽화의 예를 들어보자. 우선 그리스 작품으로는, 다마스쿠스의 성 요한네스, 파리 희랍어판 923(9세기), 욥기, 파리 희랍어판 134, 피지올로구스Physiologus[40], 밀라노의 성 암브로시우스St. Ambrosius를 살펴보자.

그리고 라틴 작품으로는 캉브레Cambrai에 있는 카롤링거 왕조 시대의 요한계시록, 트루아Troyes와 블로뉴-쉬르-메르Boulogne-sur-Mer 시립도서관에 있는 브르타뉴Bretagne 복음서, 국립도서관의 복음서 초록, 라틴 9386, 보들리 도서관에 소장된 시편, 당스Dance 필사본 293, 그리고 부르고 데 오스마Burgo de Osma 성당의 미사경본, 성 반드레지실루스Wandregisilus의 생애(생-토메르, ms. 764)와 같은 로마네스크와 고딕 양식 필사본들을 살펴보자.

공통적으로 다소 투박해 보이는 이 모든 그림에는 물론 대부분 로마네스크 양식인 주두와 문에 수많은 부조가 추가되어야 한다. 민중 도상 시리즈에서는 얼굴 모습과 움직임에 대한 표현, 극적 활기와 우스꽝스러운 장면들이 흔히 나타난다. 그러나 최후의 심판이나 성인들의 이야기 같은 소수의 주제들을 제외하고 이 부조와 세밀화들은 거의 기존의 도상을 따르고 있다. 왜냐하면 도상학 분야에서의 새로운 발명은 교회가 원하지 않는 의미를 도상에 부여할 위험이 있기 때문이다. 그리고 이러한 이유로 최후의 심판 도상의 세부에 나타나는 다양성도 그 규칙을 확고하게 만들 뿐이다. 이는 민중 도상 제작자들이 변형시키고 풍부하게 만든 이러한 세부가 본질적으로 심판받고 사형선고를 받는 죄인들에 대한 재현과 그들을 지배하는 악마들, 말하자면 신학자들이 세속인들의 상상 속에 내버려두는 범주의 주제들과 관계 있기 때문이다.

요컨대 결과적으로 민중 미술에서 유래하는 첫 번째 도상의 범주는 도상학 역사에서 그리 대단한 위치를 차지하고 있지 못하다. 투박한 장면에서, 그리고 때로는 다른 미적 관점에서 보면 단순화된 작품에서 우리는 위풍당당한 도상학적 작품을 다시 만나게 된다. 그러므로 이러한 카테고리의 작품에서 한 차원 높은 희랍 도상학과 라틴의 도상학을 구별해주는 원리가 반영된 것을 발견하는 것은 당연하다.

40 『피지올로구스』는 구전과 민담으로 전해내려온 기독교의 자연 상징사전이다. '자연에 박식한 자'라는 뜻의 '피지올로구스'라는 말은 처음엔 단순히 익명의 저자를 가리키는 말로 사용되었지만 판본이 거듭되면서 책의 이름인 동시에 저자의 이름으로 굳어졌다 - 옮긴이.

그러나 민중적 작품의 다른 범주는 도상학적 독창성을 보이며, 교부들과 그들의 가르침을 따르던 도상학과 뚜렷이 구별되는 정신 상태를 반영한다. 특히 우리는 이러한 종류의 종교적 작품들이 전통으로부터 쉽게 멀어진다는 사실도 확인하게 된다. 비잔틴에서는 희랍인들의 관습과는 반대로 라틴의 서방 세계에서 유행하던 원칙에 따라 필사본의 삽화가 있는 텍스트에 주석적 의미를 부여했던 반면에, 가톨릭 국가에서는 카롤링거 왕조 시대부터 라틴 교회에 의해 확립된 관습과는 반대로 조각으로 된 도상 숭배를 체계화해나갔다. 그러나 이는 조각과 회화 이상으로 확대되지는 않았으며, 또한 교회는 그것들을 비난하지 않고 그 주제들에 대해 침묵했다. 아마도 그것은 이 작품들이 도상학적 요소들에도 불구하고 어떠한 교리에도 관계되지 않았고, 열성적인 민중 계층의 지지를 얻고 있었기 때문일 것이다.

비잔틴 쪽의 공식적 관습이나 취향과는 무관한 이러한 도상학의 뛰어난 예들은 9세기와 10세기로 거슬러 올라가는데, 여백에 삽화가 들어 있는 시편에 나타난다. 이 유명한 필사본들의 세밀화는 미술 또는 도상학과 관계되는 수많은 연구의 대상이 되고 있다. 이러한 소규모 그림들, 특히 가장 오래된 필사본인 모스크바 역사박물관에 있는 클루도프[Chloudov] 시편과 아토스 산 판토크라토르 수도원에 있는 시편이 비잔틴의 다른 세밀화나 11세기와 그 이후 제작되었어도 9세기 시편들의 삽화를 모사하고자 한 세밀화와 매우 다르다는 것을 모르는 사람은 아무도 없다. 이 삽화들은 콘스탄티노플에서 성상숭배자가 결정적 승리를 거둔 직후 성상숭배자들과 반대론자 간의 논쟁에 열렬히 참가했고 성 소피아 성당에서 티피콘[Typicon] 의식을 추종했던 성직자에 의해 창조되었다. 대부분의 경우와 마찬가지로, 중세에는 이 삽화를 제작했던(그리고 동시에 삽화를 여러 필사본들 속에 다시 사용하면서 그것을 퍼뜨렸던) 아틀리에가 수도원에 있었는데, 아마도 삽화가 그려진 11세기 복제본의 경우와 마찬가지로 스투디온 수도원이었을

(도 240-245)

것이다.

그러나 9세기에 제작된 이 그림에는 이제까지 지적되지 않은 또 다른 양상이 있다. 즉 제작자들의 사회적 지위를 알아내는 것이 흥미로운 일이긴 하지만, 그들 작품의 사회적 기원을 알아내는 일은 훨씬 더 중요한 일일 것이다. 하지만 우리가 간파했다고 생각하는 것은 전형적인 비잔틴 그림과 구분되는 이 세밀화의 일련의 특징이다. 이를 조예 깊은 화가의 화법과는 무관한 미술가들, 말하자면 민중 미술가들이 주도한 탓으로 돌리는 것이 설득력 있게 보인다.

무엇보다 그중에는 눈에 띄는 부정적인 특징이 있다. 즉 비잔틴의 평범한 작품에도 나타나는 것과는 반대로 삽화를 포함하거나, 텍스트와 도상(이 도상의 위치와 외곽선을 포함)을 총괄하는 페이지를 미학적으로 구상하려는 어떠한 시도도 없다. 비잔틴 미술의 전형적 특징인 사람 모습, 얼 도 240
굴, 제스처, 움직임의 우아한 탐구 흔적도 없다. 이와는 반대로 그로테스크한 머리, 풍자적 옆모습, 표현적 제스처와 태도, 때로는 인종(비잔틴인, 유 도 242, 244
대인, 이란인)을 구별하려는 노력이 뚜렷이 드러나고 있다.

인물들도 서로 다른 크기로 표현되어 있다. 그들은 마르거나, 뚱뚱하며, 예수 같은 성스러운 인물도 다른 인물보다 더 고상하지도 크지도 않다. 때로 화가는 시편의 구절들을 아이처럼 해석하는 데 주저하지 않는다. 예를 들어 입술은 하늘까지 늘어나고 혀는 땅에 닿는 인물들을 상상하기도 한다. 중세 비잔틴 회화의 범주에서 볼 때 이 모든 것은 예외적이며 어떤 것도 시편 삽화에서 비잔틴 미술의 '정통 형태'로 복귀시키려고 한 11-14세기 필사화가들의 체계적인 경향보다 그 예외적 특성을 더 강조하고 있지는 못하다. 성상숭배자들과 성상파괴주의자들 사이에 있었던 동시대적인 도 241
주제에 대한 그들의 관심에서도 마찬가지의 민중적 활기—현학적인 비잔틴 미술의 전통과는 거리가 먼—가 드러난다. 이것은 성상숭배자와 성상파괴주의자 간의 대립이 반영된 도상학적 주석의 인물과 형태, 내용을 통해 나타난다. 도상을 통한 이러한 표현은 관습적으로 품위 있는 미술에서는 어떤 자리도 차지하지 못했고, 단지 고상한 양식을 모르는 계층에서 표명될 수 있었다. 신학자들의 노선을 따르던 현학적인 비잔틴 전통과의 단절을 가정하는 또 다른 특징이 있다. 즉 이 시편의 삽화들은 텍스트에 묘사된 사건들에 주목하는 데 그치는 대신, 성서 텍스트의 주석을 상기시키는 도상적 특성들을 집결시키고 있다. 그것은 사실 가장 단순한 생각에서 영감을 받은 주제들이다. 기독교 주해자들은 시편에서 복음서 사건의 선先 유형들을 찾아내었고, 이러한 것은 교리가 되어 교회에 의해 수세기 동안 존속되었으며 교회 의식을 통해 모든 사람들의 지식이 되었다. 그것을 기억하기 위해 반드시 학식 있는 신학자가 될 필요는 없었다. 그래서 우리는 민중적 외양을 지닌 시편의 삽화에서 그리스도 연구에 관한 도상들을 보아도 그리 놀랄 것은 없다. 그리고 그것은 성상파괴 논쟁 기간에 성상옹호자들
도 243, 과 반대자들 간의 격렬한 논쟁과 대립을 암시하는 몇몇 도상들에 있어서도
245 마찬가지이다.

반대로 여기서 강조해야 할 점은 비잔틴 사회에서의 삽화-주석 방식의 적용이다. 이 방식은 9-10세기 비잔틴인들 사이에 있었던 비잔틴의 현학적인 도상 제작자들의 방법에 대한 무지나 거부를 가정한다. 이 시편의 삽화들은 유감스럽게 그림들이 진부해진 11세기부터 '교화시켜야 했던' 비잔틴인들에게 아주 잘 알려진 도상들이다. 같은 비잔틴인들이 중세 시대에 주교의 십자가와 벽사 기능을 가진 메달에 적용시켰던 도상학적 이미지가 같은 고객을 위해 사용되었고, 같은 레퍼토리(성모 마리아, 성자, 악마)에서 끌어왔지만 이번에는 실제적 성격을 띤다. 여기서 마귀에 관한 도상들은 주목할 만한 민중적 활기를 보인다.

단지 투박한 것으로만 볼 수 없는 이러한 민중 도상학에 대한 서구적 대응물의 모든 기법은 깊이 있고 폭넓은 연구를 할 가치가 있다. 우리가 위에서 언급했듯이 그것은 민중적 외관을 지닌 창작물이고 어쩌면 특별한 기

능을 지닌 예술 작품으로 구분될 수도 있다.

우리는 여기서 희랍 시편의 삽화에 대한 대응물로 간주할 수 있을 유일한 작품들 카테고리에 국한시켜보려 한다. 앞에서 우리는 카롤링거 왕조 이전부터 중세 전 기간 동안 서방 세계에서 견고하면서도 지속적으로 교리를 통해 종교적 도상들이 교육적 도구가 되었다고 여러 번 언급했다. 그 도상들은 그리스도에 의한 구원과 하느님의 모범적 종사자들인 성인 같은 역사적 인물들과 사건을 상기시켜야만 했다. 그것은 그렇게 신자들이 정신을 통해서 신적 실체에 도달하는 것을 도왔지만 그 도상들을 숭배하는 것은 허락하지 않았다. 왜냐하면 이러한 종류의 숭배는 우상 숭배가 되어버리기 때문이었다. 그리고 때로 사람들은 성상파괴 논쟁의 위기가 끝난 이후 종교적 주제를 표현한 그림들을 숭배하면서 죄를 짓는 비잔틴인들을 비난했다.

서방 세계에서 이러한 교리는 거의 반박되지 않았고 중세 도상학은 이러한 숭배에 따라 구상되지 않았다. 기독교 도상의 신비함에 가장 애착을 보인 사람들은 이에 대한 명상을 통해 신적 실체에 도달하기를 바랐다.

그러나 이 지역에서 카롤링거 왕조 이전 시대부터 지속적으로 아기 예수와 함께 있는 성모 마리아와 성인들을 표현한 몇몇 조각상에 대한 열렬한 숭배가 실제로 행해졌다. 이러한 숭배는 조각상에 대한 경배가 그림에 도 246
대한 비슷한 숭배보다 이교도적인 우상숭배에 더 가깝다고 여긴 비잔틴 세계 성상숭배자의 태도와 유사했다. 이와 같은 비난들은 확실히 터무니없는 것이었다. 왜냐하면 어떤 시기, 어떤 기독교 지역에서도 사람들이 숭배하는 도상을—그것이 2차원적이건 3차원이건 간에—도상이 형상화하고 숭배자가 호소하려는 남자나 여자와 동일시하지 않았기 때문이다. 기독교 도상에 대한 숭배가 조각상으로 확대될 수 있던 것은 역시 사람들이 전통적으로 이러한 숭배를 대부분 거부했던 서구보다는 동방의 기독교 세계에서였다.

그러나 서방 세계에서 사람들이 숭배하던 조각상과 이에 대한 숭배 자체는 민중적 신앙의 표현으로서 9세기와 10세기 비잔틴 시편의 흥미로운 세밀화와 같은 범주로 보아야 한다. 게다가 11세기의 한 텍스트에는 앙제Anger의 한 젊은 성직자가 프랑스 중부 지방에서 숭배되던 성인 조각상에 놀랐고 이를 비난했다고 씌어 있다. 이 신학 교수 같은 북부의 지식인들은 라틴 교회의 전통적 교리를 벗어나지 않았다. 그러나 우리는 숭배의 대상이던 성모 마리아 조각상들이(여기에 한때 수많은 성인들의 조각상들이 추가된다) 중세에 증가했고, 그 후에도 프랑스뿐 아니라 서방 세계의 많은 다른 지역에서도 그러했다는 것을 확인할 수가 있다. 많은 신자들은 그 조각상에 기도했고, 그 앞에 촛불을 밝혔으며, 지방 성직자가 후원하는 엄숙한 종교 행사 때 조각상들을 짊어지고 행진했다. 이 조각상 중 어떤 것들은 비잔틴의 테오토코스 이콘들처럼 기적을 행하는 것으로 여겨지기도 했다.

어떤 조각상은 투박하고 다른 것들은 수준 높은 미술에 속한다. 그러나 일반적으로 교회에 의해 보호되어온 이와 같은 조각상들은 중세의 종교적 조상으로 간주될 수 있었다. 또한 이는 미술사가들이 정의한 로마네스크 이전, 로마네스크, 혹은 고딕 양식 아틀리에서 제작된 작품에 나타나는 관습을 벗어난 것이다. 많은 경우 그것은 옛날 조각상들을 모방한 것인데, 예배를 위해 제작된 이 조각상들의 재질은 세월에 의해 파손될 수 있는 목조였기 때문에 이는 지극히 당연한 일일 것이다. 물론 그중에는 귀금속으로 되어 있는 것도 있었다. 이전에는 금세공 작품들이 오늘날보다 훨씬 더 많았겠지만 그것들은 인간 탐욕의 희생물로 사라지거나 전쟁과 성상파괴 운동이 일어났을 때 용해되어버렸다. 이러한 '예배' 카테고리에 속하는 성모상으로는 투르뉘Tournus의 생 필리베르Saint-Philibert 성모상과 몽-드-방사시Mont-devant-Sassey(마른Marne) 성모상이 있으며, 성인으로는 유명한 콩크Conques에 있는 생트 푸아Sainte Foy 조각상과 조금 덜 알려진 르모나스티에Le Monastier에 있는 생 샤프르Chaffre 조각상이 있는데, 이 두 작품은 모두 은박으로 덮여 있는 목조이다.

우리는 당연히 왜 이 조각상들이 민중의 종교적 숭배 대상으로 선택되었는가에 대해 의문을 갖게 된다. 현재로서는 이에 대해 결정적인 대답을 할 수 없지만 그것은 분명 우리가 이따금 추측했듯이 교회 당국이 후원하던 신앙 방식들과 관련이 있는 것으로 보인다(이 조각상들은 외딴 지역에 있는 미개한 주민들의 복음화를 위해서도 쓰였을 것이다). 또한 시골에서 이 조각상으로 이어진 고대 관습의 관점에서 보면, 이 원시적 조각에 공통적으로 나타나는 특성 중 몇몇은 본질적으로 이러한 종류의 설명을 가능하게 하는 듯 보인다.

이렇게 대부분의 조각들은 도상학적으로 동일한 모습을 보이고 있다. 즉 거기서 우리는 정면을 향해 엄격한 자세로 옥좌에 앉아 있는(일반적으로 아기 예수와 함께 있는) 성모 마리아나 성인을 보게 된다. 움직임이 없는 이 조각상들은 모두가 웅대함과 의연함을 풍기고 있는데, 이러한 형식상의 특징들은 아마도 이를 제작한 조각가의 의도였을 것이다. 우리는 고대 말기 파우사니아스Pausanias의 시대에 성상을 숭배하는 군중들이 형태를 알 수 없는 목조 우상인 '조아나xoana'를 선호했다는 것을 기억하고 있다. 파우사니아스 시대에 제작된 사실주의적인 아름다운 조각과 이 도상 사이의 거리는 신적인 세계가 더 많이 반영될 기회가 있던 것처럼 보인다. 검은 성모 마리아 상이나 콩크의 생트 푸아 같은 도상의 시대를 초월한 듯한 외양은 어쩌면 이와 유사한 이유에서 오는 것은 아닐까? 숭배를 받던 이 조각상들은 아마 당대의 훌륭한 미술에 속한 조각과 구별되었음에 틀림없다. 실제로 옥좌에 경직되어 보이는 이 조각상에서 고대 말기 마지막 시기(6-8세기) 미술에 나타나는 특징들이 완전히 사라진 일은 없었다. 그들은 그것을 약간 수정해 또 다른 시대의 양식에 적용시켰다. 그 조각상들은 민속적 작품들과 유사한 많은 창작물들처럼 어떻게 보면 '시대착오적인' 작품들이었다.

가장 오래되고 괄목할 만한 예배의 대상으로 제작된 모든 조각상에 공통되는 또 다른 특징은 아래와 같다. 그것은 '마에스타maesta(폐하라는 뜻)'라고 불리는 것으로, 이 이름은 당연히 이 조각상이 앉아 있는 옥좌와 왕과 같은 태도와 연결된다. 루앙의 주교 빅트리스Victrice가 쓴 4세기 말의 한 텍스트에는 이 도시에 여러 성 유골함이 엄숙히 도착하는 광경이 묘사되어 있으며, 마치 그것이 여러 '폐하'의 아드벤투스adventus, 즉 출현에 관한 것인 듯 이야기하고 있다. 그러나 사람들이 마에스타라고 부른 옥좌에 앉아 있는 성모 마리아와 성인들의 조각상이 언제나 성유골을 담는 데 사용되지는 않았다. 중세 초 많은 텍스트(예를 들어 로마의 산 크리소고노San Crisogono 성당과 북부 프랑스의 생-리퀴에르Saint-Riquier 카롤링거 왕조 성당)에 대해 쓴 '트로누스thronus'라는 용어는 성인들에게 바쳐진 교회 제단을 의미했다. 산 파올로 대성당에 있는 유명한 카롤링거 '카테드라cattedra'는 반원형으로 된 회의실 가운데 옥좌에 앉아 고위 관리층의 회의를 주재하던 최고 통치자와 순교자를 동일시하는 전통과 연결될 수 있을 것이다. 이것이 황제의 공식적 도상과 직접적인 관계가 있음을 굳이 강조할 필요는 없을 것이다. 20여 년 전 출판된 『순교자들의 옥좌』에 대한 연구 작업에서 언급했듯이 고대 말기 옥좌의 테마는 사람들이 줄곧 사용하던 구술적이며 도상학적인 '어법'이 되어 끊임없이 사용되었다. 즉 다양한 이교도의 신들, 고위 관리, 시인과 철학자, 대가족의 우두머리 등이 옛날에는 제우스나 황제, 그리고 좀더 후에는 그리스도와 성모 마리아, 주교들과 순교자들에게 부여되었던 옥좌 위에 앉아 있는 모습으로 상상되었다. 기독교에서는 그것이 성모 마리아나 주교들, 특히 순교자들과 관계될 때 그리스도의 옥좌를 사용했다. 이렇게 해서 그들이 앉아 있는 옥좌는 암암리에 단지 그들이 대리인의 역할을 한 구세주-우주 창조자의 자리를 상기시키게 되는 것이다.

기독교 시리즈는 옥좌에 앉아 있는 성모 마리아 도상으로 시작되는데,

그것은 파렌초 교회 앱스의 모자이크와 로마에 있는 산타 마리아 안티쿠아Santa Maria Antiqua의 벽에 표현되어 있다. 또한 성찬식을 주관하는 그리스도나 그의 대리인인 성인이 앉는 자리(베네치아 산 마르코 대성당에서 산 마르코 옥좌Sedia di San Marco, 로마 산 파올로 대성당의 카테드라)의 이상적 위치인 앱스에 위치한 상징적 옥좌의 예를 들 수 있다. 그러나 이 옥좌들은 (그 옥좌가 놓여 있는 교회의 주임사제의 도착을 기다리면서) 비어 있고, '헤티마시아Hetimasia' 라는 그리스도의 옥좌는 최후의 심판 때 재림할 예수가 앉을 때까지 비어 있다.

민중의 숭배 대상이던 성모 마리아 혹은 순교자들의 오래된 조각상들은 그들에게 바쳐진 제단 위나 그 뒤에 있다. 그 조각상들은 어떤 면에서 이 성소의 주임사제를 대신하고 있었고, 교회 파사드와 내부에 있는 종교적 주제의 다른 조각상들과는 근본적으로 구별되었다. 사람들은 다른 조각상들과는 달리 이 조각상들을 숭배할 수 있었고, 그것을 통해 신자가 성모 마리아나 성인에 직접 닿을 수 있다고 믿었다는 것은 자연스러운 일일 것이다. 6-7세기로 거슬러 올라가는 이와 같은 증거의 환영들은 어떤 분명한 순간에 자신에게 바쳐진 세바스테Sebaste 교회 옥좌에 앉아 있는 세례 요한이나 테살로니키에 있는 거대한 성소 안 자신의 무덤 옆 옥좌에 앉아 있는 성 데메트리우스에 대해 언급하고 있다. 여기에 관계되는 것은 신학적 교리가 아니라 민중적 신앙이므로 우리는 이 환상이 현실화된 날짜를 명확하게 밝힐 수 없다. 그러나 사람들이 봉헌하고 교회가 묵인했던 이러한 종류의 조각상과 숭배는 콩크의 생트 푸아의 유명한 성상-조상, 혹은 10세기 것으로 추정되는 클레르몽-페랑의 최초의 성모 마리아 이전에 시작되었을 가능성이 많은 것으로 보인다. 우리가 로마네스크 이전과 로마네스크 양식의 것에만 국한되어 알고 있는 100여 개 이상의 성모 마리아에 관한 이러한 조각상들은 기독교 도상에 적용된 교회 당국의 교리와는 구별되고, 민중적 신앙에 부합하기 위해 수세기 동안 존속될 수 있었던 중세 서구 도상학에 대한 뛰어난 전체적 모습을 보여주고 있다.

로마네스크와 고딕의 양 시기에 민중적 활기는 성인들의 전기에서 발췌한 장면들을 표현하는 사실주의적 창작품들을 통해 표현되었다. 전통적인 도상 장면에 도입된 새로운 도상학적 요소들은 종교적 창의성과 별로 관계가 없기 때문에, 우리가 여기서 그것들을 모두 살펴볼 필요는 없다고 본다.

그러나 우리는 여기서 의도적으로 민중 도상학의 맥이 드러나고 있는 서구의 소규모 기념물들로 된 카테고리에 대해 언급하고자 한다. 순례자들의 의향에 따라 제작되었으며, 그들이 그것을 마치 유명한 성소와 납골당 방문의 증거처럼 자랑삼아 내보이고 다니던 값싼 금속으로 된 브로치를 떠올려보자. 같은 성소에서 지적이고 예술적 가치에 관심을 가진 신자들의 미술과, 민중을 위한 미술이라는 두 시리즈로 된 도상을 대면할 때, 도상학자에게 이러한 장신구를 장식하고 있는 도상에 대한 연구는 특별히 교훈적이다. 샤르트르의 노트르담 대성당 아틀리에에서 제작된 작품이 이 경우에 속하는데, 여기에서 제작된 조각과 스테인드글라스는 걸작일 뿐만 아니라 샤르트르 학파 신학자들의 사상을 반영하고 있다. 샤르트르 대성당에 있는 기념 미술은 모두 첫 번째 카테고리에 속하고, 교회의 수호성인인 성모 마리아 도상들은 옥좌에 앉아 있는 모습과 팔에 아기 예수를 안고 있는 모습으로 나타난다. (파사드의 거대한 창문, 제단 중심에 있는 창문, 파사드의 남쪽 팀파눔에 있는) 천상의 여왕 도상은 대성당으로 신자들을 이끌던 성모의 유품에 대한 어떠한 암시도 하지 않는 반면에 성소에 있는 순례자들의 휘장에 있는 도상들은 옥좌에 앉은 성모 마리아는 물론 성모 마리아의 긴 옷, 즉 유품을 휘장 뒷면에 재현해놓고 있다.

달리 표현하자면, 샤르트르에서 다른 예들을 인용할 수도 있지만(방돔Vendôme에서 숭배되는 '그리스도의 눈물' 유품에 대한 놀라운 도상을 상기해보자), 중세 시대부터 두 가지 도상학이 평행적으로 존재했다. 즉 언제나 문제가 되고 뛰어난 결작품과 관계된 세련된 지배층의 도상학과, 주로 장식적이고 소박한 민중적 특징을 지녔지만 전자만큼 성공을 거두었던 민중 도상학이 그것이다.

결론

이 책에서 우리는 도상학이 하나의 언어라는 관점을 가지고 기독교 도상학을 살펴보았다. 우리가 말하고자 하는 것은 도상학이 구술 언어와 마찬가지로 생각과 감정을 표현하고 전달하는 수단이었다는 것이다.

그러나 현재의 연구 상태에서는 도상과 말을 통한 표현의 유사성을 지나치게 강조하지 않는 것이 더 나을 것이라는 생각이 든다. 만약 명백하게 유사한 것들 중 몇몇 경우를 제시하는 것이 흥미롭고 교훈적이라면 또 다른 논란의 여지가 있는 것을 고집하는 것은 쓸데없거나 난처한 일일 수도 있다.

이 책에서 우리는 가장 오래된 기독교 도상이 태어난 고대나, 사람들이 기독교 사상을 도상학적으로 정의하거나 새로운 신앙의 형태를 퍼뜨리기를 원했던 중세에 기독교 도상을 창조할 때 사용되던 심리적이며 기술적인 방식들을 조명하려고 애썼다. 우리는 특히 새로운 테마가 형성되고, 더 오래된 이미지의 의미가 이동하며, 다른 시기에서 전달된 새로운 기호학적 가치가 부여될 때 나타나는 어휘와 구술 표현의 역사 사이의 유사성을 확인했다.

이와 같은 분석은 또한 종교 도상의 심오한 의미가 희랍이나 라틴 계통의 기독교도들에게 동일한 것은 아니었다는 점을 더욱 잘 이해하는 계기를 제공해주었다.

이 고찰들은 현장 조사 연구의 성격을 띠며, 고대와 중세 기독교 도상 제작자의 작품을 실제로 매우 가까이에서 접근할 수 있게 만들었다고 생각한다. 마지막으로 우리의 연구가 도상학에 대한 것이며, 미술사에 대한 것은 아니라는 사실을 강조하고자 한다.

참고문헌

⚜ 참고문헌 개요

기독교 주제에 관한 중세의 구상 작품, 즉 회화와 조각을 다루는 학자들의 모든 저술과 논문은 도상 이미지들의 실례에 의거한 것이며 경우에 따라 그 복사물을 인용하기도 했다. 중세 도상학자들은 부단히 미술사에 관한 많은 출판물을 인용하고 있으며 거기서 중세의 사례들이 구체적으로 실현된 것을 찾아냈다. 그러나 모든 저작들을 다 열거할 수는 없으므로 여기에는 도상의 주요 주제에 관한 책들과 연구서들만을 모았다.

⚜ 고대

일반서 및 원본

F. CABROL, H. LECLERCQ, H. I. MARROU, *Dictionnaire d'archéologie chrétienne et de liturgie*, 15 vol., Paris, 1908-1953.

O. WULFF, *Altchristliche und bysantinische Kunst*, 2 vol., Berlin, 1914-1924.

E. DYGGVE, *History of the Salonitan Christianity*, Oslo, 1951.

L. VON SYBEL, *Christliche Antike. Einfuhrung in die christliche Kunst*, 2 vol., Marbourg, 1906-1909.

A. GRABAR, *Le premier art chrétien*, Paris, 1966. (Avec choix de textes anciens relatifs aux monuments.)

A. GRABAR, *L'âge d'or de Justinien*, Paris, 1966. (Avec choix de textes anciens relatifs aux monuments.)

P. DU BOURGUET, *La peinture paléochrétienne*, Paris, 1958.

P. TESTINI, *Le catacombe e gli antichi cimiteri cristiani in Roma*, Bologne, 1966.

F. DÖLGER, *Antike und Christentum*, 6 vol., Münster in Westfallen, 1929 et suivants.

Th. KLAUSER, *Reallexikon für antike und Christentum*, Bonn.

Lexicon der christlichen Ikonographie, depuis 1968.

Cahiers archéologiques, Paris, depuis 1945.

Révista di archeologia cristiana, Vatican, depuis 1911.

K. MICHEL, *Gebet und Bild in frühchristlicher Zeit*, Leipzig, 1902.

Hugo KOCH, *Die christliche Bilderfrage nach den literarichen Quellen*, Göttingen, 1917.

P. G. MIGNE, *Patrologiae cursus completus*, Series graeca, 166 vol., Paris, 1857-1866.

P. L. MIGNE, *Patrologiae cursus completus*, Serias latina, 221 vol., Paris, 1844-1864.

(Où l'on trouve, à côté de beaucoup d'autres, les oeuvres de saint Augustin, saint Ambroise, saint Irénée, saint Jean Chrysostome, Eusèbe, Asterius d'Amasée, Procope, etc.)

Paulin DE NOLA, *Epistulae*, dans *Corpus scriptorum ecclesiasticorum*, t. 29, Vienne, 1894.

Apocryphes, Éditions de Tischendorf, Lipsius, Max. Bonnet, Hennecke, Choricius de Gaza, *Orationes*, etc., Éd. P. BOISSONADE, Paris, 1846 et Leipzig, 1929.

Ugo MONNERET DE VILLARD, *Le leggende orientali sui Maggi evangelici* (Studi e Testi CLXIII), Vatican, 1952.

H. I. MARROU, *Décadence romaine ou Antiquité tardive*, Paris, 1977.

Adolph BAUER et Joseph STRZYGOWSKI, *Eine alexandrinische Weltchronik : Text und Miniaturen eines griechischen Papyrus der Sammlung W. Goleniščev*, (Denkschriften der K. Akademie der Wissenschaften in Wien. Philosohischhistorische Klasse, LI, Vienne, 1905).

Ashburnham Pentateuch de Tours en laitn : G. VON GEBHARDT, *The Miniatures of the Ashburnham Pentateuch*, London, 1883.

Cambridge, Corpus Christi College, Évangiles en latin : F. WORMALD, *The Miniatures in the Gospels of St-Augustine : Corpus Christi College*, ms. 286, Cambridge, 1954.

Bible dite Cotton, en grec. Fragments an British Museum : S. TSUJI, six articles imprimés ou cités dans les *Cahiers archéologiques*, XX, 1959, p.29, etc.

Évangiles de Rabbula en syriaque : C. CECCELLI, G. FURLANI, M. SALMI. *The Rabbula Gospels*. Édition fac-similée des illustrations du manuscrit syriaque Plut., I. 56, *Olten et Lausanne*, 1959. (Dans le même volume reproductions des miniatures de Paris Bible syr. 341 et de Paris Évangiles syr. 33.)

Évangiles de Rossano : A. MUÑOZ, *Il Codice purpureo di Rossano e il frammento sinopense*, Rome, 1907.

Psautier d'Utrecht en latin : E. T. DE WALD, *The Illustrations of the Utrecht Psalter*, Princeton, London, Leipzig, 1932.

Sinope, Fregments d'Évangiles : A. GRABAR, *Les peintures de l'Évangéliaire de Sinope*, Paris, 1948.

Vienne, Genèse : H. GERSTINGER, *Die Wiener Genesis*, Farbenlichtdruckfaksimile der griechischen Bilderbibel aus dem 6. Jahrhundert n. Chr. Cod. Vindob. theol. graec. 31, 2 vol., Vienne, 1931.

K. WEITZMANN, *Illustrations in Roll and Codex : A Study of the Origin and Method of Text Illustration* (Studies in Manuscript Illumination, n° 2), Princeton, 1947.

K. WEITZMANN, «Die Illustiontion der Septuaginta». Münchner Jahrbuch der bildenden Kunst, Munich, III/IV, 1952, p.96-120.

F. CUMONT, *Lux Perpetua*, Paris, 1949.

F. CUMONT, *Les Religions orientales dans le paganisme romain*, 4th edn., Paris, 1929.

F. CUMONT, *Recherches sur le symbolisme funéraire des Romains* (Bibliothèque archéologique et historique, XXXV), Paris, 1942.

F. CUMONT, *Texts et monuments figurés relatifs aux mystères de Mithra*, 2 vol., Bruxelles, 1894-1899.

J. DANIÉLOU, *Sacramentum futuri : Études sur les origines de la typologie biblique* (Études de théologie historique), Paris, 1950.

E. WILL, *Le relief cultuel gréco-romain : Contribution à l'histoire de l'art de l'empire romain*, (Bibliothèque des écoles françaises d'Athènes et de Rome [ser. I] fasc. 183), Paris, 1955.

G. BRUSIN and P. L. ZOVATTO, *Monumenti paleocristiani di Aquileia e di Grado*, Udino, 1957.

C. CECCHELLI, *I Mosaici della basilica di S. Maria Maggiore*, Torino, 1956.

J. CLÉDAT, *Le monastère et la nécropole de Baouit* (Mémoires de l'Institut français d'archéologie orientale, XII, XXXIX), 2 vol., Le Caire, 1904-1916.

G. A. and M. SOTÉRIOU, *Icônes du Mont-Sinaï*, 2 vol., Athènes, 1956.

K. WEITZMANN, *The Monastory of St.-Catherine at Mount-Sinaï. The Icons*, Princeton, 1976.

⚜ 비잔틴

일반서

F. CABROL, H. LECLERCQ, H. I. MARROU, *Dictionnaire d'archéologie chrétienne et de liturgie*, Paris, 1908 à 1953.

F. DÖLGER, puis Th. KLAUSER, *Reallexikon für Antike und Christentum*, Stuttgart, 1950 et suiv.

O. SCHMITT, *Reallexikon zur deutschen Kunstgeschichte*, Stuttgart, 1937 et suiv.

K. WESSEL, *Reallexikon zur byzantinischen Kunst*, Stuttgart, 1966 et suiv.

H. AURENHAMMER, *Lexikon der christlichen Ikonographie*, Vienne(Autriche), 1959 et suiv.

L. RÉAU, *L'iconographie de l'art chrétien*, 1-6, Paris, 1956-1959.

K. KÜNSTLE, *Ikonographie der christlichen Kunst*, vol. 1-2, Frieburg en B., 1928.

N. P. KONDAKOV, *Histoire de l'art byzantin considéré principalement dans les miniatures*, t. 1-2, Paris, 1886-1889.

N. P. POKROVSKIJ, *Evangelié v pamiatnikah preimuščestvenno vizantijskih i russkih*, Saint-Pétersbourg, 1892.

N. P. KONDAKOV, *Ikonografia Bogomateri*, 1-2, Petrograd, 1914.

V. LAZAREV, *Storia della pittura bizantina*, Turin 1967.

G. MILLET, *Recherches sur l'iconographie de l'Évangile aux XIVe-XVe et XVIe siècles d'après monuments de Mistra, de la Macédoine et du mont Athos*, Paris, 1916 (réimpression en 1960).

N. WIBIRAL, *Zur Bidlredaktion vom Neuen Testament*, dans *Wiener Jahrbuch für Kunstgeschichte*, XXV, 1972

교리서

L. BRÉHIER, *La querelle des images*, Paris, 1904.

A. GRABAR, *L'iconoclasme byzantin. Dossier archéologique*, Paris, 1957.

G. LADNER, *Der Bilderstreit und die Kunstlehre der byzantinischen und abenländischen Theologie*, dans *Zeitschrift für Kirchengeschichte*, 50, 1931. Le même, *The concept of the image in the Greek Fathers and the Iconoclastic controversy*, dans *Dumb. Oaks Paper*, 7, 1953.

B. USPENSKI et W. LOSSKI, *Der Sinn der Ikonen*, Berne, 1953.

G. DUTHUIT, *Représentations et présence*, Paris, 1974.

J. GOUILLARD, *Le Synodicon de l'orthodoxie*, dans *Travaux et mémoires*, 2, 1967.

도상학 관련 출판물과 연구서

Ch. DIEHL, *Manuel d'art byzantin*, Paris, 1928.

G. MILLET, *L'art byzantin* (dans A. MICHEL, *Histoire de l'art*, t. 1 (ainsi que les recueils de GERSTINGER et WEITZMANN, v. infra).

K. WEITZMANN, *Mythology in byzantine Art*, Princeton, 1951.

A. GRABAR, *L'empereur dans l'art byzantin*, Paris, 1936 (réimpression 1971).

S. DER NERSESSIAN, *Le décor des églises du IXe siècle* (Actes du Ve Congrès intern. des études byzantines, II, Paris, 1948, p. 31 et suiv.

A. FROLOW, *Deux églises byzantines d'après des sermons peu connus de Léon VI le Sage*, dans *Études byzantines*, III, 1945, p. 43 et suiv.

A. ORLANDOS, *Arheîon I à XII* (la série continue), depuis 1935 : recueils de descriptions (en grec) de monuments byzantins en Grèce moderne. Nombreuses images iconographiques.

G. MILLET, *Le monastère de Daphni*, Paris, 1899, Le même, *Monuments byzantins de Mistra*, Paris, 1910.

A. ORLANDOS, *L'architecture et les fresques byzantines du monastère de Saint-Jean de Patnos*, Athènes, 1970.

E. STIKAS, *To oîkodomikon hronikon tis monis hosios Louka Fokidos* (La restauration du monastère de Saint-Luc en Phocide) Athènes, 1960.

A. XYNGOPOULOS, *Le décor en mosaïques de l'église des Saint-Apôtres à Thessalonique*, Thessalonique, 1963.

P. UNDERWOOD, *The Kariye Djami*, vol. 1-4, Princeton, 1966-1975.

J. STYLIANOU, *The medieval churches in Cyprus*, Stourbridge, 1964.

G. BABIC, *Les chapelles annexes des églises byzantines*, Paris, 1949.

S. DUFRENNE, *Les programmes iconographiques des églises byzantines de Mistra*, Paris, 1970.

C. MANGO et E. HAWKINS, *The Hermitage of St-Neophytos and its paintings*, dans *Dumbart. Oaks Paper*, XX, 1966.

M. SACOPOULO, *Asinou en 1106 et sa contribution à l'iconographie*, Bruxelles, 1966.

O. DEMUS, *The mosaics of Northern Sicily*, Londres, 1949.

E. KITZINGER, *I mosaici di Monreale*, Palerme, 1960.

G. de JERPHANION, *Une nouvelle province de l'art byzantin. Les églises rupestres de Cappadoce*, Cinq volumes, Paris, 1925-1942.

N. et M. THIERRY, *Nouvelles églises rupestres en Cappadoce*, Paris, 1963.

L. LAFONTAINE-DOSOGNE, *Nouvelles notes cappadociennes*, dans *Byzantion* 33, 1963, p. 121 et suiv.

A. XYNGOPOULOS, *Hi Hypopanti* (la Purification), dans *Epeteris byz. Spoud.* 6, 1929.

L. LAFONTAINE-DOSOGNE, *L'iconographie de l'enfance de la Vierge dans l'Empire byzantin et en Occident*, Bruxelles, 1964-1965.

E. GULDAN, *Eva und Maria*, Eine Antithese als Bildmotiv, Graz, 1966.

A joindre, dans certains cas, le témoignage des peintures murales byzantines ou de tradition byzantine conservées en Yougoslavie, en Bulgarie, en Russie, en Géorgie.

G. MILLET, *Monuments de l'Athos*, I, Paris, 1927 (Album).

M. CHATZIDAKIS, *Recherches sur le peintre Theophane le Crétois*, dans *Dumbart. Oaks Paper*, XXIII-XXIV, 1969-1970, p. 309-332.

T. VELMANS, *Une illustration inédite de l'Acathiste et l'iconographie des hymnes liturgiques à Byzance*, dans *C. A.* XXII, 1972, p.131-166.

D. MOURIKI, *The Old Testament personnifications of the Virgin in the dome of the Peribleptos of Mistra*, Athènes, 1973. La même, *The theme of the «Spinokio» in byz. art*, Athènes, 1972.

Ch. WALTER, *Two notes in the Deesis*, dans *Rev. ét byz.*, 1969. Le même, *L' iconographie des Conciles dans la tradition byzantine*, Paris, 1970.

세밀화

K. WEITZMANN, *Byzantinische Buchmalerei des 9. und 10 Jahrhunderts*, Berlin, 1955. Le même, *The Joshua Roll. A view of the Macedonian Renaissance*, Princeton, 1948.

H. OMONT, *Les miniatures des plus anciens manuscrits grecs de la Bibliothèque Nationale du VIe au XIVe siècle*, Paris, 1929. Le même, *Évangiles avec peintures byzantines*, 1-2, Paris, s. d. (reproduction intégrale des miniatures du Paris grec 74).

K. GERSTNGER, *Die griechische Buchmalerei*, 1-2, Vienne, 1926.

T. VELMANS, Le tétraévangile de la Laurentienne (Florence Laur. VI-23), Paris, 1971.

Th. OUSPENSKY, *L'octateuque du Sérail à Constantinople*, Sofia 1907.

C. PASCHOU, *Les peintures dans un tétraévangile de la Bibliothèque Nationale* (le grec

115), dans *C. A.*, XXI, 1972, p. 61-86.

P. HUBER, *Images et message. Miniatures byzantines de l'Ancien et du Nouveau Testament*, Zurich, 1975.

J. LASSUS, *L'illustration byzantine du Livre des Rois* (Vatican grec 333), Paris, 1973.

S. DUFRENNE, *L'illustration des psautiers grecs du Moyen Age* (Pantocrator 61, Paris grec 20 et Br. Mus. add. 4073), Paris, 1966.

S. DER NERSESSIAN, *L'illustration des psautiers grecs du Moyen Age* (Br. Mus. add, 19352), Paris, 1970. La même, *L'illustration du Roman de Barlaam et Joasaph*, Paris, 1930.

H. BUCHTHAL, E. KITZINGER, K. WEITZMANN, Loerke, *The Place of Book illlumination in Byzantine art*, Princeton, 1975.

H. BELTING, *Das illuminierte Buch in der spätbyz. Gesellschaft*, Heidelberg, 1970.

그리스 비종교서(몇몇 예)

COSMAS INDICOPLEUSTES, *Topographia christiana*, éd. C. Stornajolo, Milan, 1908.

NICANDRE, *Theriaca*, éd. H. Omont, l.c. pl. LXV.

DIOSCORIDE, *Traité sur les plantes médicinales* : A.v. Premerstein et coll., *Dioscurides, codex Amicae Julianae... Vindob. Med. gr.* 1, Leyde, 1906.

PSEUDO-OPPIEN, *Cynegetica* : W. Lameerr, dans *Bibl., hist. belge de Rome*, XIX, 1938.

이콘, 자수

W. FELICETTI-LIEBENFELS, *Geschichte des byz. Ikonenmalerei*, Olten-Lausanne, 1956.

G. et M. SOTIRIOU, *Les icônes du Mont-Sinaï*, 1-2, Athènes, 1956.

G. MILLET, *La dalmatique du Vatican. Les élus, images et croyances*, Paris, 1955.

고대 일반서 항목에서 언급된 WEITZMANN의 책도 참조할 것.

⚜ 중세

서방 세계(서로마 지역)

고대 말기 라틴어 비종교서의 삽화와 그것의 중세 모방작

F. SAXL and H. MEYER, *Catalogue of Astrological and Mythological Illustrated Manuscripts of the latin Middle Ages*, vol. 1-2, Londres, 1953.

B. STETTINER, *Die illustrierten Prudentius Handschriften* (Psychomachie), vol. 1-2, Berlin, 1905.

H. STERN, *Le Calendrier de 354*, Paris, 1953. Cf. les feuillets d'un calendrier du Xe siècle, dans la Staatsbibliothek de Berlin : A. BOECKLER, *Deutsche Buchmalerei vorgotischer Zeit*.

M. Th. D'ALVERNY, *La Sagesse et ses sept filles. Recherches sur les allégories de la philosophie et des arts libéraux du IXe au XIIe siècle*, Paris, 1966, (Mélanges).

F. MÜTHERICH, «*De rhetorica*», *Eine Illustration zu Martianus Capella*, dans *Festschrift B. Bischoff*, Stuttgart, 1961. La même, (Martianus Capella), *Noces de la philosophie et de Mercure*. La même, *Der Karolingische Agrimensorum codex in Rom*. dans *Anchener Kunstblätter*, 45, 1974.

W. KOEHLER, *Die karolingische Miniatur* I, 1, p. 401 ; Boèce, Arithmetica, illustrée à l'époque carolingienne.

ALCUIN, *De grammatica et De rhetorica*. L'illustration de ces écrits a inspiré l'auteur de l'«Hortus Deliciarum».

일곱 가지 인문학을 유발시킨 Tituli와 고대 말기 다른 비종교적 주제에 관한 것 : J. VON SCHLOSSER, *Quellen zur Geschichte der karolingischen Kunst*, Vienne, 1892 et dans *Sitzungsberichte der phil.-hist. Klasse der Akademie der Wissenschaft*, Vienne, 1896, p. 128 et suiv. V. aussi LEITSCHUH, *Geschichte der karol. Malerei*, Berlin, 1894, pp. 271-272도 참조.

H. OMONT, *Notitiae dignitatum imperii romani* (Bibl. Nat. lat. 9661).

RABAN MAUR, *De rerum natura...*, (Manuscrit illustré au Mont-Cassin)

삽화가 들어 있는 그리스어 과학 저술서(Dioscoride, Cosmas Indicopleustes, Nicandre, Oppien)는 비잔틴에 관한 항목의 참고문헌을 볼 것.

이미지에 관한 기독교 교리서 및 기타 도상학 관련 연구서

이 시대의 전형을 모방한 모든 도상처럼 우리는 고대 말의 신학을 따르는 저자들을 인용했으며, 특히 성 아우구스티누스의 저서들을 자주 인용했다.

BRUNO D'AOSTE, *Expositio in Exodem* (Migne P.L. CLXIV).

HONORIUS D'AUTUN, *Divers sermons*, (Migne P.L. CLXXII).

PIERRE LE VÉNÉRABLE, *Écrits divers* (Migne P.L. CLXXXIX).

PIERRE LOMBARD, *De laudibus crucis* (Migne P.L. CLXXXIX).

HUGUES DE SAINT-VICTOR, *Divers écrits*, (Migne P.L. CLXXII et suiv.).

VINCENT DE BEAUVAIS, *Speculum majus*. 현대의 출판물 부재로 아래의 저자 도니의 것을 참조 Doni, *Speculum quadruplex*, 1824 et une 2e *à* Graz, 1964-5.

JEAN SCOT ÉRIGÈNE, *Divers écrits*, Migne P.L. CXXII. Traductions de Scot ÉRIGÈNE par G. THERY, dans *Bull de Ducange*, VI, 1936, p. 185-280, et dans *New Scolasticism*, V. 1933.

DENYS L'ARÉOPAGITE, *La hiérarchie céleste*, trad. M. de GANDILLAC, Paris, 1958.

RABAN MAUR, *Divers écrits* (Migne P.L. CVIII-CXI).

RUPERT DE DEUTZ, E. BEITZ, *Rupertus von Dentz, Seine Werke und die bildende Kunst*, Cologne, 1930.

J. DANIÉLOU, *Didyme l'Aveugle*, sur Zaccharie, I (*Sources chrétiennes*, 83, 1962, p. 54-60).

Théodore Studite et de Ps.-Denys l'Aréopagite의 도상 숭배의 침투와 그것이 서구 미술에 끼친 영향에 대해서는 Yves CHRISTE. *Les grands portails romans*, Genève, 1969 참조.

H. TOUBERT, *Iconographie et histoire de la spiritualité médiévale* (dans la *Revue de l'histoire de la spiritualité*, 50, 1974).

연구서

H. DE LUBAC, *Histoire et esprit*, Paris, 1950. Le même *Exégèse médiévale. Les quatre sens de l'Écriture*, Vol. 1-4. Paris, 1959-1964.

M. D. CHENU, La théologie au XIIe siècle, Paris, 1957.

J. DANIÉLOU, *Sacramentum futuri, Étude sur les origines de la typologie*, Paris, 1950. Le même, *Platonisme et théologie mystique. Essai sur la doctrine spirituelle de saint Grégoire de Nysse*, Paris, 1964.

G. B. LADNER, *Vegetation Symbolism and the concept of the Renaissance*, dans *De artibus opusculae* XL (Mélanges E. PANOFSKY), N. Y., 1961, p.303.

E. S. GREENHALL, *The child on the tree. A Study of a cosmological Tree in christian Tradition*, dans *Traditio*, X, 1954, p.323.

H. HENKEL et A. SCHINE, *Emblemata*, STOCCARD, 1967.

M. Th. D'ALVERNY, *Le cosmos symbolique au XIIe siècle*, dans *Archives d'Histoire doctrinale et littéraire du Moyen Age*, XX, 1953-1954, p.31-88.

B. BRENK, *Die romanische Wandmalerei in der Schweitz*, Bâle, 1963. Le même, *Tradition und Neuerung in der christlichen Kunst des ersten Jahrtausends, Studien zur Geschichte der Weltgerichtsdarstellung*, dans *Wiener byzantinische Studien*, III, Vienne, 1966.

F. SAXL, *A spiritual Encyclopedia of the later Middle Age*, dans *Journal of the Warburg and Courtault Institute*, V. 192, p. 83 et suiv.

G. THERY, *Études dionysiennes*, 1-2, Paris, 1932-1937.

E. PANOFSKY, *Abbot Suger on the abbey church of St-Denis and its art treasures*, Princeton, 1946.

E. M. GOMBRICH, *Icones symbolicae*, dans *Journal of the Warburg Institute*, XI, 1948.

YVES CHRISTE, *Les grands portails romans*, Genève, 1969.

도상 이미지에 관한 출판물과 연구서

Émile MALE, *L'art religieux du XIIe siècle en France*, Paris, 1922 (2e édition, 1924). Le même, *L'art religieux du XIIIe siècle en France*, Paris, 1898, dernière réédition en 1948.

K. PORTER, *Romanesque sculptures of the pilgrimage roads*, t. 1 à 10. Boston, 1923.

전집류

V. ELBERN et collaborateurs, *Das erste Jahrtausend*, t. 1 et 2. *Kultur und Kunst im Werden des Abendlands am Rhein und Ruhr*, Dusseldorf, 1962-1964.

A. GRABAR et C. NORDENFALK, *Le haut Moyen Age*, Genève, 1957. Les mêmes, *La peinture romane*, Genève, 1958.

J. HUBERT, J. PORCHER et W. F. VOLBACH, *L'Europe des invasions*, Paris, 1967. Les mêmes, *L'Empire carolingien*, Paris, 1968.

L. GRODECKI, F. MUTHERICH, J. TARALON et F. WORMALD, *Le siècle de l'an mil*, Paris, 1973.

J. THIRION et L. PRESSOUYRE, *L'art roman, l'art gothique*, dans J. CHARBONNEAUX et P. PRADEL, *Architecture et sculpture*, Paris, 1971, p. 96-302.

F. HENRY, *L'art irlandais*, vol. 1-3, Paris, 1964.

D. TALBOT Rice, *English Art*, Oxford, 1952, 871-1100.

Karl der Grosse, I-III.

H. JANTZEN, *Die ottonische Kunst*, Münich, 1947 (2e édition, 1957).

P. FONTAINE, *L' art pré-roman hispanique*, vol. 1-2, Paris, 1975.

지방 또는 지역의 로마네스크 미술 작품들에 관해 취급한 Zodiaque 컬렉션의 모든 책을 참조할 것. 위의 컬렉션에서는 특히 기념비적 조각을 참고했음.

R. CROZET, *L'art roman en Saintonge*, Paris, 1971.

G. ZARNECKI, *English romanesque sculpture*, London, 1951. Le même, *English later romanesque sculpture*, Londres, 1953.

A. KATZENELNBOGEN, *The sculptured program of Chartres cathedral*, Baltimore, 1959. Le même, *Iconographic novelties and transformations in the sculpture of French church façades on 1160-1190*, dans *Studies in western Art*, Princeton, 1963, I, p. 108 et suiv.

W. S. STANDARD, *The West Portails of Saint-Denis*, Cambridge, 1952 (cf. C. R. GRODECKI, *Bull. Mon.* 111, 1953, p.312).

A. LAPEYRE, *Des façades sculptées de Saint-Denis et de Chartres aux portails de Laon*, s. l., 1960.

E. A. BOINET, *La cathédrale de Bourges*, Paris, 1952 (3e édition).

B. BRENNER, *Les portails latéraux de la cathédrale de Bourges*, dans *Bull. Mon.*, 115, 1957, p. 23 et suiv.

F. SALET, *La Madeleine de Vezelay*, Melun, 1948.

L. PRESSOUYRE, *Fragments du cloître de Notre-Dame-en-Vaux de Chalons-sur-Marne*, dans *L'Europe gothique XII-XIVe s.*, Paris, 1968, p. 6 et suiv.

MARCEL AUBERT, *Le portail occidental de la cathédrale de Senlis*, dans *Revue de l'art chrétien*, 60, 1910, p. 157 et suiv.

L. BREHIER, *La cathédrale de Reims*, Paris, 1916.

H. RHEINHARDT, *La cathédrale de Reims*, Paris, 1965.

MARCEL AUBERT, *Notre-Dame de Paris*, 1920.

G. DURAND, *Monographie de l'église Notre-Dame cathédrale d'Amiens*, Amiens-Paris, 1901-1903.

E. LAMBERT, *Les portails sculptés de la cathédrale de Laon*, dans *Gazette des Beaux-Arts*, 17, 1937.

G. FLEURY, *Le portail de Saint-Avoul de Provins et l'iconographie des portails du XIIe siècle*, dans *Congrès Archéologique 69*, 1902, p. 458 et suiv.

벽화(위에서 언급된 기념물들에 대한 연구서와 전집류의 연구서들 이외의 것)

P. CLEMEN, *Die romanische Monumentmalerei in den Rheinlanden*, 1-2, Düsseldorf, 1916.

E. W. ANTHONY, *Romanesque frescoes*, Princeton, 1951.

C. P. DUPRAT, *Enquête sur la peinture murale en France à l'époque romane*, dans *Bull. Mon.*, CI et CII, 1942, 1943.

P. DESCHAMPS et M. THIBOUT, *La peinture murale en France. Le haut Moyen Age et l'époque romane*, Paris, 1951. Les mêmes : *La peinture murale en France au début de l'époque gothique*, Paris, 1963. 위의 Grabar와 Nordenfalk에서 언급한 두 권의 책 중 Grabar 참조.

O. DEMUS et H. HIRMER, *Romanische Wandmalerei*, Munich, 1968 (trad. française, 1971).

J. WETTSTEIN, *Sant'Angelo in Formis et la peinture médiévale en Campanie*, Genève, 1960.

L. GRODECKI, *Les vitraux allégoriques de Saint-Denis*, dans *Arts de France*, I, 1961.

세밀화와 도상학의 특정 문제에 관한 서적들(세밀화 내용 중 특정 부분에 대한 것과 여러 가지 도상에 관한 것으로 위에서 인용한 전집류들은 제외)

W. KOHLER, *Die karolingischen Miniaturen*, t. 1 à 4, Berlin, 1930-1970.

B. TEYSSEDRE, *Le Sacrementaire de Gellone et la figure humaine dans les monuments français du VIIIe siècle*, Toulon, 1959.

A. BOÎNET, *La miniature carolingienne*, Paris, 1913.

F. MASAI, *Essai sur les origines de la miniature dite irlandaise*, Bruxelles, 1947.

A. BOECKLER, *Deutsche Buchmalerei vorgothischer Zeit*, Königstein, 1959.

A. GOLDSCHMIDT, *Die deutsche Buchmalerei* 1. *Die karolingische Buchmalerei* ; 2. *Die ottonische Buchmalerei*, Florence-Munich, 1928.

H. OMONT, *Manuscrits illustrés de l'Apocalypse au IXe et Xe siècle*, Paris, 1922.

Der Stuttgarter Bilderpsalterium, 1-2, Stuttgart, 1968.

B. BISCHOFF, *Das biblische Thema der Reichenauer «Visionären Evangelisten»*, dans *Mittelalterliche Studien*, II, Stuttgart, 1967, p.304-311.

H. V. SAUERLAND et A. HASELOFF, *Der Psalter der Erzbischofs Egbert von Trier*, Trier, 190.

H. SCHIEL, *Die Regensburger Buchmalerei des X. u. XI Jh.* Bâle, 1960-1962.

G. SWARZENKI, *Die Regensburger Buchmalerei des X. u. XI Jh.*, *Leipzig*, 1901. Le même, *Die Salzburger Malerei von den ersten Anfängen zur Blützeit des romanischen Stils*, Leipzig, 1908-1913.

H. TOUBERT, *Le Bréviaire d' Oderisius (Paris Bibl. Mazarine MS. 365) et les influences byzantines au Mont-Cassin*, dans *Mé langes École fr. de Rome*, 83, 1971, 2.

R. HAUSHERR, *Der tote Christus am Kreuz. Zur Ikonographie des Gerakreuzes*, Bonn, 1963.

P. BLOCH et H. SCHNITZLER, *Die ottonosche kölner Malerschule*, Düsseldorf, 1967-1970.

J. PORCHER, *L'enluminure française*, Paris, 1959.

V. LEROQUAIS, *Les Sacrementaires et les Missels manuscrits des bibliothèques publiques de France*. 1-4. Macon, 1924. Le même, *Les Pontificaux*, 1-4, Pau, 1937. Le même, *Les Psautiers*, 1-3, Paris, 1952.

E. VAN MOÉ, *L'Apocalypse de Saint-Jean*, Paris, 1942.

P. D'ANCONA, *La miniature italienne*, Paris-Bruxelles, 1925.

P. TOESCA, *La pittura e la miniatura nella Lombardia fino alla meta del 400*, Milan, 1912.

E. B. GARRISON, *Studies with history of medieval Italian painting*, Fasc. II, IV, Florence, 1953-1961.

Myrtilla AVERY, *The Exultet Rolls of South Italy*, 1, Princeton, 1936 (Exultet de Bari의 팩시밀리판도 있음).

H. BELTING, *Studien zur Beneventanischen Malerie*, Wiesbaden, 1968.

G. LADNER, *Die italienische Malerei im ll. Jahrhundert*, dans *Jahrbuch der Kunsthistorichen Sammlung in Wien*, N. F. V. 1931, p. 33-160.

F. WORMALD, *English drawings of the tenth and eleventh century*, Londres, 1952. Le même, *Decorated Initials in English Manuscripts A. D. 900 to 1100*, dans *Archaeologia*, XCI, 1945, p. 107-135. Le même, *The Benedictional of St-Ethelwold*, Londres, 1939. Le même, *The St-Albans Psaulter*, Londres, 1960.

C. R. DODDWELL, *The Canterbury School of Illumination 1166-1200*, Londres, 1954. *Ars Hispanica*, III, 1951 ; VI, 1950 ; XVIII, 1958 (G. MORENO, W. COOK, I. D. BORDONA가 필사본에 관한 장 집필).

I. D. BORDONA, *Manuscritos con miniatures*, 1-2, Madrid, 1973.

W. NEUSS, *Die katalanische Bibelillustration um die Wende des ersten Jahrtausends und die altspanische Buchmalerei*, Bonn-Leipzig, 1922. Le même, *Die Apokalypse des hl. Johannes in der altspanischen und altchristlichen Buchillustration*, Münster in W., 1937.

비잔틴의 영향에 관한 문제들(위에서 인용한 일반적 저술서 제외)

G. CAMES, *Byzance et la peinture romane en Germanie*, Paris, 1966. Le même, *Allégories et symboles dans le Hortus Deliciarum*, Paris, 1971.

O. DEMUS, *Byzantine art and the West*, New York, 1970.

W. MESSERER, *Zur byzantinischen Frage in der ottonischen Kunst*, dans *Byz. Zeitsch.*, LII, 1959, p.38-60.

H. TOUBERT, 앞에 언급된 저서.

예배 목적으로 제작된 조각상

R. REY, *La Sainte-Foy du Trésor de Conques et les statues sacrées avant l'an mil,* dans *Pallas*, IV, 1956, p.90-116.

I. FORSYTH, *The Throne of Wisdom. Wood Sculptures of the Madonna in romanesque France*, Princeton, 1972.

초상화

Richard DELBRÜCK, *Spätantike Kaiserporträts von Constantinus Magnus bis zum Ende des Westreichs* (Ibid., 8,), Berlin, Leipzig, 1933.

W. DE GRÜNEISEN, *Études comparatives : Le portrait. Traditions hellénistiques et influences orientales*, Rome, 1911.

H. L'ORANGE, *Studien zur Geschichte des spätantiken porträts* (Instituttet for sammenlignende Kulturforskning. Oslo. Skrifter, ser. B, n°22), Oslo, 1933.

L. DE BRUYNE, L'Antica Serie di ritratti dei papi in S. Paolo fuori le Mura. *Rivista di archeologia cristiana*, VII, 1930, 107-137.

A. GRABAR, *Martyrium : Recherches sur le culte des reliques et l'art chrétien antique*, 2 vol., et atlas, Paris, 1943-1946.

G. B. LADNER, *I Ritratti dei papi nell'antichita e nel medioevo*, Vatican, 1941.

R. BIANCHI BANDINELLI, *Hellenistic-Byzantine Miniatures of the Iliad (Ilias Ambrosiana)*, Olten, 1955. (1953년 출판된 Ambrosiana de l'Iliade 코덱스의 팩시밀리본)

A. E. R. BOAK et E. E. PETERSON, *Karanis, 1924-1928*, (University of Michigan Studies ; Humanistic Series, XXV), Ann Arbor, 1931.

A. E. R. BOAK, *Karanis : The Temple, Coin Hoards, Botanical and Zoological* Reports, Seasons 1924-1931, (*Ibid.*, XXX), Ann Arbor, 1933.

J.-P. LAUER et C. PICARD, *Les Statues ptolémaïques du Serapéion de Memphis* (Paris, Université. Institut d'art et d'archéologie. Publications, III), Paris, 1955.

VIRGILE dit ROMAIN, *Picturae ornamenta complura scripturae specimina codicis Vaticani 3867.* Introduction par F. Ehrle (Codices e Vaticanis selecti quam simillime espressi, ser. maior II, n°173), Rome, 1902.

VIRGILE dit DU VATICAN, *Fragmenta et picturae Vergiliana codicis Vaticani Latini 3225...*, édité par F. Ehrle, revisé par G. Mercati. (*Ibid.*, ser. maior I, n°172), 3rd edn., Vatican, 1945.

F. VAN DER MEER, *Majestas Domini-Théophanies de l'Apocalypse dans l'art chrétien : Étude sur les origines d'une iconographie spéciale du Christ*, Vatican, 1938.

W. NEUSS, *Das Buch Ezechiel in Theologie und Kunst bis zum Ende des XII. Jahrhunderts... Eine Entwicklungsgeschichte der Typologie der christlichen Kunst, vornehmlich in den Benediktinerklöstern* (Beiträge zur Geschichte des alten Mönchtums und des Benediktinerordens, 1, 2), Münster in Westfalen, 1912.

C. O. NORDSTRÖM, *Ravenna Studien : Ideengeschichtliche und ikonographische Untersuchungen über die Mosaiken von Ravenna*, Stockholm, 1953.

Peter K. KLEIN, *Beatus-Kodex*, I et II, Hildesheim, 1976.

도판

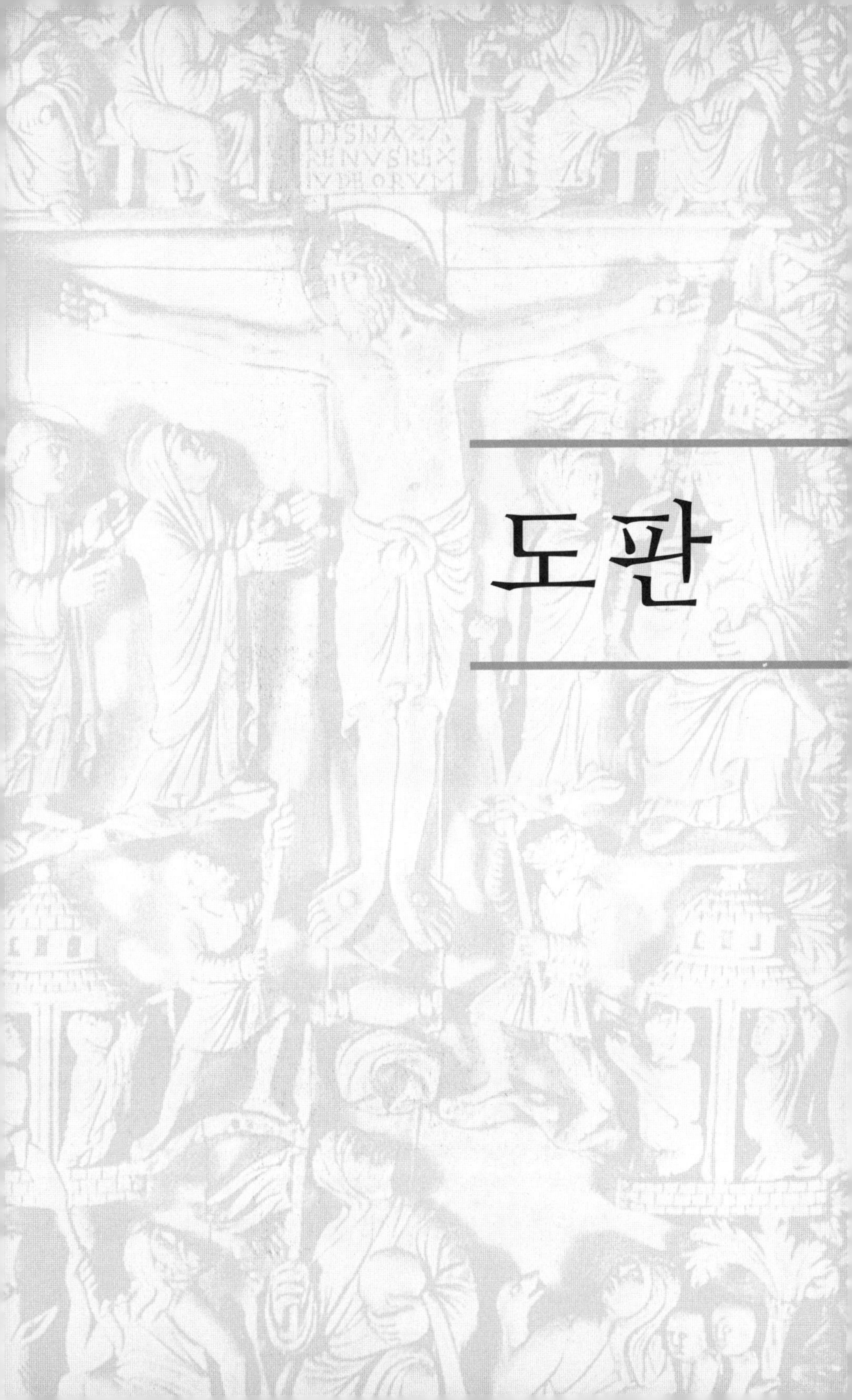

1. 〈선한 목자(중앙)와 요나의 이야기(상하좌우 4분 구획)〉, 로마, 산타 마르첼리노 에 파올로 카타콤, 천장화.

2. 〈요나 이야기〉, 석관 부조, 로마, 라테라노 미술관.

3. 〈가나의 혼인 잔치에서의 기적〉, 프레스코화, 로마, 산타 마르첼리노 에 파올로 카타콤.

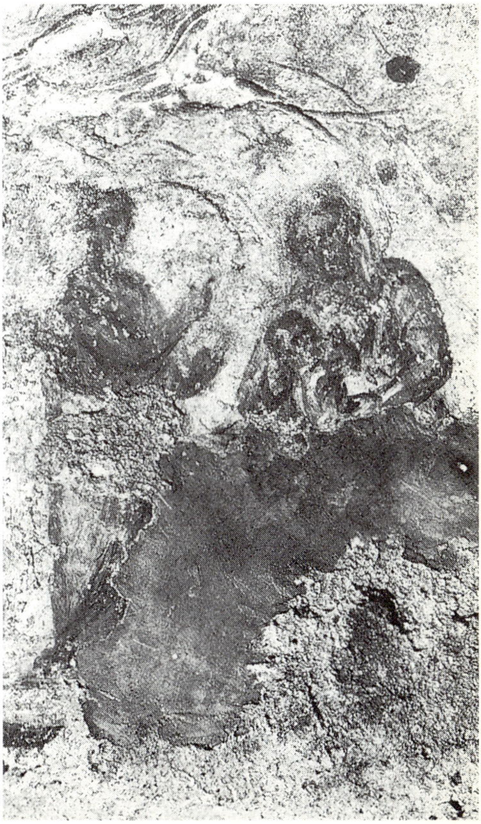

4. 〈식사〉, 프레스코화, 로마, 아우렐리우스 가문 지하납골당.
5. 〈성모 마리아와 예언자〉, 프레스코화, 로마, 프리실라 카타콤.

6. 〈오란테 자세의 성모 마리아와 아기 예수〉, 프레스코화, 로마, 치미테로 마조레 카타콤.

7. 〈오란테〉, 프레스코화, 로마, 치미테로 마조레 카타콤.

8. 〈오란테〉, 프레스코화, 로마, 치미테로 마조레 카타콤.

9. 〈세례 장면〉, 프레스코화, 로마, 산 칼리스토 카타콤.

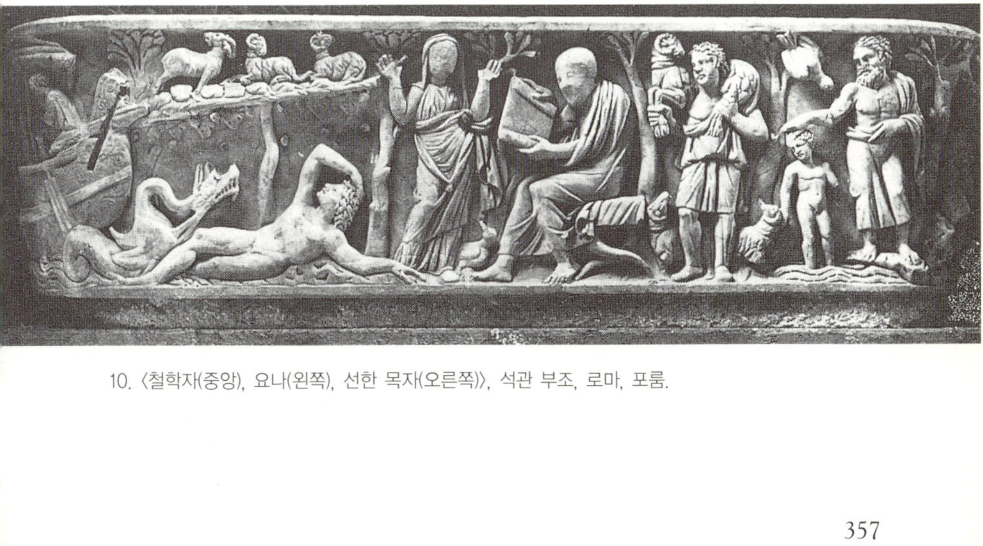

10. 〈철학자(중앙), 요나(왼쪽), 선한 목자(오른쪽)〉, 석관 부조, 로마, 포룸.

11. 〈그리스도와 12사도〉, 석관 부조, 밀라노, 산탐브로조.

12. 〈유니우스 밧수스의 석관〉, 바티칸, 바티칸 석굴.

13. 두라에우로포스(메소포타미아) 세례당의 모형, 뉴 헤이븐, 예일대학 미술관.

14. 〈중풍환자의 치유(왼쪽)와 물위를 걷는 그리스도(오른쪽)〉, 두라에우로포스(메소포타미아) 세례당의 프레스코화, 뉴 헤이븐, 예일대학 미술관.

15. 〈성녀에 의해 천국으로 인도되는 망자〉, 프레스코화, 로마, 도미틸라 카타콤.

16. 〈천국으로 인도되는 망자〉, 프레스코화, 로마, 비비아 지하분묘.

17. 〈언약의 궤〉, 두라에우로포스(메소포타미아) 유대회당의 프레스코화, 다마스쿠스 국립박물관.

18. 〈모르드개의 승리〉, 두라에우로포스(메소포타미아) 유대회당의 프레스코화, 다마스쿠스 국립박물관.

19. 〈에제키엘의 환영〉, 두라에우로포스(메소포타미아) 유대회당의 프레스코화, 다마스쿠스 국립박물관.

20. 〈오란테〉, 스투코 부조, 로마, 포르타 마조레 기념비.

21. 〈성모 마리아와 아기 예수〉, 알렉산드로스 대왕의 연대기의 한 페이지 일부(세부), 모스크바, 푸슈킨 미술관.

22. 〈그리스도와 성자들〉, 모자이크, 로마, 산타 코스마 에 다미아노 성당.

23. 〈라사로의 부활과 두 명의 예언자〉, 모자이크화, 라벤나, 산타 폴리나레 누오보 성당.

25. 〈어머니와 아기〉, 이교도 묘비의 일부, 아퀼레이아, 고고학박물관.

24. 〈에제키엘의 환영〉, 프레스코화, 이집트, 바우이트.

26. 〈어머니와 아기〉, 이교도 석관의 일부, 산 세바스티아노, 묘비박물관.

27. 〈성모 마리아와 아기 예수, 다른 인물들〉, 모자이크, 로마, 산 제논 성당.

28. 〈비탈레 성자에게 순교의 왕관을 내리는 그리스도〉, 앱스 부분의 모자이크화, 라벤나, 산 비탈레 성당.

29. 〈율법의 양도(세부: 그리스도와 성 베드로)〉, 모자이크화, 나폴리, 대성당 세례당.

30. 〈권좌에 앉은 두 황제〉, 갈레리우스 개선문(세부), 테살로니키.

31. 〈권좌의 그리스도〉, 유니우스 밧수스 석관(세부), 로마, 바티칸 석굴.

32. 〈권좌의 그리스도〉, 프레스코화, 바우이트(이집트).

33. 〈황제에게 공물의 바치는 파르티아 포로들〉, 테오도시우스 1세의 오벨리스크 기단, 콘스탄티노플.

34. 〈황제에게 공물을 바치는 파르티아 포로들〉, 갈레리우스 개선문(세부), 테살로니키.

35. 〈콘스탄티누스 클로루스의 아드벤투스〉, 황금 메달, 런던, 대영박물관.

36. 〈군사와 승리의 여신 사이에 있는 콘스탄티누스 2세의 아드벤투스〉, 은접시, 상트 페테르부르크, 에르미타주 미술관.

37. 아르카디우스 황제의 원주의 기단, 콘스탄티노플, 파괴됨, 남쪽 측면, 데생, 케임브리지, 트리니티 칼리지.

37 bis. 아르카디우스 황제의 원주의 기단, 서쪽 측면.

38. 〈개선 아치〉, 모자이크화, 로마, 산타 마리아 마조레 바실리카.

39. 〈모세의 어린 시절〉, 모자이크화, 로마, 산타 마리아 마조레 성당의 네이브.

40. 〈모세의 결혼〉, 모자이크화, 로마, 산타 마리아 마조레 성당의 네이브.

41. 〈동방박사의 경배〉, 모자이크화, 로마, 산타 마리아 마조레 성당의 개선 아치의 세부.

42. 〈홍해를 건넘〉, 모자이크화, 로마, 산타 마리아 마조레 성당의 네이브(좌).
43. 〈아브라함과 멜기세덱의 만남〉, 모자이크화, 로마, 산타 마리아 마조레 성당(우).

44. 〈적을 기습 공격하는 로마군〉, 트라야누스의 원주(세부), 로마.

45. 〈요새 앞에서의 전투〉, 트라야누스의 원주(세부), 로마.

46. 〈트라야누스 황제와 호위병〉, 트라야누스의 원주(세부), 로마.

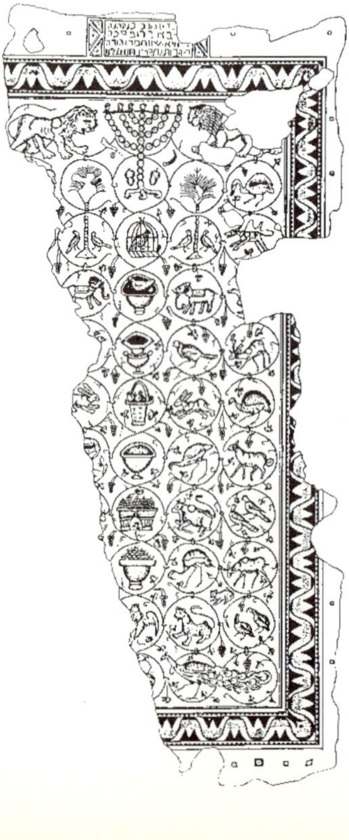

▲ 47. 〈반란자들의 참수〉, 마르쿠스 아우렐리우스 원주(세부), 로마.

◀ 48. 〈알레고리적인 장면〉, 데생, 이스라엘 마온 유대회당 모자이크화.

49. 〈권좌의 그리스도와 사도들〉, 모자이크화, 로마, 산타 푸덴치아 성당(상).
50. 〈현자들과 시인들의 상이 있는 담화실〉, 이집트, 멤피스(중).
51. 〈현자들에 둘러싸인 소크라테스〉, 모자이크화, 시리아, 아파메아(하).

ϹΩΚΡΑ ΤΗϹ

52. a. 〈성 바실레우스〉, 프레스코화, 로마, 산타 마리아 안티쿠아.

52. b. 〈성 바실레우스〉, 시나이 산의 이콘.

53. 〈오란테 자세의 테오도시아와 두 성자〉, 프레스코화(M. 살미의 모사), 안티노에(이집트).

54. 〈예수 승천과 오란테 자세의 성모 마리아〉, 성유병, 몬차, 성직자회의 보물.

56. 〈성 베드로(그리스도, 성모 마리아, 사도의 메달)〉, 이콘화, 시나이 산.

55. 〈황제〉, 아나스타시우스의 상아 부조 딥티크, 파리, 국립도서관.

57. 〈그리스도와 두 사도〉, 〈성모 마리아와 복음서의 장면들〉, 에치미아진의 상아 부조 딥티크, 예레반(아르메니아).

58. 〈성자들에 둘러싸인 그리스도〉, 하르바빌의 상아 부조 트립티크, 파리, 루브르 박물관.

59. 〈헤라클레스와 옴팔레〉, 대리석 부조, 나폴리, 국립박물관.

60. 〈요셉과 포티파르의 아내〉, 「빈 창세기」(Cod. theol. grec. 31)의 필사본, 빈, 국립도서관.

61. 〈천지창조의 셋째 날〉, 코튼 성경의 세밀화 (ms. 9530, fol. 32), 파리, 국립도서관.

62. 〈헤로데의 향연에 세례 요한의 머리를 바침〉, 시노프 복음서의 세밀화 (Suppl. grec 1286, fol. 10v), 파리, 국립도서관.

63. 〈십자가 처형(위), 그리스도 무덤가의 성녀들(아래)〉, 라불라 복음서의 세밀화 (ms. Syriac Plut. I, 56, fol. 13a), 피렌체, 메디치-라우렌티나 도서관.

64. 〈예언자들과 복음서의 장면들〉, 라불라 복음서의 정경, 피렌체, 메디치-라우렌티나 도서관.

65. 〈성 루가〉, 성 아우구스티누스의 복음서 (ms. 286, fol. 129v), 케임브리지, 코르푸스 크리스티 칼리지.

66. 〈그리스도와 사마리아 여인〉, 프레스코화, 로마, 비아 라티나 카타콤.

67. 〈그리스도 생애의 장면들〉, 아다나에서 발견된 황금 메달, 이스탄불, 고고학박물관.

68. 〈중풍환자의 치유〉, 모자이크화, 라벤나, 산타폴리나레 누오보 성당.

69. 〈오병이어의 기적〉, 막시미아누스의 상아 주교좌, 라벤나, 대주교박물관.

70. 〈복음서의 장면들〉, 목조 성화, 바티칸, 성(聖)박물관.

71. 〈아이의 일생의 장면들이 있는 이교도 석관〉, 로마, 로마국립박물관.

72. 〈갓난아기의 목욕〉, 도판 71의 세부

73. 〈첫 걸음마와 학교 장면〉, 도판 71의 세부.

74. 〈세 방문객을 환대하는 아브라함〉, 프레스코화, 로마, 비아 라티나 카타콤.

75. 〈세 방문객을 환대하는 아브라함〉, 모자이크화, 로마, 산타 마리아 마조레 성당.

76. 〈세 방문객을 환대하는 아브라함〉, 모자이크화, 라벤나, 산 비탈레 성당.

77. 〈에제키엘의 환영〉, 모자이크화, 테살로니키, 호시오스 다비드 예배당.

78a–78b. 〈젊은 청년 예수와 장년의 예수〉, 라불라 복음서의 세밀화, 피렌체, 메디치-라우렌티나 도서관.

79. 〈부활의 상징적 재현〉, 기독교 석관, 로마, 라테라노 미술관.

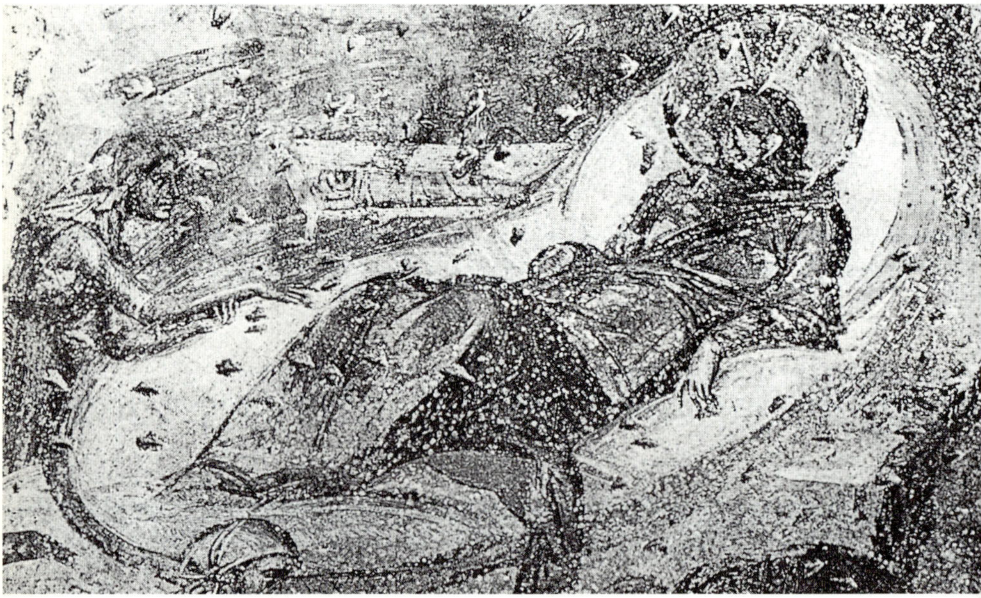

80. 〈성모 마리아의 잉태와 탄생〉, 프레스코화(니콜 티에리의 모사), 키질수쿠르(카파도키아)(상).

81. 〈아기 예수 탄생〉, 프레스코화, 밀라노, 산타 마리아 디 카스텔세프리오(중).

82. 〈알렉산드로스의 잉태와 탄생〉, 바닥 모자이크화, 베이루트, 발베크 박물관(하).

83. 〈성모 마리아와 아기 예수〉, 프레스코화, 바우이트(이집트).

84. 〈오란테 자세의 성모 마리아와 사도들〉 세부, 프레스코화, 바우이트(이집트).

85. 라벤나 산 비탈레 바실리카의 앱스 부분.

86. 〈구약의 장면들과 하느님의 어린 양〉, 성가대석 궁륭의 모자이크화, 라벤나, 산 비탈레 성당.

87. 산 바실리우스 석조 예배당의 천장, 카파도키아.

88. a) 〈전능자 그리스도〉, 유스티니아누스 2세 시대(669-711)의 동전.
b) 〈전능자 그리스도〉, 미카엘 3세 시대(838-867)의 동전..

89. 〈전능자 그리스도 앞의 레온 6세〉, 모자이크화, 이스탄불, 성 소피아 성당(나르텍스).

90. 〈예수 승천〉(세부), 모자이크화, 테살로니키, 성 소피아 성당.

▲ 91. 〈전능자 그리스도〉, 모자이크화, 9세기 말, 다프니 성당.

92. 〈그리스도〉, 프레스코화, ▶ 네레지(마케도니아), 12세기 중반.

▼ 93. 〈그리스도〉, 프레스코화, 10세기, 하슬리 킬리세(카파도키아).

94. 〈그리스도〉, 프레스코화, 1259년, 보이아나(불가리아).

95. 〈청년 그리스도〉(〈율법학자들 사이의 그리스도〉의 세부), 프레스코화, 보이아나(불가리아).

96. 〈성모 마리아〉(〈예수 승천〉의 세부), 모자이크화, 테살로니키, 성 소피아 성당(좌측 상단).
97. 〈성모 마리아와 아기 예수〉, 모자이크화, 9세기, 니케아, 성 소피아 성당(우측 상단).
98. 〈성모 마리아와 아기 예수〉, 앱스 부분의 모자이크화, 이스탄불, 성 소피아 성당(좌측 하단).
99. 〈성모 마리아와 아기 예수〉, 앱스 부분의 모자이크화, 테살로니키, 성 소피아 성당(우측 하단).

100. 〈성모 마리아와 아기 예수〉, 상아 부조, 위트레흐트, 대주교박물관.

101. 〈야로슬라프의 성모〉, 이콘화, 모스크바, 트레티야코프 미술관(우측 상단).
102. 〈블라디미르의 성모〉, 이콘화, 모스크바, 트레티야코프 미술관(우측 하단).

103. 〈그리스도, 성모 마리아, 세례 요한과 그들의 부모들〉, 코스마스 인디코플레우스테스의 〈기독교 세계의 지형도〉 필사본 (ms. gr. 699), 바티칸, 도서관.

104. 〈천사〉(〈예수 승천〉의 세부), 모자이크화, 테살로니키, 성 소피아 성당.

105. 〈가브리엘 대천사〉, 상아 부조, 피에졸레, 미술관.

106. 〈사도 성 안드레아〉, 쿠폴라의 모자이크화, 테살로니키, 성 소피아 성당.

107. 〈사도〉, 쿠폴라의 모자이크화, 테살로니키, 성 소피아 성당.

108. 〈성 안드레아〉, 세레스 대성당의 모자이크화, 테살로니키, 비석 박물관(우측 상단).

109. 〈서재에 있는 나지안주스의 성 그레고리우스〉, 필사본(시나이 Greg. Theol., fol. 4 v), 시나이 산, 도서관(우측 하단).

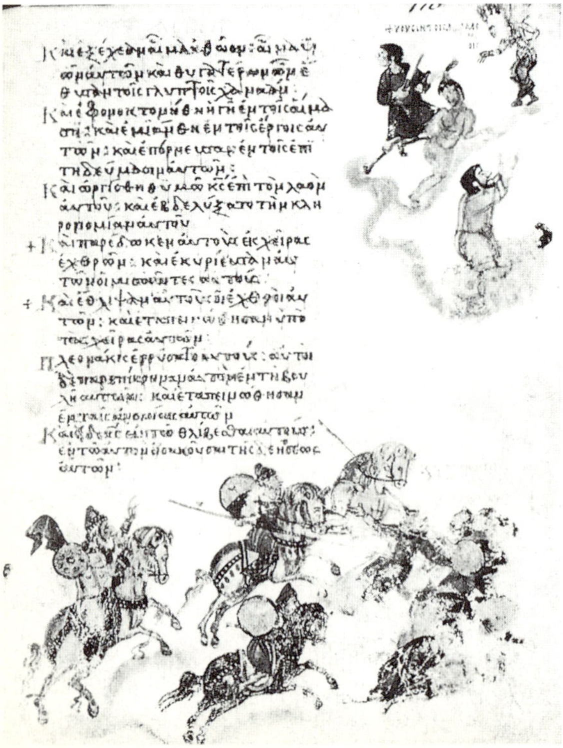

110. 〈데이시스와 성자들〉, 트립티크, 상아 부조, 베니스 궁.

111. 〈적군 기사들의 공격〉, 클루도프 시편 (fol. 110), 모스크바, 역사박물관.

112. 〈홍해를 건넘〉, 그리스 시편 (ms. gr. 139, fol. 419 v°), 파리, 국립도서관.

113. 〈병든 히즈키야의 치유〉, 시편 (ms. gr. 139, fol. 446, v°), 파리, 국립도서관.

114. 〈12축일 중 여섯 장면〉, 운반할 수 있는 모자이크화, 14세기, 피렌체, 두오모 오페라 극장.

115. 〈그리스도의 계보〉, 필사본 (ms. gr. 74, fol. 112 v°), 파리, 국립도서관.

116. 〈예수 탄생〉, 프레스코화, 14세기, 미스트라, 페리블렙토스 성당.

117. 〈성전에 바침〉, 필사본 (Cod. Harley 1810, fol. 146 v°), 런던, 대영박물관(좌측 하단).
118. 〈그리스도의 세례〉, 네이브의 모자이크화, 1100년경, 다프니, 성당(우측 하단).

119. 〈중풍환자의 치유〉, 프레스코화, 미스트라, 메트로폴 성당.

120. 〈중풍환자의 치유〉, 세밀화 (Laru. VI. 23, 112 v), 피렌체, 메디치-라우렌티나 도서관.

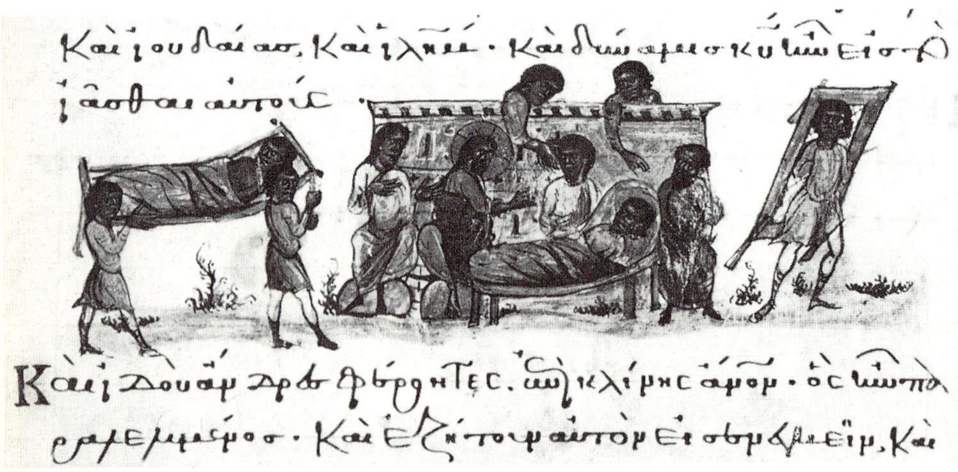

121. 〈라사로의 부활〉, 프레스코화, 14세기, 미스트라, 판타나사 성당.

122. 〈그리스도의 예루살렘 입성〉, 모자이크화, 12세기, 팔레르모, 팔라틴 예배당.

123. 〈수난의 장면들〉, 프레스코화, 토칼리 킬리세(카파도키아), 구 성당.

124. 〈베드로의 부인〉, 필사본 (cod. grec. 5), 파르마, 팔라틴 도서관.

125. 〈십자가의 길〉, 프레스코화, 10-11세기, 엘말리 킬리스(카파도키아).

126. 〈십자가 처형〉, 11세기의 필사본 (ms. gr. 74, fol. 99), 파리, 국립 도서관.

127. 〈십자가에서 내려지심〉, 11세기의 필사본 (ms. gr. 74, fol. 100), 파리, 국립도서관.

129. 〈애도〉(도판 128의 세부), 프레스코화, 12세기 중반, 네레지(마케도니아).

128. 〈성인들의 애도〉, 프레스코화, 12세기 중반, 네레지(마케도니아).

130. 〈성령강림〉, 필사본 (ms. gr. 510, fol. 301), 파리, 국립도서관.

131. 〈연옥에 임하심〉, 앱스의 프레스코화, 1315년경, 이스탄불, 카리예 카미.

132. 〈연옥에 임하심〉(도판 131의 세부), 프레스코화, 이스탄불, 카리예 카미.

133. 〈최후의 심판〉, 상아 부조, 런던, 빅토리아 앤드 앨버트 박물관.

134. 〈망자들의 부활〉, 12세기의 필사본 (ms. gr. 543, fol. 27 v°), 파리, 국립도서관.

135. 성 클레멘스 성당 벽화들의 장면, 오흐리드(마케도니아).

136. 〈퀴리니우스 앞에서의 호적 등록〉, 모자이크화, 14세기, 이스탄불, 카리예 자미.

137. 〈성모 마리아의 구혼자들〉, 12세기 필사본 (ms. gr. 1208, fol. 235, v°), 파리, 국립도서관.

138. 〈성모 마리아의 영면〉, 프레스코화, 소포카니 수도원(유고슬라비아).

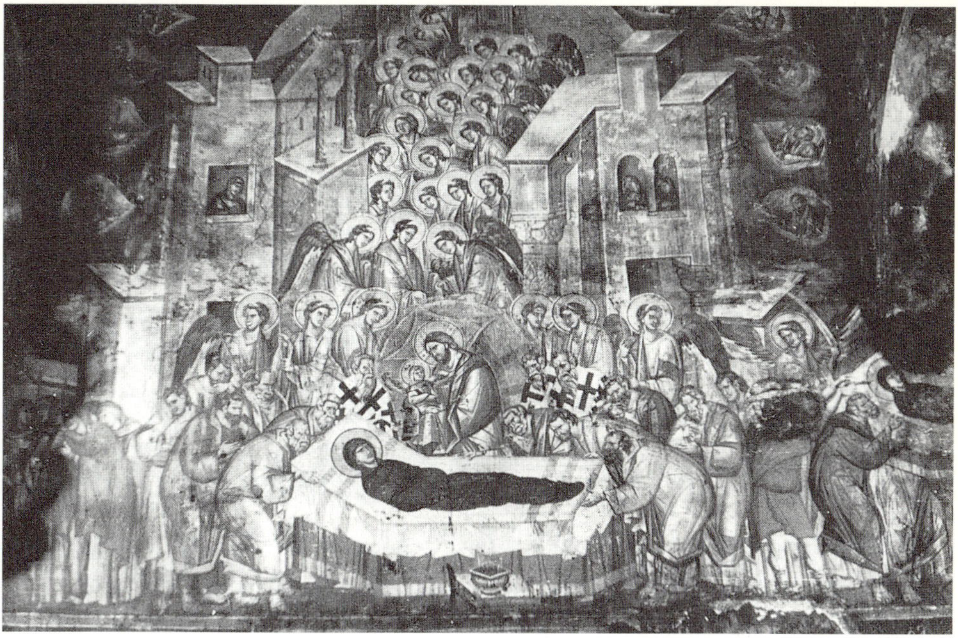

139. 〈성모 마리아의 영면〉, 프레스코화, 오흐리드(마케도니아), 성 클레멘스 성당.

140. 〈성모 마리아의 영면〉, 프레스코화, 1320년경, 그라카니아, 성당.

141. 〈성 그레고리우스 주교〉, 9세기 필사본 (ms. gr. 510, fol. 452), 파리, 국립도서관.

142. 〈풍속 장면들〉, 12세기 필사본, 성 그레고리우스의 설교 (ms. gr. 550, fol. 72 v°), 파리, 국립 도서관.

143. 〈성 데메트리우스의 생애〉, 14세기 필사본 (ms. gr. Th. f. 1, fol. 54 v°–55), 옥스퍼드, 보들리 도서관.

144. 〈성 데메트리우스의 생애 장면〉, 프레스코화, 14세기, 미스트라, 메트로폴 성당.

145. 〈성 데메트리우스의 순교〉, 프레스코화, 14세기, 미스트라, 메트로폴 성당.

146. 〈성 니콜라우스의 생애 장면〉, 프레스코화, 보이아나(불가리아), 1259년.

147. 〈기드온 이야기〉, 12세기 필사본 (ms. gr. 1208, fol. 149, v°), 파리, 국립도서관.

148. 〈그리스도, 성모 마리아, 예언자들과 천사들〉, 쿠폴라의 프레스코화, 14세기, 미스트라, 페리블렙토스 성당.

149. 〈천상의 하느님과 천사들〉, 필사본, 코키노바포스의 야코부스의 설교, 12세기, 파리, 국립도서관.

150. 〈날개를 단 그리스도, 성 그레고리우스의 환영〉, 14세기의 필사본 (ms. gr. 543, fol. 27- v°), 파리, 국립도서관.

151. 〈성스러운 지혜의 이미지〉, 프레스코화, 14세기, 그라차니차(세르비아).

152. 〈성스러운 지혜〉, 러시아의 이콘화, 15세기.

153. 〈복음서의 정경〉, 필사본, 12세기, 베니스, 마르치아노 도서관.

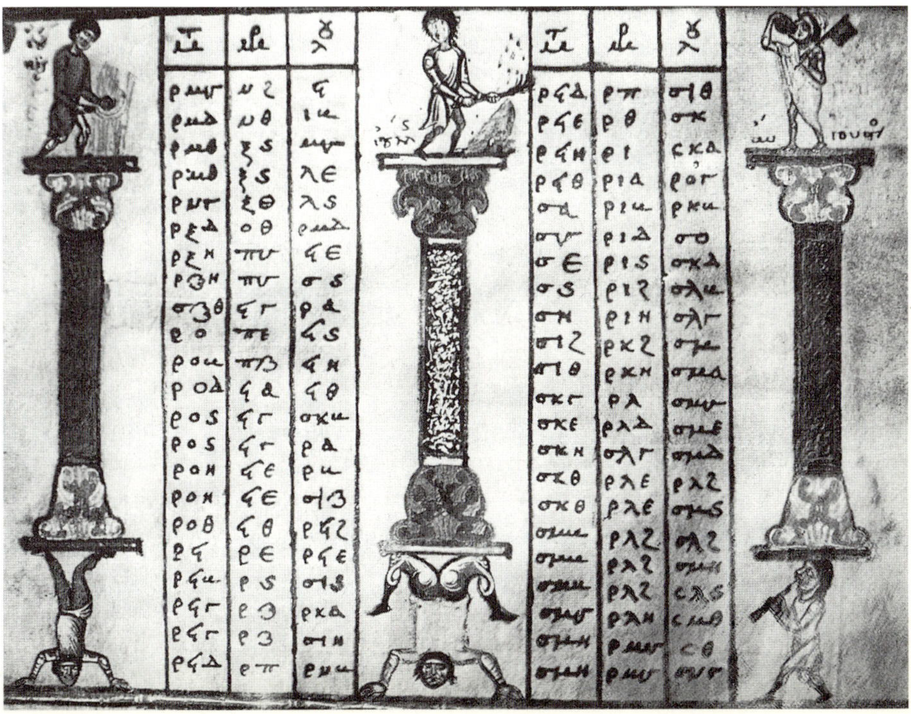

154. 〈콘스탄티노플〉, 354일의 달력 (Barb. lat. 2154, fol. 4^{r}), 바티칸 도서관.

155. 〈황제들의 생일〉, 354일의 달력 (Barb. lat. 2154, fol. 7^{r}), 바티칸 도서관.

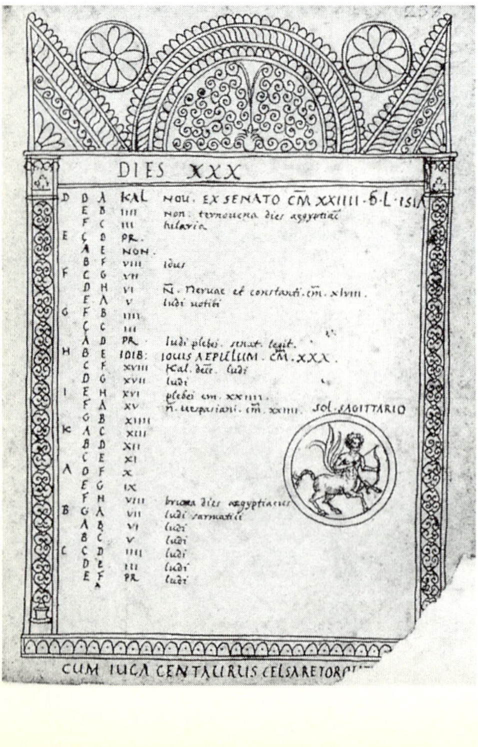

◀ 156. 〈11월 달력〉, 354일의 달력 (Vat. lat. 9135, fol. 238), 바티칸 도서관.

▼ 157. 〈황도대의 상징들〉, 불로뉴-쉬르-메르, 시립도서관.

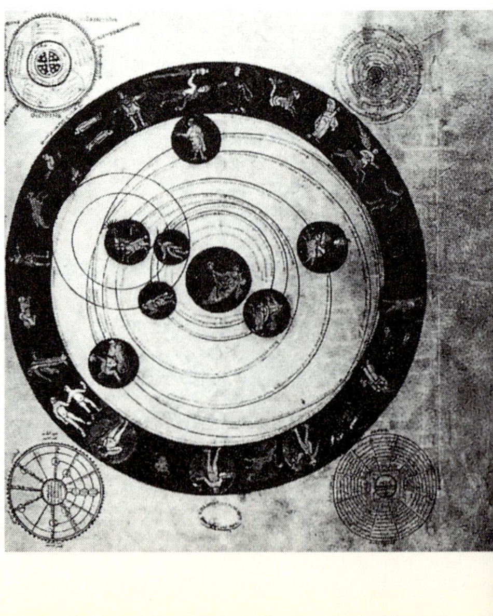

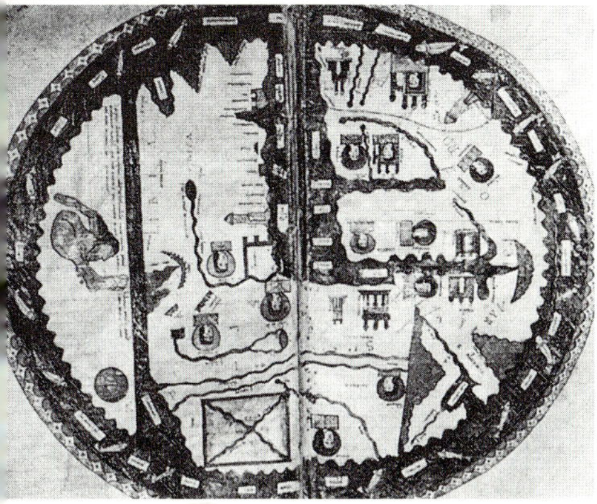

158. 〈세계 지도〉(요한계시록에 대한 리에바네의 베아투스의 코덱스), 부르고 데 오스마.

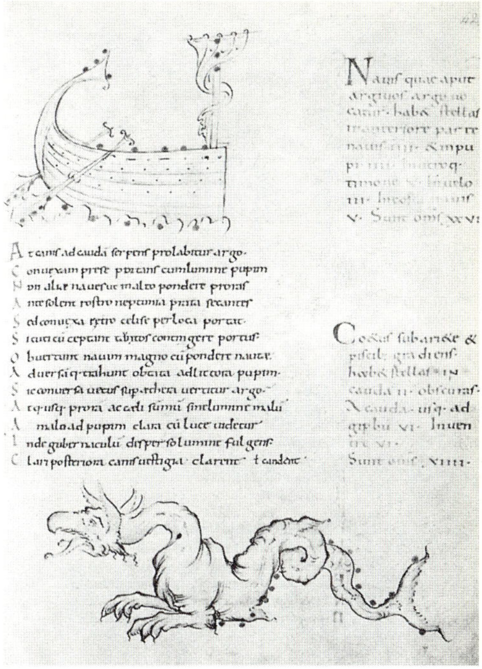

159. 〈별자리〉 (Harley ms. 2506, fol. 42 v), 런던, 대영박물관.

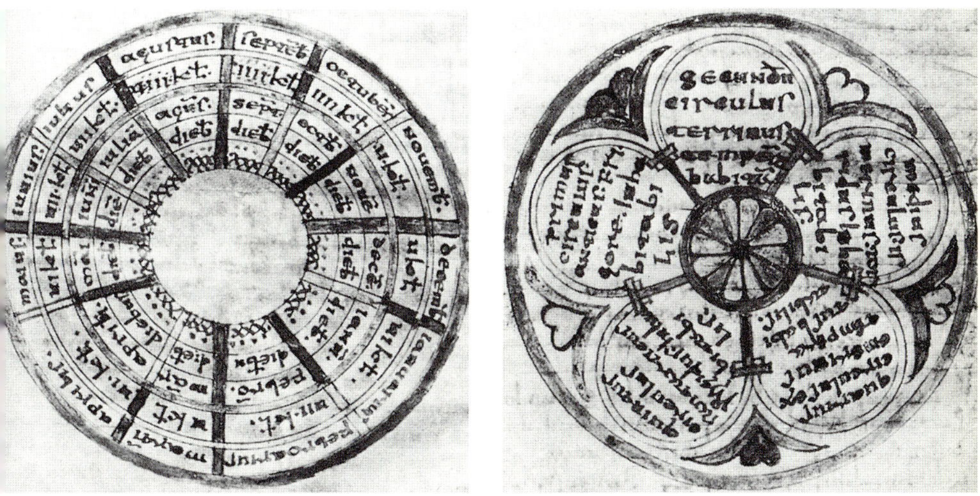

160. 〈달력〉, 세비야의 이시도르 (ms. 523, fol. 5 v et fol. 10), 라옹, 시립도서관.

161. 〈사자〉, 〈피지올로구스〉 (cod. 318, fol. 7), 베른, 시립도서관.

162. 프루덴스의 〈프쉬코마키〉 (Cod. 264, p. 70), 베른, 시립도서관.

163. 〈로마 제국의 고위 공직자에 대한 공시〉, 필사본 (ms. lat. 9661, fol. 106 v et 107), 파리, 국립도서관.

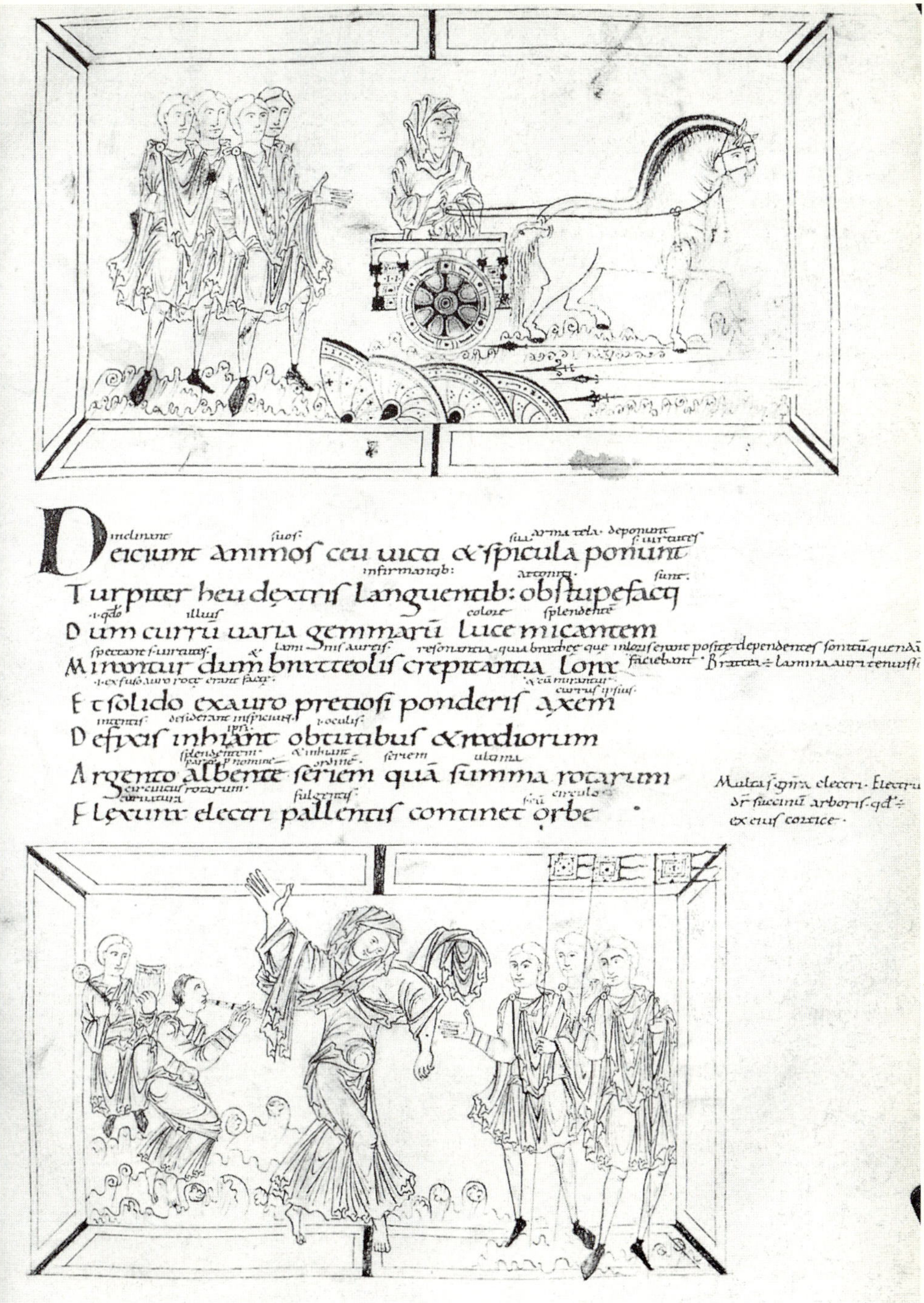

164. 푸르덴스의 〈프쉬코마키〉 (Add. 24. 199, fol. 18), 런던, 대영박물관.

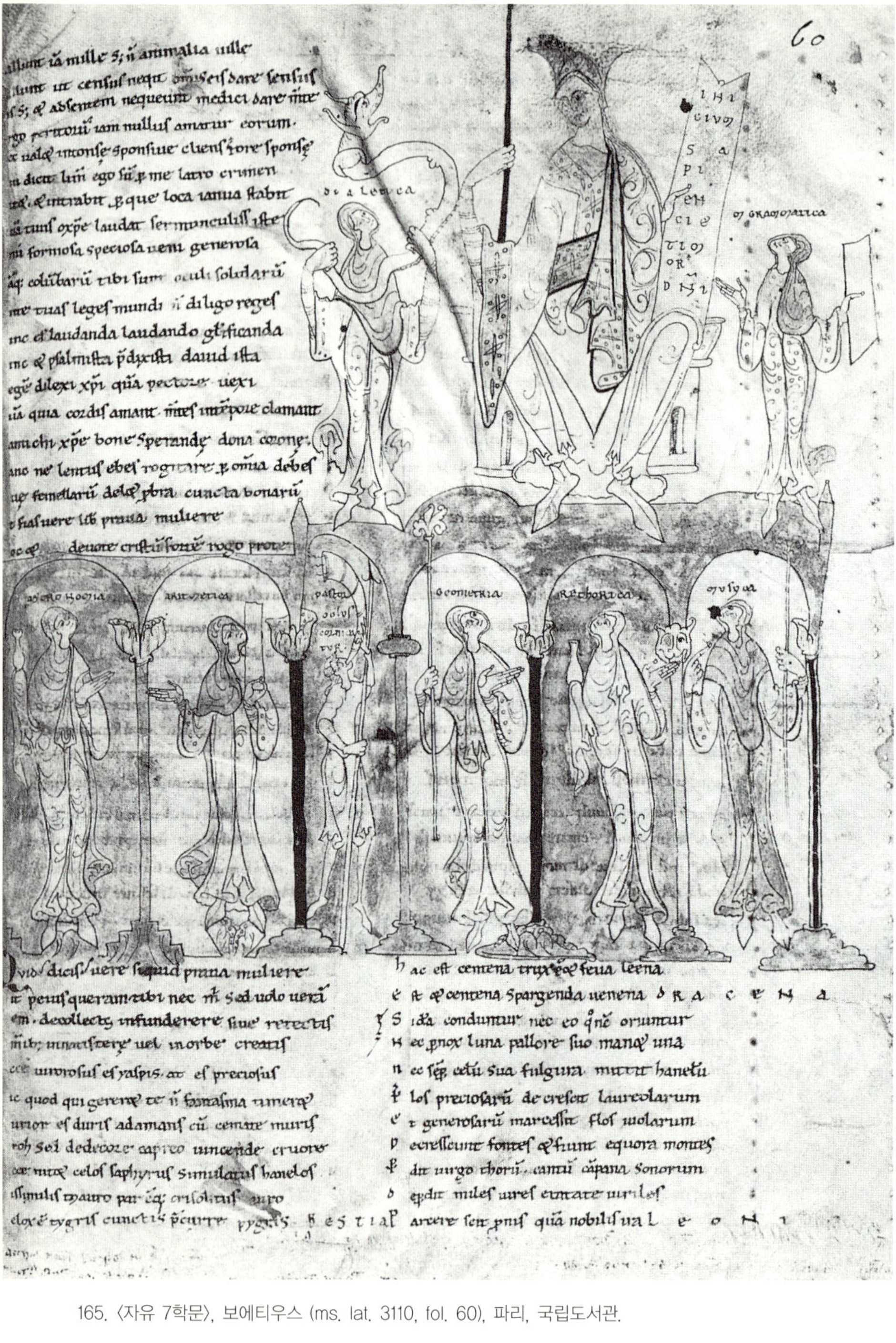

165. 〈자유 7학문〉, 보에티우스 (ms. lat. 3110, fol. 60), 파리, 국립도서관.

166. 코스마스 인디코플레우스테스의 〈기독교 세계의 지형도 중 두 번째 장〉 (Vat. grec 699), 바티칸 도서관.

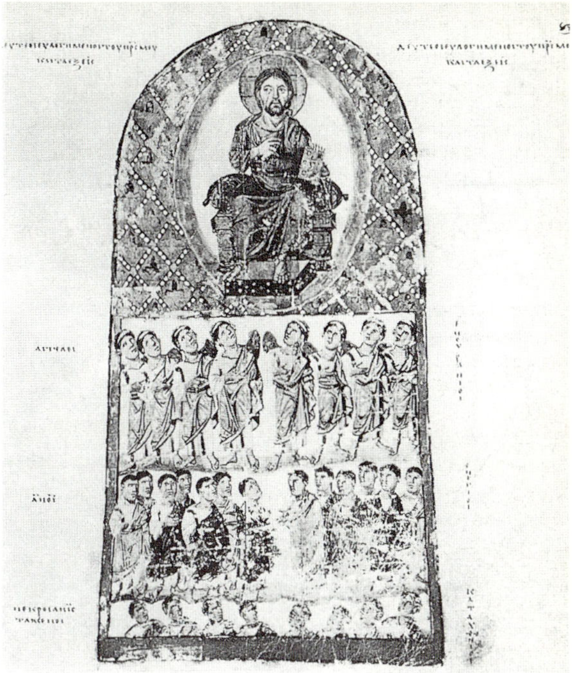

167. 〈천지창조의 태피스트리〉, 제론 대성당.

168. 지도제작법의 영감을 묘사한 장면 (Beatus, ms. 644, fol. 115 v), 뉴욕, 피어폰트 모건 도서관.

169. 〈요한계시록의 장면〉, 베아투스, 리에바네, 디오체사노 박물관.

170. 〈사막의 방주와 이스라엘 백성들의 이야기〉, 랭스, 870년경, 대머리왕 샤를의 성경 (fol. 30 v), 로마, 산 파올로 푸오리 레 무라.

171. 〈노아의 방주와 두 천사〉, 모자이크화, 제르미니-데-프레 교회.

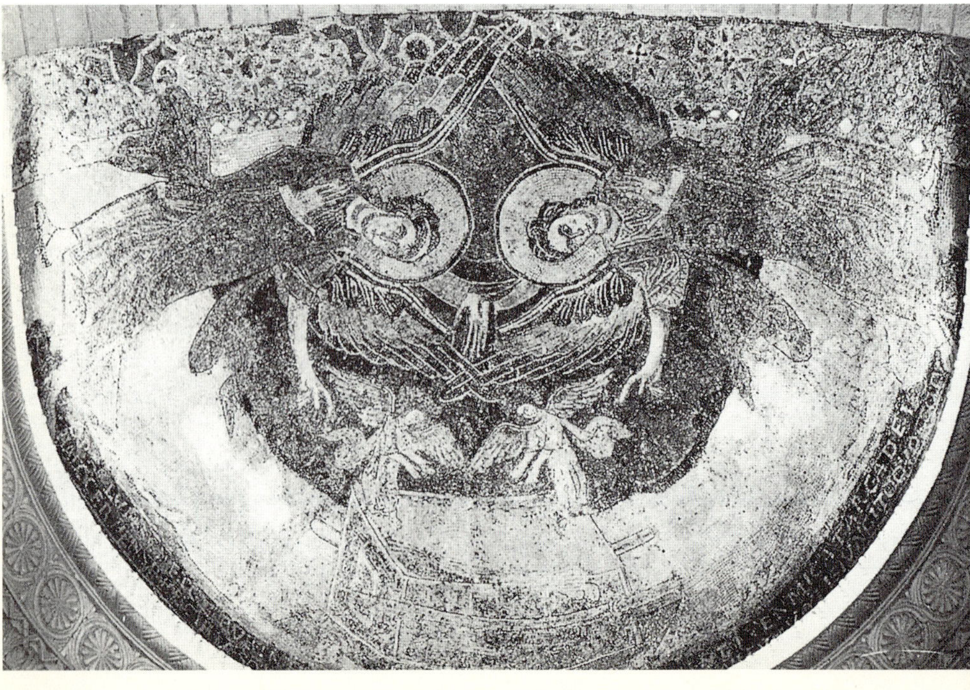

172. 〈귀머거리-장님의 치유〉, 프레스코화, 9세기 말, 무스테르, 성 요한 성당.

173. 〈황도대의 상징들〉 (ms. lat. 1, fol. 8), 파리, 국립도서관.

174. 〈즈가리야〉 (cod. Harley 2788, fol. 109), 런던, 대영박물관.

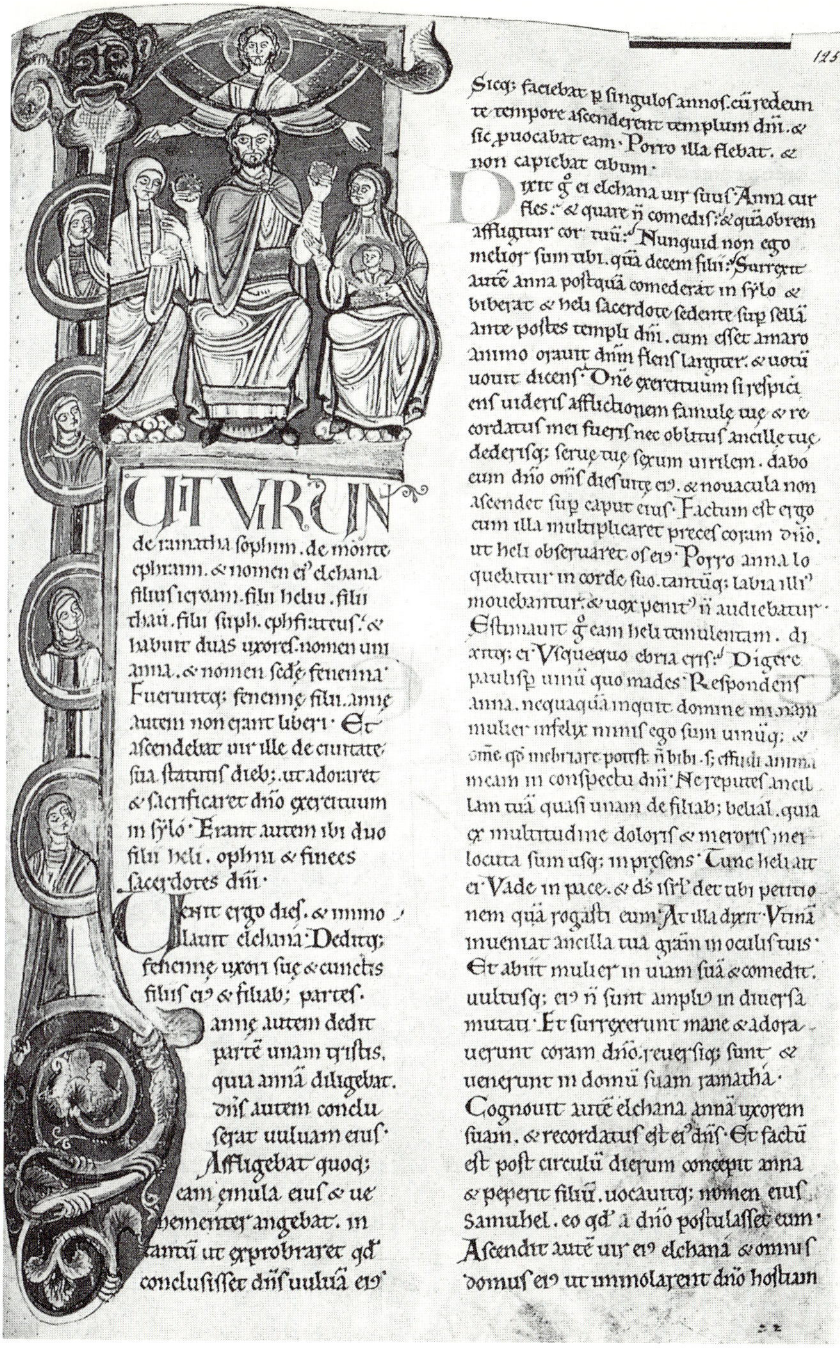

175. 생-토메르 성경의 한 페이지 (ms. 1, fol. 125), 생-토메르, 시립도서관.

176. 〈무덤가의 여인들〉, 메츠의 성사서의 머리글자 (ms. lat. 9428, fol. 58), 파리, 국립도서관.

177. 카롤링거 시대의 시편, 필사본 (cod. 484, fol. 25), 위트레흐트, 대학도서관.

178. 〈모나스터보이스의 십자가〉, 뮈어다취.

179. 〈이집트로의 피신과 성 안토니우스의 유혹〉, 문느의 십자가.

180. 〈12사도〉, 문느의 십자가.

181. 〈십자가 처형〉, 아틀론느의 브론즈.

183. 〈성 요한〉, 그림발트의 복음서, 윈체스터 화파 (add. 34890, fol. 114 v), 11세기 초, 런던, 대영도서관.

182. 〈십자가 처형〉, 바울의 서한 (cod. M.p.th., fol 69), 뷔르츠부르크, 대학도서관.

185. 〈천지창조〉, 카이드몬의 시 (ms. Junius II, fol. 6), 10세기 후반, 옥스퍼드, 보들리 도서관.

184. 〈연옥에 임하심〉, 코튼 시편 (ms. Tiberius C. VI, fol. 14), 윈체스터, 1050년경, 런던, 대영도서관.

186. 〈성 루가〉, 오토 3세의 복음서 (Clm 4453, fol. 139 v), 뮌헨, 바이에른 국립도서관.

187. 〈영광의 그리스도〉 (ms. Bibl. 76, fol. 10 v), 밤베르크, 국립도서관.

188. 〈십자가 처형〉, 상아 제본판 (ms. lat. 9383), 파리, 국립도서관.

189. 〈십자가 처형〉, 니데르뮌스터의 우타 수녀원장의 성구집 (cod. lat. 13061, fol. 3 v), 뮌헨, 시립도서관.

190. 플로레프 성경의 삽화 페이지 (add. 17738, fol. 3 v), 런던, 대영도서관.

191. 삽화가 그려진 페이지 (ms. lat. 111560, fol. 1 v), 파리, 국립도서관.

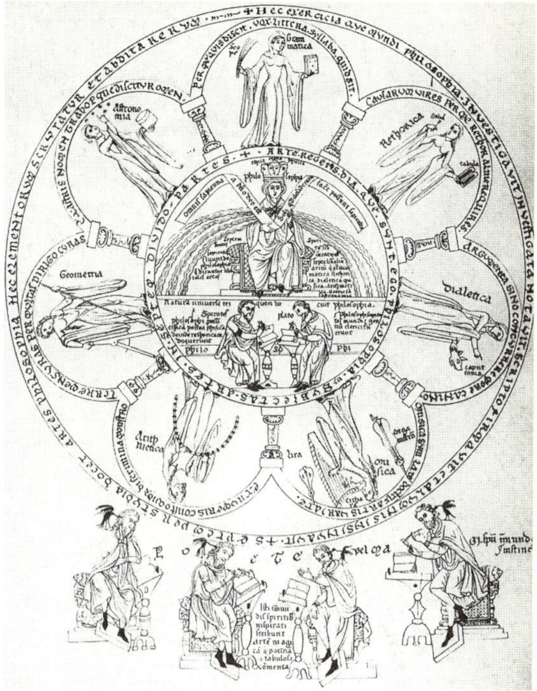

192. 〈신성한 지혜와 그녀의 딸인 자유 7학문〉, 헤라드 드 란스베르크의 〈환희의 정원〉.

193. 〈예언자 즈가리야의 환영〉, 헤라드 드 란스베르크의 〈환희의 정원〉.

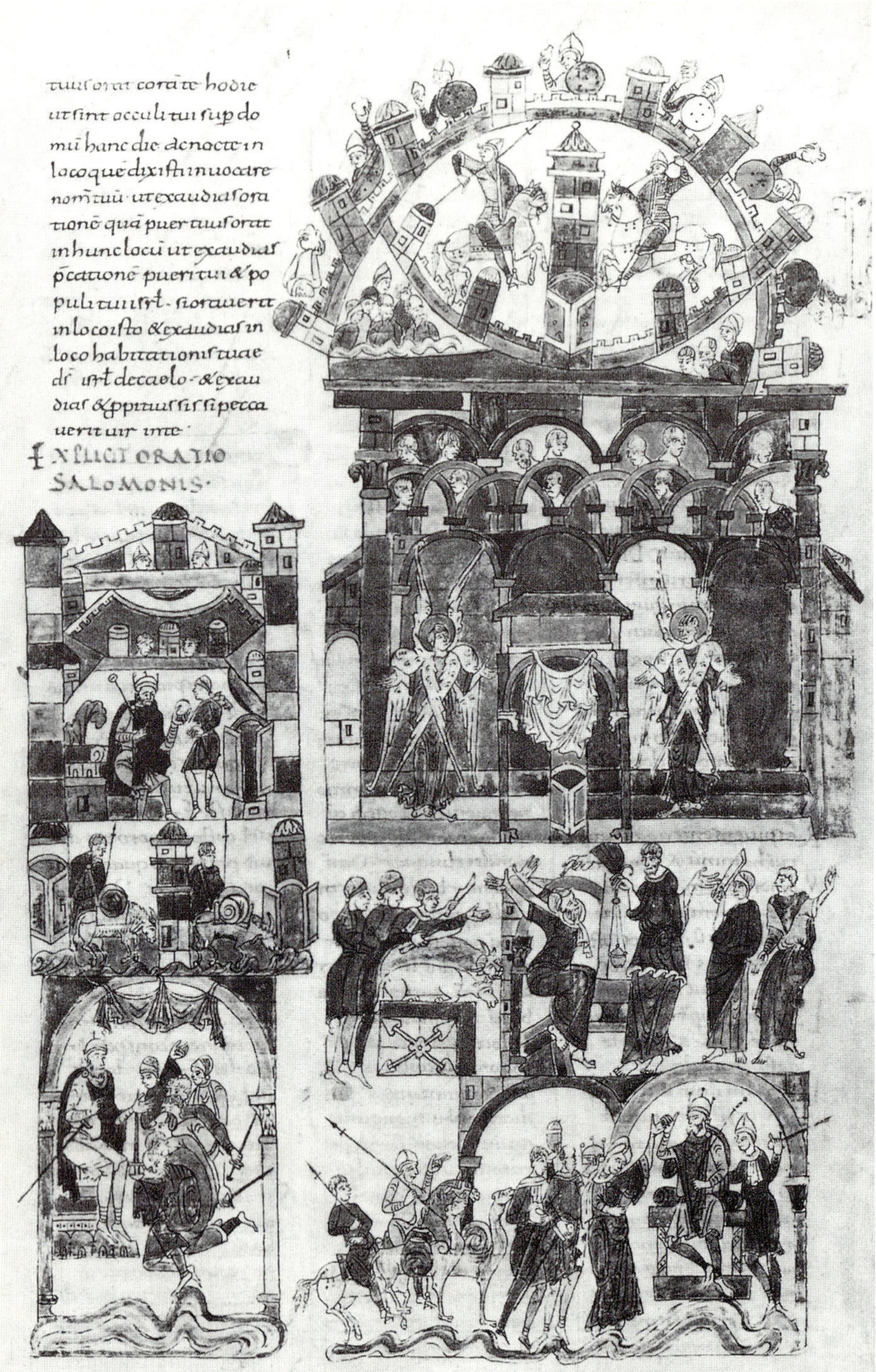

194. 〈예루살렘, 성전의 내부, 솔로몬의 생애의 장면들〉, 로다의 성경 (ms. lat. 6, fol. 129 v), 파리, 국립도서관.

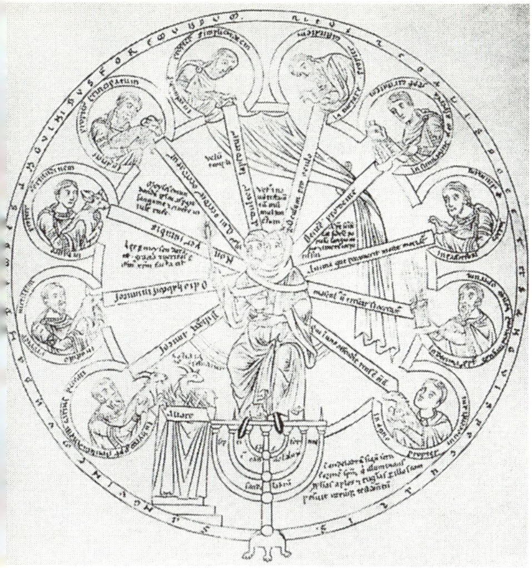

195. 〈율법 시대의 속죄의 제물〉, 헤라드 드 란스베르크의 〈환희의 정원〉 (fol. 67).

196. 〈속죄양 그리스도〉, 헤라드 드 란스베르크의 〈환희의 정원〉 (fol. 67).

197. 〈예언자 즈가리야의 환영〉, 헤라드 드 란스베르크의 〈환희의 정원〉 (fol. 64 v).

198. 〈아담이 동물들에게 이름을 지어주다〉, 산 피에트로 인 발레 수도원 네이브의 프레스코화, 테르니의 페렌틸로, 12세기 말.

199. 〈모세〉, 그랜드발 성경 (add. 10546, fol. 25), 런던, 대영도서관.

200. 〈장식된 E〉, 성 베르나르도의 성경 (ms. 458 I, fol. 232), 트로와예, 시립도서관.

201. 〈홍해를 건넘〉, 생-사뱅-쉬르 가르텡프 성당의 프레스코화, 1100년경.

202. 〈동방박사의 경배〉, 라트키스 제단의 세부, 740년.

203. 생-마르탱-드-빅 성당 성가대석의 서쪽 외벽 프레스코화, 12세기 후반.

204. 〈그리스도의 예루살렘 입성〉, 생-마르탱-드-빅 성당 성가대석의 서쪽 내벽 프레스코화.

205. 〈라사로의 부활〉, 생-자크-데-게레 성당의 프레스코화.

206. 〈성령강림〉, 클뤼니의 아틀리에 (Nouv. acq. lat. 2246, fol. 79 v), 파리, 국립도서관.

207. 〈최후의 심판〉, 앙리 2세의 성구집 기도서 (Clm 4452, fol. 202 v), 뮌헨, 바이에른 국립도서관.

208. 〈망자들의 부활〉, 앙리 2세의 성구집 기도서, 뮌헨, 바이에른 국립도서관.

209. 〈요한계시록의 장면〉, 생-사뱅-쉬르-가르텅프 성당 문 프레스코화, 1100년경.

210. 누아이예의 서쪽 문의 아치.

211. 프니우 성당 서쪽 문 아치의 세부.

212. 〈요한계시록의 장로들〉, 올네-드-생통주 성당의 트랜셉트 문 아치의 세부.

213. 〈영광의 그리스도〉, 서쪽 정면 출입구의 팀파눔, 오툉, 생-라자르 대성당.

214. 〈주두 조각〉, 오툉, 생-라자르 대성당.

215. 〈권좌의 그리스도〉, 나르텍스의 팀파눔, 베즐레, 생트-마들렌느 성당.

216. 〈신비의 방아〉, 주두 조각, 베즐레, 생트-마들렌느 성당.

217. 〈음란과 음악〉, 주두 조각, 베즐레, 생트-마들렌느 성당.

218. 생-드니 성당의 서쪽 파사드.

220. 〈어리석은 처녀들〉(세부), 생-드니 성당의 서쪽 파사드.

219. 원형의 돋을새김 그림, 생-드니 성당.

221. 〈교회에 왕관을 내리고 유대회당을 축복하는 그리스도〉, 생-드니 성당의 스테인드글라스.

222. 〈암미나답의 마차〉, 생-드니 성당의 스테인드글라스.

223. 〈십자가 처형과 예표의 인물들〉, 스테인드글라스, 샬롱-쉬르-마른느.

224. 〈권좌에 앉은 아기 예수와 성모 마리아〉, 샤르트르 대성당, 왕의 문, 오른쪽 출입구.

225. 〈수태고지〉, 샤르트르 대성당, 왕의 문, 오른쪽 출입구, 상인방의 오른쪽.

226. 〈방문〉, 샤르트르 대성당, 북쪽 문.

227. 성모 마리아의 문, 파리, 노트르담 대성당.

228. 오른쪽 문의 팀파눔, 샤르트르 대성당.

229. 〈겸손과 지혜(위), 거만과 광기(아래)〉, 서쪽 파사드, 파리, 노트르담 대성당.

230. 최후의 심판의 문, 파리, 노트르담 대성당.

231. 서쪽 파사드 아치의 왼쪽 측면, 파리, 노트르담 대성당.

232. 〈지옥〉, 서쪽 파사드, 아치의 오른쪽 측면, 파리, 노트르담 대성당.

233. 〈성모 마리아와 아기 예수〉, 스테인드글라스, 샤르트르 노트르담 대성당.

234. 〈성 에티엔느의 순교(돌로 쳐서 죽이기)〉, 프레스코화, 859년 이전, 옥세르, 생-제르맹 성당 내 생-에티엔느 예배당.

235. 〈성녀 라데군다의 생애〉, 필사본 (ms. Poitiers 250, fol. 27 v), 프와티에, 시립도서관.

236. 〈성 블라시오의 순교〉, 베르제-라-빌 예배당 프레스코화, 12세기 중반(오른쪽 상단).

237. 〈성 퀭텡의 생애〉, 필사본 (Saint-Quentin 7, fol. 41), 생-퀭텡, 바실리카.

238. 〈성 프란치스코와 그의 생애 장면〉, 제단화, 13세기 중반, 아시시.

239. 〈마을 앞의 주교와 군중들〉, 프레스코화, 아나니(로마 근방).

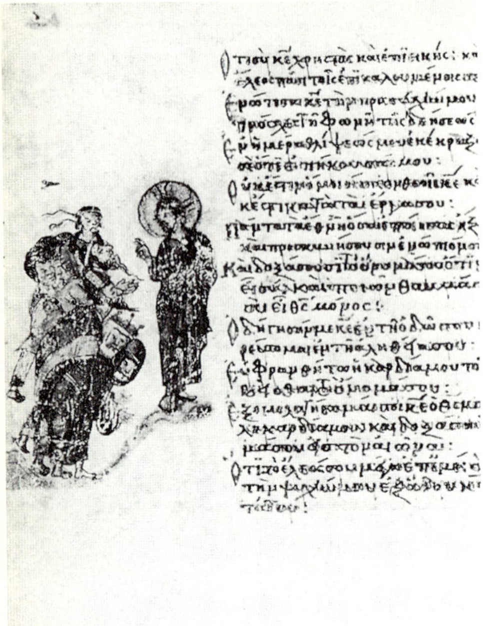

240. 클루도프 시편 (fol. 85 v), 모스크바, 역사 박물관.

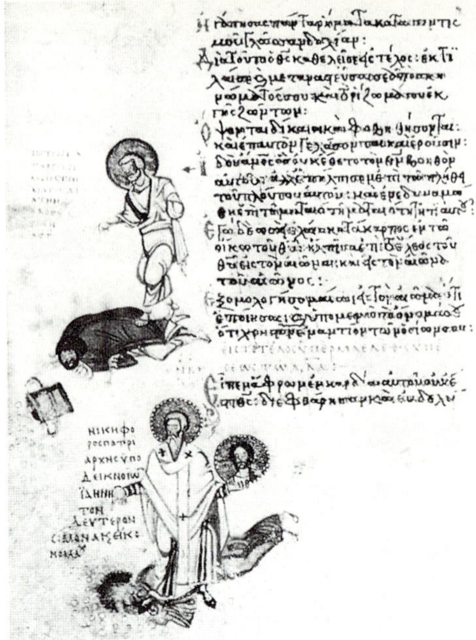

241. 클루도프 시편 (fol. 51 v), 모스크바, 역사 박물관.

242. 클루도프 시편 (fol. 84 v), 모스크바, 역사 박물관.

243. 클루도프 시편 (fol. 63 r), 모스크바, 역사 박물관.

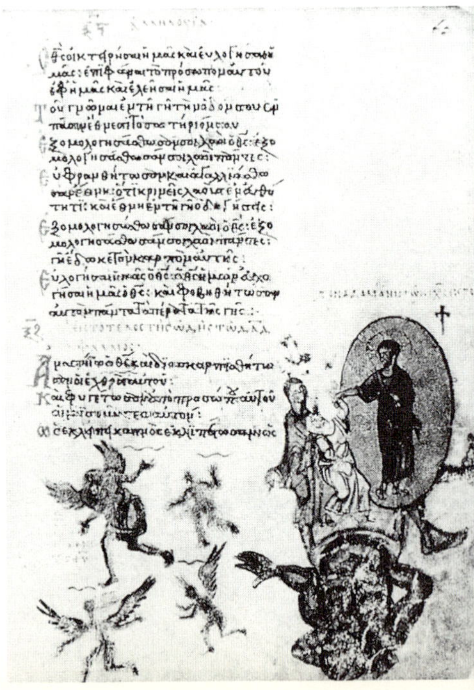

244. 클루도프 시편 (fol. 96 v), 모스크바, 역사박물관.

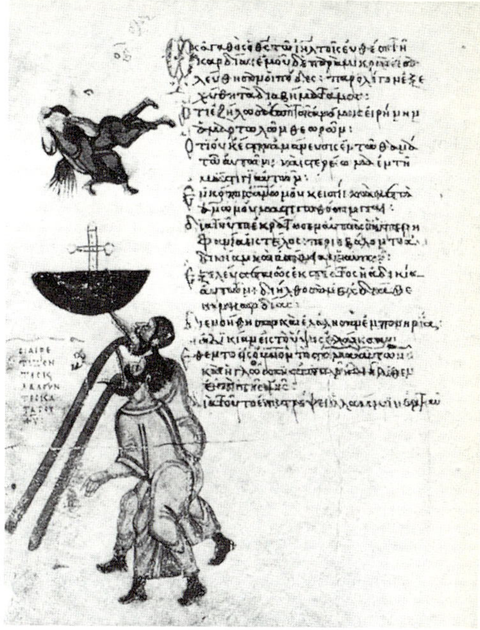

245. 클루도프 시편 (fol. 70 v), 모스크바, 역사박물관.

246. 〈성모 마리아와 아기 예수〉, 조각상, 오르시발 성당(퓌-드-돔).

찾아보기

[ㄱ]

가나의 혼인 잔치 26, 214-5

가브리엘 대천사 236, 251

가자의 코리치우스 160

갈레리우스 개선문 78, 81

갈릴리 47-9

게오르기우스 (성) 81, 122, 248

경건한 황제 안토니우스(의 원주) 61

고딕 8, 226-7, 275, 277, 281, 295-7, 305, 312, 316, 321, 326, 330

골리앗 42

그레고리우스 대교황 149, 271

그뤼나이젠, 블라디미르 드 105

그리스도의 육화 32, 93, 121, 167, 180, 187, 193-4, 196, 198, 201-4, 209, 211, 231, 294

기드온 310

[ㄴ]

나지안주스의 그레고리우스 235, 249, 251

네레지 (유고슬라비아) 237

네보 산 93

넥타네보 195

넵투누스 65

노아 24, 28-9, 35, 37, 47-8, 63

노티티아 디그니타툼 127-8

놀라 23, 32, 44-5, 175, 282

누아이예-쉬르-부톤느 299

니고데모 108, 111

니베르크 54

니사의 그레고리오 215

니케포루스 231

니칸드로스 276

니코포이아 68

니콜라 드 베르덩 293-4

니콜라우스 (성) 310

닐루스 213

[ㄷ]

다니엘 24, 28, 37, 87, 207, 243, 254

다름슈타트 129

다마스쿠스의 성 요하네스 231, 320

다윗 29, 42, 50, 133, 164, 252, 254, 278, 304, 315

다프나이 (그리스) 237

대머리왕 샤를(의 성경) 283

덤바턴 옥스 79

데메트리우스 (성) 329

데오나, 발드마르 37

데이시스 255-6

도미누스 율리우스 90

도미틸라 카타콤 64, 129

동방박사의 경배 24, 31-2, 40, 80-1, 84, 131, 156-7, 173, 200, 217, 238-9

두라에우로포스 24, 40, 148, 314

디부스 178

디오니소스 131, 163, 195

디오스코리데스 62, 275

디오스쿠로이 111, 200

딥티크 61, 126-8, 130, 134, 160-1, 214

[ㄹ]

라르기티오 79

라벤나 77, 119, 129-30, 150, 157-8, 161, 166, 174, 179, 181, 183, 186, 188, 209, 217, 282

라불라 (복음서) 66, 146-7, 183, 188, 212

라사로 24, 28, 31, 35, 153

라옹 306

라테라노 77, 122, 127, 171, 201

라티스본 288

라티푼리움 38

랭스 대성당 312

레오 6세 235-6

레오 대교황 53

로고스 179-80, 182, 184, 203

로다 (성서) 291

로마네스크 226-7, 275-6, 279, 281, 283, 298, 301, 316, 321, 326, 329-30

로맹 르 멜로드 263

로사노 (복음서) 144-5

로시 38

롯 152

루치나 지하납골당 (로마) 23

루가 (성) 246

르모나스티에 326

리키니우스 73

[ㅁ]

마니 53-5
마다바 93
마드리드 역사아카데미 77, 128
마르코 복음서 246
마르크스 아우렐리우스 원주 (로마) 82
마르첼리누스 76
마르티누스 310
마태오 (성) 145, 156, 245-6, 304
마티아 146
막시미아누스 주교좌 (라벤나) 161, 209-11
말, 에밀 11, 227, 281, 303, 305
멜기세덱 87, 217
멜레티우스 (성) 135
멤피스 117
모르드개 50
모세 46, 50, 63, 74, 84, 86, 114, 142-4, 147, 152, 195, 207, 210, 214-7, 283, 292, 294, 304, 306, 315
모자라브 279-80
모프수에스티아의 테오도루스 261
몬레알레 301
몬차 174, 188
몽-드방-사시 326
므아사크 299, 301
미이에, 가브리엘 241, 244, 246
미카엘 (대천사) 236
미카엘 3세 234-5
미트라 56, 130, 134, 162-3

[ㅂ]

바르베리 79
바실레우스 (성) 120
바실레우스 1세 235-6
바실레우스 2세 252
바실리카 67, 102, 150, 152, 183, 204, 213-4, 282-3, 298, 302, 304, 308
바우이트 66, 80, 172, 177, 182, 201-4, 241, 262
바울로 (성) 63, 76, 88, 110-5, 169, 212, 258, 306, 316
바울리노 (성) 175
바토페디아 보물박물관 134
바티칸 67, 132, 160, 195, 248, 251
밤베르크 288
방돔 330
배교자 율리아누스 249
베드로 (성) 30, 32-3, 42-3, 63, 76, 88, 110-5, 126-7, 145, 183, 258, 315-6
베르길리우스 66-7, 132
베르나르두스 (성) 301
베아투스 226, 279

베즐레 299, 301
보들리 (도서관) 321
보비오 188, 203
보이티우스 277
보이아나 (불가리아) 237
부르고 데 오스마 321
부르주 대성당 306
불로뉴-쉬르-메르 321
불프, 오스카르 184
브누아 (성) 305
블라케르니오티사 68, 240
비아 라티나 카타콤 (로마) 27, 33, 35, 64, 117, 151-3, 173, 178, 208
비잔틴 229
빅트리스 328
빌페르트, 요제프 185

[ㅅ]

사도신경 186-7, 272
사마리아 여인 42, 152
사무엘 50, 304
사카라 241
산 로렌초 117
산 베난치오 예배당 77, 201, 203
산 비탈레 성당 (라벤나) 77-8, 217-8
산 세바스티아노 67
산 아퀼리노 예배당 117
산 제논 성당 (로마) 68
산 조반니 인 라테라노 77
산 크리소고노 성당 (로마) 328
산 파올로 푸오리 레 무라 (로마) 102
산타 마리아 마조레 성당 (로마) 81-7, 129, 173, 176, 179, 209-11, 214
산타 마리아 안티쿠아 벽화 (로마) 120, 157, 191, 328
산타 마리아 인 트라스테베레 (로마) 130
산타 사비나 성당 (로마) 124, 214-5
산타 코스탄차 (로마) 63, 70, 76, 206, 208
산타 푸덴치아 성당 (로마) 115, 117
산타 프리스카 (로마) 134, 186
산타그네스 푸오리 레 무라 교회 (로마) 122
산타폴리나레 누오보 성당 (라벤나) 150, 158-9, 188, 212
산타폴리나레 인 클라세 교회 (라벤나) 119, 183
산탐브로조 성당 (밀라노) 119, 204
산티 마르첼리노 에 파올로 (카타콤, 로마) 58
산티 조반니 에 파올로 교회 (로마) 88, 122
산티 코스마 에 다미아노 (로마) 183
살로몬슨 36, 37
삼손 152, 248
삼위일체 40, 167, 171-6, 179-80, 184-6, 191, 243, 251, 285
생 샤프르 326

생-드니 성당 226-7, 295, 297, 300, 302-8
생-리퀴에르 성당 328
생-베르탱 293, 306
생-토메르 306, 321
생트-샤펠 61
생트-오딜 226
생통주 298-9
샤드낙 299
샤르트르 성당 306-11
샤를리외 299
샤를마뉴 대제 226, 231, 272
샬롱-쉬르-마른느 306, 312
선한 목자 24, 30, 35, 41-2, 44, 58, 67, 113-4, 122, 168, 206
성 소피아 성당 105, 235, 253, 260, 268, 322
성령강림 축일 (오순절) 146
성모 마리아 27, 60, 67-8, 78, 84, 102, 121, 123-7, 129-31, 134, 136, 142, 155-6, 160-2, 174, 194, 201-3, 212, 223, 226, 231-2, 236, 238-41, 243, 248, 251, 255-7, 261-3, 268, 285, 296, 305, 309-10, 313, 315, 325, 328-30
성상숭배 71, 107, 114, 138, 229-31, 234-5, 249, 266, 300, 319, 322-3, 325
성상파괴 223, 225, 229-30, 233-6, 238, 240, 243, 249, 255, 267-9, 300, 323-6
성체배령 25, 39, 63, 145, 167, 215, 236-7, 260, 264
성탄 트로파리온 261-3
세례 요한 (성) 200-1, 255-6, 315, 329
세바스테 329
세베루스 (왕조) 40, 46, 51
셀레스티누스 1세 214
솔 인빅투스 178
솔로몬 87, 278, 283, 304
수산나 207
수태고지 27, 121, 123, 142, 155-6, 158, 193-4, 198, 200, 244, 252, 294, 308, 315
쉬제 226-7, 302-6
스투디오스 수도원 253-4
스트라스부르 대성당 292
스파스-네레디치 (러시아) 237
시나이 (산) 117, 120, 126-7, 130, 134, 152, 194, 217, 256
시낙시스 236, 238
시노프 (복음서) 145-150
시르 (성) 103
시리아인 에프라임 259
시메온 살로 (성) 135
시몬 (마술사) 138
식스투스 3세 214
실렌티움 78

[ㅇ]
아가 288, 306
아그네스 (성) 122
아나스타시스 190
아다나 156, 158
아드벤투스 81, 328
아담 7, 31, 40, 41, 102, 190-1, 207, 257, 259, 304
아론 304
아르카디우스 황제의 원주 82, 189, 257
아르테미스 56
아마시아의 아스테리우스 157
아미앵 284, 295, 302, 312
아벨 207
아브라함 28-9, 35, 84, 87, 173-6, 179, 210, 217, 257
아우구스티누스 (성) 53, 135, 147, 215, 292, 343
아우렐리우스 지하납골당 26, 60, 62, 67, 82, 153
아이발리 킬리세 (카파도키아) 268
아인하르트 226, 271
아카티스토스 찬미가 261-4
아케이로포이에토스 127
아퀼레이아 68, 314
아테나이 에우도키아 136
아토스 산 134
아파메아 47-9, 62, 117
안나 (성) 195, 197
안드레아 (성) 63
안토니우스 (성) 61
안티노에 122
알렉산드로스 195-6
알렉산드로스 대왕의 연대기 148
알렉산드리아 143-4, 166, 261, 277-8
알퀸 226, 271
암브로시우스 (성) 120, 132, 320
앙글렘 298
애슈버넘의 모세5경 142-4, 195, 210
야곱 50, 152, 158, 208, 257, 262, 264
에그베르트 코덱스 165
에데사 49, 133
에스델 50
에제키엘 50, 66, 73, 80, 177, 202, 254, 315
에치미아진 81, 146
에클레시오 (성) 77
에티엔느 (성) 310
에페소스 공의회 84, 136
엑소미스 61-2
엑스-라-샤펠 (복음서) 165
엔디미온 34, 61
엘젬 36-7
엘리야 65, 178, 207, 254

엘리자베스 (성) 197-8
엘말레 킬리세 (카파도키아) 268
여호수아 87, 248
예루살렘 입성 32, 80-1, 149, 166, 181
예수 부활 186, 188-91
예수 승천 88, 121, 123, 146, 174, 184, 202-3, 252, 298, 308
오란테 61, 121, 150, 199, 203, 236, 239
오리게네스 215, 292
오병이어 26, 40, 145, 151, 214-5
오스로에네 133
오스티아 115, 116, 183
오툉 299, 301
오토 3세(의 복음서) 287
오토 왕조 166, 187, 284
오피아누스 276
오흐리드 194, 262
요나 213
요셉 152, 196, 211, 250
요아킴 197
요한 (성) 107-111, 126-7, 135, 137, 164, 176-7, 180, 200, 255
요한계시록 177, 180-1, 226, 279-80, 298-9, 307, 313, 320
요하네스 스코투스 에리게나 300
요한 크리소스토모 (성) 135
욥 309-10
우주형상지 278, 281, 290-1
위-디오니시우스 아레오파기타 300
위트레흐트 시편 165, 285
유니우스 밧수스 석관 32, 181-2
유딧 310
유세비우스 109-10, 136-8
유스티니아누스 2세 234
유형학 103-5, 124-5, 163-4, 169, 173, 213, 215, 227, 278-9, 293, 305-6
율법 시대 212, 292, 294, 308
이마지네스 클리페아티에 118-20
이레네우스 (성) 137
이브 7, 31, 40-1, 102, 190-1, 207, 257, 259, 304
이사야 63, 117, 212, 254
이삭 28-9, 35, 152-3, 208, 257, 294
이수아르 301

[ㅈ]

자우어 11
자유 7학문 277, 290
자파 48
장례 미술 21, 24, 28-9, 32-6, 39-40, 64, 66-7, 71-2, 100, 207-8
제르미니-데-프레 교회 283
제밀라 163
젤론 284

조로아스터교 54, 179
조토 197
즈가리야 200-1, 291
증거자 막시무스 300
지벨, 루트비히 폰 184

[ㅊ]
최후의 만찬 26, 40, 144-5, 151, 215, 244, 299
최후의 심판 53, 55, 79, 253, 256-60, 285, 294, 303-4, 308-10, 313, 321, 329
치미테로 마조레 (로마) 27, 68, 123
치바테 298

[ㅋ]
카라니스 133
카롤링거 왕조 117, 165, 195, 225, 272-5, 282-5, 289-90, 316, 320, 322, 325, 328
카르타고 37, 90, 92-3, 132
카리예자미 262
카스르알하이르 91
카스르암라 91
카인 207
카파도키아 194, 230, 267-9
카페르나움 48-9
카푸아베테레 176, 186
카테드라 328-9
칼릭투스 23
캉브레 320
케르츠 (크리미아) 43, 45
켈시 고고학박물관 (미시간) 133
코르푸스 크리스티 칼리지 (케임브리지) 147
코멘다티오 아니마이 28
코모딜라 카타콤 (로마) 115, 129, 183
코스마스 인디코플레우스테스 257, 277
코스모크라토르 74, 78, 242
코키노바포스의 야코부스 251
코튼 성경 142-4
콘다코프 238
콘스탄티노플 32, 81-4, 126, 138, 229-30, 253, 256, 262, 266, 322
콘스탄티누스 클로루스 황제 81
콘스탄티누스 2세 81
콘스탄티누스 개선문 70, 79
콘스탄티누스 대제 49-50, 69-70, 72, 79, 190
콥트 81, 120, 157, 172
콩크 326-7, 329
쾰러, 빌헬름 54
크랠링 49
크테시폰 52-3
클라우저 122
클루도프 (시편) 165
클뤼니 299, 301

클리막스, 장 262

키-로 71

키칭거, 에른스트 135

[ㅌ]

타블리온 77

테렌스 131

테르툴리아누스 215

테살로니키 78, 80-1, 122, 166, 178, 256, 329

테오도라 황후 157, 234

테오도로 (성) 107

테오도루스 수투디테스 231-2

테오도리쿠스 158

테오도시우스 1세 115, 249

테오도시우스 2세 138

테오둘프 226, 271

테오토코스 67, 232, 239, 326

텔루스 178

토마스 (성) 188-9

토비아 207

토비트 310

투네 엘 제벨 (이집트) 144

투르뉘 326

트라손과 사투르니우스 카타콤 (로마) 122

트라야누스 황제의 원주 82

트레비우스 유스투스 67

트루아 321

트룰로 공의회 265

트리어 124

티피콘 322

[ㅍ]

파네아스 70, 110

파도바 197

파렌초 (오늘날의 포렉) 197-8, 298, 329

파르네세 88

파리 노트르담 대성당 312-3, 330

파우사니아스 327

판토크라토르 264, 242, 322

판티카파이움 43

팔레올로그 (왕조) 243, 261, 263

페니우 299

페루스티카 (트라키아) 269

페르도우시 53

페르시아 49, 52, 179

페트라르카 297

포티우스 (대주교) 236, 272

푸슈, 앙리-샤를르 54

푸티 182

푼디 282

풀체리아 아우구스타 136

프로스도치모 (성) 119

프루덴스 213, 276

프리실라 카타콤 (로마) 153, 212

프리울의 치비달 124

피에타 123

피지올로구스 320

필론 213

필립보 (성) 63

[ㅎ]

하데스 190, 258

하르바빌 132

하르포크라테 133

하바쿡 80

할베르슈타트 128

헤라드 드 란스베르크 226, 290

헤라클레스 35, 130, 134, 162

헤로데 85

헤르모폴리스 144

헬레나 (성) 48

호데게트리아 67, 136, 240

호시오스 다비드 80, 178, 182

환희의 정원 227, 290-2

후터, 이름가르트 252

2008 대한민국학술원 선정 우수학술도서

기독교 도상학의 이해

펴낸날 1판 1쇄 2007년 2월 15일
2쇄 2008년 9월 8일
지은이 앙드레 그라바 | **옮긴이** 박성은
펴낸이 최민숙 | **펴낸곳** 이화여자대학교출판부
주소 서울특별시 서대문구 대현동 11-1(우 120-750)
등록 1954년 7월 6일 제9-61호
전화 02) 3277-2965, 2966(편집팀)
02) 3277-3164, 362-6076(영업팀)
팩스 02) 312-4312
전자우편 press@ewha.ac.kr
인터넷서점 www.ewhapress.com
책임편집 이혜지 | **디자인** 정혜진
찍은곳 백산인쇄

ISBN 978-89-7300-724-0 93230

값 20,000원